中国社会科学院研究生重点教材

MAJOR TEXTBOOKS FOR POSTGRADUATE STUDENTS
CHINESE ACADEMY OF SOCIAL SCIENCES

高级经济计量学

Advanced Econometrics

李雪松 ◉ 编著

中国社会科学出版社

图书在版编目（CIP）数据

高级经济计量学/李雪松编著．—北京：中国社会科学出版社，2008.5

（中国社会科学院研究生重点教材系列）

ISBN 978－7－5004－6847－9

Ⅰ．高…　Ⅱ．李…　Ⅲ．计量经济学　Ⅳ．F224.0

中国版本图书馆 CIP 数据核字(2008)第 045413 号

责任编辑　丁玉灵
责任校对　李　莉
封面设计　王　华
版式设计　王炳图

出版发行　中国社会科学出版社
社　　址　北京鼓楼西大街甲 158 号　　邮　编　100720
电　　话　010－84029450(邮购)
网　　址　http://www.csspw.cn
经　　销　新华书店
印　　刷　北京奥隆印刷厂　　装　订　广增装订厂
版　　次　2008 年 5 月第 1 版　　印　次　2008 年 5 月第 1 次印刷
开　　本　710×960　1/16
印　　张　17　　插　页　2
字　　数　288 千字
定　　价　32.00 元

总　　序

中国社会科学院研究生院是经邓小平等国家领导人批准于1978年建立的我国第一所人文和社会科学研究生院，其主要任务是培养人文和社会科学的博士研究生和硕士研究生。1998年江泽民同志又题词强调要“把中国社会科学院研究生院办成一流的人文社会科学人才培养基地”。在党中央的关怀和各相关部门的支持下，在院党组的正确领导下，中国社会科学院研究生院持续健康发展。目前已拥有理论经济学、应用经济学、哲学、法学、社会学、中国语言文学、历史学等9个博士学位一级学科授权、68个博士学位授权点和78个硕士学位授权点以及自主设置硕士学位授权点5个、硕士专业学位2个，是目前我国人文和社会科学学科设置最完整的一所研究生院。建院以来，她已为国家培养出了一大批优秀人才，其中绝大多数已成为各条战线的骨干，有的已成长为国家高级干部，有的已成长为学术带头人。实践证明，办好研究生院，培养大批高素质人文和社会科学人才，不仅要有一流的导师和老师队伍、丰富的图书报刊资料、完善高效的后勤服务系统，而且要有高质量的教材。

20多年来，围绕研究生教学是否要有教材的问题，曾经有过争论。随着研究生教育的迅速发展，研究生的课程体系迈上了规范化轨道，故而教材建设也随之提上议事日程。研究生院虽然一直重视教材建设，但由于主客观条件限制，研究生教材建设未能跟上研究生教育事业发展的需要。因此，组织和实施具有我院特色的“中国社会科学院研究生重点教材”工程，是摆在我们面前的一项重要任务。

“中国社会科学院研究生重点教材工程”的一项基本任务，就是经过几年的努力，先期研究、编写和出版100部左右研究生专业基础课和专业课教材，力争使全院教材达到“门类较为齐全、结构较为合理”、“国内同行认可、学生比较满意”、“国内最具权威性和系统性”的要求。这一套研究生重点教材的研究与编写将与国务院学位委员会的学科分类相衔接，以二级学科为主，适当扩展到三级学科。其中，二级学科的教材主要面向硕士研究生，三级学科的教材主要面向博士研究生。

中国社会科学院研究生重点教材的研究与编写要站在学科前沿，综合本学科共同的学术研究成果，注重知识的系统性和完整性，坚持学术性和应用性的统一，强调原创性和前沿性，既坚持理论体系的稳定性又反映学术研究的最新成果，既照顾研究生教材自身的规律与特点又不恪守过于僵化的教材范式，坚决避免出现将教材的研究与编写同科研论著相混淆、甚至用学术专著或论文代替教材的现象。教材的研究与编写要全面坚持胡锦涛总书记在2005年5月19日我院向中央常委汇报工作时对我院和我国哲学社会科学研究工作提出的要求，即“必须把握好两条：一是要毫不动摇地坚持马克思主义基本原理，坚持正确的政治方向。马克思主义是我国哲学社会科学的根本指导思想。老祖宗不能丢。必须把马克思主义的基本原理同中国具体实际相结合，把马克思主义的立场观点方法贯穿到哲学社会科学工作中，用发展着的马克思主义指导哲学社会科学。二是要坚持解放思想、实事求是、与时俱进，积极推进理论创新”。

为加强对中国社会科学院研究生重点教材工程的领导，院里专门成立了教材编审领导小组，负责统揽教材总体规划、立项与资助审批、教材编写成果验收等等。教材编审领导小组下设教材编审委员会。教材编审委员会负责立项审核和组织与监管工作，并按规定特邀请国内2—3位同行专家，负责对每个立项申请进行严格审议和鉴定以及对已经批准立项的同一项目的最后成稿进行质量审查、提出修改意见和是否同意送交出版社正式出版等鉴定意见。各所（系）要根据教材编审委员会的要求和有关规定，负责选好教材及其编写主持人，做好教材的研究与编写工作。

为加强对教材编写与出版工作的管理与监督，领导小组专门制定了《中国社会科学院研究生重点教材工程实施和管理办法（暂行）》和《中国社会科学院研究生重点教材工程编写规范和体例》。《办法》和《编写规范和体例》既是各所（系）领导和教材研究与编写主持人的一个遵循，也是教材研究与编写质量的一个保证。整套教材，从内容、体例到语言文字，从案例选择和运用到逻辑结构和论证，从篇章划分到每章小结，从阅读参考书目到思考题的罗列等等，均要符合这些办法和规范的要求。

最后，需要指出的一点是，大批量组织研究和编写这样一套研究生教材，在我院是第一次，可资借鉴的经验不多。这就决定了目前奉献给大家的这套研究生教材还难免存在这样那样的缺点、不足、疏漏甚至错误。在此，我们既诚恳地希望得到广大研究生导师、学生和社会各界的理解和支持，更热切地欢迎大家对我们的组织工作以及教材本身提出批评、意见和改进建议，以便今后进一步修改提高。

陳佳貴

2005年9月1日于北京

目　　录

前言 ………………………………………………………………………………… (1)
第一章　最大似然估计与假设检验 ……………………………………………… (1)
第一节　最大似然估计与条件最大似然估计 ……………………………………… (1)
一　最大似然估计 ……………………………………………………………… (1)
二　条件最大似然估计 ………………………………………………………… (2)
第二节　最大似然估计量的性质及准最大似然估计 ……………………………… (3)
一　最大似然估计量的性质 …………………………………………………… (3)
二　最大似然估计及其性质案例 ……………………………………………… (5)
三　最大似然估计量方差的估计 ……………………………………………… (6)
四　准最大似然估计 …………………………………………………………… (7)
第三节　三种常用的假设检验 ……………………………………………………… (8)
一　似然比检验 ………………………………………………………………… (8)
二　沃尔德检验 ………………………………………………………………… (9)
三　拉格朗日乘数检验（得分检验） ………………………………………… (10)
四　三种检验方法的比较 ……………………………………………………… (11)
第四节　案例分析 …………………………………………………………………… (12)
一　最大似然估计及参数约束检验案例 ……………………………………… (12)
二　参数约束检验实证分析案例 ……………………………………………… (14)
第五节　数值最大化方法 …………………………………………………………… (18)
一　格子搜索法 ………………………………………………………………… (19)
二　最陡爬坡法 ………………………………………………………………… (19)
三　牛顿—拉夫森方法 ………………………………………………………… (21)
思考题 ………………………………………………………………………………… (23)
第二章　广义矩方法 ……………………………………………………………… (26)
第一节　经典矩方法 ………………………………………………………………… (26)

一 基本概念 …………………………………………………… (26)
二 经典矩方法 …………………………………………………… (27)
三 经典矩估计量渐近协方差的计算 ………………………………… (28)
第二节 广义矩方法及其性质 …………………………………………… (30)
一 广义矩方法 …………………………………………………… (30)
二 一般广义矩估计量的性质 ……………………………………… (31)
第三节 最优权矩阵与最优 *GMM* ……………………………………… (33)
一 最优权矩阵的选择 …………………………………………… (33)
二 最优 *GMM* 估计示例 ………………………………………… (35)
三 最优 *GMM* 估计量数值算法的步骤 …………………………… (37)
第四节 过度识别约束检验 …………………………………………… (38)
一 线性回归模型的 *GMM* 估计 …………………………………… (38)
二 过度识别约束检验（Hansen 检验或者 *J* 检验） ………………… (39)
思考题 ………………………………………………………………… (41)
第三章 非参数与半参数方法 ………………………………………… (45)
第一节 非参数密度估计 ……………………………………………… (45)
一 局部直方图法 ………………………………………………… (45)
二 罗森布拉特—帕森核估计方法 ………………………………… (47)
三 *k* 近邻估计方法 ……………………………………………… (48)
四 可变窗宽核估计方法 ………………………………………… (49)
第二节 密度函数核估计量的性质及其最优窗宽的选择 ………………… (50)
一 密度函数核估计量的性质 …………………………………… (50)
二 密度函数核估计过程中窗宽的选择与嵌入估计 ………………… (53)
三 多元密度函数的核估计 ……………………………………… (55)
第三节 非参数回归模型 ……………………………………………… (56)
一 纳达那亚—沃森核回归方法 …………………………………… (56)
二 核回归中窗宽的选择及其交叉核实估计 ……………………… (58)
三 多元非参数模型的核回归估计 ………………………………… (59)
四 非参数模型的局部线性回归估计 ……………………………… (60)
五 非参数模型的 *k* 近邻估计 …………………………………… (61)
第四节 半参数线性回归模型 ………………………………………… (62)

思考题 ……………………………………………………………… (64)
第四章　贝叶斯估计与 *MCMC* 算法 …………………………………… (68)
第一节　贝叶斯理论与贝叶斯分析 …………………………………… (68)
一　贝叶斯理论 ……………………………………………………… (68)
二　贝叶斯分析的步骤和结果 ……………………………………… (69)
三　先验分布的形式 ………………………………………………… (69)
第二节　贝叶斯估计量 ………………………………………………… (70)
一　损失函数与后验风险 …………………………………………… (71)
二　贝叶斯估计量 …………………………………………………… (71)
三　贝叶斯估计量的推导过程 ……………………………………… (72)
第三节　案例分析 ……………………………………………………… (73)
第四节　*MCMC* 数值方法 ……………………………………………… (76)
一　重要性抽样与蒙特卡罗积分 …………………………………… (77)
二　*MCMC* 算法 ……………………………………………………… (78)
三　吉布斯（Gibbs）抽样算法 …………………………………… (80)
思考题 ……………………………………………………………… (81)
第五章　分位数回归与自助法 ……………………………………… (84)
第一节　分位数回归 …………………………………………………… (84)
一　中位数回归 ……………………………………………………… (84)
二　分位数回归 ……………………………………………………… (86)
三　分位数回归的估计 ……………………………………………… (87)
四　案例分析：恩格尔曲线 ………………………………………… (88)
第二节　自助法 ………………………………………………………… (90)
一　自助法的概念 …………………………………………………… (90)
二　残差再抽样：标准差的模拟 …………………………………… (92)
三　数据再抽样：横截面与面板数据的情况 ……………………… (92)
思考题 ……………………………………………………………… (94)
第六章　*ARMA* 过程与 *ARCH* 模型 …………………………………… (96)
第一节　*ARMA* 过程 …………………………………………………… (97)
一　平稳过程 ………………………………………………………… (97)
二　*ARMA* 过程 ……………………………………………………… (98)

三 ARMA 过程的平稳性与可逆性 …… (99)
四 平稳性与可逆性示例 …… (99)
第二节 ARMA 模型的形式及阶数选择 …… (101)
一 AR (k) 过程的偏自相关函数 …… (101)
二 ARMA 模型的形式选择 …… (102)
三 ARMA 模型阶数 (p, q) 的选择 …… (102)
四 季度 ARMA 模型及季度 ADL 模型 …… (103)
五 ARMA 模型的建模步骤 …… (104)
第三节 AR 模型的条件最大似然估计 …… (105)
一 AR (1) 模型的样本似然函数 …… (105)
二 AR (1) 模型的精确最大似然估计 …… (106)
三 AR (1) 模型的条件最大似然估计 …… (107)
四 AR (p) 模型的条件最大似然估计 …… (108)
第四节 MA 模型及 ARMA 模型的条件最大似然估计 …… (108)
一 MA 模型的条件最大似然估计 …… (108)
二 ARMA 模型的条件最大似然估计 …… (111)
第五节 自回归条件异方差模型 …… (112)
一 ARCH 模型的概念 …… (112)
二 ARCH (m) 过程参数之间的约束关系 …… (113)
三 ARCH 模型的条件最大似然估计 …… (114)
四 扩展的 ARCH 模型 …… (115)
五 ARCH 模型的 LM 检验 …… (116)
思考题 …… (117)
第七章 协整与误差修正模型 …… (120)
第一节 趋势、单位根与伪回归 …… (120)
一 趋势平稳过程与差分平稳过程 …… (120)
二 除去趋势的方法 …… (121)
三 单位根过程 …… (122)
四 伪回归 …… (123)
第二节 单位根检验 …… (123)
一 DF 检验 …… (124)

二　*ADF* 检验 …… (125)
三　位移项和趋势项检验 …… (125)
第三节　协整与误差修正模型 …… (127)
一　协整的概念 …… (127)
二　协整检验（*EG* 检验） …… (127)
三　误差修正模型 …… (129)
思考题 …… (132)
第八章　向量自回归 …… (135)
第一节　平稳向量自回归 …… (135)
一　向量自回归的概念 …… (135)
二　平稳向量自回归 $VAR(p)$ 及其 $VAR(1)$ 表示 …… (136)
三　$\mathbf{y}_t$ 的方差协方差矩阵与自协方差 …… (138)
四　$\mathbf{s}_t$ 的方差协方差矩阵 …… (138)
五　$\mathbf{s}_t$ 的自协方差 …… (140)
第二节　格兰杰因果检验与向量自回归模型的估计 …… (141)
一　过度参数化与平稳向量自回归的 *OLS* 估计 …… (141)
二　格兰杰因果关系检验 …… (142)
三　向量自回归模型的条件似然函数 …… (143)
四　系数 Φ 的条件最大似然估计 …… (145)
五　方差 Ω 的条件最大似然估计 …… (147)
六　滞后长度的选择：似然比检验 …… (149)
第三节　脉冲响应分析与方差分解分析 …… (151)
一　平稳 $VAR(p)$ 的 $VMA(\infty)$ 表示 …… (151)
二　脉冲—响应函数 …… (153)
三　正交化的脉冲—响应函数 …… (155)
四　基于乔利斯基分解的正交化脉冲—响应函数 …… (158)
五　方差分解分析 …… (159)
第四节　向量协整与误差修正模型 …… (161)
一　协整变换 …… (161)
二　约翰森（Johansen）协整检验 …… (162)
思考题 …… (165)

第九章 状态空间模型与卡尔曼滤波 ……（167）
第一节 常用的状态空间模型 ……（167）
一 状态空间模型的一般形式 ……（167）
二 自回归模型 AR（p）的状态空间表示 ……（168）
三 移动平均模型 MA（1）的状态空间表示 ……（169）
四 $ARMA$（p, q）模型的状态空间表示 ……（170）
第二节 卡尔曼滤波与状态向量的动态估计 ……（171）
一 线性投影 ……（172）
二 设定递推初值 ……（173）
三 预测：$\hat{\mathbf{y}}_{t|t-1}$及其方差 ……（174）
四 滤波：$\hat{\mathbf{s}}_{t|t}$及其方差 ……（175）
五 预测：$\hat{\mathbf{s}}_{t+1|t}$及其方差 ……（176）
六 预测：$\hat{\mathbf{y}}_{t+1|t}$及其方差 ……（177）
第三节 状态空间模型超参数的最大似然估计 ……（177）
一 基于卡尔曼滤波的精确最大似然估计 ……（177）
二 案例分析 ……（178）
第四节 随机变参数模型的状态空间表示 ……（179）
一 随机变参数模型的状态空间表示 ……（179）
二 随机变参数线性回归模型 ……（181）
思考题 ……（182）
第十章 离散选择模型与托比特模型 ……（184）
第一节 两项选择模型 ……（184）
一 指针函数模型与随机效用模型 ……（184）
二 两项选择模型的几种典型形式 ……（186）
三 两项选择模型的边际效应 ……（187）
第二节 两项选择模型的最大似然估计 ……（189）
一 两项选择模型的最大似然估计 ……（189）
二 $\hat{\beta}$ 的渐近协方差矩阵 ……（191）
三 两项选择模型的假设检验 ……（193）
四 两项选择模型的拟合优度 ……（194）
第三节 多项选择模型 ……（194）

一 有序选择模型 ……………………………………………… (194)
二 无序选择模型 ……………………………………………… (195)
第四节 托比特模型 ……………………………………………… (198)
一 审查数据模型 ……………………………………………… (198)
二 截断数据模型 ……………………………………………… (199)
三 样本选择模型 ……………………………………………… (200)
四 样本选择模型的 Heckman 两阶段估计法 ……………… (202)
思考题 ……………………………………………………………… (204)
第十一章 面板数据分析 …………………………………… (207)
第一节 随机效应估计 ………………………………………… (207)
一 面板数据模型及其假设条件 ……………………………… (207)
二 随机效应模型的 *GLS* 估计 ……………………………… (209)
三 组间估计量与组内估计量 ………………………………… (210)
第二节 固定效应估计 ………………………………………… (211)
一 固定效应估计 ……………………………………………… (211)
二 最小二乘虚拟变量（*LSDV*）回归 ……………………… (212)
三 豪斯曼检验 ………………………………………………… (213)
第三节 动态面板及两项选择面板模型 ……………………… (214)
一 动态面板数据模型 ………………………………………… (214)
二 两项选择的面板数据模型 ………………………………… (214)
思考题 ……………………………………………………………… (216)
第十二章 非平稳面板数据分析 …………………………… (218)
第一节 截面不相关的面板单位根检验 ……………………… (218)
一 *LLC* 检验 …………………………………………………… (219)
二 *IPS* 检验 …………………………………………………… (221)
三 Breitung 检验 ……………………………………………… (223)
四 组合 p 值检验 ……………………………………………… (224)
第二节 截面相关的面板单位根检验 ………………………… (226)
一 Pesaran 检验 ……………………………………………… (226)
二 Moon-Perron 检验 ………………………………………… (227)
三 Phillips-Sul 检验 …………………………………………… (228)

四 Bai-Ng 检验 …………………………………………………………………… (229)
五 Choi 检验 ……………………………………………………………………… (229)
六 *CADF* 检验 …………………………………………………………………… (230)
第三节 面板协整检验 …………………………………………………………… (230)
一 Kao 检验 ……………………………………………………………………… (231)
二 Pedroni 检验 …………………………………………………………………… (232)
三 McCoskey-Kao 检验 ………………………………………………………… (233)
四 Westerlund 检验 ……………………………………………………………… (234)
第四节 面板协整模型与面板误差修正模型 …………………………………… (236)
一 非平稳面板模型 *OLS* 估计的不一致性 …………………………………… (236)
二 面板协整模型的 *FM－OLS* 估计 ……………………………………………… (236)
三 面板误差修正模型（*PECM*） ……………………………………………… (238)
思考题 ……………………………………………………………………………… (239)
主要参考书目 ……………………………………………………………………… (243)

前　言

本书是在中国社会科学院研究生院《高级经济计量学》课程讲义的基础上编辑而成的。

本书较为系统地介绍了高级经济计量学的知识体系及相关最新进展。全书共分为十二章，其中第一章至第五章为高级经济计量学的核心方法，内容包括最大似然估计、广义矩方法、半参数方法、贝叶斯分析以及分位数回归；第六章至第九章为时间序列分析，内容包括 *ARMA* 过程与 *ARCH* 模型、协整与误差修正模型、向量自回归以及状态空间模型；第十章及第十一章为微观经济计量学，包括离散选择模型、托比特模型以及微观面板数据分析，第十二章为非平稳的宏观面板数据分析。

本教材的前期课程为高等数学、概率论与数理统计、线性代数、经济计量学（中初级）。经济学是一门致用之学，高级经济计量学技术性较强，同时它也是一门应用性很强的学科。今后，随着我国各类统计数据的日趋丰富，高级经济计量学在我国经济分析与政策研究中的应用将会越来越广泛，该学科也将会更多更好地服务于我国现代化建设的各项事业。为了便于读者理解、掌握和应用，本书在理论方法的叙述和公式推导方面力求深入浅出、通俗易懂。

本书在编写过程中，得到了中国社会科学院研究生院有关领导以及数量经济与技术经济研究所汪同三学部委员、郑玉歆研究员、张守一荣誉学部委员、沈利生研究员等的大力支持，得到了数量经济与技术经济研究所经济模型室张涛、张延群、王丽、娄峰以及科研处、办公室许多同事的积极帮助，这里谨向他们表示衷心感谢。作为本书初稿的课程讲义，在中国社会科学院研究生院的教学与使用过程中，得到了近几届研究生的热情帮助，如王俭博士、张莹、李佩颖、乔宝华、黄坤、蒋昇、王秀丽等，在此向他们表示衷心感谢。另外，本书在编写过程中，参考了许多国内外同行的研究成果，这里也向他们表示衷心感谢。

本书的编写及出版得到了中国社会科学院研究生重点教材工程项目的

资助以及中国社会科学出版社的大力支持，深表谢意。

由于编者学识所限，书中错误或不当之处在所难免，恳请各位专家学者和广大读者批评指正。

李雪松

2008 年 3 月

第一章　最大似然估计与假设检验

内容提要

最大似然估计(MLE)是现代经济计量学中最重要、应用最广泛的方法之一。该方法最初由德国数学家高斯（Gauss）于 1821 年提出，费雪(R. A. Fisher) 在 1922 年再次提出了最大似然估计的思想并探讨了它的性质，使之得到了广泛研究和应用。

当总体分布（如概率密度函数）已知时，最大似然估计是一种常用的估计方法。其主要优点是：在所有一致的、渐近正态的估计量中，MLE 是渐近最优的。主要弱点是，需要假设特定的概率密度函数形式，它的小样本性质也比较一般。

最大似然估计广泛应用于现代经济计量学的许多领域，基于最大似然估计的假设检验，如似然比检验、沃尔德检验及拉格朗日乘数检验，在时间序列分析及微观经济计量模型中都有许多具体的运用。

第一节　最大似然估计与条件最大似然估计

一　最大似然估计

令 $\mathbf{x}_1$，$\mathbf{x}_2$，…，$\mathbf{x}_n$ 为随机向量 $\mathbf{X}$ 的样本观测值，$\mathbf{X}$ 的取值由未知参数向量 $\boldsymbol{\theta}=(\theta_1,\theta_2,\cdots,\theta_k)'$决定。其联合密度函数记为 $f(\mathbf{x},\boldsymbol{\theta})$。

当 $\mathbf{x}$ 的样本取值固定时，$f(\mathbf{x},\boldsymbol{\theta})$ 仅是参数 $\boldsymbol{\theta}$ 的函数，此时我们称 $f(\mathbf{x},\boldsymbol{\theta})$ 为似然函数，记作：

$$L(\mathbf{x},\boldsymbol{\theta})=f(\mathbf{x},\boldsymbol{\theta}) \tag{1.1}$$

对数似然函数定义为：

$$\ln L(\mathbf{x},\boldsymbol{\theta})=\ln f(\mathbf{x},\boldsymbol{\theta}) \tag{1.2}$$

假定 x_1，x_2，…，x_n 独立同分布（$i.i.d.$），它们具有相同的密度函数 $f(x_i,\boldsymbol{\theta})$，则样本似然函数为：

$$L(\mathbf{x},\boldsymbol{\theta}) = f(\mathbf{x},\boldsymbol{\theta}) = \prod_{i=1}^{n} f(x_i,\boldsymbol{\theta}) \tag{1.3}$$

其中 $f(x_i,\boldsymbol{\theta})$ 表示第 i 个观测值 x_i 的似然函数。

由于概率密度函数大多具有指数函数形式，采用似然函数的对数通常更简便，称：

$$\ln L(\mathbf{x},\boldsymbol{\theta}) = \sum_{i=1}^{n} \ln f(x_i,\boldsymbol{\theta}) \tag{1.4}$$

为 $\boldsymbol{\theta}$ 的对数似然函数。对数似然函数有时也简称为似然函数。对数似然函数将乘积问题转化为求和问题，可简化运算。

定义：

$$\hat{\boldsymbol{\theta}}_{ML} = \arg\max L(\mathbf{x},\boldsymbol{\theta}) = \arg\max \ln L(\mathbf{x},\boldsymbol{\theta}) \tag{1.5}$$

如果 $\hat{\boldsymbol{\theta}}_{ML}$ 存在，则 $\hat{\boldsymbol{\theta}}_{ML}$ 称为 $\boldsymbol{\theta}$ 的最大似然估计量（Maximum Likelihood Estimator），简称为 MLE。

由于对数变换是严格单调递增的，故 L 与 $\ln L$ 在寻求最大值时是等价的。

当 MLE 存在时，寻找 MLE 最常用的方法是通过一阶条件令其导数为零。首先定义得分向量：

$$\frac{\partial \ln L(\mathbf{x},\boldsymbol{\theta})}{\partial \boldsymbol{\theta}} = \frac{\partial \ln f(\mathbf{x},\boldsymbol{\theta})}{\partial \boldsymbol{\theta}} \tag{1.6}$$

得分向量也称为斜率向量或梯度向量，其实质是对数似然函数 $\ln L(\mathbf{x},\boldsymbol{\theta})$ 对参数 $\boldsymbol{\theta} = (\theta_1,\theta_2,\cdots,\theta_k)$ 一阶偏导数所构成的 k 维向量，也即：

$$\frac{\partial \ln L(\mathbf{x},\boldsymbol{\theta})}{\partial \boldsymbol{\theta}} = \begin{pmatrix} \dfrac{\partial \ln L}{\partial \theta_1} \\ \dfrac{\partial \ln L}{\partial \theta_2} \\ \vdots \\ \dfrac{\partial \ln L}{\partial \theta_k} \end{pmatrix} \tag{1.7}$$

$\boldsymbol{\theta}$ 的最大似然估计量 $\hat{\boldsymbol{\theta}}_{ML}$ 应是下面一阶条件的解。

$$\frac{\partial \ln L(\mathbf{x},\boldsymbol{\theta})}{\partial \boldsymbol{\theta}} = \mathbf{0} \tag{1.8}$$

一阶条件 $\dfrac{\partial \ln L(\mathbf{x},\boldsymbol{\theta})}{\partial \boldsymbol{\theta}} = \mathbf{0}$ 也被称为似然方程。

二　条件最大似然估计

假设我们把观测向量分成两个子向量 $\mathbf{y}$ 和 $\mathbf{x}$，则样本的联合密度函数可写为：

$$f(\mathbf{y},\mathbf{x},\boldsymbol{\theta})=f(\mathbf{y}|\mathbf{x},\boldsymbol{\theta})f(\mathbf{x},\boldsymbol{\theta}) \tag{1.9}$$

这既需要知道条件密度函数 $f(\mathbf{y}|\mathbf{x},\boldsymbol{\theta})$，也需要知道边缘密度函数 $f(\mathbf{x},\boldsymbol{\theta})$。

在许多模型中，建模的主要目的是在给定 **x** 的条件下去描述 **y** 的行为。此时通常只根据样本的条件似然函数：

$$L(\mathbf{y}|\mathbf{x},\boldsymbol{\theta})=f(\mathbf{y}|\mathbf{x},\boldsymbol{\theta})$$

进行参数估计。相应的条件对数似然函数为：

$$\ln L(\mathbf{y}|\mathbf{x},\boldsymbol{\theta})=\ln f(\mathbf{y}|\mathbf{x},\boldsymbol{\theta})=\sum_{i=1}^{n}\ln f(\mathbf{y}_i|\mathbf{x}_i,\boldsymbol{\theta}) \tag{1.10}$$

定义：

$$\hat{\boldsymbol{\theta}}_{CML}=\mathrm{argmax}\sum_{i=1}^{n}\ln f(\mathbf{y}_i|\mathbf{x}_i,\boldsymbol{\theta}) \tag{1.11}$$

如果 $\hat{\boldsymbol{\theta}}_{CML}$存在，则 $\hat{\boldsymbol{\theta}}_{CML}$称为 $\boldsymbol{\theta}$ 的条件最大似然估计量（Conditional *MLE*）。

第二节　最大似然估计量的性质及准最大似然估计

一　最大似然估计量的性质

最大似然估计的优越性主要体现在大样本场合。在大样本理论中，*MLE* 扮演了一个中心角色。

1. 一致性

$$p\lim(\hat{\boldsymbol{\theta}}_{ML})=\boldsymbol{\theta} \tag{1.12}$$

$$\hat{\boldsymbol{\theta}}_{ML}\xrightarrow{p}\boldsymbol{\theta}$$

2. 渐近正态性

$$(\hat{\boldsymbol{\theta}}_{ML}-\boldsymbol{\theta})\xrightarrow{d}N[\mathbf{0},\mathbf{I}^{-1}(\boldsymbol{\theta})] \tag{1.13}$$

$$\hat{\boldsymbol{\theta}}_{ML}\xrightarrow{d}N[\boldsymbol{\theta},\mathbf{I}^{-1}(\boldsymbol{\theta})]$$

$$\mathbf{Var}(\hat{\boldsymbol{\theta}}_{ML})=\mathbf{I}^{-1}(\boldsymbol{\theta}) \tag{1.14}$$

$\boldsymbol{\theta}_{ML}$的近似分布是正态的，其均值为 $\boldsymbol{\theta}$，方差—协方差矩阵为$\mathbf{I}^{-1}(\boldsymbol{\theta})$。其中信息矩阵 $\mathbf{I}(\boldsymbol{\theta})$的定义如下：

$$\begin{aligned}\mathbf{I}(\boldsymbol{\theta}) &= \mathbf{Var}\left(\frac{\partial \ln L(\mathbf{x},\boldsymbol{\theta})}{\partial \boldsymbol{\theta}}\right) \\ &= E\left[\left(\frac{\partial \ln L(\mathbf{x},\boldsymbol{\theta})}{\partial \boldsymbol{\theta}}\right)\left(\frac{\partial \ln L(\mathbf{x},\boldsymbol{\theta})}{\partial \boldsymbol{\theta}}\right)'\right] \\ &= -E\left[\frac{\partial^2 \ln L(\mathbf{x},\boldsymbol{\theta})}{\partial \boldsymbol{\theta}\partial \boldsymbol{\theta}'}\right]\end{aligned} \tag{1.15}$$

信息矩阵 $\mathbf{I}(\boldsymbol{\theta})$ 实质是得分向量 $\frac{\partial \ln L(\mathbf{x},\boldsymbol{\theta})}{\partial \boldsymbol{\theta}}$ 的方差—协方差矩阵，根据似然方程知 $\frac{\partial \ln L(\mathbf{x},\boldsymbol{\theta})}{\partial \boldsymbol{\theta}}$ 的均值应为零。$\mathbf{I}(\boldsymbol{\theta})$ 值越大，$\boldsymbol{\theta}$ 的较小变化会导致对数似然较大的变化，这表明 $\mathbf{I}(\boldsymbol{\theta})$ 中确实包含着关于 $\boldsymbol{\theta}$ 的大量信息。这也是把它称做信息矩阵的原因。

式（1.15）的证明如下：

因为 $f(\mathbf{x},\boldsymbol{\theta}) = L(\mathbf{x},\boldsymbol{\theta})$ 为密度函数，因此有：

$$\int f(\mathbf{x},\boldsymbol{\theta})\,\mathrm{d}\mathbf{x} = 1$$

根据积分与微分的互换关系，有：

$$\int \frac{\partial f(\mathbf{x},\boldsymbol{\theta})}{\partial \boldsymbol{\theta}}\mathrm{d}\mathbf{x} = \frac{\partial \int f(\mathbf{x},\boldsymbol{\theta})\,\mathrm{d}\mathbf{x}}{\partial \boldsymbol{\theta}} = 0$$

$$\int \frac{\partial^2 f(\mathbf{x},\boldsymbol{\theta})}{\partial \boldsymbol{\theta}\partial \boldsymbol{\theta}'}\mathrm{d}\mathbf{x} = \frac{\partial\left(\int \frac{\partial f(\mathbf{x},\boldsymbol{\theta})}{\partial \boldsymbol{\theta}}\mathrm{d}\mathbf{x}\right)}{\partial \boldsymbol{\theta}'} = 0$$

密度函数对数的一阶导数与二阶导数分别为：

$$\frac{\partial \ln L(\mathbf{x},\boldsymbol{\theta})}{\partial \boldsymbol{\theta}} = \frac{\partial \ln f(\mathbf{x},\boldsymbol{\theta})}{\partial \boldsymbol{\theta}} = \frac{1}{f(\mathbf{x},\boldsymbol{\theta})}\frac{\partial f(\mathbf{x},\boldsymbol{\theta})}{\partial \boldsymbol{\theta}}$$

$$\begin{aligned}\frac{\partial^2 \ln L(\mathbf{x},\boldsymbol{\theta})}{\partial \boldsymbol{\theta}\partial \boldsymbol{\theta}'} &= \frac{\partial^2 \ln f(\mathbf{x},\boldsymbol{\theta})}{\partial \boldsymbol{\theta}\partial \boldsymbol{\theta}'} \\ &= \frac{1}{f(\mathbf{x},\boldsymbol{\theta})}\cdot\frac{\partial^2 f(\mathbf{x},\boldsymbol{\theta})}{\partial \boldsymbol{\theta}\partial \boldsymbol{\theta}'} - \frac{1}{f^2(\mathbf{x},\boldsymbol{\theta})}\cdot\frac{\partial f(\mathbf{x},\boldsymbol{\theta})}{\partial \boldsymbol{\theta}}\cdot\frac{\partial f(\mathbf{x},\boldsymbol{\theta})}{\partial \boldsymbol{\theta}'}\end{aligned}$$

于是可得式（1.15）：

$$\begin{aligned}&-\mathrm{E}\left[\frac{\partial^2 \ln L(\mathbf{x},\boldsymbol{\theta})}{\partial \boldsymbol{\theta}\partial \boldsymbol{\theta}'}\right] \\ &= -\mathrm{E}\left[\frac{1}{f(\mathbf{x},\boldsymbol{\theta})}\cdot\frac{\partial^2 f(\mathbf{x},\boldsymbol{\theta})}{\partial \boldsymbol{\theta}\partial \boldsymbol{\theta}'} - \frac{1}{f^2(\mathbf{x},\boldsymbol{\theta})}\cdot\frac{\partial f(\mathbf{x},\boldsymbol{\theta})}{\partial \boldsymbol{\theta}}\cdot\frac{\partial f(\mathbf{x},\boldsymbol{\theta})}{\partial \boldsymbol{\theta}'}\right] \\ &= -\int \frac{1}{f(\mathbf{x},\boldsymbol{\theta})}\cdot\frac{\partial^2 f(\mathbf{x},\boldsymbol{\theta})}{\partial \boldsymbol{\theta}\partial \boldsymbol{\theta}'}f(\mathbf{x},\boldsymbol{\theta})\,\mathrm{d}\mathbf{x}\end{aligned}$$

$$+E\left[\frac{1}{f^2(\mathbf{x},\boldsymbol{\theta})}\cdot\frac{\partial f(\mathbf{x},\boldsymbol{\theta})}{\partial\boldsymbol{\theta}}\cdot\frac{\partial f(\mathbf{x},\boldsymbol{\theta})}{\partial\boldsymbol{\theta}'}\right]$$

$$=E\left[\left(\frac{\partial\ln L(\mathbf{x},\boldsymbol{\theta})}{\partial\boldsymbol{\theta}}\right)\left(\frac{\partial\ln L(\mathbf{x},\boldsymbol{\theta})}{\partial\boldsymbol{\theta}}\right)'\right]$$

定义 k 阶海赛矩阵 $\mathbf{H}(\boldsymbol{\theta})$ 为：

$$\mathbf{H}(\boldsymbol{\theta})=\left[\frac{\partial^2\ln L(\mathbf{x},\boldsymbol{\theta})}{\partial\boldsymbol{\theta}\partial\boldsymbol{\theta}'}\right]=\begin{bmatrix}\frac{\partial^2\ln L}{\partial\theta_1^2},\frac{\partial^2\ln L}{\partial\theta_1\partial\theta_2},\cdots,\frac{\partial^2\ln L}{\partial\theta_1\partial\theta_k}\\ \frac{\partial^2\ln L}{\partial\theta_2\partial\theta_1},\frac{\partial^2\ln L}{\partial\theta_2^2},\cdots,\frac{\partial^2\ln L}{\partial\theta_2\partial\theta_k}\\ \vdots\quad\quad\vdots\quad\quad\quad\vdots\\ \frac{\partial^2\ln L}{\partial\theta_k\partial\theta_1},\frac{\partial^2\ln L}{\partial\theta_k\partial\theta_2},\cdots,\frac{\partial^2\ln L}{\partial\theta_k^2}\end{bmatrix}\tag{1.16}$$

故信息矩阵 $\mathbf{I}(\boldsymbol{\theta})$ 也等价于海赛矩阵期望的负数，即：

$$\mathbf{I}(\boldsymbol{\theta})=-E[\mathbf{H}(\boldsymbol{\theta})]\tag{1.17}$$

3. 渐近有效性

$\hat{\boldsymbol{\theta}}_{ML}$是渐近有效的，在所有一致的、渐近正态的估计量中，$\hat{\boldsymbol{\theta}}_{ML}$是方差最小的估计量。

4. 不变性

设 $\hat{\boldsymbol{\theta}}_{ML}$是 $\boldsymbol{\theta}$ 的最大似然估计量，$g(\boldsymbol{\theta})$是 $\boldsymbol{\theta}$ 的一个连续函数，则 $g(\boldsymbol{\theta})$的最大似然估计量为 $g(\hat{\boldsymbol{\theta}}_{ML})$。

不变性有两方面的实际意义：第一，如果一组参数已经得到了估计，需要进一步估计它们的函数，则不需要重新估计模型；第二，不变性原理暗示我们可以按照我们喜欢的方式自由地重新参数化一个似然函数，以便简化估计过程。

二　最大似然估计及其性质案例

设连续随机变量 X 是关于参数 $\beta(\beta>0)$ 的幂函数分布，其概率密度函数为：

$$f(x,\beta)=\begin{cases}\beta e^{-\beta x}, & x>0\\ 0, & x\leqslant 0\end{cases}$$

于是，其分布函数为：

$$F(x,\beta)=\begin{cases}1-e^{-\beta x}, & x>0\\ 0, & x\leqslant 0\end{cases}$$

X 的均值为 $EX=\dfrac{1}{\beta}$，方差为 $V(X)=\dfrac{1}{\beta^2}$。

假设观测样本为 x_1，x_2，…，x_n。

(1) 求 β 的 *MLE*

样本似然函数为：

$$L(x,\beta) = \prod_{i=1}^{n}\beta e^{-\beta x_i} = \beta^n e^{-\beta\sum x_i}$$

对数似然函数为：

$$\ln L(x,\beta) = n\ln\beta - \beta\sum_{i=1}^{n}x_i$$

一阶条件为：

$$\frac{\partial \ln L}{\partial\beta} = \frac{n}{\beta} - \sum_{i=1}^{n}x_i = 0$$

于是：

$$\hat{\beta}_{ML} = \frac{n}{\sum_{i=1}^{n}x_i}$$

(2) 运用 *MLE* 的不变性，求 $\frac{1}{\beta}$ 和 $\frac{1}{\beta^2}$ 的 *MLE*

根据 *MLE* 的不变性，可得：

$$\left(\frac{1}{\beta}\right)_{ML} = \frac{1}{\hat{\beta}_{ML}} = \frac{1}{n}\sum_{i=1}^{n}x_i$$

$$\left(\frac{1}{\beta^2}\right)_{ML} = \frac{1}{\hat{\beta}_{ML}^2} = \frac{1}{n^2}\left(\sum_{i=1}^{n}x_i\right)^2$$

三　最大似然估计量方差的估计

有三种方法可用来估计最大似然估计量的方差矩阵：期望值方法、海赛矩阵方法以及安德森—伯恩特方法。

1. 期望值方法

如果对数似然函数的二阶导数期望值的形式是已知的，则根据 (1.17)：$\mathbf{I}(\boldsymbol{\theta}) = -E[\mathbf{H}(\boldsymbol{\theta})]$，通过在 $\hat{\boldsymbol{\theta}}$ 处求值可以估计最大似然估计量的方差矩阵：

$$\mathbf{I}^{-1}(\hat{\boldsymbol{\theta}}) = -E[\mathbf{H}(\hat{\boldsymbol{\theta}})]^{-1} \qquad (1.18)$$

可是，这个估计量很少能够真正得到。因为对数似然函数的二阶导数几乎总是数据的复杂的非线性函数，其确切的期望值是未知的。

2. 海赛矩阵方法

海赛矩阵方法是根据信息矩阵与海赛矩阵的关系，通过在最大似然估计值 $\hat{\boldsymbol{\theta}}$ 处求对数似然函数的实际（而不是期望）二阶导数矩阵来估计最大似然估计量的方差矩阵：

$$\mathbf{I}^{-1}(\hat{\boldsymbol{\theta}}) = -\left(\frac{\partial^2 \ln L(\mathbf{x},\hat{\boldsymbol{\theta}})}{\partial\boldsymbol{\theta}\partial\boldsymbol{\theta}'}\right)^{-1} = -\mathbf{H}^{-1}(\hat{\boldsymbol{\theta}}) \tag{1.19}$$

这个估计量的唯一缺点就是二阶导数的推导及编写计算机程序可能很复杂。

3. 安德森—伯恩特方法

安德森—伯恩特方法是基于二阶导数矩阵的期望是一阶导数向量的方差矩阵来估计。根据信息矩阵的定义：

$$\begin{aligned}\mathbf{I}(\boldsymbol{\theta}) &= \mathbf{Var}\left(\frac{\partial \ln L(\mathbf{x},\boldsymbol{\theta})}{\partial\boldsymbol{\theta}}\right)\\ &= \mathrm{E}\left[\left(\frac{\partial \ln L(\mathbf{x},\boldsymbol{\theta})}{\partial\boldsymbol{\theta}}\right)\left(\frac{\partial \ln L(\mathbf{x},\boldsymbol{\theta})}{\partial\boldsymbol{\theta}}\right)'\right]\end{aligned}$$

于是可运用下式进行估计：

$$\mathbf{I}^{-1}(\hat{\boldsymbol{\theta}}) = \left[\sum_{i=1}^{n}\left(\frac{\partial \ln L(\mathbf{x}_i,\hat{\boldsymbol{\theta}})}{\partial\boldsymbol{\theta}}\right)\left(\frac{\partial \ln L(\mathbf{x}_i,\hat{\boldsymbol{\theta}})}{\partial\boldsymbol{\theta}}\right)'\right]^{-1} \tag{1.20}$$

对单一参数，这恰好就是一阶导数平方和的倒数，这个估计量在多数情况下计算较为方便，因为它除了要求用于似然方程的计算之外，不再要求其他复杂的计算。这种方法是伯恩特等人（Berndt, B. Hall, R. Hall, Hausman, 1974）根据安德森（Anderson, 1959）的推导提出的，也称为“安德森—伯恩特方法”。

四　准最大似然估计

如果概率密度函数设定错误，从而对数似然函数设定错误，所得到的最大似然估计量称为“准最大似然估计量”（Quasi-*MLE*），记作 $\hat{\boldsymbol{\theta}}_{QML}$。

一般而言，密度函数的任何误设都会使最大似然估计丧失一致性。此时准最大似然估计将依概率收敛于参数的“假真值”（Pseudo-true value）$\boldsymbol{\theta}^*$ 处。“假真值” $\boldsymbol{\theta}^*$ 定义为：

$$\boldsymbol{\theta}^* = \underset{\theta}{\operatorname{argmax}}\left[\, plim \ln f(\mathbf{x},\boldsymbol{\theta})\right]$$

如果真的数据生成过程不同于假定的密度函数 $f(\mathbf{x},\boldsymbol{\theta})$，则 $\boldsymbol{\theta}^*$ 是不一致的。

在某些特殊情况下，即使似然函数存在误设的问题，但只要其期望 $\boldsymbol{\mu}$

没有误设，则其估计结果仍具有一致性。此时，准最大似然估计只能估计参数的期望，而不能估计参数的方差—协方差矩阵。而在密度函数正确设定的情况下，最大似然估计既能估计参数的期望，也能估计参数的方差—协方差矩阵。

第三节　三种常用的假设检验

假设我们已经通过最大似然估计方法估计出 $\boldsymbol{\theta}$，对于给定的 $\boldsymbol{\theta}$，现在想检验以下线性参数约束条件：

$$H_0 : \mathbf{h}(\boldsymbol{\theta}) = \mathbf{0} \tag{1.21}$$

是否显著成立，备择假设为：

$$H_1 : \mathbf{h}(\boldsymbol{\theta}) \neq \mathbf{0} \tag{1.22}$$

其中 $\mathbf{h}(\boldsymbol{\theta})$ 是关于 $\boldsymbol{\theta}$ 可导的、线性的 p 维向量。

通常有三种常用的检验方法：似然比检验、沃尔德检验及拉格朗日乘数检验。下面将分别介绍这三种渐近性的检验。只有在确保估计量的一致性和渐近正态性的条件下，这三种检验给出的分布结果才是有效的。

一　似然比检验

如果参数约束 $\mathbf{h}(\boldsymbol{\theta}) = \mathbf{0}$ 是有效的，那么加上这样的约束不应该引起似然函数（或对数似然函数）最大值的大幅度降低。令 $\hat{\boldsymbol{\theta}}$ 表示无参数约束［即 $\mathbf{h}(\boldsymbol{\theta}) \neq \mathbf{0}$］条件下似然函数取最大值 $L(\mathbf{x}, \hat{\boldsymbol{\theta}})$ 时对应的 ML 估计量，令 $\tilde{\boldsymbol{\theta}}$ 表示加上参数约束 $\mathbf{h}(\boldsymbol{\theta}) = \mathbf{0}$ 后似然函数取最大值 $L(\mathbf{x}, \tilde{\boldsymbol{\theta}})$ 时对应的 ML 估计量。

似然比定义为有约束条件下似然函数的最大值 $L(\mathbf{x}, \tilde{\boldsymbol{\theta}})$ 与无约束条件下似然函数的最大值 $L(\mathbf{x}, \hat{\boldsymbol{\theta}})$ 之比，即：

$$\lambda = \frac{L(\mathbf{x}, \tilde{\boldsymbol{\theta}})}{L(\mathbf{x}, \hat{\boldsymbol{\theta}})}$$

似然比一定介于 0 和 1 之间，因为两个似然函数的最大值都是正的，且有约束条件下目标函数的最大值不可能大于无约束条件下目标函数的最大值。

似然比检验的基本原理是：如果约束是有效的，则 $L(\mathbf{x}, \tilde{\boldsymbol{\theta}})$ 不应该比 $L(\mathbf{x}, \hat{\boldsymbol{\theta}})$ 小许多，λ 值应靠近 1。如果约束是无效的，则 $L(\mathbf{x}, \tilde{\boldsymbol{\theta}})$ 可能比 $L(\mathbf{x}, \hat{\boldsymbol{\theta}})$ 小许多，λ 值应靠近 0。因此，当 λ 值较小时，我们将怀疑约束的

有效性。

似然比统计量定义如下：

$$LR = -2\ln\lambda = 2[\ln L(\mathbf{x},\hat{\boldsymbol{\theta}}) - \ln L(\mathbf{x},\tilde{\boldsymbol{\theta}})] \xrightarrow{d} \chi_p^2 \tag{1.23}$$

其中，χ_p^2 由卡方分布表查出，自由度 p 是约束的个数。

一般地，如果 $LR > \chi_p^2$，则拒绝 H_0，说明参数约束无效；

如果 $LR \leqslant \chi_p^2$，则不能拒绝 $H_0: \mathbf{h}(\boldsymbol{\theta}) = \mathbf{0}$，说明参数约束有效。

二　沃尔德检验

若 $\hat{\boldsymbol{\theta}}$ 表示无参数约束［即 $\mathbf{h}(\boldsymbol{\theta}) \neq \mathbf{0}$］条件下似然函数取最大值 $L(\mathbf{x},\hat{\boldsymbol{\theta}})$ 时对应的 ML 估计量，沃尔德（Wald）检验的基本原理是：如果约束 $\mathbf{h}(\boldsymbol{\theta}) = \mathbf{0}$ 是有效的，则在没有该约束的情况下估计出的 $\hat{\boldsymbol{\theta}}$，应渐近地满足 $\mathbf{h}(\hat{\boldsymbol{\theta}}) \approx 0$，$\mathbf{h}(\hat{\boldsymbol{\theta}})$ 应该接近于 $\mathbf{0}$，因为 ML 估计量是一致的。

对于无约束估计量 $\hat{\boldsymbol{\theta}}$，在真值 $\boldsymbol{\theta}$ 处，当 $(\hat{\boldsymbol{\theta}} - \boldsymbol{\theta})$ 很小时，对 $\mathbf{h}(\hat{\boldsymbol{\theta}})$ 进行一阶泰勒展开，可得：

$$\mathbf{h}(\hat{\boldsymbol{\theta}}) \approx \mathbf{h}(\boldsymbol{\theta}) + \frac{\partial \mathbf{h}(\boldsymbol{\theta})}{\partial \boldsymbol{\theta}'}(\hat{\boldsymbol{\theta}} - \boldsymbol{\theta}) \tag{1.24}$$

即：

$$\mathbf{h}(\hat{\boldsymbol{\theta}}) - \mathbf{h}(\boldsymbol{\theta}) \approx \frac{\partial \mathbf{h}(\boldsymbol{\theta})}{\partial \boldsymbol{\theta}'}(\hat{\boldsymbol{\theta}} - \boldsymbol{\theta})$$

因为：

$$(\hat{\boldsymbol{\theta}} - \boldsymbol{\theta}) \xrightarrow{d} N[\mathbf{0}, \mathbf{Var}(\boldsymbol{\theta})]$$

$$\mathbf{h}(\boldsymbol{\theta}) = \mathbf{0}$$

$$\mathbf{Var}(\boldsymbol{\theta}) = \mathbf{I}^{-1}(\boldsymbol{\theta})$$

所以：

$$\mathbf{h}(\hat{\boldsymbol{\theta}}) - \mathbf{h}(\boldsymbol{\theta}) = \mathbf{h}(\hat{\boldsymbol{\theta}}) - \mathbf{0}$$

$$\xrightarrow{d} \frac{\partial \mathbf{h}(\boldsymbol{\theta})}{\partial \boldsymbol{\theta}'} N[\mathbf{0}, \mathbf{Var}(\boldsymbol{\theta})] = N\left[\mathbf{0}, \left(\frac{\partial \mathbf{h}(\boldsymbol{\theta})}{\partial \boldsymbol{\theta}'}\right) \mathbf{Var}(\boldsymbol{\theta}) \left(\frac{\partial \mathbf{h}(\boldsymbol{\theta})}{\partial \boldsymbol{\theta}'}\right)'\right] \tag{1.25}$$

式（1.25）所表述的方法通常被称为 delta 方法。在 $\hat{\boldsymbol{\theta}}$ 处，$\mathbf{Var}[\mathbf{h}(\hat{\boldsymbol{\theta}})]$ 的计算结果为：

$$\mathbf{Var}[\mathbf{h}(\hat{\boldsymbol{\theta}})] = \left(\frac{\partial \mathbf{h}(\hat{\boldsymbol{\theta}})}{\partial \boldsymbol{\theta}'}\right) \mathbf{Var}(\hat{\boldsymbol{\theta}}) \left(\frac{\partial \mathbf{h}(\hat{\boldsymbol{\theta}})}{\partial \boldsymbol{\theta}'}\right)' \tag{1.26}$$

一般地，如果：

$$\mathbf{Z} \sim N(\boldsymbol{\mu}, \Sigma) \tag{1.27}$$

其中Σ为p阶满秩矩阵，则下面的二次型服从卡方分布：

$$(\mathbf{Z}-\boldsymbol{\mu})'\Sigma^{-1}(\mathbf{Z}-\boldsymbol{\mu}) \sim \chi_p^2 \tag{1.28}$$

那么，如果：

$$\mathbf{h}(\hat{\boldsymbol{\theta}}) \sim N[\mathbf{0}, \mathbf{Var}(\mathbf{h}(\hat{\boldsymbol{\theta}}))]$$

则在无约束估计量$\hat{\boldsymbol{\theta}}$处，可构造沃尔德统计量：

$$\begin{aligned} W &= \mathbf{h}'(\hat{\boldsymbol{\theta}})[\mathbf{Var}(\mathbf{h}'(\hat{\boldsymbol{\theta}}))]^{-1}\mathbf{h}(\hat{\boldsymbol{\theta}}) \\ &= \mathbf{h}'(\hat{\boldsymbol{\theta}})\left[\left(\frac{\partial \mathbf{h}(\hat{\boldsymbol{\theta}})}{\partial \boldsymbol{\theta}'}\mathbf{Var}(\hat{\boldsymbol{\theta}})\left(\frac{\partial \mathbf{h}(\hat{\boldsymbol{\theta}})}{\partial \boldsymbol{\theta}'}\right)'\right]^{-1}\mathbf{h}(\hat{\boldsymbol{\theta}}) \\ &= \mathbf{h}'(\hat{\boldsymbol{\theta}})\left[\left(\frac{\partial \mathbf{h}(\hat{\boldsymbol{\theta}})}{\partial \boldsymbol{\theta}'}\mathrm{I}^{-1}(\hat{\boldsymbol{\theta}})\left(\frac{\partial \mathbf{h}(\hat{\boldsymbol{\theta}})}{\partial \boldsymbol{\theta}'}\right)'\right]^{-1}\mathbf{h}(\hat{\boldsymbol{\theta}}) \xrightarrow{d} \chi_p^2 \end{aligned} \tag{1.29}$$

一般地，如果$W>\chi_p^2$，则拒绝H_0，说明参数约束无效；

如果$W \leqslant \chi_p^2$，则不能拒绝H_0：$\mathbf{h}(\boldsymbol{\theta})=\mathbf{0}$，说明参数约束有效。

三　拉格朗日乘数检验（得分检验）

若$\tilde{\boldsymbol{\theta}}$表示加上线性参数约束$\mathbf{h}(\boldsymbol{\theta})=\mathbf{0}$后似然函数取最大值$L(\mathbf{x},\tilde{\boldsymbol{\theta}})$时对应的$ML$估计量。在约束条件下，作为目标函数的对数似然函数应为下面的拉格朗日函数：

$$\ln L_R(\mathbf{x},\boldsymbol{\theta}) = \ln L(\mathbf{x},\boldsymbol{\theta}) + \boldsymbol{\lambda}'\mathbf{h}(\boldsymbol{\theta}) \tag{1.30}$$

其中$\boldsymbol{\lambda}$为$p\times 1$阶拉格朗日乘数向量，$\tilde{\boldsymbol{\theta}}$应为：

$$\tilde{\boldsymbol{\theta}} = \underset{\boldsymbol{\theta}}{\mathrm{argmax}} \ln L_R(\mathbf{x},\boldsymbol{\theta}) \tag{1.31}$$

其一阶条件为：

$$\begin{aligned} &\frac{\partial \ln L_R(\mathbf{x},\boldsymbol{\theta})}{\partial \boldsymbol{\theta}} = \frac{\partial \ln L(\mathbf{x},\boldsymbol{\theta})}{\partial \boldsymbol{\theta}} + \left(\frac{\partial \mathbf{h}(\boldsymbol{\theta})}{\partial \boldsymbol{\theta}'}\right)'\boldsymbol{\lambda} = \mathbf{0} \\ &\Rightarrow \frac{\partial \ln L(\mathbf{x},\tilde{\boldsymbol{\theta}})}{\partial \boldsymbol{\theta}} = -\left(\frac{\partial \mathbf{h}(\tilde{\boldsymbol{\theta}})}{\partial \boldsymbol{\theta}'}\right)'\tilde{\boldsymbol{\lambda}} \end{aligned} \tag{1.32}$$

$$\frac{\partial \ln L_R(\mathbf{x},\boldsymbol{\theta})}{\partial \boldsymbol{\lambda}} = \mathbf{h}(\boldsymbol{\theta}) = \mathbf{0} \tag{1.33}$$

拉格朗日乘数检验的基本原理是：如果约束$\mathbf{h}(\boldsymbol{\theta})=\mathbf{0}$是有效的，则最大化拉格朗日函数$\ln L_R(\mathbf{x},\boldsymbol{\theta})$所得到的有约束估计量$\tilde{\boldsymbol{\theta}}$应该位于最大化原始样本似然函数$\ln L(\mathbf{x},\boldsymbol{\theta})$所得到的参数估计值附近。因此，对数似然函数的斜率（也即得分向量）在$\tilde{\boldsymbol{\theta}}$处应该趋近于0；$\tilde{\boldsymbol{\lambda}}$值应该很小，也应该趋近于0。于是，拉格朗日乘数检验就是在有约束估计量$\tilde{\boldsymbol{\theta}}$处，通过检验得分向量$\frac{\partial \ln L(\mathbf{x},\tilde{\boldsymbol{\theta}})}{\partial \boldsymbol{\theta}}$是否趋近于零来检验约束是否有效，这种检验方法也因

此而被称为得分检验。

考虑到：

$$\frac{\partial \ln L(\mathbf{x},\tilde{\boldsymbol{\theta}})}{\partial \boldsymbol{\theta}} \xrightarrow{\mathrm{d}} N[\mathbf{0},\mathbf{I}(\boldsymbol{\theta})]$$

因此在 $\tilde{\boldsymbol{\theta}}$ 处，$\mathbf{Var}\left(\frac{\partial \ln L(\mathbf{x},\ \tilde{\boldsymbol{\theta}})}{\partial \boldsymbol{\theta}}\right)$的计算结果为：

$$\mathbf{Var}\left(\frac{\partial \ln L(\mathbf{x},\tilde{\boldsymbol{\theta}})}{\partial \boldsymbol{\theta}}\right)=\mathbf{I}(\tilde{\boldsymbol{\theta}})$$

根据式（1.27）与式（1.28），则可构造如下的拉格朗日乘数检验统计量：

$$\begin{aligned} LM &= \left(\frac{\partial \ln L(\mathbf{x},\tilde{\boldsymbol{\theta}})}{\partial \boldsymbol{\theta}}\right)'\left[\mathbf{Var}\left(\frac{\partial \ln L(\mathbf{x},\tilde{\boldsymbol{\theta}})}{\partial \boldsymbol{\theta}}\right)\right]^{-1}\left(\frac{\partial \ln L(\mathbf{x},\tilde{\boldsymbol{\theta}})}{\partial \boldsymbol{\theta}}\right) \\ &= \left(\frac{\partial \ln L(\mathbf{x},\tilde{\boldsymbol{\theta}})}{\partial \boldsymbol{\theta}}\right)'\mathbf{I}^{-1}(\tilde{\boldsymbol{\theta}})\left(\frac{\partial \ln L(\mathbf{x},\tilde{\boldsymbol{\theta}})}{\partial \boldsymbol{\theta}}\right) \qquad (1.34) \\ &= -\left(\frac{\partial \ln L(\mathbf{x},\tilde{\boldsymbol{\theta}})}{\partial \boldsymbol{\theta}}\right)'\left(\frac{\partial^2 \ln L(\mathbf{x},\tilde{\boldsymbol{\theta}})}{\partial \boldsymbol{\theta}\partial \boldsymbol{\theta}'}\right)^{-1}\left(\frac{\partial \ln L(\mathbf{x},\tilde{\boldsymbol{\theta}})}{\partial \boldsymbol{\theta}}\right)\xrightarrow{d}\chi_p^2 \end{aligned}$$

一般地，如果 $LM>\chi_p^2$，则拒绝 H_0，说明参数约束无效；

如果 $LM\leqslant\chi_p^2$，则不能拒绝 H_0：$\mathbf{h}(\boldsymbol{\theta})=\mathbf{0}$，说明参数约束有效。

四　三种检验方法的比较

对于大样本而言，似然比检验、沃尔德检验和拉格朗日乘数检验是渐近等价的。

对于似然比检验，既需要估计有约束模型，也需要估计无约束模型；对于沃尔德检验，只需要估计无约束模型；对于拉格朗日乘数检验，只需要估计有约束模型。

一般情况下，由于估计有约束模型相对更复杂些，而似然比检验及拉格朗日乘数检验都涉及有约束模型的估计，只有沃尔德检验不涉及有约束模型的估计，因此沃尔德检验最为常用。

对于小样本而言，似然比检验的渐近性最好，拉格朗日乘数检验也较好。沃尔德检验有时会拒绝原假设，其小样本性质不尽如人意。

第四节　案例分析

一　最大似然估计及参数约束检验案例

假定 x_1，x_2，…，x_n 独立同分布，为服从伯努利分布的随机变量：

$$x_i=\begin{cases}1,\text{概率为}\quad\theta\\0,\text{概率为}(1-\theta)\end{cases}$$

1. 求 θ 的 MLE 及其方差

伯努利分布的概率密度函数为：

$$f(x_i,\theta)=\theta^{x_i}(1-\theta)^{1-x_i}$$

样本似然函数为：

$$L(x,\theta)=\prod_{i=1}^{n}\theta^{x_i}(1-\theta)^{1-x_i}$$

对数似然函数为：

$$\ln L(x,\theta)=\sum_{i=1}^{n}x_i\ln\theta+\sum_{i=1}^{n}(1-x_i)\ln(1-\theta)$$

一阶条件为：

$$\frac{\partial\ln L}{\partial\theta}=\frac{1}{\theta}\sum_{i=1}^{n}x_i-\frac{1}{1-\theta}\sum_{i=1}^{n}(1-x_i)=0$$

于是：

$$\hat{\theta}_{ML}=\frac{1}{n}\sum_{i=1}^{n}x_i$$

由于：

$$\frac{\partial^2\ln L}{\partial\theta^2}=-\frac{1}{\theta^2}\sum_{i=1}^{n}x_i-\frac{1}{(1-\theta)^2}\sum_{i=1}^{n}(1-x_i)$$

根据式（1.19），可得方差的估计量：

$$I^{-1}(\hat{\theta})=-\left[\frac{\partial^2\ln L(x,\hat{\theta})}{\partial\theta^2}\right]^{-1}$$

$$=-\left[-\frac{1}{\hat{\theta}^2}\sum_{i=1}^{n}x_i-\frac{1}{(1-\hat{\theta})^2}\sum_{i=1}^{n}(1-x_i)\right]^{-1}$$

把 $\hat{\theta}=\frac{1}{n}\sum_{i=1}^{n}x_i$，即 $\sum_{i=1}^{n}x_i=n\hat{\theta}$ 代入得：

$$I^{-1}(\hat{\theta})=-\left[-n\left(\frac{1}{\hat{\theta}}+\frac{1}{1-\hat{\theta}}\right)\right]^{-1}$$

$$=\frac{1}{n}\hat{\theta}(1-\hat{\theta})$$

即：

$$Var(\hat{\theta})=I^{-1}(\hat{\theta})=\frac{1}{n}\hat{\theta}(1-\hat{\theta})$$

2. 对于原假设 $H_0:\theta=0.4$，构造似然比检验、沃尔德检验和拉格朗日乘数检验的统计量

原假设为 $H_0:\theta=0.4$，即 $h(\theta)=\theta-0.4=0$，为有参数约束情形。

备择假设为 $H_0:\theta\neq0.4$，即 $h(\theta)=\theta-0.4\neq0$，为无参数约束情形。

似然比检验统计量为：

$$\begin{aligned}LR&=-2\ln\lambda=2\left[\ln L(x,\hat{\theta})-\ln L(x,\tilde{\theta})\right]\\&=2\left[\ln L(x,\hat{\theta})-\ln L(x,\tilde{\theta}=0.4)\right]\\&=2\left[\sum_{i=1}^{n}x_i\ln\hat{\theta}+\sum_{i=1}^{n}(1-x_i)\ln(1-\hat{\theta})\right]\\&\quad-2\left[\sum_{i=1}^{n}x_i\ln0.4+\sum_{i=1}^{n}(1-x_i)\ln0.6\right]\end{aligned}$$

把 $\sum_{i=1}^{n}x_i=n\hat{\theta}$ 代入得：

$$LR=2n[\hat{\theta}(\ln\hat{\theta}-\ln0.4)+(1-\hat{\theta})(\ln(1-\hat{\theta})-\ln0.6)]$$

$$\xrightarrow{d}x_{p=1}^{2}$$

沃尔德检验统计量为：

$$\begin{aligned}W&=h'(\hat{\theta})\left[\left(\frac{\partial h(\hat{\theta})}{\partial\theta}\right)V\hat{a}r(\hat{\theta})\left(\frac{(\partial h\hat{\theta})}{\partial\theta}\right)'\right]^{-1}h(\hat{\theta})\\&=(\hat{\theta}-0.4)\left[1\times\frac{1}{n}\hat{\theta}(1-\hat{\theta})\times1\right]^{-1}(\hat{\theta}-0.4)\\&=n\frac{(\hat{\theta}-0.4)^2}{\hat{\theta}(1-\hat{\theta})}\xrightarrow{d}\chi_{p=1}^{2}\end{aligned}$$

拉格朗日乘数检验统计量为：

$$LM=\left(\frac{\partial\ln L(x,\tilde{\theta})}{\partial\theta}\right)'I^{-1}(\tilde{\theta})\left(\frac{\partial\ln L(x,\tilde{\theta})}{\partial\theta}\right)$$

其中：

$$\frac{\partial\ln L(x,\tilde{\theta})}{\partial\theta}=\frac{1}{\tilde{\theta}}\sum_{i=1}^{n}x_i-\frac{1}{1-\tilde{\theta}}\sum_{i=1}^{n}(1-x_i)$$

$$\mathrm{I}^{-1}(\tilde{\theta})=-\left[\frac{\partial^2\ln L(x,\tilde{\theta})}{\partial\theta^2}\right]^{-1}$$

$$= -\left[-\frac{1}{\tilde{\theta}^2}\sum_{i=1}^{n} x_i - \frac{1}{(1-\tilde{\theta})^2}\sum_{i=1}^{n}(1-x_i)\right]^{-1}$$

把 $\tilde{\theta}=0.4$ 代入得：

$$\frac{\partial \ln L(x,\tilde{\theta})}{\partial\theta} = \frac{1}{0.4}\sum_{i=1}^{n} x_i - \frac{1}{0.6}\sum_{i=1}^{n}(1-x_i)$$

$$I^{-1}(\tilde{\theta}) = \left[\frac{1}{0.4^2}\sum_{i=1}^{n} x_i + \frac{1}{0.6^2}\sum_{i=1}^{n}(1-x_i)\right]^{-1}$$

于是：

$$LM = \left(\frac{1}{0.4}\sum_{i=1}^{n} x_i - \frac{1}{0.6}\sum_{i=1}^{n}(1-x_i)\right)'\left[\frac{1}{0.4^2}\sum_{i=1}^{n} x_i + \frac{1}{0.6^2}\sum_{i=1}^{n}(1-x_i)\right]^{-1}$$
$$\left(\frac{1}{0.4^2}\sum_{i=1}^{n} x_i - \frac{1}{0.6}\sum_{i=1}^{n}(1-x_i)\right)$$
$$= \left(\frac{1}{0.4}\sum_{i=1}^{n} x_i - \frac{1}{0.6}\sum_{i=1}^{n}(1-x_i)\right)^2\left[\frac{1}{0.4^2}\sum_{i=1}^{n} x_i + \frac{1}{0.6^2}\sum_{i=1}^{n}(1-x_i)\right]^{-1}$$
$$\xrightarrow{d} \chi^2_{p=1}$$

二 参数约束检验实证分析案例

已知表 1.1 是 20 组收入与教育水平的观测样本［本案例引自威廉·H. 格林（1998）］。

表 1.1 收入与受教育水平的观测值

观测序号	收入 y_i（千元）	教育水平 x_i（年）	观测序号	收入 y_i（千元）	教育水平 x_i（年）
1	20.5	12	11	55.8	16
2	31.5	16	12	25.2	20
3	47.7	18	13	29.0	12
4	26.2	16	14	85.5	16
5	44.0	12	15	15.1	10
6	8.28	12	16	28.5	18
7	30.8	16	17	21.4	16
8	17.2	12	18	17.7	20
9	19.9	10	19	6.42	12
10	9.96	12	20	84.9	16

假定表中的样本数据由具有如下概率密度形式的模型生成的：

$$f(y_i,\beta)=\frac{1}{\beta+x_i}e^{\frac{-y_i}{\beta+x_i}} \tag{1.35}$$

其中 y_i 为收入，x_i 为教育水平。

假设模型 $f(y_i,\beta)=\frac{1}{\beta+x_i}e^{\frac{-y_i}{\beta+x_i}}$ 中的参数 β 是如下伽玛（Γ）分布：

$$f(y_i,\beta,\rho)=\frac{\left(\frac{1}{\beta+x_i}\right)^{\rho}}{\Gamma(\rho)}y_i^{\rho-1}e^{-\frac{y_i}{\beta+x_i}} \tag{1.36}$$

的一个参数约束形式，参数约束是 $\rho=1$。因为当 $\rho=1$ 时，$\Gamma(\rho)=1$，伽玛分布即为指数分布。其中伽玛函数的定义为：

$$\Gamma(\rho)=\int_0^{+\infty}t^{\rho-1}e^{-t}dt$$

构造原假设：

H_0：$\rho=1$，或 $h(\rho)=\rho-1=0$，有约束情形；

备择假设为：

H_1：$\rho\neq1$，或 $h(\rho)=\rho-1\neq0$，无约束情形。

1. 有约束条件下 β 的最大似然估计及其方差的估计

在有约束条件下，为了得到 β 的最大似然估计，最大化对数似然函数：

$$\ln L(\beta)=-\sum_{i=1}^{n}\ln(\beta+x_i)-\sum_{i=1}^{n}\frac{y_i}{\beta+x_i} \tag{1.37}$$

一阶条件是：

$$\frac{\partial\ln L(\beta)}{\partial\beta}=-\sum_{i=1}^{n}\frac{1}{\beta+x_i}+\sum_{i=1}^{n}\frac{y_i}{(\beta+x_i)^2}=0 \tag{1.38}$$

解之得 $\tilde{\beta}_{ML}=15.603$。

下面运用两种方法分别估计 $\tilde{\beta}_{ML}$ 的方差。

（1）海赛矩阵方法

根据式(1.19)，一般地：

$$I^{-1}(\tilde{\theta})=-\left[\frac{\partial^2\ln L(x,\tilde{\theta})}{\partial\theta\partial\theta'}\right]^{-1}$$

当只有一个参数 β 时，首先求出二阶导数表达式：

$$\frac{\partial^2\ln L(\beta)}{\partial\beta^2}=\sum_{i=1}^{n}\frac{1}{(\beta+x_i)^2}-2\sum_{i=1}^{n}\frac{y_i}{(\beta+x_i)^3} \tag{1.39}$$

在上式中代入 $\tilde{\beta}_{ML}=15.603$ 并取倒数的负数即可得到方差估计为：

$$Var(\tilde{\beta}_{ML}) = I^{-1}(\tilde{\beta}_{ML}) = 46.164$$

（2）安德森—伯恩特方法

根据式（1.20），一般地：

$$I^{-1}(\tilde{\theta}) = \left[\sum_{i=1}^{n}\left(\frac{\partial \ln L(x_i,\tilde{\theta})}{\partial \theta}\right)\left(\frac{\partial \ln L(x_i,\tilde{\theta})}{\partial \theta}\right)'\right]^{-1}$$

当只有一个参数 β 时，这个方差估计量就是在 $\tilde{\beta}_{ML}$ 处取值的密度的一阶导数的平方和的倒数。根据式（1.38）可得：

$$I^{-1}(\tilde{\beta}) = \frac{1}{\sum_{i=1}^{n}\left(-\frac{1}{\tilde{\beta}+x_i}+\frac{y_i}{(\tilde{\beta}+x_i)^2}\right)^2} \tag{1.40}$$

在上式中代入 $\tilde{\beta}=15.603$ 即可得到方差估计：

$$Var(\tilde{\beta}) = I^{-1}(\tilde{\beta}) = 100.512$$

2. 参数约束的实证分析检验

有约束模型 $f(y_i,\beta)=\frac{1}{\beta+x_i}e^{\frac{-y_i}{\beta+x_i}}$ 中的参数 β 用最大似然方法估计出来了。现在想检验这个指数函数是否为如下伽玛（Γ）分布：

$$f(y_i,\beta,\rho) = \frac{\left(\frac{1}{\beta+x_i}\right)^{\rho}}{\Gamma(\rho)} y_i^{\rho-1} e^{-\frac{y_i}{\beta+x_i}} \tag{1.41}$$

的一个参数约束形式，参数约束是 $\rho=1$。当 $\rho=1$ 时，$\Gamma(\rho)=1$。

对数似然及其导数的一般表达式如下：

$$\ln L(\beta,\rho) = -\rho\sum_i \ln(\beta+x_i) - n\ln\Gamma(\rho) - \sum_i \frac{y_i}{(\beta+x_i)} + (\rho-1)\sum_i \ln y_i \tag{1.42}$$

$$\frac{\partial \ln L}{\partial \beta} = -\rho\sum_i \frac{1}{\beta+x_i} + \sum_i \frac{y_i}{(\beta+x_i)^2} \tag{1.43}$$

$$\frac{\partial \ln L}{\partial \rho} = -\sum_i \ln(\beta+x_i) - \frac{n\Gamma'(\rho)}{\Gamma(\rho)} + \sum_i \ln y_i \tag{1.44}$$

$$\frac{\partial^2 \ln L}{\partial \beta^2} = \rho\sum_i \frac{1}{(\beta+x_i)^2} - 2\sum_i \frac{y_i}{(\beta+x_i)^3} \tag{1.45}$$

$$\frac{\partial^2 \ln L}{\partial \rho^2} = -\frac{n[\Gamma(\rho)\Gamma''(\rho) - \Gamma'(\rho)^2]}{\Gamma(\rho)^2} \tag{1.46}$$

$$\frac{\partial^2 \ln L}{\partial \beta \partial \rho} = -\sum_i \frac{1}{\beta+x_i} \tag{1.47}$$

在有约束和无约束情况下，分别令式（1.43）和式（1.44）为零可得到参数的最大似然估计量，再把最大似然估计的结果代入式（1.42）及式(1.45)至式(1.47)，全部估计结果如表1.2所示。

表1.2　最大似然估计结果

无约束条件下的估计量	无约束条件下的估计结果	有约束条件下的估计量	有约束条件下的估计结果
$\hat{\beta}$	-4.719	$\tilde{\beta}$	15.603
$\hat{\rho}$	3.151	$\tilde{\rho}$	1.000
$\ln\hat{L}$	-82.916	$\ln\tilde{L}$	-88.436
$\frac{\partial\ln\hat{L}}{\partial\beta}$	0.000	$\frac{\partial\ln\tilde{L}}{\partial\beta}$	0.000
$\frac{\partial\ln\hat{L}}{\partial\rho}$	0.000	$\frac{\partial\ln\tilde{L}}{\partial\rho}$	7.914
$\frac{\partial^2\ln\hat{L}}{\partial\beta^2}$	-0.8534	$\frac{\partial^2\ln\tilde{L}}{\partial\beta^2}$	-0.02166
$\frac{\partial^2\ln\hat{L}}{\partial\rho^2}$	-7.436	$\frac{\partial^2\ln\tilde{L}}{\partial\rho^2}$	-32.894
$\frac{\partial^2\ln\hat{L}}{\partial\beta\partial\rho}$	-2.242	$\frac{\partial^2\ln\tilde{L}}{\partial\beta\partial\rho}$	-0.6689
$Var(\hat{\beta})$	5.773	$Var(\tilde{\beta})$	46.164
$Var(\hat{\rho})$	0.6625	$Var(\tilde{\rho})$	0.000
$Cov(\hat{\beta},\hat{\rho})$	-1.746	$Cov(\tilde{\beta},\tilde{\rho})$	0.000

（1）似然比检验

似然比检验统计量是：

$$\begin{aligned} LR &= -2\ln\lambda = 2[\ln\hat{L} - \ln\tilde{L}] \\ &= 2[-82.916 - (-88.436)] \\ &= 11.04 \end{aligned}$$

取95%置信水平，当自由度 $p=1$ 时，查卡方分布表得到临界值为 $\chi_p^2 = 3.84$。由于 $LR > \chi_p^2$，原假设 H_0 被拒绝，说明参数约束无效，原模型应为无约束模型。

（2）沃尔德检验

沃尔德检验是基于无约束估计量，在无约束条件下，根据表1.2的估计结果可得：

$$h(\hat{\rho}) = \hat{\rho} - 1 = 3.151 - 1 = 2.151$$

$$Var(\hat{\rho})=0.6625$$

由于:

$$\frac{dh(\hat{\rho})}{d\rho}=1$$

故沃尔德检验统计量为:

$$\begin{aligned} W &= h'(\hat{\rho})[V\hat{a}r[h(\hat{\rho})]]^{-1}h(\hat{\rho}) \\ &= h'(\hat{\rho})\left[\frac{\partial h(\hat{\rho})}{\partial\rho}V\hat{a}r(\hat{\rho})\left(\frac{\partial h(\hat{\rho})}{\partial\rho}\right)'\right]^{-1}h(\hat{\rho}) \\ &= 2.151\times[1\times0.6625\times1]^{-1}\times2.151 \\ &= 6.984 \end{aligned}$$

95%置信水平自由度 $p=1$ 的临界值为 $\chi_p^2=3.84$，同样，由于 $W>\chi_p^2$，原假设 H_0 被拒绝，说明参数约束无效，原模型应为无约束模型。

（3）拉格朗日乘数检验

拉格朗日乘数检验基于有约束估计量。令 $\boldsymbol{\theta}=\begin{pmatrix}\beta\\ \rho\end{pmatrix}$，则:

$$\begin{aligned} LM &= \left(\frac{\partial\ln L(x,\tilde{\boldsymbol{\theta}})}{\partial\boldsymbol{\theta}}\right)'\mathbf{Var}\left(\frac{\partial\ln L(x,\tilde{\boldsymbol{\theta}})}{\partial\boldsymbol{\theta}}\right)\left(\frac{\partial\ln L(x,\tilde{\boldsymbol{\theta}})}{\partial\boldsymbol{\theta}}\right) \\ &= \left(\frac{\partial\ln L(x,\tilde{\boldsymbol{\theta}})}{\partial\boldsymbol{\theta}}\right)'\left(\frac{\partial\ln L(x,\tilde{\boldsymbol{\theta}})}{\partial\boldsymbol{\theta}\partial\boldsymbol{\theta}'}\right)^{-1}\left(\frac{\partial\ln L(x,\tilde{\boldsymbol{\theta}})}{\partial\boldsymbol{\theta}}\right) \\ &= -[0.000\quad 7.914]\begin{bmatrix}-0.02166 & -0.6689\\ -0.6689 & -32.894\end{bmatrix}^{-1}\begin{bmatrix}0.000\\ 7.914\end{bmatrix} \\ &= 5.120 \end{aligned}$$

95%置信水平自由度 $p=1$ 的临界值为 $\chi_p^2=3.84$，同样，由于 $LM>\chi_p^2$，原假设 H_0 被拒绝，说明参数约束无效，原模型应为无约束模型。

在大样本情形中，上述三个检验应是等价的。但在有限样本或小样本中，使用不同的检验可能得到不同的结论。例如，若上述检验在99%置信水平而不是在95%水平上进行，则卡方分布的临界值将是6.63。于是，基于似然比检验或沃尔德检验时原假设将被拒绝，但基于 LM 检验时原假设将不能被拒绝。在这种情况下，所得出的关于参数约束是否有效的任何结论都应明确说明所依赖的条件，特别是所依赖的特定置信水平。

第五节　数值最大化方法

最大似然估计是在已知密度函数形式的条件下，运用观察到的数据

$\mathbf{x}_1$，$\mathbf{x}_2$，…，$\mathbf{x}_n$，计算对数似然函数 $\ln L(\boldsymbol{\theta})$ 最大时所对应的 $\hat{\boldsymbol{\theta}}$ 值。一般地，只有在少数简单的情况下，解析方法才能给出一阶条件的解。在大多数情况下，需要采用数值最大化方法进行求解。本节内容主要选编自汉密尔顿（1999）。

数值最大化方法的基本思想是：构造一个关于 $\hat{\boldsymbol{\theta}}$ 的不同猜测的序列，关于每一个猜测比较 $\ln L(\boldsymbol{\theta})$ 的值，从这些值中找出一个使 $\ln L(\boldsymbol{\theta})$ 最大的 $\hat{\boldsymbol{\theta}}$ 值。

一　格子搜索法

数值最大化的最简单的方法是格子搜索法，适用于只有一个未知参数的情形。构造一个关于 $\hat{\theta}$ 的不同猜测的序列，关于每一个猜测计算 $\ln L(\theta)$ 的值，从这些值中找出一个使 $\ln L(\theta)$ 最大的 $\hat{\theta}$ 值。

这个过程求不出精确的 $\hat{\theta}$ 值，只能求出它的任意精确度的近似。例如，假定想要一个偏离 *MLE* 不超过 ± 0.0001 的估计 $\hat{\theta}$，则须持续细化格子直到每一间隔为 0.0001，在此格子下最好的估计就是 $\hat{\theta}$ 的数值 *MLE*。

当 $\ln L(\theta)$ 连续时，格子搜索法适用于单峰似然函数。如果对数似然函数是单峰的，即只有一个 θ 值满足 $\dfrac{\partial \ln L(\theta)}{\partial \theta}=0$，则比较容易找到 $\hat{\theta}$ 的数值 *MLE*。

在更一般的情况下，如果对数似然函数是多峰的，则有多个局部极大值时，搜索的格子必须足够细以使所有的似然值的局部“山头”都能显现出来。

二　最陡爬坡法

当只有一个需估计的未知参数时，格子搜索法是一个很好的方法。但当 $\boldsymbol{\theta}$ 的元素个数变大时，格子搜索法将变得难以处理。当参数个数很大时，对于可连续微分的函数求最大值，常用的数值方法是最陡爬坡法。

假定先给出待估参数向量的任意一个初始值 $\boldsymbol{\theta}^{(0)}$，希望得到一个更好的估计 $\boldsymbol{\theta}^{(1)}$，假定 $\boldsymbol{\theta}$ 的变动为一个固定的数值，即 $\boldsymbol{\theta}^{(1)}$ 与 $\boldsymbol{\theta}^{(0)}$ 之间的距离的平方为某一固定数值 c：

$$[\boldsymbol{\theta}^{(1)}-\boldsymbol{\theta}^{(0)}]'[\boldsymbol{\theta}^{(1)}-\boldsymbol{\theta}^{(0)}]=c$$

显然，所选 $\boldsymbol{\theta}^{(1)}$ 的最优值应是下面条件最大化问题的解：

$$\max_{\boldsymbol{\theta}^{(1)}} \ln L(\boldsymbol{\theta}^{(1)})$$

满足：$[\boldsymbol{\theta}^{(1)}-\boldsymbol{\theta}^{(0)}]'[\boldsymbol{\theta}^{(1)}-\boldsymbol{\theta}^{(0)}]=c$

为了求这个最大化问题的解，构造拉格朗日函数：

$$Q(\boldsymbol{\theta}^{(1)})=\ln L(\boldsymbol{\theta}^{(1)})+\lambda\left\{c-\left[\boldsymbol{\theta}^{(1)}-\boldsymbol{\theta}^{(0)}\right]'\left[\boldsymbol{\theta}^{(1)}-\boldsymbol{\theta}^{(0)}\right]\right\} \tag{1.48}$$

其中 λ 为拉格朗日乘子。将式（1.48）对 $\boldsymbol{\theta}^{(1)}$ 求导，然后令结果等于零，可得：

$$\frac{\partial \ln L(\boldsymbol{\theta})}{\partial \boldsymbol{\theta}}\bigg|_{\boldsymbol{\theta}=\boldsymbol{\theta}^{(1)}}-2\lambda[\boldsymbol{\theta}^{(1)}-\boldsymbol{\theta}^{(0)}]=0 \tag{1.49}$$

令 $\mathbf{g}(\boldsymbol{\theta})$ 代表对数似然函数的梯度向量（即得分向量）：

$$\mathbf{g}(\boldsymbol{\theta})=\frac{\partial \ln L(\boldsymbol{\theta})}{\partial \boldsymbol{\theta}}$$

如果 $\boldsymbol{\theta}$ 有 p 个元素，则 $\mathbf{g}(\boldsymbol{\theta})$ 为 $(p\times 1)$ 向量。则上式可改写为：

$$\boldsymbol{\theta}^{(1)}-\boldsymbol{\theta}^{(0)}=\frac{1}{2\lambda}\mathbf{g}(\boldsymbol{\theta}^{(1)}) \tag{1.50}$$

从初值 $\boldsymbol{\theta}^{(0)}$ 开始，如果步长较小，每次只变动很小一步，则：

$$\mathbf{g}(\boldsymbol{\theta}^{(1)})\approx\mathbf{g}(\boldsymbol{\theta}^{(0)})$$

$$\boldsymbol{\theta}^{(1)}-\boldsymbol{\theta}^{(0)}\approx\frac{1}{2\lambda}\mathbf{g}(\boldsymbol{\theta}^{(0)}) \tag{1.51}$$

令 $\mathrm{d}=\frac{1}{2\lambda}$，则：

$$\boldsymbol{\theta}^{(1)}=\boldsymbol{\theta}^{(0)}+\mathrm{d}\cdot\mathbf{g}(\boldsymbol{\theta}^{(0)}) \tag{1.52}$$

式（1.52）表明，如果每次只允许 $\boldsymbol{\theta}$ 变动一个较小的固定的数值，则 $\boldsymbol{\theta}$ 变动 $\mathrm{d}\cdot\mathbf{g}(\boldsymbol{\theta}^{(0)})$ 时，可得到似然函数的最大值，因此梯度向量 $\mathbf{g}(\boldsymbol{\theta}^{(0)})$ 给出了似然函数从 $(\boldsymbol{\theta}^{(0)})$ 开始增加最陡的方向。最优 d 的选取方法通常应用格子搜索法。例如，可以计算当 $\mathrm{d}=\cdots,0.1,0.2,0.3,0.4,0.5,0.6,0.7,0.8,0.9,1.0,\cdots$ 时的 $\ln L(\boldsymbol{\theta}^{(1)})=\ln L[\boldsymbol{\theta}^{(0)}+\mathrm{d}\cdot\mathbf{g}(\boldsymbol{\theta}^{(0)})]$，然后以使 $\ln L(\boldsymbol{\theta}^{(1)})$ 最大的 $\boldsymbol{\theta}^{(0)}+\mathrm{d}\cdot\mathbf{g}(\boldsymbol{\theta}^{(0)})$ 作为新的估计 $\boldsymbol{\theta}^{(1)}$，使 $\ln L(\boldsymbol{\theta}^{(1)})$ 最大的 d 即为所要选取的最优的 d。如果 d 是发散的，则选取一个较小的 d 值可试作增量的近似值。

假定对数似然函数为：

$$\ln L(\boldsymbol{\theta})=-1.5\theta_1^2-2\theta_2^2$$

其中有两个待估参数 θ_1 与 θ_2。令其一阶条件为零可得 MLE 为 $\hat{\boldsymbol{\theta}}=\begin{pmatrix}0\\0\end{pmatrix}$。现在用这个简单的例子演示一下如何运用最陡爬坡法。

梯度向量的两个元素为：

$$\frac{\partial \ln L(\boldsymbol{\theta})}{\partial \theta_1} = -3\theta_1, \qquad \frac{\partial \ln L(\boldsymbol{\theta})}{\partial \theta_2} = -4\theta_2$$

假定初始猜测为 $\boldsymbol{\theta}^{(0)} = \begin{pmatrix} -1 \\ 1 \end{pmatrix}$。在 $\boldsymbol{\theta}^{(0)}$ 处梯度向量的两个元素为：

$$\frac{\partial \ln L(\boldsymbol{\theta})}{\partial \theta_1}\Big|_{\boldsymbol{\theta}=\boldsymbol{\theta}^{(0)}} = -3\theta_1 = 3, \qquad \frac{\partial \ln L(\boldsymbol{\theta})}{\partial \theta_2}\Big|_{\boldsymbol{\theta}=\boldsymbol{\theta}^{(0)}} = -4\theta_2 = -4$$

即在 $\boldsymbol{\theta}^{(0)}$ 处的梯度向量为 $\mathbf{g}(\boldsymbol{\theta}^{(0)}) = \begin{bmatrix} 3 \\ -4 \end{bmatrix}$，根据 $\boldsymbol{\theta}^{(1)} - \boldsymbol{\theta}^{(0)} = \mathrm{d} \cdot \mathbf{g}(\boldsymbol{\theta}^{(0)})$，$\boldsymbol{\theta}^{(1)} - \boldsymbol{\theta}^{(0)}$ 的最优步长应正比于 $\begin{bmatrix} 3 \\ -4 \end{bmatrix}$。假设最优选择 $\mathrm{d} = 0.2$，当 $c = 1$ 时，则 $\theta_1^{(1)} - \theta_1^{(0)} = 0.6$，$\theta_2^{(1)} - \theta_2^{(0)} = -0.8$。于是新的猜测将为 $\theta_1^{(1)} = \theta_1^{(0)} + 0.6 = -0.4$ 和 $\theta_2^{(1)} = \theta_2^{(0)} - 0.8 = 0.2$。

重复这一过程，再以 $\boldsymbol{\theta}^{(1)} = \begin{pmatrix} -0.4 \\ 0.2 \end{pmatrix}$为始点，在新的位置计算梯度向量 $\mathbf{g}(\boldsymbol{\theta}^{(1)})$，再按照：

$$\boldsymbol{\theta}^{(2)} = \boldsymbol{\theta}^{(1)} + \mathrm{d} \cdot \mathbf{g}(\boldsymbol{\theta}^{(1)})$$

生成一个新的估计 $\boldsymbol{\theta}^{(2)}$。不断迭代这个过程，计算 $m = 0, 1, 2, \cdots$时的

$$\boldsymbol{\theta}^{(m+1)} = \boldsymbol{\theta}^{(m)} + \mathrm{d} \cdot \mathbf{g}(\boldsymbol{\theta}^{(m)})$$

直到满足收敛条件，所求出的 $\boldsymbol{\theta}^{(m+1)}$ 即为最大似然估计的数值结果。

可选择的收敛条件包括：梯度向量 $\mathbf{g}(\boldsymbol{\theta}^{(m)})$距离零向量充分近；或者 $\boldsymbol{\theta}^{(m+1)}$ 与 $\boldsymbol{\theta}^{(m)}$ 之间的距离小于任意给定的值；或者 $\ln L(\boldsymbol{\theta}^{(m+1)})$与 $\ln L(\boldsymbol{\theta}^{(m)})$之间的差别小于任意给定的数值，等等。

三　牛顿—拉夫森方法

最陡爬坡法的一个缺点是需要大量迭代来找出局部极值。另外一个方法称做牛顿—拉夫森（Newton-Raphson）方法，在下列条件下，它往往收敛得更快：（1）对数似然函数 $\ln L(\boldsymbol{\theta})$的二阶导数存在，（2）$\ln L(\boldsymbol{\theta})$是下凹函数。

假定 $\boldsymbol{\theta}$ 是待估参数的$(p \times 1)$向量。令 $\boldsymbol{\theta}^{(0)}$ 表示 $\boldsymbol{\theta}$ 的一个初始猜测，$\mathbf{g}(\boldsymbol{\theta}^{(0)})$表示对数似然函数在初值 $\boldsymbol{\theta}^{(0)}$ 处的梯度向量：

$$\mathbf{g}(\boldsymbol{\theta}^{(0)}) = \frac{\partial \ln L(\boldsymbol{\theta})}{\partial \boldsymbol{\theta}}\Big|_{\boldsymbol{\theta}=\boldsymbol{\theta}^{(0)}}$$

令 $\mathbf{H}(\boldsymbol{\theta}^{(0)})$表示在 $\boldsymbol{\theta}^{(0)}$ 处的海赛矩阵：

$$\mathbf{H}(\boldsymbol{\theta}^{(0)}) = \frac{\partial^2 \ln L(\boldsymbol{\theta})}{\partial\boldsymbol{\theta}\partial\boldsymbol{\theta}'}\bigg|_{\boldsymbol{\theta}=\boldsymbol{\theta}^{(0)}}$$

在初值 $\boldsymbol{\theta}^{(0)}$ 处，利用二阶泰勒展开求 $\ln L(\boldsymbol{\theta})$的近似值：

$$\ln L(\boldsymbol{\theta}) \approx \ln L(\boldsymbol{\theta}^{(0)}) + [\mathbf{g}(\boldsymbol{\theta}^{(0)})]'[\boldsymbol{\theta}-\boldsymbol{\theta}^{(0)}] + \frac{1}{2}[\boldsymbol{\theta}-\boldsymbol{\theta}^{(0)}]'\mathbf{H}(\boldsymbol{\theta}^{(0)})[\boldsymbol{\theta}-\boldsymbol{\theta}^{(0)}] \tag{1.53}$$

牛顿—拉夫森方法的基本思想是选取 $\boldsymbol{\theta}$ 使式（1.53）最大。令式（1.53）对 $\boldsymbol{\theta}$ 的导数为零，结果得：

$$\mathbf{g}(\boldsymbol{\theta}^{(0)}) + \mathbf{H}(\boldsymbol{\theta}^{(0)})[\boldsymbol{\theta}-\boldsymbol{\theta}^{(0)}] = 0 \tag{1.54}$$

上式表明改进的 $\boldsymbol{\theta}$ 的估计 $\boldsymbol{\theta}^{(1)}$ 应满足：

$$\boldsymbol{\theta}^{(1)} - \boldsymbol{\theta}^{(0)} = -[\mathbf{H}(\boldsymbol{\theta}^{(0)})]^{-1}\mathbf{g}(\boldsymbol{\theta}^{(0)}) \tag{1.55}$$

估计出改进的 $\boldsymbol{\theta}^{(1)}$ 后，紧接着在 $\boldsymbol{\theta}^{(1)}$ 处运用梯度向量和海赛矩阵求出新估计 $\boldsymbol{\theta}^{(2)}$。不断迭代这个过程，计算 $m=0$，1，2，…时的：

$$\boldsymbol{\theta}^{(m+1)} = \boldsymbol{\theta}^{(m)} - [\mathbf{H}(\boldsymbol{\theta}^{(m)})]^{-1}\mathbf{g}(\boldsymbol{\theta}^{(m)}) \tag{1.56}$$

直到满足收敛条件（比如 $\boldsymbol{\theta}^{(m+1)}$ 与 $\boldsymbol{\theta}^{(m)}$ 之间的距离小于任意给定的值），所求出的 $\boldsymbol{\theta}^{(m+1)}$ 即为最大似然估计的数值结果。

一般情况下，牛顿—拉夫森方法较最陡爬坡法可更快地收敛于局部极值。但是，如果对数似然函数不是下凹的，则牛顿—拉夫森方法将很不理想。因此，尽管最陡爬坡法常常较之牛顿—拉夫森方法收敛慢，但最陡爬坡法更为稳健。

在大多数情况下，式（1.53）只是真正的对数似然函数的一个近似，迭代公式（1.56）常按下述方法进行修正：

$$\boldsymbol{\theta}^{(m+1)} = \boldsymbol{\theta}^{(m)} - d\cdot[\mathbf{H}(\boldsymbol{\theta}^{(m)})]^{-1}\mathbf{g}(\boldsymbol{\theta}^{(m)}) \tag{1.57}$$

其中最优 d 的选取方法也是格子搜索法：计算对应于不同的 d 的对数似然函数 $\ln L(\boldsymbol{\theta}^{(m+1)})$的值，选取使对数似然值最大的 d 作为 d 的最优值。

本章小结

本章首先介绍了最大似然估计与条件最大似然估计的基本概念。然后讨论了最大似然估计的性质，最大似然估计量 $\hat{\boldsymbol{\theta}}_{ML}$ 的近似分布是正态的，其均值为 $\boldsymbol{\theta}$，方差为 $\mathbf{I}^{-1}$（$\boldsymbol{\theta}$），可用三种方法进行估计。最大似然估计具有不变性等良好的性质。本章还介绍了三种常用的基于最大似然估计的检验：似然比检验、沃尔德检验及拉格朗日乘数检验。对于大样本而言，似然比检验、沃尔德检验和拉格朗日乘数检验是渐近等价的。对于似然比检验，既需要估计有参数约束的模型，也需要估计无约束的模型；对于沃尔德检验，只需要估计无约束的模型；对于拉格朗日乘数检验，只需要估计有参数约束的模型。此外，本章还给出了三种假设检验的实证分析案例及最大似然估计的数值算法。

思　考　题

1. 名词解释

（1）似然方程　　（2）最大似然估计

（3）条件最大似然估计　　（4）准最大似然估计

（5）海赛矩阵　　（6）信息矩阵

（7）不变性　　（8）似然比检验

（9）沃尔德检验　　（10）拉格朗日乘数检验

2. 简答题

（1）考虑模型

$$\sqrt{y_t} = \mathbf{x}_t\boldsymbol{\beta} + \mu_t$$

其中 μ_t 为独立同分布的正态分布，即：

$$\mu_t \sim i.\,i.\,d.\,N(0,\sigma^2)$$

假设因变量 y_t 的所有观测值皆为正数，试写出该模型的对数似然函数。

（2）对下面模型

$$y_i = \mathbf{x}_i\boldsymbol{\beta} + \varepsilon_i, \varepsilon_i \sim N(0,(\mathbf{z}_i\boldsymbol{\gamma})^2)$$

推导出对数似然函数、一阶条件、信息矩阵、β 的 MLE 及其渐近协方差；如何估计 $\hat{\beta}_{ML}$ 的渐近协方差？

（3）考虑二元线性回归模型

$$y = x_1\beta_1 + x_2\beta_2 + \mu,\ \mu \sim N(0,\sigma^2) \tag{1.58}$$

对于原假设 $\beta_2 = 0$，推导出沃尔德统计量 W、似然比统计量 LR 以及拉格朗日乘数统计量 LM 的表达式。

（4）在二元线性回归模型（1.58）中，对于原假设 $\beta_2 = 0$，运用不等式

$$x > \ln(1 + x) > \frac{x}{1 + x}, x > 0$$

证明在该问题中：$W > LR > LM$。

（5）对于参数向量 $\boldsymbol{\theta}$ 的线性约束原假设 H_0：$\mathbf{R}\boldsymbol{\theta} = \mathbf{q}$，已知 $Var(\boldsymbol{\theta}) = \boldsymbol{\Omega}$，

写出沃尔德检验统计量 W 的表达式。

3. 论述题

（1）论述并比较数值最大化的格子搜索法、最陡爬坡法以及牛顿—拉夫森法。

（2）假设 x 服从威布尔分布：

$$f(x)=\alpha\beta x^{\beta-1}e^{-\alpha x^{\beta}},x>0,\alpha>0,\beta>0$$

（a）求有 n 个观测值的一个随机样本的对数似然函数。

（b）求 α 和 β 的最大似然估计的似然方程（注意第一个方程以数据和 β 的形式提供 α 的一个显式解，但其代入第二个后，仅仅得到 β 的一个隐式解）。

（c）求对数似然关于 α 和 β 的二阶导数矩阵。

（d）下列 20 个数据是由威布尔分布生成的：

1.3042，0.49254，1.2742，1.4019，0.32556，0.29965，0.26423，1.0878，1.9461，0.47615，3.6454，0.15344，1.2357，0.96381，0.33453，1.1227，2.0296，1.2797，0.96080，2.0070

（d1）求 α 和 β 的最大似然估计，并给出它们的渐近协方差矩阵；

（d2）求在 $\beta=1$ 假设下 α 的最大似然估计；

（d3）进行假设 $\beta=1$ 的沃尔德检验；

（d4）进行假设 $\beta=1$ 的似然比检验；

（d5）进行假设 $\beta=1$ 的拉格朗日乘数检验。

阅读参考文献

[1]［美］詹姆斯·D. 汉密尔顿著：《时间序列分析》，刘明志译，中国社会科学出版社 1999 年版。

[2]［美］J. 约翰斯顿、J. 迪纳尔多著：《计量经济学方法》，唐齐明等译，中国经济出版社 2002 年版。

[3]［美］威廉·H. 格林著：《经济计量分析》，王明舰等译，中国社会科学出版社 1998 年版。

[4] 苏良军编著：《高等数理统计》，北京大学出版社 2007 年版。

[5] Anderson, T. W. (1959), Some Scaling Methods and Estimation Procedures in the Latent Class Model, in *Probability and Statistics*, U. Grenander (ed.). New York: John Wiley & Sons.

[6] *Berndt, E., B. Hall, R. Hall, and J. Hausman* (1974), Estimation

and Inference in Nonlinear Structure Models, *Annals of Economic and Social Measurement*, 3/4, pp. 653—665.

[7] Cameron, Adrian Colin and Pravin K. Trivedi (2005), *Microeconometrics: methods and applications*, Cambridge University Press.

[8] Davidson, Russell, James G. MacKinnon (2004), *Econometric Theory and Methods*, Oxford University Press.

[9] Gourieroux, C. and A. Monfort (1995), *Statistics and Econometric Models*, Cambridge University Press.

[10] Hansen, Bruce E. (2006), *Econometrics*, Unpublished Book, University of Wisconsin.

[11] Jorgensen, Annette Vissing (2001), *Maximum Likelihood Estimation*, Lecture Note for Empirical Analysis, University of Chicago.

[12] Mills C. Terence and Kerry Patterson (2006), *Palgrave Handbook of Econometrics: Econometric Theory*, v. 1, Palgrave Macmillan Ltd.

[13] Newey, W. K. and D. McFadden (1994), Large Sample Estimation and Hypothesis Testing, in *Handbook of Econometrics*, vol. iv, ed. by R. F. Engle and D. L. McFadden, pp. 2111—2245, Amsterdam: Elsevier.

第二章　广义矩方法

内容提要

参数估计方法主要有三类：最小二乘法、最大似然法以及广义矩方法。上一章我们讨论了最大似然法，本章我们将注意力转向广义矩方法（*GMM*）。广义矩方法是由汉森（Hansen，1982）首先提出的，随后兴起了一批使用 *GMM* 估计量的宏观和微观经济研究。

最大似然估计（*MLE*）需要知道数据的所有联合分布，而在用 *MLE* 进行估计时，分布假定难免有人为的因素，一旦给出了错误的分布假定，*MLE* 估计量通常是有偏的。*GMM* 的优点是它只需要具体说明一些矩条件而不是整个密度函数，其估计量总是一致的。当然这也可能是另一个弱点，因为 *GMM* 有时不能对样本中的全部信息进行有效利用。此外，只有当样本很大时，*GMM* 估计量才是渐近有效的，而在小样本中尽管也是一致的，但却不是有效的。

就像它的名字一样，广义矩方法确实是一种具有高度概括性的方法，其他的参数估计量可以看做它的特例，比如最小二乘法估计量（*OLS*）和最大似然估计量（*MLE*）都是 *GMM* 估计量的特例。当待估参数较多时，最大似然估计需要较为复杂的数值求解，*GMM* 估计更加方便。*GMM* 在时间序列及面板数据分析等许多场合有着广泛的应用。

第一节　经典矩方法

一　基本概念

1. 矩、原点矩与中心矩

设 x 为随机变量，c 为常数，k 为正整数，则 $E[(x-c)^k]$（假如它存在）称为 x 关于 c 的 k 阶矩。

若 $c=0$，则 $E(x^k)$ 称为 x 的 k 阶原点矩；

若 $c=E(x)$，则 $E\{[x-E(x)]^k\}$ 称为 x 的 k 阶中心矩。

由上述定义可知，一阶原点矩就是 x 的期望；二阶中心矩就是 x 的方差。

2. 总体矩与样本矩

随机变量 x 的某个连续函数 $g(x)$ 的数学期望称为总体矩，即 $u=E[g(x)]$。当 $g(x)=x$ 时，$u_1=Ex$，称为一阶总体矩；当 $g(x)=x^2$ 时，$u_2=E(x^2)$，称为二阶总体矩。

相应地，对于样本 x_1，x_2，…，x_n，一阶样本矩为 $m_1=\frac{1}{n}\sum_{i=1}^{n}x_i$；二阶样本矩为 $m_2=\frac{1}{n}\sum_{i=1}^{n}x_i^2$。

二　经典矩方法

1. 经典矩方法的步骤

用样本矩去代替总体矩，得到参数的估计，这种方法称为矩方法（*MOM*），也称为经典矩方法。

假设有一组随机样本 x_1，x_2，…，x_n，服从 $k\times 1$ 维参数向量为 $\boldsymbol{\theta}$ 的一种分布。用经典矩方法来估计 $\boldsymbol{\theta}$ 的步骤如下：

首先，分别计算样本数据的 j 阶总体矩，$j=1$，2，…，k，它们是 $\boldsymbol{\theta}$ 的函数：

$$E(x_i^j)=\mu_j(\boldsymbol{\theta}),\ j=1,2,\cdots,k \tag{2.1}$$

其中 x_i^j 是 x_i 的 j 次方，它们可以不必是前 k 阶总体矩，但它们的形式一定要简单。包含参数 $\boldsymbol{\theta}$ 的总体矩函数就是我们要求解的经济模型。

其次，根据大数定律（*LLN*），各阶样本矩依概率收敛于各阶总体矩，即：

$$\frac{1}{n}\sum_{i=1}^{n}x_i^j\xrightarrow{p}E(x_i^j),\ j=1,2,\cdots,k \tag{2.2}$$

最后，用样本矩代替总体矩，解 k 个矩方程构成的方程组，解出来的 $\hat{\boldsymbol{\theta}}_{MM}$ 就是 $\boldsymbol{\theta}$ 的矩法估计量：

$$\frac{1}{n}\sum_{i=1}^{n}x_i^j=\mu_j(\hat{\boldsymbol{\theta}}_{MM}),\ j=1,2,\cdots,k\quad\Rightarrow\quad\hat{\boldsymbol{\theta}}_{MM} \tag{2.3}$$

2. 经典矩方法示例

假设有一组随机样本 x_1，x_2，…，x_n，服从正态分布 $N(\mu,\ \sigma^2)$，欲估

计μ和σ两个参数。

首先分别计算一阶和二阶总体矩，它们是μ和σ的函数：

$$E(x_i)=\mu$$

$$E(x_i^2)=Var(x_i)+E^2(x_i)=\sigma^2+\mu^2$$

然后用样本矩代替总体矩：

$$\frac{1}{n}\sum_{i=1}^{n}x_i = \mu$$

$$\frac{1}{n}\sum_{i=1}^{n}x_i^2 = \sigma^2+\mu^2$$

解上面两个方程构成的方程组，可得经典矩估计量：

$$\hat{\mu}_{MM} = \frac{1}{n}\sum_{i=1}^{n}x_i$$

$$\hat{\sigma}_{MM}^2 = \frac{1}{n}\sum_{i=1}^{n}x_i^2 - \left(\frac{1}{n}\sum_{i=1}^{n}x_i\right)^2$$

3. 向量值函数的经典矩方法

假定根据理论，有k个基于样本数据的函数，它们是一组未知参数$\boldsymbol{\theta}$的函数。向量值函数的经典矩估计可按照以下步骤进行：

首先，构造向量值函数$\mathbf{g}(x_i,\ \boldsymbol{\theta})$，它们是随机样本$x_i$和$k\times1$维参数向量$\boldsymbol{\theta}$的函数，$\mathbf{g}(x_i,\ \boldsymbol{\theta})$可以是隐函数，使其$j$阶总体矩为零（$j=1,2,\cdots,k$）：

$$E[g_j(x_i,\theta)]=0,\ j=1,2,\cdots,k \tag{2.4}$$

包含参数$\boldsymbol{\theta}$的零总体矩函数就是我们要求解的经济模型。

其次，向量值函数$g_j(x_i,\ \boldsymbol{\theta})$的各阶样本矩函数依概率收敛于其各阶总体矩：

$$\frac{1}{n}\sum_{i=1}^{n}g_j(x_i,\boldsymbol{\theta}) \xrightarrow{p} E\left[\mathrm{g_j}(\mathrm{x_i},\boldsymbol{\theta})\right],\ \mathrm{j}=1,2,\cdots,\mathrm{k} \tag{2.5}$$

最后，用样本矩函数代替其零总体矩，解k个方程构成的方程组，解出来的$\hat{\boldsymbol{\theta}}_{MM}$就是$\boldsymbol{\theta}$的经典矩估计量：

$$\frac{1}{n}\sum_{i=1}^{n}g_j(x_i,\hat{\boldsymbol{\theta}}_{MM}) = 0,\ j=1,2,\cdots,k \ \Rightarrow\ \hat{\boldsymbol{\theta}}_{MM} \tag{2.6}$$

三 经典矩估计量渐近协方差的计算

这里考虑一般的情况，考虑向量值函数的经典矩估计量的渐近方差和协方差。令样本矩函数向量为：

$$\frac{1}{n}\sum_{i=1}^{n}\underset{(k\times1)}{\mathbf{g}}(x_i,\boldsymbol{\theta}) = \begin{bmatrix} \frac{1}{n}\sum_{i=1}^{n} g_1(x_i,\boldsymbol{\theta}) \\ \frac{1}{n}\sum_{i=1}^{n} g_2(x_i,\boldsymbol{\theta}) \\ \vdots \\ \frac{1}{n}\sum_{i=1}^{n} g_k(x_i,\boldsymbol{\theta}) \end{bmatrix} \tag{2.7}$$

根据中心极限定理（*CLT*）有：

$$\sqrt{n}\left(\frac{1}{n}\sum_{i=1}^{n}\underset{(k\times1)}{\mathbf{g}}(x_i,\boldsymbol{\theta}) - \mathbf{0}\right) = \sqrt{n}\cdot\frac{1}{n}\sum_{i=1}^{n}\underset{(k\times1)}{\mathbf{g}}(x_i,\boldsymbol{\theta}) \xrightarrow{d} N(0,\underset{(k\times k)}{\boldsymbol{\Omega}}) \tag{2.8}$$

其中协方差矩阵 $\underset{(k\times k)}{\boldsymbol{\Omega}}$ 为：

$$\underset{(k\times k)}{\boldsymbol{\Omega}} = E\left[\sqrt{n}\left(\frac{1}{n}\sum_{i=1}^{n}\mathbf{g}(x_i,\boldsymbol{\theta})\right)\cdot\sqrt{n}\left(\frac{1}{n}\sum_{i=1}^{n}\mathbf{g}(x_i,\boldsymbol{\theta})\right)'\right] \tag{2.9}$$

即：

$$\frac{1}{n}\sum_{i=1}^{n}\mathbf{g}(x_i,\boldsymbol{\theta}) \xrightarrow{d} N\left(0,\frac{1}{n}\boldsymbol{\Omega}\right) \tag{2.10}$$

$$\mathbf{Var}\left(\frac{1}{n}\sum_{i=1}^{n}\mathbf{g}(x_i,\boldsymbol{\theta})\right) = \frac{1}{n}\boldsymbol{\Omega} \tag{2.11}$$

令 $\hat{\boldsymbol{\theta}} = \hat{\boldsymbol{\theta}}_{MM}$，在真值 $\boldsymbol{\theta}$ 处，对经典矩估计量 $\hat{\boldsymbol{\theta}}$ 的样本矩函数 $\frac{1}{n}\sum_{i=1}^{n}\mathbf{g}(x_i,\hat{\boldsymbol{\theta}})$ 进行一阶泰勒展开，可得：

$$\mathbf{0} = \frac{1}{n}\sum_{i=1}^{n}\mathbf{g}(x_i,\hat{\boldsymbol{\theta}}) \approx \frac{1}{n}\sum_{i=1}^{n}\mathbf{g}(x_i,\boldsymbol{\theta}) + \left(\frac{1}{n}\sum_{i=1}^{n}\frac{\partial\mathbf{g}(x_i,\boldsymbol{\theta})}{\partial\boldsymbol{\theta}'}\right)(\hat{\boldsymbol{\theta}} - \boldsymbol{\theta}) \tag{2.12}$$

令：

$$\underset{(k\times k)}{\mathbf{G}(\boldsymbol{\theta})} = \frac{1}{n}\sum_{i=1}^{n}\frac{\partial\mathbf{g}(x_i,\boldsymbol{\theta})}{\partial\boldsymbol{\theta}'} \tag{2.13}$$

则：

$$\begin{aligned}(\hat{\boldsymbol{\theta}} - \boldsymbol{\theta}) &= -\left(\frac{1}{n}\sum_{i=1}^{n}\frac{\partial\mathbf{g}(x_i,\boldsymbol{\theta})}{\partial\boldsymbol{\theta}'}\right)^{-1}\cdot\frac{1}{n}\sum_{i=1}^{n}\mathbf{g}(x_i,\boldsymbol{\theta}) \\ &= -\mathbf{G}^{-1}(\boldsymbol{\theta})\cdot\frac{1}{n}\sum_{i=1}^{n}\mathbf{g}(x_i,\boldsymbol{\theta}) \\ &\xrightarrow{d} -\mathbf{G}^{-1}(\boldsymbol{\theta})\cdot N\left(\mathbf{0},\frac{1}{n}\boldsymbol{\Omega}\right)\end{aligned} \tag{2.14}$$

$$\xrightarrow{d} N\left\{\mathbf{0}, \mathbf{G}^{-1}(\boldsymbol{\theta}) \cdot \frac{1}{n}\boldsymbol{\Omega} \cdot [\mathbf{G}^{-1}(\boldsymbol{\theta})]'\right\}$$

因此，经典矩估计量的渐近协方差为：

$$\mathbf{Var}(\hat{\boldsymbol{\theta}}_{MM}) = \frac{1}{n}\mathbf{G}^{-1}\boldsymbol{\Omega}(\mathbf{G}^{-1})' \tag{2.15}$$

第二节 广义矩方法及其性质

一 广义矩方法

上节我们考虑了 k 个未知参数、k 个矩条件的情形，下面假定我们遇到了 k 个未知参数、m 个矩条件（$m>k$）的情形。

通过构造隐函数，使其各阶总体矩为 0，矩条件为如下形式：

$$E[\underset{(m\times 1)}{\mathbf{g}(x_i,\boldsymbol{\theta})}] = E\begin{bmatrix} g_1(x_i,\boldsymbol{\theta}) \\ g_2(x_i,\boldsymbol{\theta}) \\ \vdots \\ g_m(x_i,\boldsymbol{\theta}) \end{bmatrix} = \begin{bmatrix} 0 \\ 0 \\ \vdots \\ 0 \end{bmatrix}_{m\times 1} \tag{2.16}$$

包含参数 $\boldsymbol{\theta}$ 的零总体矩函数就是我们要求解的经济模型。用样本矩代替总体矩，则样本矩条件为：

$$\frac{1}{n}\sum_{i=1}^{n}\underset{(m\times 1)}{\mathbf{g}}(x_i,\boldsymbol{\theta}) = \begin{bmatrix} \frac{1}{n}\sum_{i=1}^{n} g_1(x_i,\boldsymbol{\theta}) \\ \frac{1}{n}\sum_{i=1}^{n} g_2(x_i,\boldsymbol{\theta}) \\ \vdots \\ \frac{1}{n}\sum_{i=1}^{n} g_m(x_i,\boldsymbol{\theta}) \end{bmatrix} = \begin{bmatrix} 0 \\ 0 \\ \vdots \\ 0 \end{bmatrix}_{m\times 1} \tag{2.17}$$

这里有 m 个方程，只有 k 个未知数，当 $m>k$ 时，上述模型是过度识别的。广义矩方法不是像经典矩方法那样，把多余的矩条件舍弃，而是把 m 个样本矩条件的 k 个线性组合设定为零。

找一个 k 行 m 列的矩阵 $\mathbf{A}_{(k\times m)}$，使它满足：

$$\underset{(k\times m)}{\mathbf{A}} \cdot \left[\frac{1}{n}\sum_{i=1}^{n}\underset{(m\times 1)}{\mathbf{g}}(x_i,\boldsymbol{\theta})\right] = \underset{(k\times 1)}{\mathbf{0}} \tag{2.18}$$

例如，对两个矩条件、一个参数（$m=2$，$k=1$）的情形，式（2.18）可写为：

$$[a_1 \quad a_2]\begin{pmatrix}\frac{1}{n}\sum_{i=1}^{n} g_1(x_i,\theta)\\ \frac{1}{n}\sum_{i=1}^{n} g_2(x_i,\theta)\end{pmatrix}=0$$

即：

$$a_1\frac{1}{n}\sum_{i=1}^{n} g_1(x_i,\theta)+a_2\frac{1}{n}\sum_{i=1}^{n} g_2(x_i,\theta)=0$$

解之可得广义矩估计量 $\hat{\theta}_{GMM}$。

选择不同的矩阵 $\mathbf{A}_{(k\times m)}$，将得到不同的 *GMM* 估计量。矩阵 $\mathbf{A}$ 类似于一个工具变量（*IV*）矩阵，选择不同的矩阵 $\mathbf{A}$，将得到不同的估计量。当 $m=k$ 时，上述模型是恰好识别的，此时选择任何可逆矩阵 $\mathbf{A}$，都将得到相同的 *GMM* 估计量，因为在这种情形下矩阵 $\mathbf{A}$ 是多余的，可以消去。

该问题可以转化为一个最小化目标函数的问题，从而把矩阵 $\mathbf{A}_{(k\times m)}$ 的选择转化为对称权矩阵 $\mathbf{W}_{(m\times m)}$ 的最优选择。令目标函数（或损失函数）为：

$$Loss=\left[\frac{1}{n}\sum_{i=1}^{n}\mathbf{g}(x_i,\boldsymbol{\theta})\right]'_{(1\times m)}\underset{(m\times m)}{\mathbf{W}}\left[\frac{1}{n}\sum_{i=1}^{n}\underset{(m\times 1)}{\mathbf{g}}(x_i,\boldsymbol{\theta})\right] \quad (2.19)$$

最小化该损失函数，解出来的 $\boldsymbol{\theta}$ 就是广义矩估计量 $\hat{\boldsymbol{\theta}}_{GMM}$，即：

$$\hat{\boldsymbol{\theta}}_{GMM}=\arg\min_{\theta}\left[\frac{1}{n}\sum_{i=1}^{n}\mathbf{g}(x_i,\boldsymbol{\theta})\right]'\mathbf{W}\left[\frac{1}{n}\sum_{i=1}^{n}\mathbf{g}(x_i,\boldsymbol{\theta})\right] \quad (2.20)$$

为了书写方便，令 $\hat{\boldsymbol{\theta}}=\hat{\boldsymbol{\theta}}_{GMM}$，最小化损失函数的 k 个一阶条件（*FOC*）为：

$$\left[\frac{1}{n}\sum_{i=1}^{n}\frac{\partial\mathbf{g}(x_i,\hat{\boldsymbol{\theta}})}{\partial\boldsymbol{\theta}'}\right]'_{(k\times m)}\underset{(m\times m)}{\mathbf{W}}\left[\frac{1}{n}\sum_{i=1}^{n}\mathbf{g}(x_i,\hat{\boldsymbol{\theta}})\right]_{(m\times 1)}=\underset{(k\times 1)}{\mathbf{0}} \quad (2.21)$$

令：

$$\underset{(m\times k)}{\mathbf{G}(\boldsymbol{\theta})}=\frac{1}{n}\sum_{i=1}^{n}\frac{\partial\mathbf{g}(x_i,\boldsymbol{\theta})}{\partial\boldsymbol{\theta}'} \quad (2.22)$$

与权矩阵 $\mathbf{W}$ 相对应的矩阵 $\mathbf{A}$，便可以通过下面的关系式得到：

$$\underset{(k\times m)}{\mathbf{A}}=\left[\frac{1}{n}\sum_{i=1}^{n}\frac{\partial\mathbf{g}(x_i,\hat{\boldsymbol{\theta}})}{\partial\boldsymbol{\theta}'}\right]'_{(k\times m)}\underset{(m\times m)}{\mathbf{W}}=\underset{(k\times m)}{\mathbf{G}'(\hat{\boldsymbol{\theta}})}\underset{(m\times m)}{\mathbf{W}} \quad (2.23)$$

权矩阵 $\mathbf{W}$ 的选择标准，应使广义矩估计量 $\hat{\boldsymbol{\theta}}_{GMM}$ 最有效。最优权矩阵 $\mathbf{W}$ 的选择将在下一节中专门论述。

二　一般广义矩估计量的性质

假定数据是独立同分布（*i. i. d.*）的，在大样本情况下，一般 *GMM*

估计量具有一致性和渐近正态性。

1. 一致性

$$p\lim\ (\hat{\boldsymbol{\theta}}_{GMM}) = \boldsymbol{\theta} \tag{2.24}$$

$$\hat{\boldsymbol{\theta}}_{GMM} \xrightarrow{p} \boldsymbol{\theta} \tag{2.25}$$

2. 渐近正态性

$$\sqrt{n}(\hat{\boldsymbol{\theta}}_{GMM} - \boldsymbol{\theta}) \xrightarrow{d} N\{\mathbf{0}, [\mathbf{G'WG}]^{-1}\mathbf{G'W\Omega WG}[\mathbf{G'WG}]^{-1}\} \tag{2.26}$$

$$\mathbf{Var}(\hat{\boldsymbol{\theta}}_{GMM}) = \frac{1}{n}[\mathbf{G'WG}]^{-1}\mathbf{G'W\Omega WG}[\mathbf{G'WG}]^{-1} \tag{2.27}$$

证明：

令 $\hat{\boldsymbol{\theta}} = \hat{\boldsymbol{\theta}}_{GMM}$，根据式（2.21），最小化损失函数的一阶条件为：

$$\left[\frac{1}{n}\sum_{i=1}^{n}\frac{\partial \mathbf{g}(x_i,\hat{\boldsymbol{\theta}})}{\partial \boldsymbol{\theta}'}\right]'_{(k\times m)} \underset{(m\times m)}{\mathbf{W}}\left[\frac{1}{n}\sum_{i=1}^{n}\underset{(m\times 1)}{\mathbf{g}}(x_i,\hat{\boldsymbol{\theta}})\right] = \underset{(k\times 1)}{\mathbf{0}}$$

在真值 $\boldsymbol{\theta}$ 处，对一般广义矩估计量 $\hat{\boldsymbol{\theta}}$ 的样本矩函数 $\frac{1}{n}\sum_{i=1}^{n}\mathbf{g}(x_i,\hat{\boldsymbol{\theta}})$ 进行一阶泰勒展开，可得：

$$\frac{1}{n}\sum_{i=1}^{n}\underset{(m\times 1)}{\mathbf{g}}(x_i,\hat{\boldsymbol{\theta}}) \approx \frac{1}{n}\sum_{i=1}^{n}\underset{(m\times 1)}{\mathbf{g}}(x_i,\boldsymbol{\theta}) + \left(\frac{1}{n}\sum_{i=1}^{n}\frac{\partial \mathbf{g}(x_i,\boldsymbol{\theta})}{\partial \boldsymbol{\theta}'}\right)_{(m\times k)}\underset{(k\times 1)}{(\hat{\boldsymbol{\theta}}-\boldsymbol{\theta})} \tag{2.28}$$

于是最小化函数的一阶条件可写为：

$$\begin{aligned}
&\left[\frac{1}{n}\sum_{i=1}^{n}\frac{\partial \mathbf{g}(x_i,\hat{\boldsymbol{\theta}})}{\partial \boldsymbol{\theta}'}\right]'_{(k\times m)} \underset{(m\times m)}{\mathbf{W}}\left[\frac{1}{n}\sum_{i=1}^{n}\underset{(m\times 1)}{\mathbf{g}}(x_i,\hat{\boldsymbol{\theta}})\right]\\
&= \left[\frac{1}{n}\sum_{i=1}^{n}\frac{\partial \mathbf{g}(x_i,\hat{\boldsymbol{\theta}})}{\partial \boldsymbol{\theta}'}\right]'_{(k\times m)} \underset{(m\times m)}{\mathbf{W}}\left[\frac{1}{n}\sum_{i=1}^{n}\underset{(m\times 1)}{\mathbf{g}}(x_i,\boldsymbol{\theta})\right]\\
&\quad + \left[\frac{1}{n}\sum_{i=1}^{n}\frac{\partial \mathbf{g}(x_i,\hat{\boldsymbol{\theta}})}{\partial \boldsymbol{\theta}'}\right]'_{(k\times m)} \underset{(m\times m)}{\mathbf{W}}\left(\frac{1}{n}\sum_{i=1}^{n}\frac{\partial \mathbf{g}(x_i,\boldsymbol{\theta})}{\partial \boldsymbol{\theta}'}\right)_{(m\times k)}\underset{(k\times 1)}{(\hat{\boldsymbol{\theta}}-\boldsymbol{\theta})}\\
&= \underset{(k\times m)}{\mathbf{G}'(\hat{\boldsymbol{\theta}})}\cdot\underset{(m\times m)}{\mathbf{W}}\cdot\left[\frac{1}{n}\sum_{i=1}^{n}\underset{(m\times 1)}{\mathbf{g}}(x_i,\boldsymbol{\theta})\right] + \underset{(k\times m)}{\mathbf{G}'(\hat{\boldsymbol{\theta}})}\cdot\underset{(m\times m)}{\mathbf{W}}\cdot\underset{(m\times k)}{\mathbf{G}(\boldsymbol{\theta})}\cdot\underset{(k\times 1)}{(\hat{\boldsymbol{\theta}}-\boldsymbol{\theta})}\\
&= \underset{(k\times 1)}{\mathbf{0}}
\end{aligned}$$

故有：

$$\begin{aligned}
\sqrt{n}(\underset{(k\times 1)}{\hat{\boldsymbol{\theta}}} - \boldsymbol{\theta}) = &-\left[\underset{(k\times m)}{\mathbf{G}'(\hat{\boldsymbol{\theta}})}\cdot\underset{(m\times m)}{\mathbf{W}}\cdot\underset{(m\times k)}{\mathbf{G}(\boldsymbol{\theta})}\right]^{-1}\underset{(k\times m)}{\mathbf{G}'(\hat{\boldsymbol{\theta}})}\cdot\underset{(m\times m)}{\mathbf{W}}\\
&\cdot\left[\sqrt{n}\cdot\frac{1}{n}\sum_{i=1}^{n}\mathbf{g}(x_i,\boldsymbol{\theta})\right]_{(m\times 1)}
\end{aligned} \tag{2.29}$$

因为：

$$\sqrt{n}\Big(\frac{1}{n}\sum_{i=1}^{n}\underset{(m\times1)}{\mathbf{g}}(x_i,\boldsymbol{\theta})-\mathbf{0}\Big)=\sqrt{n}\cdot\frac{1}{n}\sum_{i=1}^{n}\underset{(m\times1)}{\mathbf{g}}(x_i,\boldsymbol{\theta})\xrightarrow{d}N(\mathbf{0},\underset{(m\times m)}{\boldsymbol{\Omega}})\tag{2.30}$$

其中样本矩的协方差矩阵 $\boldsymbol{\Omega}_{(m\times m)}$ 为：

$$\underset{(m\times m)}{\boldsymbol{\Omega}}=E\Big[\sqrt{n}\Big(\frac{1}{n}\sum_{i=1}^{n}\mathbf{g}(x_i,\boldsymbol{\theta})\Big)\cdot\sqrt{n}\Big(\frac{1}{n}\sum_{i=1}^{n}\mathbf{g}(x_i,\boldsymbol{\theta})\Big)'\Big]\tag{2.31}$$

所以：

$$\begin{aligned}&\sqrt{n}(\underset{(k\times1)}{\hat{\boldsymbol{\theta}}}-\boldsymbol{\theta})\\&=-\Big[\underset{(k\times m)}{\mathbf{G}'(\hat{\boldsymbol{\theta}})}\cdot\underset{(m\times m)}{\mathbf{W}}\cdot\underset{(m\times k)}{\mathbf{G}(\boldsymbol{\theta})}\Big]^{-1}\underset{(k\times m)}{\mathbf{G}'(\hat{\boldsymbol{\theta}})}\cdot\underset{(m\times m)}{\mathbf{W}}\cdot\Big[\sqrt{n}\cdot\frac{1}{n}\sum_{i=1}^{n}\underset{(m\times1)}{\mathbf{g}}(x_i,\boldsymbol{\theta})\Big]\\&\xrightarrow{d}-[\mathbf{G}'\mathbf{W}\mathbf{G}]^{-1}\mathbf{G}'\mathbf{W}\cdot N(\mathbf{0},\boldsymbol{\Omega})\\&\xrightarrow{d}N\{\mathbf{0},[\mathbf{G}'\mathbf{W}\mathbf{G}]^{-1}\mathbf{G}'\mathbf{W}\boldsymbol{\Omega}\mathbf{W}\mathbf{G}[\mathbf{G}'\mathbf{W}\mathbf{G}]^{-1}\}\end{aligned}\tag{2.32}$$

因此，对一般权矩阵 $\mathbf{W}$，一般广义矩估计量的渐近协方差为：

$$\mathbf{Var}(\hat{\boldsymbol{\theta}}_{GMM})=\frac{1}{n}[\mathbf{G}'\mathbf{W}\mathbf{G}]^{-1}\mathbf{G}'\mathbf{W}\boldsymbol{\Omega}\mathbf{W}\mathbf{G}[\mathbf{G}'\mathbf{W}\mathbf{G}]^{-1}\tag{2.33}$$

第三节　最优权矩阵与最优 *GMM*

采用最优权矩阵的 *GMM* 称为“最优 *GMM*”，最优权矩阵 $\mathbf{W}$ 的选择，应能使广义矩估计量 $\hat{\boldsymbol{\theta}}_{GMM}$ 最有效。给定一组矩条件，最优权矩阵规定了如何运用这些矩条件来尽可能精确地估计 $\boldsymbol{\theta}$。“最优 *GMM*” 并不能告诉我们在估计过程中使用了哪些矩条件。一般来说，在估计过程中，使用的有效的矩条件越多，*GMM* 估计量越有效。

一　最优权矩阵的选择

1. 最优权矩阵 $\mathbf{W}$ 及最优 *GMM* 估计量的渐近协方差

首先我们给出最优权矩阵 $\mathbf{W}$ 的结果，然后再证明这个结论。

对任意一个非奇异矩阵 $\mathbf{e}$，矩阵 $\mathbf{A}$ 的最优选择是：

$$\underset{(k\times m)}{\mathbf{A}}=\underset{(k\times k)}{\mathbf{e}}\,\underset{(k\times m)}{\mathbf{G}'}\,\underset{(m\times m)}{\boldsymbol{\Omega}^{-1}}\tag{2.34}$$

其中 $\boldsymbol{\Omega}_{(m\times m)}$ 是总体矩 $\sqrt{n}E\,[\mathbf{g}\,(x_i,\ \boldsymbol{\theta})]$ 或样本矩 $\sqrt{n}\Big(\frac{1}{n}\sum_{i=1}^{n}\mathbf{g}(x_i,\boldsymbol{\theta})\Big)$ 的渐近

协方差矩阵。

考虑一种简单的情况，当 $\mathbf{e}_{(k\times k)}=\mathbf{I}_{(k\times k)}$ 时，这意味着：

$$\underset{(k\times m)}{\mathbf{A}} = \underset{(k\times m)}{\mathbf{G}'}\ \underset{(m\times m)}{\mathbf{\Omega}^{-1}} \tag{2.35}$$

是最优的。从上节的定义知 $\mathbf{A}=\mathbf{G}'\mathbf{W}$，因此最优权矩阵 $\mathbf{W}$ 应满足：

$$\mathbf{G}'\mathbf{\Omega}^{-1} = \mathbf{G}'\mathbf{W} \quad \Rightarrow \quad \mathbf{W} = \mathbf{\Omega}^{-1} \tag{2.36}$$

这里，$\mathbf{G}'\mathbf{\Omega}^{-1}=\mathbf{G}'\mathbf{W}$ 是 $\mathbf{W}$ 为最优权矩阵的充分必要条件，而 $\mathbf{W}=\mathbf{\Omega}^{-1}$ 只是其充分条件。即：

$$\mathbf{G}'\mathbf{\Omega}^{-1}=\mathbf{G}'\mathbf{W} \quad \Leftrightarrow \quad \mathbf{W}\text{ 是最优权矩阵} \tag{2.37}$$

$$\mathbf{W}=\mathbf{\Omega}^{-1} \quad \Rightarrow \quad \mathbf{W}\text{ 是最优权矩阵} \tag{2.38}$$

在最优权矩阵 $\mathbf{W}=\mathbf{\Omega}^{-1}$ 条件下，$\sqrt{n}(\hat{\boldsymbol{\theta}}-\boldsymbol{\theta})$ 依分布收敛于 $N\{\mathbf{0},[\mathbf{G}'\mathbf{\Omega}^{-1}\mathbf{G}]^{-1}\}$，即：

$$\begin{aligned}\sqrt{n}(\hat{\boldsymbol{\theta}}-\boldsymbol{\theta}) &\xrightarrow{d} N\{\mathbf{0},[\mathbf{G}'\mathbf{W}\mathbf{G}]^{-1}\mathbf{G}'\mathbf{W}\mathbf{\Omega}\mathbf{W}\mathbf{G}[\mathbf{G}'\mathbf{W}\mathbf{G}]^{-1}\} \\ &= N\{\mathbf{0},[\mathbf{G}'\mathbf{\Omega}^{-1}\mathbf{G}]^{-1}\}\end{aligned} \tag{2.39}$$

$$\mathbf{Var}(\hat{\boldsymbol{\theta}}_{GMM}) = \frac{1}{n}[\mathbf{G}'\mathbf{\Omega}^{-1}\mathbf{G}]^{-1} \tag{2.40}$$

2. 最优 *GMM* 估计量最有效的证明

最优 *GMM* 估计量最有效可以用反证法来证明：选择其他任何的一般权矩阵 $\mathbf{W}\neq\mathbf{\Omega}^{-1}$ 时 $\sqrt{n}\hat{\boldsymbol{\theta}}$ 的渐近协方差与选择最优权矩阵 $\mathbf{W}=\mathbf{\Omega}^{-1}$ 时的 $\sqrt{n}\hat{\boldsymbol{\theta}}$ 渐近协方差之差 $[\mathbf{G}'\mathbf{W}\mathbf{G}]^{-1}\mathbf{G}'\mathbf{W}\mathbf{\Omega}\mathbf{W}\mathbf{G}[\mathbf{G}'\mathbf{W}\mathbf{G}]^{-1}-[\mathbf{G}'\mathbf{\Omega}^{-1}\mathbf{G}]^{-1}$ 总是半正定的。

证明如下：

$$\begin{aligned}&[\mathbf{G}'\mathbf{W}\mathbf{G}]^{-1}\mathbf{G}'\mathbf{W}\mathbf{\Omega}\mathbf{W}\mathbf{G}[\mathbf{G}'\mathbf{W}\mathbf{G}]^{-1}-[\mathbf{G}'\mathbf{\Omega}^{-1}\mathbf{G}]^{-1} \\ =\ &[\mathbf{G}'\mathbf{W}\mathbf{G}]^{-1}\{\mathbf{G}'\mathbf{W}\mathbf{\Omega}\mathbf{W}\mathbf{G}-\mathbf{G}'\mathbf{W}\mathbf{G}[\mathbf{G}'\mathbf{\Omega}^{-1}\mathbf{G}]^{-1}\mathbf{G}'\mathbf{W}\mathbf{G}\}[\mathbf{G}'\mathbf{W}\mathbf{G}]^{-1}\end{aligned} \tag{2.41}$$

设 $\mathbf{Z}_{(m\times 1)}$ 为满足：

$$\underset{(m\times m)}{\mathbf{\Omega}} = E(\underset{(m\times 1)}{\mathbf{Z}}\ \underset{(1\times m)}{\mathbf{Z}'}) \tag{2.42}$$

的任意随机向量，令：

$$\underset{(k\times 1)}{\mathbf{m}} = \underset{(k\times m)}{\mathbf{G}'}\ \underset{(m\times m)}{\mathbf{W}}\ \underset{(m\times 1)}{\mathbf{Z}} \tag{2.43}$$

$$\underset{(k\times 1)}{\overline{\mathbf{m}}} = \underset{(k\times m)}{\mathbf{G}'}\ \underset{(m\times m)}{\mathbf{\Omega}^{-1}}\ \underset{(m\times 1)}{\mathbf{Z}} \tag{2.44}$$

$$\mathbf{U}=\mathbf{m}-E[\mathbf{m}\overline{\mathbf{m}}'](E[\overline{\mathbf{m}}\overline{\mathbf{m}}'])^{-1}\overline{\mathbf{m}} \tag{2.45}$$

于是：

$$\begin{aligned}&E[\mathbf{U}\mathbf{U}'] \\ &=E[\mathbf{m}\mathbf{m}']-E[\mathbf{m}\overline{\mathbf{m}}'](E[\overline{\mathbf{m}}\overline{\mathbf{m}}'])^{-1}E[\overline{\mathbf{m}}\mathbf{m}']\end{aligned}$$

$$-E[\mathbf{m}\bar{\mathbf{m}}'](E[\bar{\mathbf{m}}\bar{\mathbf{m}}'])^{-1}E[\bar{\mathbf{m}}\mathbf{m}']$$
$$+E[\mathbf{m}\bar{\mathbf{m}}'](E[\bar{\mathbf{m}}\bar{\mathbf{m}}'])^{-1}E[\bar{\mathbf{m}}\bar{\mathbf{m}}'](E[\bar{\mathbf{m}}\bar{\mathbf{m}}'])^{-1}E[\bar{\mathbf{m}}\mathbf{m}']$$
$$=E[\mathbf{m}\mathbf{m}']-E[\mathbf{m}\bar{\mathbf{m}}'](E[\bar{\mathbf{m}}\bar{\mathbf{m}}'])^{-1}E[\bar{\mathbf{m}}\mathbf{m}']$$
$$=\mathbf{G}'\mathbf{W}\cdot E(\mathbf{ZZ}')\cdot\mathbf{WG}-\mathbf{G}'\mathbf{W}\cdot E(\mathbf{ZZ}')\cdot$$
$$\mathbf{\Omega}^{-1}\mathbf{G}[\mathbf{G}'\mathbf{\Omega}^{-1}\cdot E(\mathbf{ZZ}')\cdot\mathbf{\Omega}^{-1}\mathbf{G}]^{-1}\mathbf{G}'\mathbf{\Omega}^{-1}\cdot E(\mathbf{ZZ}')\cdot\mathbf{WG}$$
$$=\mathbf{G}'\mathbf{W\Omega WG}-\mathbf{G}'\mathbf{WG}[\mathbf{G}'\mathbf{\Omega}^{-1}\mathbf{G}]'\mathbf{G}'\mathbf{WG} \tag{2.46}$$

从而：

$$[\mathbf{G}'\mathbf{WG}]^{-1}\mathbf{G}'\mathbf{W\Omega WG}\ [\mathbf{G}'\mathbf{WG}]^{-1}-[\mathbf{G}'\mathbf{\Omega}^{-1}\mathbf{G}]^{-1}$$
$$=[\mathbf{G}'\mathbf{WG}]^{-1}\cdot E[\mathbf{UU}']\cdot[\mathbf{G}'\mathbf{WG}]^{-1} \tag{2.47}$$

一般地，如果矩阵 **P** 是半正定的，矩阵 **Q** 是非奇异的，则 $\mathbf{Q}'\mathbf{PQ}$ 是半正定的。由于 $E[\mathbf{UU}']$ 是半正定的，因此 $[\mathbf{G}'\mathbf{WG}]^{-1}\cdot E[\mathbf{U\,U}']\cdot[\mathbf{G}'\mathbf{WG}]^{-1}$ 也是半正定的，从而 $[\mathbf{G}'\mathbf{WG}]^{-1}\mathbf{G}'\mathbf{W\Omega WG}[\mathbf{G}'\mathbf{WG}]^{-1}-[\mathbf{G}'\mathbf{\Omega}^{-1}\mathbf{G}]^{-1}$ 是半正定的。这就证明了“最优 *GMM*”估计量最有效的结论。

二　最优 *GMM* 估计示例

设 (x_i, y_i) 独立同分布，观测值样本为 (x_i, y_i)，$i=1, 2, \cdots, n$，要估计的模型为：$Ey_i=\mu$。已知 $Ex_i=0$，如何构造一个有效的广义矩估计量来估计参数 μ?

总体矩条件为：$E[\mathbf{g}(\mu)]=\mathbf{0}$，其中：

$$\mathbf{g}(\mu)=\begin{pmatrix} y_i-\mu \\ x_i \end{pmatrix} \tag{2.48}$$

样本矩条件为：

$$\frac{1}{n}\sum_{i=1}^{n}\mathbf{g}(\mu)=\begin{pmatrix} \frac{1}{n}\sum_{i=1}^{n}y_i-\mu \\ \frac{1}{n}\sum_{i=1}^{n}x_i \end{pmatrix}=\mathbf{0} \tag{2.49}$$

这里有两个矩条件，一个参数，因此模型是过度识别的。令总体矩的渐近协方差矩阵为：

$$\mathbf{\Omega}=E\left[\sqrt{n}\mathbf{g}(\mu)\cdot\sqrt{n}\mathbf{g}'(\mu)\right]$$
$$=n\begin{pmatrix} \mathrm{E}(y_i-\mu)^2 & \mathrm{E}[x_i(y_i-\mu)] \\ \mathrm{E}[x_i(y_i-\mu)] & \mathrm{E}x_i^2 \end{pmatrix} \tag{2.50}$$

$$= n\begin{pmatrix} \sigma_y^2 & \sigma_{xy} \\ \sigma_{xy} & \sigma_x^2 \end{pmatrix}$$

由于：

$$\hat{\sigma}_y^2 = \frac{1}{n}\sum_{i=1}^{n}\left(y_i - \frac{1}{n}\sum_{i=1}^{n}y_i\right)^2$$

$$\hat{\sigma}_x^2 = \frac{1}{n}\sum_{i=1}^{n}x_i^2$$

$$\hat{\sigma}_{xy} = \frac{1}{n}\sum_{i=1}^{n}\left(y_i - \frac{1}{n}\sum_{i=1}^{n}y_i\right)x_i$$

因此 $\mathbf{\Omega}$ 的样本估计值为：

$$\hat{\mathbf{\Omega}} = n\begin{pmatrix} \hat{\sigma}_y^2 & \hat{\sigma}_{xy} \\ \hat{\sigma}_{xy} & \hat{\sigma}_x^2 \end{pmatrix}$$

$$= n\begin{pmatrix} \frac{1}{n}\sum_{i=1}^{n}\left(y_i - \frac{1}{n}\sum_{i=1}^{n}y_i\right)^2 & \frac{1}{n}\sum_{i=1}^{n}\left(y_i - \frac{1}{n}\sum_{i=1}^{n}y_i\right)x_i \\ \frac{1}{n}\sum_{i=1}^{n}\left(y_i - \frac{1}{n}\sum_{i=1}^{n}y_i\right)x_i & \frac{1}{n}\sum_{i=1}^{n}x_i^2 \end{pmatrix}$$

取最优权矩阵：

$$\mathbf{W} = \mathbf{\Omega}^{-1} = \frac{1}{n(\hat{\sigma}_y^2\hat{\sigma}_x^2 - \hat{\sigma}_{xy}^2)}\begin{pmatrix} \hat{\sigma}_x^2 & -\hat{\sigma}_{xy} \\ -\hat{\sigma}_{xy} & \hat{\sigma}_y^2 \end{pmatrix} \tag{2.51}$$

最小化的目标函数为：

$$Loss = \left[\frac{1}{n}\sum_{i=1}^{n}\mathbf{g}(\mu)\right]'\mathbf{\Omega}^{-1}\left[\frac{1}{n}\sum_{i=1}^{n}\mathbf{g}(\mu)\right]$$

$$= \frac{1}{n(\hat{\sigma}_y^2\hat{\sigma}_x^2 - \hat{\sigma}_{xy}^2)}\left(\frac{1}{n}\sum_{i=1}^{n}y_i - \mu \quad \frac{1}{n}\sum_{i=1}^{n}x_i\right)\begin{pmatrix} \hat{\sigma}_x^2 & -\hat{\sigma}_{xy} \\ -\hat{\sigma}_{xy} & \hat{\sigma}_y^2 \end{pmatrix}\begin{pmatrix} \frac{1}{n}\sum_{i=1}^{n}y_i - \mu \\ \frac{1}{n}\sum_{i=1}^{n}x_i \end{pmatrix}$$

$$= \frac{1}{n(\hat{\sigma}_y^2\hat{\sigma}_x^2 - \hat{\sigma}_{xy}^2)}\left[\hat{\sigma}_x^2\left(\frac{1}{n}\sum_{i=1}^{n}y_i - \mu\right)^2 - 2\hat{\sigma}_{xy}\left(\frac{1}{n}\sum_{i=1}^{n}y_i - \mu\right)\left(\frac{1}{n}\sum_{i=1}^{n}x_i\right) + \hat{\sigma}_y^2\left(\frac{1}{n}\sum_{i=1}^{n}x_i\right)^2\right] \tag{2.52}$$

解其一阶条件可得：

$$\hat{\mu}_{GMM} = \arg\min_{\mu} Loss$$

$$= \frac{1}{n}\sum_{i=1}^{n}y_i - \frac{\hat{\sigma}_{xy}}{\hat{\sigma}_x^2}\left(\frac{1}{n}\sum_{i=1}^{n}x_i\right)$$

三　最优 *GMM* 估计量数值算法的步骤

在经典矩方法中，有 k 个未知参数，k 个矩条件。在广义矩方法中，有 k 个未知参数，m 个矩条件（$m>k$）。假定向量值函数 $\mathbf{g}(x_i,\ \boldsymbol{\theta})$ 的 j 阶总体矩为零，即：$E[\mathbf{g}_j\ (x_i,\ \boldsymbol{\theta})]=0$，$j=1,\ 2,\ \cdots,\ m$。用 $\mathbf{g}'(x_i,\ \boldsymbol{\theta})$ 表示 $\mathbf{g}(x_i,\ \boldsymbol{\theta})$ 的转置：

$$\mathbf{g}(x_i,\boldsymbol{\theta})=\begin{bmatrix} g_1(x_i,\boldsymbol{\theta}) \\ g_2(x_i,\boldsymbol{\theta}) \\ \vdots \\ g_m(x_i,\boldsymbol{\theta}) \end{bmatrix} \tag{2.53}$$

$$\mathbf{g}'(x_i,\boldsymbol{\theta})=[g_1(x_i,\boldsymbol{\theta}),g_2(x_i,\boldsymbol{\theta}),\cdots,g_m(x_i,\boldsymbol{\theta})] \tag{2.54}$$

对协方差矩阵 $\boldsymbol{\Omega}_{(m\times m)}$ 进行如下变换：

$$\begin{aligned}
\underset{(m\times m)}{\boldsymbol{\Omega}} &= E\left[\sqrt{n}\left(\frac{1}{n}\sum_{i=1}^{n}\mathbf{g}(x_i,\boldsymbol{\theta})\right)\cdot\sqrt{n}\left(\frac{1}{n}\sum_{i=1}^{n}\mathbf{g}(x_i,\boldsymbol{\theta})\right)'\right] \\
&= E\left[\frac{1}{n}\left(\sum_{i=1}^{n}\mathbf{g}(x_i,\boldsymbol{\theta})\right)\cdot\left(\sum_{i=1}^{n}\mathbf{g}(x_i,\boldsymbol{\theta})\right)'\right] \\
&= E\left\{\frac{1}{n}\sum_{i=1}^{n}[\mathbf{g}(x_i,\boldsymbol{\theta})\cdot\mathbf{g}'(x_i,\boldsymbol{\theta})]+\frac{1}{n}\sum_{i=1}^{n}\sum_{\substack{j=1\\ j\neq i}}^{n}[\mathbf{g}(x_i,\boldsymbol{\theta})\cdot\mathbf{g}'(x_j,\boldsymbol{\theta})]\right\} \\
&= \frac{1}{n}\sum_{i=1}^{n}E[\mathbf{g}(x_i,\boldsymbol{\theta})\cdot\mathbf{g}'(x_i,\boldsymbol{\theta})] \qquad (2.55) \\
&\quad +\frac{1}{n}\sum_{l=1}^{n-1}\sum_{i=l+1}^{n}\{E[\mathbf{g}(x_i,\boldsymbol{\theta})\cdot\mathbf{g}'(x_{i-l},\boldsymbol{\theta})]+E[\mathbf{g}(x_{i-l},\boldsymbol{\theta})\cdot\mathbf{g}'(x_i,\boldsymbol{\theta})]\}
\end{aligned}$$

一旦给定 $\boldsymbol{\theta}$ 的一个初值 $\hat{\boldsymbol{\theta}}_0$，且 $\hat{\boldsymbol{\theta}}_0$ 是 $\boldsymbol{\theta}$ 的一个一致性估计，基于上面的结果，考虑到 $\mathbf{g}(x_i,\ \boldsymbol{\theta})$ 之间的序列相关性，纽维和韦斯特（Newey & West，1987）建议采用下面的算法来估计 $\hat{\boldsymbol{\Omega}}_{(m\times m)}$：

$$\begin{aligned}
\hat{\boldsymbol{\Omega}} &= \frac{1}{n}\sum_{i=1}^{n}[\mathbf{g}(x_i,\hat{\boldsymbol{\theta}}_0)\cdot\mathbf{g}'(x_i,\hat{\boldsymbol{\theta}}_0)] \\
&\quad +\frac{1}{n}\sum_{l=1}^{L}w(l)\sum_{i=l+1}^{n}[\mathbf{g}(x_i,\hat{\boldsymbol{\theta}}_0)\cdot\mathbf{g}'(x_{i-l},\hat{\boldsymbol{\theta}}_0)+\mathbf{g}(x_{i-l},\hat{\boldsymbol{\theta}}_0)\cdot\mathbf{g}'(x_i,\boldsymbol{\theta}_0)]
\end{aligned} \tag{2.56}$$

其中：

$$w(l)=1-\frac{l}{L+1} \tag{2.57}$$

最大滞后期 L 必须事先确定，当滞后期大于 L 时，自相关小到可以忽略的程度。L 应满足：

$$\lim_{n\to\infty}\frac{L}{\sqrt[4]{n}}=0 \tag{2.58}$$

于是，最优 *GMM* 估计量可以通过下列数值算法来实现：

第一步：计算 $\boldsymbol{\theta}$ 的初值 $\hat{\boldsymbol{\theta}}_0$ 及 $\boldsymbol{\Omega}$ 的初值 $\hat{\boldsymbol{\Omega}}_0$，初始时令权矩阵为单位矩阵，即 $\mathbf{W}_0=\mathbf{I}$，把此时 *GMM* 估计量作为 $\boldsymbol{\theta}$ 的初值 $\hat{\boldsymbol{\theta}}_0$，即：

$$\begin{aligned}\hat{\boldsymbol{\theta}}_0 &= \arg\min_{\theta}\left[\frac{1}{n}\sum_{i=1}^{n}\mathbf{g}(x_i,\boldsymbol{\theta})\right]'\mathbf{W}\left[\frac{1}{n}\sum_{i=1}^{n}\mathbf{g}(x_i,\boldsymbol{\theta})\right]\\ &= \arg\min_{\theta}\left[\frac{1}{n}\sum_{i=1}^{n}\mathbf{g}(x_i,\boldsymbol{\theta})\right]'\left[\frac{1}{\mathrm{n}}\sum_{i=1}^{n}\mathbf{g}(x_i,\boldsymbol{\theta})\right]\end{aligned} \tag{2.59}$$

在 $\hat{\boldsymbol{\theta}}_0$ 处，运用纽维和韦斯特方法估计 $\hat{\boldsymbol{\Omega}}_0$，并得到最优权矩阵 $\mathbf{W}$ 的一个初始的一致估计量 $\hat{\mathbf{W}}_1=\hat{\boldsymbol{\Omega}}_0^{-1}$。

第二步：通过求解下面的最优化问题，得到与上面的最优权矩阵 $\hat{\boldsymbol{\Omega}}_0^{-1}$ 相对应的 *GMM* 估计量 $\hat{\boldsymbol{\theta}}_1$：

$$\hat{\boldsymbol{\theta}}_1 = \arg\min_{\theta}\left[\frac{1}{n}\sum_{i=1}^{n}\mathbf{g}(x_i,\boldsymbol{\theta})\right]'\hat{\boldsymbol{\Omega}}_0^{-1}\left[\frac{1}{n}\sum_{i=1}^{n}\mathbf{g}(x_i,\boldsymbol{\theta})\right] \tag{2.60}$$

第三步：在 $\hat{\boldsymbol{\theta}}_1$ 处，运用纽维和韦斯特公式估计 $\hat{\boldsymbol{\Omega}}_1$，并得到最优权矩阵 $\mathbf{W}$ 的一个更新估计量 $\hat{\mathbf{W}}_2=\hat{\boldsymbol{\Omega}}_1^{-1}$。

在 $\hat{\boldsymbol{\theta}}_1$ 处，计算 $\mathbf{G}$ 的一致估计量：

$$\hat{\mathbf{G}} = E\left[\frac{\partial\mathbf{g}(x_i,\hat{\boldsymbol{\theta}})}{\partial\boldsymbol{\theta}'}\right]=\frac{1}{n}\sum_{i=1}^{n}\frac{\partial\mathbf{g}(x_i,\hat{\boldsymbol{\theta}}_1)}{\partial\boldsymbol{\theta}'} \tag{2.61}$$

从而得到：

$$\mathbf{Var}(\hat{\boldsymbol{\theta}}_{GMM})=\frac{1}{n}[\mathbf{G}'\boldsymbol{\Omega}^{-1}\mathbf{G}]^{-1} \tag{2.62}$$

第四步：进行迭代。把新的 $\hat{\boldsymbol{\theta}}_1$ 和新的 $\hat{\boldsymbol{\Omega}}_1$ 作为初值，重复第二步和第三步。这一过程可迭代下去，直至收敛（比如 $\hat{\boldsymbol{\theta}}_{j+1}\approx\hat{\boldsymbol{\theta}}_j$）为止，便得到了最优 *GMM* 估计量及其渐近协方差。

第四节　过度识别约束检验

一　线性回归模型的 *GMM* 估计

对于线性回归模型：

$$Y = \mathbf{X\beta} + u$$

假设参数个数为 k 个，当解释变量中包含随机变量即 $E(\mathbf{X}u) \neq 0$ 时，应采用工具变量（IV）法。假设工具变量为 $\mathbf{Z}$，它满足：$E(\mathbf{Z}u) = 0$

当工具变量个数 m 等于 k 时，可采用普通的工具变量法进行参数估计。当工具变量个数 m 大于 k 时，存在 m 个矩条件，k 个参数。假设这 m 个矩条件都是有效的，可以用 GMM 进行估计，目标函数为：

$$\min\left(\frac{1}{n}\sum_i (y_i - \mathbf{X}_i\boldsymbol{\beta})\mathbf{Z}_i\right)'\Omega^{-1}\left(\frac{1}{n}\sum_i (y_i - \mathbf{X}_i\boldsymbol{\beta})\mathbf{Z}_i\right) \tag{2.63}$$

其中最优权矩阵为：

$$\underset{(m\times m)}{\boldsymbol{\Omega}} = E\left[\sqrt{n}\left(\frac{1}{n}\sum_i (y_i - \mathbf{X}_i\boldsymbol{\beta})\mathbf{Z}_i\right)\cdot \sqrt{n}\left(\frac{1}{n}\sum_i (y_i - \mathbf{X}_i\boldsymbol{\beta})\mathbf{Z}_i\right)'\right]$$

$$= E\left[\frac{1}{n}\sum_i (u_i\mathbf{Z}_i)\cdot\sum_i (u_i\mathbf{Z}_i')\right] \tag{2.64}$$

当随机误差项 u 满足同方差假定时，令 $u_i^2 = \sigma^2$，则最优权矩阵可简化为：

$$\boldsymbol{\Omega} = E\left[\frac{1}{n}\sum_i (u_i\mathbf{Z}_i)\cdot\sum_i (u_i\mathbf{Z}_i')\right] = \frac{\sigma^2}{n}\mathbf{Z}'\mathbf{Z} \tag{2.65}$$

于是目标函数变为：

$$\min\frac{\sigma^2}{n}\left(\frac{1}{n}\mathbf{Z}'(Y - \mathbf{X\beta})\right)'(\mathbf{Z}'\mathbf{Z})^{-1}\left(\frac{1}{n}\mathbf{Z}'(Y - \mathbf{X\beta})\right) \tag{2.66}$$

一阶条件为：

$$(\mathbf{X}'\mathbf{Z})(\mathbf{Z}'\mathbf{Z})^{-1}(\mathbf{Z}'(Y - \mathbf{X}\hat{\boldsymbol{\beta}})) = 0 \tag{2.67}$$

于是可得：

$$\hat{\boldsymbol{\beta}}_{GMM} = [(\mathbf{X}'\mathbf{Z})(\mathbf{Z}'\mathbf{Z})^{-1}(\mathbf{Z}'\mathbf{X})]^{-1}[(\mathbf{X}'\mathbf{Z})(\mathbf{Z}'\mathbf{Z})^{-1}(\mathbf{Z}'\mathbf{Y})] \tag{2.68}$$

令 $\mathbf{P_Z} = \mathbf{Z}(\mathbf{Z}'\mathbf{Z})^{-1}\mathbf{Z}'$，$\hat{\mathbf{X}}' = \mathbf{X}'\mathbf{P_Z}$，则：

$$\hat{\boldsymbol{\beta}}_{GMM} = (\mathbf{X}'\mathbf{P_Z}\mathbf{X})^{-1}\mathbf{X}'\mathbf{P_Z}\mathbf{Y}$$

$$= (\hat{\mathbf{X}}'\mathbf{X})^{-1}(\hat{\mathbf{X}}'\mathbf{Y}) \tag{2.69}$$

可见，在随机误差项 u 同方差条件下，GMM 估计量等价于二阶段最小二乘（$2SLS$）估计量，在经济计量软件中可通过工具变量（IV）法进行估计。

二　过度识别约束检验（Hansen 检验或者 J 检验）

如果矩条件的个数多于参数的个数，即 $m > k$，则模型是过度识别的，采用 GMM 是渐近有效的。问题是，这些拟采用的矩条件或过度识别约束是否真的成立？我们可以通过检验总体矩条件 $E[\mathbf{g}(x_i,\boldsymbol{\theta})]=0$ 是否为真来判别。过度识别约束检验也称为检验或者 J 检验。

一般地，对向量值函数 $\mathbf{g}(x_i,\boldsymbol{\theta})$，若过度识别约束成立，则其各阶总体矩均应为零，即：

$$E[\mathrm{g}_j(x_i,\boldsymbol{\theta})]=0,\ j=1,2,\cdots,m \tag{2.70}$$

原假设为：

$$H_0: E[\mathbf{g}(x_i,\boldsymbol{\theta})]=\mathbf{0} \tag{2.71}$$

表示矩条件成立或过度识别约束有效。备择假设为：

$$H_1: E[\mathbf{g}(x_i,\boldsymbol{\theta})]\neq\mathbf{0} \tag{2.72}$$

表示矩条件不成立或过度识别约束无效。如果约束有效，由于样本矩依概率收敛于总体矩，则：

$$\frac{1}{n}\sum_{i=1}^{n}\mathbf{g}(x_i,\boldsymbol{\theta})\xrightarrow{p}E[\mathbf{g}(x_i,\boldsymbol{\theta})]=\mathbf{0} \tag{2.73}$$

因为：

$$\sqrt{n}\cdot\frac{1}{n}\sum_{i=1}^{n}\underset{(m\times1)}{\mathbf{g}}(x_i,\boldsymbol{\theta})\xrightarrow{d}N(\mathbf{0},\underset{(m\times m)}{\boldsymbol{\Omega}}) \tag{2.74}$$

其中协方差矩阵 $\boldsymbol{\Omega}_{(m\times m)}$ 为：

$$\underset{(m\times m)}{\boldsymbol{\Omega}}=E\left[\sqrt{n}\left(\frac{1}{n}\sum_{i=1}^{n}\mathbf{g}(x_i,\boldsymbol{\theta})\right)\cdot\sqrt{n}\left(\frac{1}{n}\sum_{i=1}^{n}\mathbf{g}(x_i,\boldsymbol{\theta})\right)'\right] \tag{2.75}$$

令 $\hat{\boldsymbol{\theta}}$ 表示 GMM 估计量。如果过度识别约束是有效的，汉森（Hansen，1982）构造了如下的 J 统计量：

$$\begin{aligned}J&=\left[\sqrt{n}\left(\frac{1}{n}\sum_{i=1}^{n}\mathbf{g}(x_i,\hat{\boldsymbol{\theta}})\right)\right]'\left\{\mathbf{Var}\left[\sqrt{n}\left(\frac{1}{n}\sum_{i=1}^{n}\mathbf{g}(x_i,\hat{\boldsymbol{\theta}})\right)\right]\right\}^{-1}\\&\quad\left[\sqrt{n}\left(\frac{1}{n}\sum_{i=1}^{n}\mathbf{g}(x_i,\hat{\boldsymbol{\theta}})\right)\right]=n\cdot\left[\left(\frac{1}{n}\sum_{i=1}^{n}\mathbf{g}(x_i,\hat{\boldsymbol{\theta}})\right)\right]'\hat{\boldsymbol{\Omega}}^{-1}\\&\quad\left[\left(\frac{1}{n}\sum_{i=1}^{n}\mathbf{g}(x_i,\hat{\boldsymbol{\theta}})\right)\right]\end{aligned} \tag{2.76}$$

汉森证明，如果在 GMM 估计量中权矩阵 $\hat{\boldsymbol{\Omega}}^{-1}$ 是渐近有效的，则：

$$J\xrightarrow{d}\chi^2_{p=m-k} \tag{2.77}$$

如果 $J>\chi_p^2$，则拒绝 H_0，说明矩条件不成立或过度识别约束无效；

如果 $J\leqslant\chi_p^2$，则不能拒绝 $H_0: E[\mathbf{g}(x_i,\boldsymbol{\theta})]=\mathbf{0}$，说明矩条件成立或过度识别约束有效。

由于 J 统计量恰好是最优 $\hat{\boldsymbol{\theta}}_{GMM}$ 所对应的最小化损失函数

$\left[\frac{1}{n}\sum_{i=1}^{n}\underset{(1\times m)}{\mathbf{g}}(x_i,\boldsymbol{\theta})\right]'\underset{(m\times m)}{\mathbf{W}}\left[\frac{1}{n}\sum_{i=1}^{n}\underset{(m\times 1)}{\mathbf{g}}(x_i,\boldsymbol{\theta})\right]$的 n 倍，因此可以把过度识别约束检验统计量 J 看做是 *GMM* 估计过程的一个附产品。不管在什么情况下，只要进行最优 *GMM* 估计，就不难同时给出 J 的结果。这样做，不仅估计出了 $\hat{\boldsymbol{\theta}}_{GMM}$，而且还确定了用于估计 $\hat{\boldsymbol{\theta}}_{GMM}$ 的那些矩条件或过度识别约束是否真的成立，一举两得。

对于线性回归模型 $y = \mathbf{X}\boldsymbol{\beta} + u$，参数个数为 k 个，当解释变量中包含随机变量 $E(\mathbf{X}u)\neq 0$ 时，找到工具变量 $\mathbf{Z}$ 满足 $E(\mathbf{Z}u)=0$。当残差 u 满足同方差假定，且工具变量个数 m 大于 k 时，存在 m 个矩条件，k 个参数。为了检验 m 个矩条件是否都是有效的，过度识别约束检验的 J 统计量可以简化为：

$$J = n\cdot R^2 \xrightarrow{d} \chi^2_{p=m-k} \tag{2.78}$$

其中 R^2 是指残差 $\hat{e}$ 对所有工具变量 $\mathbf{Z}$（包含外生变量）回归的拟合优度，其中 $\hat{e}$ 定义为：

$$\hat{e}_i = y_i - x_i\hat{\beta}_{2SLS} \tag{2.79}$$

在经济计量软件中，$\hat{\beta}_{2SLS}$ 可通过工具变量（*IV*）法估计出来。

本章小结

本章首先介绍了经典矩方法及经典矩估计量渐近协方差的计算方法，经典矩估计量 $\hat{\boldsymbol{\theta}}_{MM}$ 的渐近协方差矩阵为 $\frac{1}{n}\mathbf{G}^{-1}\boldsymbol{\Omega}(\mathbf{G}^{-1})'$。在此基础上引入了广义矩方法及其性质，对一般权矩阵 $\mathbf{W}$，一般广义矩估计量的渐近协方差为 $\frac{1}{n}[\mathbf{G}'\mathbf{W}\mathbf{G}]^{-1}\mathbf{G}'\mathbf{W}\boldsymbol{\Omega}\mathbf{W}\mathbf{G}[\mathbf{G}'\mathbf{W}\mathbf{G}]^{-1}$。最优权矩阵 $\mathbf{W}$ 的选择应能使广义矩估计量最有效。在最优权矩阵 $\mathbf{W}=\boldsymbol{\Omega}^{-1}$ 条件下，最优广义矩估计量 $\hat{\boldsymbol{\theta}}_{GMM}$ 的渐近协方差为 $\frac{1}{n}[\mathbf{G}'\boldsymbol{\Omega}^{-1}\mathbf{G}]^{-1}$。本章给出了最优 *GMM* 估计量数值算法的具体步骤，并介绍了线性回归模型的 *GMM* 估计过程及其过度识别约束检验。

思　考　题

1. 名词解释

(1) 原点矩与中心矩　　(2) 总体矩与样本矩

(3) 经典矩估计量　　(4) 经典矩估计量的渐近协方差
(5) 广义矩估计量　　(6) 一般广义矩估计量的渐近协方差
(7) 最优权矩阵　　(8) 最优 *GMM*
(9) 最优广义矩估计量的渐近协方差　　(10) 过度识别约束检验

2. 简答题

(1) 证明：在最优权矩阵 $\mathbf{W}=\mathbf{\Omega}^{-1}$ 条件下，最优广义矩估计量的渐近协方差为 $\frac{1}{n}\left[\mathbf{G}'\mathbf{\Omega}^{-1}\mathbf{G}\right]^{-1}$。

(2) 简述最优 *GMM* 估计量数值算法的过程。

(3) 为什么说过度识别约束检验可以看做是 *GMM* 估计过程的一个附产品？

(4) 设 $(\mathbf{x}_i, y_i, \mathbf{z}_i)$ 独立同分布，观测值样本为 $(\mathbf{x}_i, y_i, \mathbf{z}_i)$，$i=1, 2, \cdots, n$，要估计的模型为：

$$y_i = g(\mathbf{x}_i, \boldsymbol{\beta}) + e_i$$

已知 $E(\mathbf{z}_i e_i)=0$，$\mathbf{z}_i$ 是 $l\times 1$ 向量，$\boldsymbol{\beta}$ 是 $k\times 1$ 向量，$l\geqslant k$，如何构造一个有效的广义矩估计量来估计参数 $\boldsymbol{\beta}$？

3. 论述题

(1) 以线性回归模型为例，论述下面各种估计量都是 *GMM* 估计量的特例，用公式给出各自的矩条件：

(a) 普通最小二乘法估计量（*OLS*）；
(b) 广义最小二乘法估计量（*GLS*）；
(c) 工具变量估计量（*IV*）；
(d) 最大似然估计量（*MLE*）；
(e) 经典矩估计量。

(2) 伽玛分布的概率密度函数如下：

$$f(x,\alpha,\beta) = \begin{cases} \dfrac{\beta^{\alpha}}{\Gamma(\alpha)} x^{\alpha-1} e^{-\beta x}, & x > 0 \\ 0, & x \leqslant 0 \end{cases}$$

其中参数 $\alpha>0$，$\beta>0$，$\Gamma(\alpha)$ 为伽玛函数，定义为：

$$\Gamma(\alpha) = \int_0^{+\infty} x^{\alpha-1} e^{-x} dx$$

假设 $x_1, x_2, \cdots, x_n$ 独立同分布，为服从伽玛分布的随机变量。已知前两阶样本矩条件为 $\frac{1}{n}\sum_{i=1}^{n} x_i = 7.29$ 和 $\frac{1}{n}\sum_{i=1}^{n} x_i^2 = 85.59$。

（a）根据前两阶样本矩条件，推导出参数 $\begin{pmatrix}\alpha\\ \beta\end{pmatrix}$ 的矩法估计量的表达式并计算出它们；推导出矩法估计量的渐近协方差矩阵。

（b）如果再给出第三个样本矩条件，论述如何选择最优权矩阵并运用最优 *GMM* 来估计参数 $\begin{pmatrix}\alpha\\ \beta\end{pmatrix}$，推导出最优广义矩估计量的渐近协方差矩阵。

阅读参考文献

［1］［美］威廉·H. 格林著：《经济计量分析》，王明舰等译，中国社会科学出版社 1998 年版。

［2］［美］詹姆斯·D. 汉密尔顿著：《时间序列分析》，刘明志译，中国社会科学出版社 1999 年版。

［3］［美］伍德里奇著：《横截面与面板数据的经济计量分析》，王忠玉译，中国人民大学出版社 2007 年版。

［4］苏良军编著：《高等数理统计》，北京大学出版社 2007 年版。

［5］Cameron, Adrian Colin and Pravin K. Trivedi (2005), *Microeconometrics: methods and applications*, Cambridge University Press.

［6］Davidson, Russell, James G. MacKinnon (2004), *Econometric Theory and Methods*, Oxford University Press.

［7］Gourieroux, C. and A. Monfort (1995), *Statistics and Econometric Models*, Cambridge University Press.

［8］Hall, Alastair (2000), Covariance matrix estimation and the power of the overidentifying restrictions test, *Econometrica*.

［9］Hall, Alastair (2005), *Generalized Method of Moments*, Oxford University Press.

［10］Hansen, Bruce E. (2006), *Econometrics*, Unpublished Book, University of Wisconsin.

［11］Hansen, Bruce and Kenneth West (2002), Generalized Method of Moments and Macroeconomics, *Journal of Business and Economic Statistics*.

［12］Hansen, Lars P. (1982), Large Sample Properties of Generalized Method of Moments Estimators, *Econometrica*, 50: pp. 646—660.

［13］Jorgensen, Annette Vissing (2001), *Generalized method of moments*, Lecture Note for Empirical Analysis, University of Chicago.

[14] Mills C. Terence and Kerry Patterson (2006), *Palgrave Handbook of Econometrics: Econometric Theory*, v. 1, Palgrave Macmillan Ltd.

[15] Newey, W. K. and D. McFadden (1994), Large Sample Estimation and Hypothesis Testing, in *Handbook of Econometrics*, vol. iv, ed. by R. F. Engle and D. L. McFadden, pp. 2111—2245, Amsterdam: Elsevier.

[16] Newey, Whitney K., and Kenneth D. West (1987), A simple, positive definite, heteroscedasticity and autocorrelation consistent covariance matrix. *Econometrica*, 55 (3): pp. 703—708.

[17] Söderlind, Paul (2002), *Lecture Note for Econometrics*, University of St. Gallen and CEPR, Switzerland.

第三章　非参数与半参数方法

内容提要

参数估计量 *OLS*、*MLE*、*GMM*，都需要对变量间的关系作出参数假设。这些估计量都具有优良的性质，比如一致性和渐近正态性。但有时经济理论并不能提供准确的函数关系，而且一旦函数形式误设，这些估计量将不再是一致的。

本章将要介绍的非参数方法，不需对未知函数和统计分布形式作任何具体的假定，且估计量的稳健性好。其弱点是它要求大量的数据，存在窗宽的最优选择问题，且收敛速度较慢。

非参数回归模型比较适应于解释变量较少的情形，当解释变量数量较多时，人们转向半参数回归模型。半参数方法对经济变量之间的关系作出部分的设定，半参数模型是近年来微观经济计量学中的较为热门的研究问题之一。

第一节　非参数密度估计

非参数方法的基本思想是要避免预先设定变量分布的密度函数的形式。在密度函数的非参数估计方法中，最简单的是局部直方图法，应用最广泛的是罗森布拉特—帕森（Rosenblatt-Parzen）核估计方法、此外还有 k 近邻估计、可变窗宽核估计等方法。

一　局部直方图法

用局部直方图法估计密度函数，就是把 x 的区间按照固定窗宽 h 进行等分，然后计算落入每个区间的样本点所占的比例。

假设 X 是一个离散的随机变量，x 是 X 的某一个取值，现在想直接运用数据 x_i，$i=1, 2, \cdots, n$ 来估计其密度函数 $f(x)$，即估计 x 的取值在总体 X 中的比例，于是：

$$\hat{f}(x)=\frac{n^*}{n} \tag{3.1}$$

其中 n^* 是 x_i 等于 x 的个数，$\hat{f}(x)$ 也可写成如下的形式：

$$\hat{f}(x)=\frac{1}{n}\sum_{i=1}^{n}\mathbf{1}(x_i=x) \tag{3.2}$$

其中 $\mathbf{1}(x_i=x)$ 是一个指标函数（Indictor Function），当条件“$x_i=x$”成立时取值为1；其他情况下取值为0。一般地，指标函数 $\mathbf{1}(A)$ 定义为：

$$\mathbf{1}(A)=\begin{cases}1 & \text{当 } A \text{ 发生时}\\ 0 & \text{其他}\end{cases} \tag{3.3}$$

假设 X 是一个连续的随机变量，由于 $P(x_i=x)=0$，可以通过计算 x 的某一个区间内 x_i 的平均数来估计 $f(x)$。令 $F(x)=P(X\leqslant x)$ 表示 X 的累积分布函数，则 X 的密度函数可定义为：

$$f(x)=\frac{dF(x)}{dx}=\lim_{h\to 0}\frac{F\left(x+\frac{h}{2}\right)-F\left(x-\frac{h}{2}\right)}{h}=\lim_{h\to 0}\frac{P\left(x-\frac{h}{2}\leqslant X\leqslant x+\frac{h}{2}\right)}{h} \tag{3.4}$$

我们需要基于 x_1，…，x_n 来估计 $f(x)$。为了估计 $f(x)$，设窗宽 h 为 n 的一个正函数 $h(n)$，$h\to 0$，当 $n\to\infty$ 时，$nh\to\infty$。因此可以根据样本点落入区间 $\left(x-\frac{h}{2},\ x+\frac{h}{2}\right)$ 内的比例来估计 $P\left(x-\frac{h}{2}\leqslant X\leqslant x+\frac{h}{2}\right)$，于是 $f(x)$ 的一个一致估计量如下：

$$\begin{aligned}\hat{f}(x)&=\frac{1}{h}\cdot\frac{1}{n}\sum_{i=1}^{n}\mathbf{1}\left(x-\frac{h}{2}\leqslant x_i\leqslant x+\frac{h}{2}\right)\\&=\frac{1}{nh}\sum_{i=1}^{n}\mathbf{1}\left(-\frac{1}{2}\leqslant\frac{x_i-x}{h}\leqslant\frac{1}{2}\right)\\&=\frac{1}{nh}\sum_{i=1}^{n}\mathbf{1}\left(-\frac{1}{2}\leqslant\psi_i\leqslant\frac{1}{2}\right)\end{aligned} \tag{3.5}$$

其中：

$$\psi_i=\frac{x_i-x}{h} \tag{3.6}$$

用 x 附近的观测值建立起局部直方图，x 为局部样本区间的中心。区间的宽度 h 决定了 $\hat{f}(x)$ 的平滑度和准确度。指标函数 $\mathbf{1}\left(-\frac{1}{2}\leqslant\psi_i\leqslant\frac{1}{2}\right)$ 的取值依赖于 x_i 到 x 的相对距离 ψ_i，当 ψ_i 小于或等于 $\frac{1}{2}$ 时，权数为1，否则

权数为0，密度函数$\hat{f}(x)$是一个非负函数。考虑到：

$$\int_{-\infty}^{+\infty} \mathbf{1}\left(-\frac{1}{2} \leqslant \psi_i \leqslant \frac{1}{2}\right) d\psi_i = \int_{-\frac{1}{2}}^{\frac{1}{2}} 1\, d\psi_i = 1 \tag{3.7}$$

所以通过换元法对密度$\hat{f}(x)$的积分也为1：

$$\begin{aligned}\int_{-\infty}^{+\infty} \hat{f}(x)\, dx &= \frac{1}{nh}\sum_{i=1}^{n}\int_{-\infty}^{+\infty} \mathbf{1}\left(-\frac{1}{2} \leqslant \frac{x_i - x}{h} \leqslant \frac{1}{2}\right) dx \\ &= \frac{1}{n}\sum_{i=1}^{n}\int_{-\infty}^{+\infty} \mathbf{1}\left(-\frac{1}{2} \leqslant \psi_i \leqslant \frac{1}{2}\right) d\psi_i = 1 \end{aligned} \tag{3.8}$$

用局部直方图法估计出的密度函数$\hat{f}(x)$处处非负，且积分为1，因此是一个合适的密度函数。但这种方法不够精确，估计出的$\hat{f}(x)$是一个阶梯型函数，在点$x_i \pm \frac{h}{2}$处跳跃，不是一个连续函数。

二 罗森布拉特—帕森核估计方法

罗森布拉特（Rosenblatt, 1956）和帕森（Parzen, 1962）是最早系统地提出密度函数核估计方法的学者，核估计量是应用最普遍的非参数密度估计量。

为了避免局部直方图法估计出的密度函数所具有的非连续性，更好的做法是用平滑的权数集，比如选择一个正的核函数$K(\psi)$，来替代指标函数$\mathbf{1}(A)$，核函数$K(\psi)$通常满足纵轴对称性及积分为1：

$$\int_{-\infty}^{+\infty} K(\psi)\, \mathrm{d}\psi = 1 \tag{3.9}$$

于是密度函数的核估计量$\hat{f}(x)$可表示为：

$$\hat{f}(x) = \frac{1}{nh}\sum_{i=1}^{n} K\left(\frac{x_i - x}{h}\right) = \frac{1}{nh}\sum_{i=1}^{n} K(\psi_i) \tag{3.10}$$

其中$\psi_i = \frac{x_i - x}{h}$，$h$称为“窗宽”、“平滑参数”或者“带宽”，它是$n$的一个正函数$h(n)$，$h \to 0$，当$n \to \infty$时，$nh \to \infty$。

核函数$K(\psi_i)$实质上是一个权重函数，一般而言，在估计$f(x)$时离x越远的x_i被赋予的权数应越小，由于$\psi_i = \frac{x_i - x}{h}$，因此$|\psi_i|$的值越大，$K(\psi_i)$应该越小。当$|\psi_i| \to \infty$时，权数$K(+\infty) = K(-\infty) = 0$。

由于正的核函数$K(\psi_i)$确保了密度估计$\hat{f}(x)$处处非负，且$\int_{-\infty}^{+\infty} K(\psi)\, d\psi = 1$意味着$\hat{f}(x)$的积分为1，因此，与局部直方图方法一样，

通过核估计方法也可以给出一个合适的密度函数$\hat{f}(x)$。

表征权重的核函数$K(\psi_i)$需要事先选定。由于核函数具有非负、积分为1的特征，这与一般的密度函数的特征完全相同，所以通常都选择常用的概率密度函数作为核函数来使用。比如，可选择标准正态密度函数作为核函数，于是$K(\psi)=\frac{1}{\sqrt{2\pi}}\exp(-\frac{1}{2}\psi^2)$；在局部直方图方法中，实际上是把具有均匀分布的指标函数$\mathbf{1}\left(-\frac{1}{2}\leq\psi_i\leq\frac{1}{2}\right)$或者$\frac{1}{2}\times\mathbf{1}(|\psi_i|\leq 1)$当做了核函数。表3.1列出了常用的核函数。

由于事先选定的核函数$K(\psi_i)$一般具有连续性和可导性，所以对于随机变量X而言，通过核函数$K(\psi_i)$估计出的密度函数$\hat{f}(x)$一般也具有连续性和可导性，$\hat{f}(x)$也称为罗森布拉特—帕森核估计量。显然，核估计量是一个平滑连续的密度函数，克服了局部直方图法密度函数所具有的阶梯型和非连续性。

表3.1 常用的核函数

核形式	核函数$K(\psi)$	δ值
均匀核	$\frac{1}{2}\times\mathbf{1}(\|\psi\|\leq 1)$	1.3510
高斯核(标准正态核)	$\frac{1}{\sqrt{2\pi}}\exp(-\frac{1}{2}\psi^2)$	0.7764
抛物线核(二次方核) [伊番科尼克夫(Epanechnikov)核]	$\frac{3}{4}(1-\psi^2)\times\mathbf{1}(\|\psi\|\leq 1)$	1.7188
四次方核	$\frac{15}{16}(1-\psi^2)^2\times\mathbf{1}(\|\psi\|\leq 1)$	2.0362

注：本表引自卡梅伦与卓维蒂（Cameron and Trivedi，2005），表中的常数δ定义见式（3.46）。

三 *k*近邻估计方法

对于随机变量X，局部直方图方法是在窗宽h固定的情形下根据样本点落入x一个区间内的比例来估计密度函数的。直观上看，由于落入X密度函数尾部x一个区间内的观测值相对较少，估计X尾部密度函数时所用的窗宽应大于估计X中心部分密度时所用的窗宽。一般来说$f(x)$在其尾部是扁平的，其尾部所包含的较远的样本点在估计$f(x)$时的重要性相对较小。

k 近邻估计方法就是基于这个思想来估计随机变量 X 的密度 $f(x)$ 的，在 k 近邻估计中，窗宽 h 定义为样本点到 x 的距离，它不是固定的，而是随 x 位置的变化而变化。令 $d(x_1,x)$ 表示点 x_1 到点 x 的距离，并且对每一个点 x，令 $d_k(x)$ 表示 x 到其 k 个近邻中最远点的距离，这 k 个近邻点分别用 x_1，x_2，…，x_k 表示。令：

$$h = 2d_k(x) \tag{3.11}$$

则：

$$\begin{aligned}\hat{f}(x) &= \frac{(x_1,x_2,\cdots,x_n)\ \text{位于区间}[x-d_k(x),x+d_k(x)]\ \text{中的数目}}{nh} \\ &= \frac{k}{2nd_k(x)} = \frac{1}{2nd_k(x)}\sum_{i=1}^{n}\mathbf{1}\left(\left|\frac{x_i - x}{2d_k(x)}\right| \leqslant \frac{1}{2}\right)\end{aligned} \tag{3.12}$$

可变窗宽 h 由 k 的大小决定。当 $n\to\infty$ 时，则 $k\to\infty, d_k(x)\to 0, h\to 0$。在密度函数 $f(x)$ 的尾部，由于样本点相对较少，所以 $d_k(x)$ 相对较大，从而 h 也相对较大。$\frac{k}{n}$称为跨度。

使用核估计方法时，由于密度函数尾部落入 $x\pm\frac{h}{2}$区间内的样本点很少，罗森布拉特—帕森核估计量在尾部经常不太平滑。k 近邻估计方法纠正了局部直方图方法及核估计方法在估计密度函数尾部时所面临的共同问题。

与局部直方图估计量不同的是，k 近邻估计量 $\hat{f}(x)$ 是连续的，因为当落入窗内的点数固定时，窗宽是随 x 连续变化的。但是，与局部直方图估计量一样，k 近邻估计量 $\hat{f}(x)$ 的导数也是不连续的，因为在距离 x 为 $d_k(x)$ 的点上，导数不连续，而窗宽随 x 不断增减。

四　可变窗宽核估计方法

为了避免在估计密度函数 $f(x)$ 尾部时所遇到的问题，另一种方法是可变窗宽核估计方法。令：

$$\hat{f}(x) = \frac{1}{n}\sum_{i=1}^{n}\frac{1}{h}K\left(\frac{x_i - x}{h}\right) = \frac{1}{n}\sum_{i=1}^{n}\frac{1}{h}K(\psi_i) \tag{3.13}$$

其中 $h = d_k(x_i)$ 表示 x_i 到其 k 个近邻中最远点的距离，它是变化的窗宽，$K(\psi_i)$ 为核函数。

可变窗宽核估计量 $\hat{f}(x)$ 避免了 k 近邻估计量中导数不连续的问题，这是因为：第一，所选择的核函数 $K(\psi_i)$ 通常都是连续函数；第二，在 k 近邻估计中，$\hat{f}(x)$的平滑度由$d_k(x)$决定，而可变窗宽核估计中，$\hat{f}(x)$的平滑度由$d_k(x_i)$决定。可变窗宽核估计量$\hat{f}(x)$也是一个合适的密度函数，处处非负，且积分为1。

由于窗宽可变，可变窗宽核估计方法是相当复杂的。还有其他一些非参数密度估计的方法，比如，惩罚似然估计法、局部对数似然估计法等，但是它们在实际中一般很少被采用。

第二节 密度函数核估计量的性质及其最优窗宽的选择

一 密度函数核估计量的性质

如果随机变量X的观测值x_i，$i=1$，2，…，n独立同分布，则密度函数核估计量$\hat{f}(x)=\frac{1}{nh}\sum_{i=1}^{n}K(\psi_i)$具有一致性和渐近正态性。

1. 密度函数核估计量$\hat{f}(x)$的均值与偏差

由于观测值x_i，$i=1$，2，…，n独立同分布，因此：

$$E\left(\sum_{i=1}^{n}K(\psi_i)\right)=n\cdot E\left[K\left(\frac{x_i-x}{h}\right)\right] \tag{3.14}$$

于是核估计量$\hat{f}(x)$的均值为：

$$E\left[\hat{f}(x)\right]=E\left(\frac{1}{nh}\sum_{i=1}^{n}K(\psi_i)\right)=E\left[\frac{1}{h}K\left(\frac{x_i-x}{h}\right)\right]=\int\frac{1}{h}K\left(\frac{x_i-x}{h}\right)f(x_i)\,dx_i \tag{3.15}$$

因为$\psi_i=\frac{x_i-x}{h}$，所以$x_i=x+h\psi_i$，$\frac{dx_i}{d\psi_i}=h$，运用换元法：

$$E\left[\hat{f}(x)\right]=\int K(\psi_i)f(x+h\psi_i)\,d\psi_i \tag{3.16}$$

在$f(x)$处，对$f(x+h\psi_i)$进行二阶泰勒展开：

$$f(x+h\psi_i)\approx f(x)+f'(x)\cdot h\psi_i+\frac{1}{2}f''(x)\cdot(h\psi_i)^2 \tag{3.17}$$

于是：

$$E\left[\hat{f}(x)\right]\approx\int K(\psi_i)\left[f(x)+f'(x)\cdot h\psi_i+\frac{1}{2}f''(x)\cdot(h\psi_i)^2\right]d\psi_i$$

$$=f(x)\int K(\psi_i)\,d\psi_i+h\cdot f'(x)\cdot\int\psi_iK(\psi_i)\,d\psi_i+\frac{1}{2}h^2\cdot f''(x)\cdot\int\psi_i^2K(\psi_i)\,d\psi_i \tag{3.18}$$

因为核函数通常满足纵轴对称性，所以：

$$\int \psi_i K(\psi_i)\, d\psi_i = 0 \tag{3.19}$$

根据式（3.9）及式（3.19），式（3.18）可简化为：

$$E\left[\hat{f}(x)\right] = f(x) + \frac{1}{2}h^2 \cdot f''(x) \cdot \int \psi_i^2 K(\psi_i)\, d\psi_i \tag{3.20}$$

即核估计量$\hat{f}(x)$的偏差为：

$$Bias(x) = E\left[\hat{f}(x)\right] - f(x) = \frac{1}{2}h^2 \cdot f''(x) \cdot \int \psi_i^2 K(\psi_i)\, d\psi_i \tag{3.21}$$

核估计量$\hat{f}(x)$的均值为：

$$E\left[\hat{f}(x)\right] = f(x) + Bias(x) \tag{3.22}$$

为了叙述的方便，运用无穷小量的性质。一般地，如果：

$$\lim_{n\to\infty} \frac{Z(h)}{h^k} = c \neq 0 \tag{3.23}$$

c为常数，则称$Z(h)$与h^k是同阶无穷小量，记作：

$$Z(h) = O(h^k) \tag{3.24}$$

如果：

$$\lim_{n\to\infty} \frac{Z(h)}{h^k} = 0 \tag{3.25}$$

则称$Z(h)$是h^k的高阶无穷小量，记作：

$$Z(h) = o(h^k) \tag{3.26}$$

根据这些概念，密度的核估计量$\hat{f}(x)$的偏差程度与h^2为同阶无穷小，即：

$$Bias(x) = O(h^2) \tag{3.27}$$

2. 密度函数核估计量$\hat{f}(x)$的方差

一般地，对任一随机变量Z，若观测值z_i独立同分布，则均值$\bar{Z}$的方差为：

$$Var(\bar{Z}) = \frac{1}{n}Var(Z) = \frac{1}{n}E(Z^2) - \frac{1}{n}[E(Z)]^2 \tag{3.28}$$

运用这一思想，结合$E[\hat{f}(x)] = E\left[\frac{1}{h}K\left(\frac{x_i - x}{h}\right)\right]$，可得核估计量$\hat{f}(x)$的方差：

$$Var[\hat{f}(x)] = \frac{1}{n}E\left[\frac{1}{h}K\left(\frac{x_i - x}{h}\right)\right]^2 - \frac{1}{n}\left(E\left[\frac{1}{h}K\left(\frac{x_i - x}{h}\right)\right]\right)^2 \tag{3.29}$$

式（3.29）第一项中的$E\left[\frac{1}{h}K\left(\frac{x_i - x}{h}\right)\right]^2$为：

$$E\left[\frac{1}{h}K\left(\frac{x_i - x}{h}\right)\right]^2 = \int\left[\frac{1}{h}K\left(\frac{x_i - x}{h}\right)\right]^2 f(x_i)\,dx_i \tag{3.30}$$

运用 $\psi_i = \frac{x_i - x}{h}$，通过换元法可得：

$$E\left[\frac{1}{h}K\left(\frac{x_i - x}{h}\right)\right]^2 = \int \frac{1}{h}K^2(\psi_i)f(x + h\psi_i)\,d\psi_i \tag{3.31}$$

在 $f(x)$ 处，对 $f(x + h\psi_i)$ 进行一阶泰勒展开：

$$f(x + h\psi_i) \approx f(x) + f'(x)h\psi_i \tag{3.32}$$

于是：

$$\begin{aligned} & E\left[\frac{1}{h}K\left(\frac{x_i - x}{h}\right)\right]^2 \\ \approx & \int \frac{1}{h}K^2(\psi_i)\left[f(x) + f'(x)h\psi_i\right]\mathrm{d}\psi_i \\ = & \frac{1}{h}f(x)\int K^2(\psi_i)\,d\psi_i + f'(x)\int \psi_i K^2(\psi_i)\,d\psi_i \end{aligned} \tag{3.33}$$

根据式（3.20），式（3.29）第二项中的 $E\left[\frac{1}{h}K\left(\frac{x_i - x}{h}\right)\right]$ 为：

$$E\left[\frac{1}{h}K\left(\frac{x_i - x}{h}\right)\right] = f(x) + \frac{1}{2}h^2 \cdot f''(x) \cdot \int \psi_i^2 K(\psi_i)\,d\psi_i \tag{3.34}$$

因此密度函数核估计量 $\hat{f}(x)$ 的方差式（3.29）为：

$$\begin{aligned} Var[\hat{f}(x)] &= \frac{1}{n}E\left[\frac{1}{n}K\left(\frac{x_i - x}{h}\right)\right]^2 - \frac{1}{n}\left(E\left[\frac{1}{h}K\left(\frac{x_i - x}{h}\right)\right]\right)^2 \\ &= \frac{1}{nh}f(x)\int K^2(\psi_i)\,d\psi_i + \frac{1}{n}f'(x)\int \psi_i K^2(\psi_i)\,d\psi_i \\ &\quad - \frac{1}{n}\left[f(x) + \frac{1}{2}h^2 \cdot f''(x) \cdot \int \psi_i^2 K(\psi_i)\,d\psi_i\right]^2 \end{aligned} \tag{3.35}$$

根据无穷小量及无穷大量的性质式（3.25）与式（3.26），可得：

$$Var[\hat{f}(x)] = \frac{1}{nh}f(x)\int K^2(\psi_i)\,d\psi_i + o\left(\frac{1}{nh}\right) \tag{3.36}$$

上式的主部表明，$Var[\hat{f}(x)]$ 与 $\frac{1}{nh}$ 同阶，即：

$$Var[\hat{f}(x)] = O\left(\frac{1}{nh}\right) \tag{3.37}$$

3. 一致性

密度函数核估计量 $\hat{f}(x)$ 具有一致性。

$$\hat{f}(x) \xrightarrow{p} f(x) \tag{3.38}$$

4. 渐近正态性

密度函数核估计量$\hat{f}(x)$具有渐近正态性。根据中心极限定理，可得：

$$\sqrt{nh}\left[\hat{f}(x) - f(x) - Bias(x)\right] \xrightarrow{d} N\left[0, f(x)\int K^2(\psi_i)d\psi_i\right] \tag{3.39}$$

根据式（3.36），密度函数核估计量$\hat{f}(x)$方差的估计量为：

$$Var\left[\hat{f}(x)\right] \approx \frac{1}{nh}f(x)\int K^2(\psi_i)d\psi_i \tag{3.40}$$

它取决于样本容量n、窗宽h、真实密度函数$f(x)$以及核函数$K(\psi)$等因素。

二　密度函数核估计过程中窗宽的选择与嵌入估计

在影响密度函数核估计量$\hat{f}(x)$方差大小的几个因素中，窗宽h及核函数$K(\psi)$是可以选择的，而窗宽h的选择又比核函数$K(\psi)$的选择更加重要。

1. 密度函数核估计过程中窗宽的选择

在密度函数核估计的过程中，选择较小的窗宽h有助于减少偏差，选择较大的窗宽则有助于保证估计量$\hat{f}(x)$的平滑性。

密度函数核估计量$\hat{f}(x)$的均方误差MSE（Mean Squared Error）可表示为：

$$MSE(x,h) = E\left[\hat{f}(x) - f(x)\right]^2 = Var\left[\hat{f}(x) - f(x)\right] + \left\{E\left[\hat{f}(x) - f(x)\right]\right\}^2 \tag{3.41}$$

把$\hat{f}(x)$的均值式（3.20）和方差式（3.40）的结果代入式（3.41），可得：

$$MSE(x,h) \approx \frac{1}{nh}f(x)\int K^2(\psi_i)d\psi_i + \left[\frac{1}{2}h^2 f''(x)\int \psi_i^2 K(\psi_i)d\psi_i\right]^2 \tag{3.42}$$

均方误差MSE是x和h的函数，对x积分，可得积分均方误差$IMSE$（Integrated Mean Squared Error），它是窗宽h的函数：

$$IMSE(h) = \int\left[MSE(x,h)\right]dx$$

$$= \frac{1}{nh}\int K^2(\psi_i)d\psi_i\int f(x)dx + \frac{1}{4}h^4\left[\int \psi_i^2 K(\psi_i)d\psi_i\right]^2\int\left[f''(x)\right]^2 dx \tag{3.43}$$

窗宽h的选择，应能使积分均方误差IMSE达到最小，一阶条件是：

$$\frac{\partial IMSE(h)}{\partial h}=-\frac{1}{nh^2}\int K^2(\psi_i)d\psi_i\int f(x)dx+h^3\left[\int\psi_i^2K(\psi_i)d\psi_i\right]^2\int\left[f''(x)\right]^2dx=0 \tag{3.44}$$

解得最优窗宽为：

$$h_{opt}=n^{-0.2}\left\{\int\left[f''(x)\right]^2dx\right\}^{-0.2}\delta \tag{3.45}$$

其中：

$$\delta=\left(\frac{\int K^2(\psi_i)d\psi_i}{\left[\int\psi_i^2K(\psi_i)d\psi_i\right]^2}\right)^{0.2} \tag{3.46}$$

δ 值由核函数决定，常用核函数的 δ 值见表 3.1。

当 $h_{opt}=O(n^{-0.2})$ 时，$\frac{1}{\sqrt{nh}}=O(n^{-0.4})$，根据（3.39）可知，密度函数核估计量 $\hat{f}(x)$ 收敛于真值时可达到的最佳收敛速度为 $O(n^{-0.4})$。

2. 密度函数核估计过程中最优窗宽的嵌入估计

最优窗宽（3.45）中还涉及积分 $\int\left[f''(x)\right]^2\mathrm{dx}$ 的估计。所谓最优窗宽的“嵌入估计”（Plug in Estimate），就是首先把 $\int\left[f''(x)\right]^2dx$ 估计出来，然后再嵌入到最优窗宽的一般表达式（3.45）之中，这是一种简单实用的方法。

假设真实的密度函数 $f(x)$ 为正态分布 $N(0,\sigma^2)$，σ 为样本 X 的标准差，$\sigma^2=Var(X)$，可以推出：

$$\int\left[f''(x)\right]^2dx=\frac{3}{8\sqrt{\pi}\sigma^5}=\frac{0.2116}{\sigma^5} \tag{3.47}$$

嵌入（3.45）后得：

$$h_{opt}=n^{-0.2}\left(\int\left[f''(x)\right]^2dx\right)^{-0.2}\delta=1.3643n^{-0.2}\sigma\delta \tag{3.48}$$

根据表 3.1 中各个核函数的 δ 值，可以得到不同核函数最优窗宽的嵌入估计量。

(1) 高斯核最优窗宽的嵌入估计

对于高斯核，$\delta=0.7764$，最优窗宽为：

$$h_{Gauss}=1.3643\times0.7764n^{-0.2}\sigma=1.059n^{-0.2}\sigma \tag{3.49}$$

(2) 抛物线核最优窗宽的嵌入估计

对于抛物线核，$\delta=1.7188$，最优窗宽为：

$$h_{Epan}=1.3643\times1.7188n^{-0.2}\sigma=2.345n^{-0.2}\sigma \tag{3.50}$$

（3）四次方核最优窗宽的嵌入估计

对于四次方核，$\delta=2.0362$，最优窗宽为：

$$h_{quartic}=1.3643\times2.0362n^{-0.2}\delta=2.778n^{-0.2}\sigma \tag{3.51}$$

3. 密度函数核估计过程中最优核函数的选择

密度函数核估计过程中最优核函数的选择，应能使积分均方误差 *IMSE* 达到最小。事实上，不同的核函数 $K(y)$ 对积分均方误差 *IMSE* 的影响很小。其中，最优的核函数是伊番科尼克夫（Epanechnikov）核，也称为二次方核或抛物线核。与其他核函数相比，它只有微弱的优势。因此，在实证研究中，对最优窗宽 h 的选择远比对最优核函数 $K(\psi)$ 的选择重要。

抛物线核函数形式如下：

$$K(\psi)=\frac{3}{4}(1-\psi^2)\times\mathbf{1}(|\psi|\leqslant1) \tag{3.52}$$

三　多元密度函数的核估计

以上关于密度函数的非参数估计都是针对一元密度函数而言的，对于 k 维随机向量 $\mathbf{x}$，多元密度函数的核估计量为：

$$\hat{f}(\mathbf{x})=\frac{1}{nh^k}\sum_{i=1}^{n}K\left(\frac{\mathbf{x}_i-\mathbf{x}}{h}\right) \tag{3.53}$$

其中 $K(\cdot)$ 是核函数。

多元密度函数核估计量 $\hat{f}(\mathbf{x})$ 的性质类似于一元密度函数的情形，但其收敛速度及最优窗宽不同。多元密度函数核估计量 $\hat{f}(\mathbf{x})$ 也具有一致性和渐近正态性，其渐近分布为：

$$\sqrt{nh^k}[\hat{f}(\mathbf{x})-f(\mathbf{x})-Bias(\mathbf{x})]\xrightarrow{d}N\left[0,f(\mathbf{x})\int K^2(\psi_i)d\psi_{\mathrm{i}}\right] \tag{3.54}$$

$$\mathrm{Var}[\hat{\mathrm{f}}(\mathbf{x})]\approx\frac{1}{nh^k}f(\mathbf{x})\int K^2(\psi_i)d\psi_i \tag{3.55}$$

在多元密度函数核估计过程中，最优窗宽为 $h=O(n^{-\frac{1}{k+4}})$，因为 $k>1$，所以它大于一元密度函数中的最优窗宽 $O(n^{-0.2})$。在多元密度函数 $\hat{f}(\mathbf{x})$ 的渐近分布中，$\frac{1}{\sqrt{nh^k}}=O(n^{-\frac{2}{k+4}})$，多元密度函数 $\hat{f}(\mathbf{x})$ 收敛于真值时可达到的最佳收敛速度为 $O(n^{-\frac{2}{k+4}})$，要慢于一元密度函数核估计量可达到的最佳收敛速度$\frac{1}{\sqrt{nh}}=O(n^{-0.4})$。

一元密度函数核估计中最优窗宽的嵌入估计方法也可以推广到多元密度函数的核估计当中。假设真实的多元密度函数$f(\mathbf{x})$为正态分布，σ_j为k维多元样本第j个分量x_j的标准差，则基于第j个分量的最优窗宽的嵌入估计量为：

$$h_j = cn^{-\frac{1}{k+4}}\sigma_j \tag{3.56}$$

其中c为常数。

通过多元密度函数核估计量还可以间接估计出条件密度函数。假设$\hat{f}(x,y)$是二元密度函数的核估计量，$\hat{f}(x)$是一元密度函数的核估计量，则$\hat{f}(y|x)$的估计量为：

$$\hat{f}(y|x)=\frac{\hat{f}(x,y)}{\hat{f}(x)} \tag{3.57}$$

第三节　非参数回归模型

一　纳达拉亚—沃森核回归方法

当回归方程不便于进行某种特定的参数形式设定，且样本较大的时候，可以运用非参数回归的方法。

设y为被解释变量，x为解释变量。一元非参数回归模型如下：

$$y_i = m(x_i)+\varepsilon_i, i=1,2,\cdots,n \tag{3.58}$$

其中$\varepsilon_i \sim iid\ (0,\ \sigma^2)$，$m(\cdot)$是未知的函数，很有可能是一个非线性函数，我们的目标就是要把$m(\cdot)$估计出来。

1. 纳达拉亚—沃森（Nadaraya-Watson）核回归估计

我们知道，一元密度函数的核估计为：

$$\hat{f}(x) = \frac{1}{nh}\sum_{i=1}^{n}K\left(\frac{x_i-x}{h}\right) \tag{3.59}$$

为了估计一元非参数回归模型中的$\hat{m}(x)$，纳达拉亚（Nadaraya，1964）及沃森（Watson，1964）提出了著名的纳达拉亚—沃森核回归估计：

$$\hat{m}(x) = \frac{\frac{1}{nh}\sum_{i=1}^{n}K\left(\frac{x_i-x}{h}\right)y_i}{\frac{1}{nh}\sum_{i=1}^{n}K\left(\frac{x_i-x}{h}\right)} = \frac{\sum_{i=1}^{n}K\left(\frac{x_i-x}{h}\right)y_i}{\sum_{i=1}^{n}K\left(\frac{x_i-x}{h}\right)} \tag{3.60}$$

纳达拉亚及沃森还给出了估计 $\hat{m}(x)$ 的积分形式：

$$\hat{m}(x) = \int y\hat{f}(y|x)dy = \int y\frac{\hat{f}(y,x)}{\hat{f}(x)}dy \qquad (3.61)$$

他们证明上述两种估计量是等价的。

纳达拉亚—沃森核回归估计量的实质，是下面的局部加权平均估计量：

$$\hat{m}(x) = \sum_{i=1}^{n} w_i y_i \qquad (3.62)$$

其中权重为：

$$w_i = \frac{\frac{1}{nh}K\left(\frac{x_i - x}{h}\right)}{\frac{1}{nh}\sum_{i=1}^{n}K\left(\frac{x_i - x}{h}\right)} = \frac{K\left(\frac{x_i - x}{h}\right)}{\sum_{i=1}^{n}K\left(\frac{x_i - x}{h}\right)} \qquad (3.63)$$

权重之和等于1：

$$\sum_{i=1}^{n} w_i = 1 \qquad (3.64)$$

2. 核回归估计量 $\hat{m}(x)$ 的性质

对于给定的核函数 $K(\cdot)$ 和窗宽 h，数据 x 是独立同分布的，如果样本足够大，则核回归估计量 $\hat{m}(x)$ 应是连续的，如果样本容量有限，$\hat{m}(x)$ 将变成一个非连续、阶梯型的函数。

（1）一致性

可以证明[①]，如果 $m(x)$ 是两阶可导的，则核回归估计量 $\hat{m}(x)$ 的偏差程度为 $O(h^2)$，偏差大小为：

$$Bias(x) = \hat{m}(x) - m(x) = h^2\left(\frac{m'(x)f'(x)}{f(x)} + \frac{1}{2}m''(x)\right)\int \psi_i^2 K(\psi_i)d\psi_i \qquad (3.65)$$

如果 $h \to 0$，当 $n \to \infty$ 时，$nh \to \infty$，则：

$$\hat{m}(x) \xrightarrow{p} m(x) \qquad (3.66)$$

（2）渐近正态性

如果样本 x_i 独立同分布，密度函数为 $f(x_i)$，则核回归估计量 $\hat{m}(x)$ 具有渐近正态性：

---

① 见卡梅伦与卓维蒂（Cameron and Trivedi，2005）。

$$\sqrt{nh}\left[\hat{m}(x)-m(x)-Bias(x)\right]\xrightarrow{d}N\left[0,\frac{\sigma^2}{f(x)}\int K^2(\psi_i)d\psi_i\right]$$

(3.67)

核回归估计量 $\hat{m}(x)$ 的方差为：

$$Var\left[\hat{m}(x)\right]\approx\frac{1}{nh}\frac{\sigma^2}{f(x)}\int K^2(\psi_i)d\psi_i \tag{3.68}$$

二 核回归中窗宽的选择及其交叉核实估计

1. 核回归估计中窗宽的选择

在核回归估计过程中，选择较小的窗宽 h 有助于减少偏差，选择较大的窗宽则有助于保证核回归估计量 $\hat{m}(x)$ 的平滑性。

核回归估计量 $\hat{m}(x)$ 的均方误差 MSE（Mean Squared Error）可表示为：

$$\begin{aligned}MSE\left[\hat{m}(x)\right]&=E\left[\hat{m}(x)-m(x)\right]^2\\&=Var\left[\hat{m}(x)-m(x)\right]+\left\{E\left[\hat{m}(x)-m(x)\right]\right\}^2\end{aligned} \tag{3.69}$$

均方误差 MSE 是 x 和 h 的函数，对 x 积分，可得积分均方误差 $IMSE$（Integrated Mean Squared Error），它是窗宽 h 的函数：

$$IMSE(h)=\int MSE\left[\hat{m}(x)\right]f(x)dx \tag{3.70}$$

窗宽 h 的选择，应能使积分均方误差 $IMSE$ 达到最小，据一阶条件可得：$h_{opt}=O(n^{-0.2})$，从而 $\frac{1}{\sqrt{nh}}=O(n^{-0.4})$，所以核回归估计量 $\hat{m}(x)$ 可达到的最佳收敛速度为 $O(n^{-0.4})$，要慢于一般的参数回归估计量的收敛速度 $\frac{1}{\sqrt{n}}=O(n^{-0.5})$。

核回归估计中的最优窗宽的估计原则上可以运用嵌入估计方法。但由于 $\hat{m}(x)$ 偏差函数（3.65）中具有难以计算的二阶导数 $m''(x)$ 项，因此在实际运用中不太适宜。

2. 核回归估计中最优窗宽的交叉核实估计

对于核回归估计，用积分均方误差最小化方法选择最优窗宽不太理想，此时可采用"交叉核实"估计方法。

对于核回归估计量 $\hat{m}(x)$，首先定义它的积分方差（Integrated Squared Error）：

$$ISE(h)=\int\left[\hat{m}(x)-m(x)\right]^2dx$$

$$= \int \hat{m}^2(x)dx - 2\int \hat{m}(x)m(x)dx + \int m^2(x)dx \tag{3.71}$$

窗宽 h 的选择，应使 $\hat{f}(x)$ 的积分方差最小。由于式（3.71）第三项与窗宽 h 无关，所以只需保留前两项即可。哈德尔与麦龙（Hardle and Marron，1985）证明，最小化 $ISE(h)$ 等价于最小化下面的"交叉核实"（Cross Validation）目标函数：

$$CV(h) = \sum_{i=1}^{n} [y_i - \hat{m}_{-i}(x_i)]^2 \pi(x_i) \tag{3.72}$$

其中 $\hat{m}_{-i}(x_i)$ 是剔除一个 x_i 后由余下的 $n-1$ 个样本数据估计出来的核回归估计量：

$$\hat{m}_{-i}(x_i) = \sum_{j \neq i} w_j y_j \tag{3.73}$$

剔除数据 x_i 的原因在于，权函数 w_i 在观察点 x_i 点处达到最大值，会使 x_i 的重要程度过分夸大而其他观察点数据的重要程度降低，剔除数据 x_i 有助于改变这种扭曲。

式（3.72）中的 $\pi(x_i)$ 是一个权重函数，引入 $\pi(x_i)$ 的目的是为了降低尾部观测点在核回归估计中的权重，提高精度。

核回归估计过程中最优窗宽的交叉核实估计量 h_{CV} 定义为：

$$\hat{h}_{CV} = \min_h C\hat{V}(h) \tag{3.74}$$

三　多元非参数模型的核回归估计

设 y 为被解释变量，解释变量 $\mathbf{x}$ 为 k 维向量。多元非参数回归模型具有下面的形式：

$$y_i = m(\mathbf{x}_i) + \varepsilon_i = m(x_{1i}, x_{2i}, \cdots, x_{ki}) + \varepsilon_i,\quad i = 1, 2, \cdots, n \tag{3.75}$$

其中 $\varepsilon_i \sim i.i.d.(0, \sigma^2)$，$m(\cdot)$ 是未知的多元函数，目标是要把 $m(\cdot)$ 估计出来。

多元非参数回归模型中 $\hat{m}(\mathbf{x})$ 的核回归估计量为：

$$\hat{m}(\mathbf{x}) = \frac{\dfrac{1}{nh^k}\sum_{i=1}^{n} K\left(\dfrac{\mathbf{x}_i - \mathbf{x}}{h}\right) y_i}{\dfrac{1}{nh^k}\sum_{i=1}^{n} K\left(\dfrac{\mathbf{x}_i - \mathbf{x}}{h}\right)} = \frac{\sum_{i=1}^{n} K\left(\dfrac{\mathbf{x}_i - \mathbf{x}}{h}\right) y_i}{\sum_{i=1}^{n} K\left(\dfrac{\mathbf{x}_i - \mathbf{x}}{h}\right)} \tag{3.76}$$

其中 $K(\cdot)$ 是核函数。

多元核回归估计量 $\hat{m}(\mathbf{x})$ 的性质与一元核回归估计量的性质类似，但其收敛速度及最优窗宽不同。多元核回归估计量 $\hat{m}(\mathbf{x})$ 也具有一致性和渐近正态性，其渐近分布为：

$$\sqrt{nh^k}\left[\hat{m}(\mathbf{x})-m(\mathbf{x})-Bias(\mathbf{x})\right]\xrightarrow{d}N\left[0,\frac{\sigma^2}{f(\mathbf{x})}\int K^2(\psi_i)d\psi_i\right] \tag{3.77}$$

$$Var[\hat{m}(\mathbf{x})]\approx\frac{1}{nh^k}\frac{\sigma^2}{f(\mathbf{x})}\int K^2(\psi_i)d\psi_i \tag{3.78}$$

在多元核回归估计过程中，最优窗宽为 $h=O(n^{-\frac{1}{k+4}})$，因为 $k>1$，所以它大于一元核回归估计中的最优窗宽 $O(n^{-0.2})$。在多元核回归估计量的渐近分布中，$\frac{1}{\sqrt{nh^k}}=O(n^{-\frac{2}{k+4}})$，所以多元核回归估计量 $\hat{m}(\mathbf{x})$ 可达到的最佳收敛速度为 $O(n^{-\frac{2}{k+4}})$，要慢于一元核回归估计量可达到的最佳收敛速度 $\frac{1}{\sqrt{nh}}=O(n^{-0.4})$，更慢于一般的参数回归估计量的收敛速度 $\frac{1}{\sqrt{n}}=O(n^{-0.5})$。

四 非参数模型的局部线性回归估计

对于一元非参数回归模型 $y=m(x)+\varepsilon$，样本容量为 n，局部线性回归估计，是指通过任一点 x 周围局部邻域内的观测值 $x_i(i=1,2,\cdots,q,q<n)$ 来估计 $m(x)$，假设在邻域内 $m(x_i)$ 与 x_i 之间具有如下线性关系：

$$m(x_i)=\alpha(x)+\beta(x)x_i \tag{3.79}$$

假设点 x 的邻域用 $N(x)=[-d(x),d(x)]$ 表示，假设窗宽 $h=2d(x)=2d$ 是固定的。在不同的取值点 x，参数 $\alpha(x)$ 与 $\beta(x)$ 可能不同，它们可通过最小二乘法即在 x 的邻域 $N(x)$ 内最小化下面的函数估计出来：

$$\min\sum_{x_i\in N(x)}[y_i-\alpha(x)-\beta(x)x_i]^2 \tag{3.80}$$

于是在点 x 处，$\hat{m}(x)$ 为：

$$\hat{m}(x)=\hat{\alpha}(x)+\hat{\beta}(x)x \tag{3.81}$$

如果对其他取值点重复上述过程，则可得到模型 $y=m(x)+\varepsilon$ 的非参数估计。

在实际应用中，考虑到在点 x 的邻域内，距离 x 较近的点在估计 $m(x)$ 时应赋予较高的权重，距离 x 较远的点在估计 $m(x)$ 时应赋予较低的权重，该权重在邻域 $N(x)$ 内加和应为1。一种简便可行的方法就是假定该权重为一个核函数，于是参数 $\alpha(x)$ 与 $\beta(x)$ 可通过在 x 的邻域 $N(x)$ 内最小化下面的函数估计出来：

$$\min \sum_{x_i \in N(x)} [y_i - \alpha(x) - \beta(x)x_i]^2 K\left(\frac{x_i - x}{h}\right) \tag{3.82}$$

同样，在点 x 处，$\hat{m}(x) = \hat{\alpha}(x) + \hat{\beta}(x)x$，对其他取值点重复上述过程，则可得到模型 $y = m(x) + \varepsilon$ 的局部线性回归估计结果。

对于多元非参数回归模型 $y_i = m(\mathbf{x}_i) + \varepsilon_i = m(x_{1i}, x_{2i}, \cdots, x_{ki}) + \varepsilon_i$，$i=1,2,\cdots,n$，假设在 $\mathbf{x}$ 的邻域内 $m(x_{1i}, x_{2i}, \cdots, x_{ki})$ 与 $x_{1i}, x_{2i}, \cdots, x_{ki}$ 之间具有如下线性关系：

$$m(x_{1i}, x_{2i}, \cdots, x_{ki}) = \alpha(\mathbf{x}) + \beta_1(\mathbf{x})x_{1i} + \beta_2(\mathbf{x})x_{2i} + \cdots + \beta_k(\mathbf{x})x_{ki} \tag{3.83}$$

参数 $\alpha(\mathbf{x})$ 与 $\beta_1(\mathbf{x}), \beta_2(\mathbf{x}), \cdots, \beta_k(\mathbf{x})$ 可通过在 $\mathbf{x}$ 的邻域 $N(\mathbf{x})$ 内最小化下面的函数估计出来：

$$\min \sum_{x_i \in N(x)} [y_i - \alpha(\mathbf{x}) - \beta_1(\mathbf{x})\mathrm{x}_{1i} - \beta_2(\mathbf{x})x_{2i} - \cdots - \beta_k(\mathbf{x})x_{ki}]^2 K\left(\frac{\mathbf{x}_i - \mathbf{x}}{h}\right) \tag{3.84}$$

同样，在点 $\mathbf{x}$ 处：

$$\hat{m}(x_1, x_2, \cdots, x_k) = \hat{\alpha}(\mathbf{x}) + \hat{\beta}_1(\mathbf{x})x_1 + \hat{\beta}_2(\mathbf{x})x_2 + \cdots + \hat{\beta}_k(\mathbf{x})x_k \tag{3.85}$$

对其他取值点重复上述过程，则可得到多元模型 $y = m(x_1, x_2, \cdots, x_k) + \varepsilon_i$ 的局部线性回归估计结果。

五 非参数模型的 *k* 近邻估计

令 $d_k(x)$ 表示 x 到其 k 个近邻中最远点的距离，这 k 个近邻点分别用 x_1，…，x_k 表示，可变窗宽为 $h = 2d_k(x)$。一元非参数回归模型 $y = m(x) + \varepsilon$ 的 k 近邻估计为：

$$\hat{m}_{k-NN}(x, k) = \sum_{i=1}^{k} w_i y_i \tag{3.86}$$

其中

$$w_i = \frac{1}{k} \times \mathbf{1}(x_i \in h) \tag{3.87}$$

根据密度函数 k 近邻估计的表达式（3.12），可变窗宽 h 的选择是：

$$h = 2d_k(x) \approx \frac{k}{n\hat{f}(x)} \tag{3.88}$$

第四节 半参数线性回归模型

前面介绍的非参数回归模型比较适应于解释变量较少的情形。当解释变量数量较多时，非参数模型在实际估计中比较困难。此时人们转向半参数回归模型，下面是半参数回归模型的一种典型形式，这是一个部分线性模型（Partially Linear Model）：

$$y_i = \mathbf{x}_i'\boldsymbol{\beta} + g(\mathbf{z}_i) + \varepsilon_i \tag{3.89}$$

其中 $\varepsilon_i \sim i.i.d.N(0,\sigma^2)$，解释变量的向量为 $\mathbf{x}_i = (x_{1i},\cdots,x_{ki})'$ 及 $\mathbf{z}_i = (z_{1i},\cdots,z_{qi})'$，参数向量为 $\boldsymbol{\beta} = (\beta_1,\beta_2,\cdots,\beta_k)'$，$g(\cdot)$ 是未知函数，$\varepsilon_i(i=1,\cdots,n)$ 是均值为零方差为 σ^2 的随机误差序列。

该模型有线性主部 $\mathbf{x}_i'\boldsymbol{\beta}$，可以较好地反映一些经济理论所隐含的结构方程，把握被解释变量的大势走向；还有非参数部分 $g(\mathbf{z}_i)$，可以对被解释变量作局部调整，使模型更好地拟合样本观测值。由于该模型结合了参数模型和非参数模型，所以称为半参数回归模型。该模型没有常数项，因为常数项已并入了非参数部分 $g(\mathbf{z}_i)$ 中，这样模型可识别，可唯一估计出参数向量 $\boldsymbol{\beta}$ 和未知函数 $g(\cdot)$。

罗宾森（Robinson，1988）提出了下面的估计方法。

对模型：

$$y = \mathbf{x}'\boldsymbol{\beta} + g(\mathbf{z}) + \varepsilon \tag{3.90}$$

方程两边取关于 $\mathbf{z}$ 的条件期望，得：

$$E(y|\mathbf{z}) = [E(\mathbf{x}|\mathbf{z})]'\boldsymbol{\beta} + g(\mathbf{z}) \tag{3.91}$$

式（3.90）减去式（3.91），消去非参数部分 $g(\mathbf{z})$ 后可得：

$$y - E(y|\mathbf{z}) = [\mathbf{x} - E(\mathbf{x}|\mathbf{z})]'\boldsymbol{\beta} + \varepsilon \tag{3.92}$$

罗宾森提出，第一步先用非参数方法估计出 $E(y|\mathbf{z})$ 和 $E(\mathbf{x}|\mathbf{z})$，第二步再用最小二乘法估计出参数 $\boldsymbol{\beta}$，第三步给出 $g(\mathbf{z})$ 的非参数估计。根据第一步所用的非参数回归方法的不同，这套方法又可以细分为最小二乘核估计、最小二乘局部线性估计、最小二乘近邻估计等具体方法。

最小二乘核估计的步骤如下。

第一步：用核回归方法估计出 $\mathrm{E}(y|\mathbf{z})$ 和 $E(\mathbf{x}|\mathbf{z})$：

$$\hat{E}(y|\mathbf{z}) = \hat{m}_y(\mathbf{z}) = \sum_{i=1}^{n} w_i y_i \tag{3.93}$$

$$\hat{E}(\mathbf{x}|\mathbf{z}) = \hat{\mathrm{m}}_{\mathbf{x}}(\mathbf{z}) = \sum_{i=1}^{n} w_i \mathbf{x}_i \tag{3.94}$$

其中权重为:

$$w_i = \frac{\frac{1}{nh^q}K\left(\frac{\mathbf{z}_i - \mathbf{z}}{h}\right)}{\frac{1}{nh^q}\sum_{i=1}^{n} K\left(\frac{\mathbf{z}_i - \mathbf{z}}{h}\right)} = \frac{K\left(\frac{\mathbf{z}_i - \mathbf{z}}{h}\right)}{\sum_{i=1}^{n} K\left(\frac{\mathbf{z}_i - \mathbf{z}}{h}\right)} \tag{3.95}$$

第二步：用最小二乘法估计出 $\boldsymbol{\beta}$:

$$y_i - \hat{m}_{yi}(\mathbf{z}) = [\mathbf{x}_i - \hat{m}_{xi}(\mathbf{z})]'\boldsymbol{\beta} + \varepsilon \tag{3.96}$$

$$\hat{\boldsymbol{\beta}}_{OLS} = \left(\frac{1}{n}\sum_{i=1}^{n}[\mathbf{x}_i - \hat{m}_{\mathbf{x}i}(\mathbf{z})][\mathbf{x}_i - \hat{m}_{\mathbf{x}i}(\mathbf{z})]'\right)^{-1} \left(\frac{1}{n}\sum_{i=1}^{n}[\mathbf{x}_i - \hat{m}_{\mathbf{x}i}(\mathbf{z})][y_i - \hat{m}_{yi}(\mathbf{z})]\right) \tag{3.97}$$

于是:

$$\sqrt{n}[\hat{\boldsymbol{\beta}}_{OLS} - \boldsymbol{\beta}] \xrightarrow{d} N\left(0, \sigma^2\left(\frac{1}{n}\sum_{i=1}^{n}[\mathbf{x}_i - \hat{m}_{\mathbf{x}i}(\mathbf{z})][\mathbf{x}_i - \hat{m}_{\mathbf{x}i}(\mathbf{z})]'\right)^{-1}\right) \tag{3.98}$$

参数部分的估计量 $\hat{\boldsymbol{\beta}}_{OLS}$的收敛速度为 $O(n^{-0.5})$。

第三步：得到 $g(\mathbf{z})$的非参数估计:

$$\begin{aligned}\hat{g}(z) &= \hat{E}(y|\mathbf{z}) - [\hat{E}(\mathbf{x}|\mathbf{z})]'\hat{\boldsymbol{\beta}} \\ &= \hat{m}_y(\mathbf{z}) - [\hat{m}_x(\mathbf{z})]'\left(\frac{1}{n}\sum_{i=1}^{n}[\mathbf{x}_i - \hat{m}_{xi}(\mathbf{z})][\mathbf{x}_i - \hat{m}_{xi}(\mathbf{z})]\right)^{-1} \\ &\quad \left(\frac{1}{n}\sum_{i=1}^{n}[\mathbf{x}_i - \hat{\mathrm{m}}_{xi}(\mathbf{Z})][y_i - \hat{m}_{yi}(\mathbf{z})]\right)\end{aligned} \tag{3.99}$$

非参数部分的估计量 $\hat{g}(\mathbf{z})$的收敛速度为 $O(n^{-\frac{2}{q+4}})$。

最小二乘局部线性估计以及最小二乘近邻估计的步骤与最小二乘核估计的步骤相同，只是第一步所采用的非参数估计方法不同。在最小二乘局部线性估计中，第一步采用局部线性回归方法估计 $E(y|\mathbf{z})$和 $E(\mathbf{x}|\mathbf{z})$；在最小二乘近邻估计中，第一步采用 k 近邻回归方法估计 $E(y|\mathbf{z})$和 $E(\mathbf{x}|\mathbf{z})$。这三种方法估计出的参数部分的收敛速度相同，非参数部分的收敛速度也相同。

由于半参数方法对经济变量之间的关系作出部分的设定，它优于非参数模型之处在于它把高维的未知函数问题变成一个低维的问题，因而对数据样本规模的要求不再那么强烈。半参数模型是近年来微观经济计量学中较为热门的研究问题之一。半参数估计方法，不仅广泛应用于微观经济计量学中，而且也适应于时间序列数据，它还可用来对经济计量模型进行统计推断。

本章小结

非参数方法的基本思想是要避免预先设定变量分布的密度函数的形式。在密度函数的非参数估计方法中，最简单的是局部直方图法，应用最广泛的是罗森布拉特—帕森核估计方法，此外还有 k 近邻估计、可变窗宽核估计等方法。在对密度函数进行核估计的过程中，窗宽 h 的选择比核函数 $K(y)$ 的选择更加重要，通常采用嵌入方法来选择窗宽。

对于非参数回归模型，纳达拉亚及沃森提出了著名的核回归估计方法，此时用嵌入估计选择窗宽不太理想，通常采用“交叉核实”方法选择最优窗宽。除了核回归估计之外，还可采用局部线性回归、k 近邻回归等方法对非参数回归模型进行估计。

当解释变量数量较多时，非参数模型在实际估计中比较困难，此时人们转向半参数回归模型，罗宾森提出了半参数回归模型的估计方法，具体而言，可以采用最小二乘核估计、最小二乘局部线性估计或最小二乘近邻估计等方法。

思考题

1. 名词解释

(1) 指标函数　(2) 核函数

(3) 罗森布拉特—帕森核估计量　(4) 纳达拉亚—沃森核回归估计

(5) 半参数估计　(6) 最小二乘核估计

(7) 最小二乘局部线性估计　(8) 最小二乘近邻估计

2. 简答题

(1) 简述并比较非参数密度估计的几种常用方法。

(2) 简述密度函数核估计量的性质。

(3) 在密度函数核估计过程中，针对几种常用的核函数，简述最优窗宽的嵌入估计。

(4) 对于非参数回归模型，在核回归估计过程中，简述最优窗宽的交叉核实估计方法。

3. 论述题

（1）对于多元非参数回归模型，论述核回归估计量可达到的最佳收敛速度要慢于一元核回归估计量可达到的最佳收敛速度，更慢于一般的参数回归估计量的收敛速度。

（2）对于半参数线性回归模型，论述最小二乘核估计方法的步骤及其估计量的收敛速度。

阅读参考文献

［1］［美］J. 约翰斯顿、J. 迪纳尔多著：《计量经济学方法》，唐齐明等译，中国经济出版社 2002 年版。

［2］叶阿忠著：《非参数计量经济学》，南开大学出版社 2003 年版。

［3］艾春荣、陈小红著：《计量经济学：半参数计量经济学方法》，北京大学出版社 2000 年版。

［4］吴喜之编：《非参数统计》，中国统计出版社 1999 年版。

［5］李子奈、叶阿忠编著：《高等计量经济学》，清华大学出版社 2000 年版。

［6］林少宫主编：《微观计量经济学要义——问题与方法探讨》，华中科技大学出版社 2003 年版。

［7］高炜宇、谢识予编著：《高等计量经济学》，高等教育出版社 2002 年版。

［8］苏良军编著：《高等数理统计》，北京大学出版社 2007 年版。

［9］Adonis Yatchew（2003），*Semiparametric Regression for the Applied Econometrician*，Cambridge University Press.

［10］Angus Deaton（1989），Rice Prices and Income Distribution in Thailand：A Non-Parametric Analysis，*The Economic Journal*，Vol. 99，No. 395，Supplement：Conference Papers，pp. 1—37.

［11］Blundell，R. and A. Duncan（1998），Kernel Regression in Empirical Microeconomics，*The Journal of Human Resources*，Vol. 33，No. 1，pp. 62—87.

［12］Cameron，Adrian Colin and Pravin K. Trivedi（2005），*Microeconometrics：methods and applications*，Cambridge University Press.

［13］Hansen，Bruce E.（2006），*Econometrics*，Unpublished Book，University of Wisconsin.

[14] Hardle, W. (1990), *Applied Nonparametric Regression*, Cambridge University Press.

[15] Hardle, W. and T. Stoker (1989), Investigating Smooth Multiple Regression by the Method of Average Derivatives, *Journal of the American Statistical Association*, Vol. 84, No. 408, pp. 986—995.

[16] Hardle, W. and E. Marron (1985), Optimal Bandwidth Selection in Nonparametric Regression Function Estimation, *Annals of Statistics*, 13: pp. 1465—1481.

[17] Ichimura, H. (1993), Semiparametric Least Squares (SLS) and Weighted SLS Estimation of Single-Index Models, *Journal of Econometrics*, Vol. 58, pp. 71—120.

[18] Lee, M. J. (1996), Methods of Moments and Semiparametric Econometrics for Limited Dependent Variable Models, Springer-Verlag New York, Inc.

[19] Mills C. Terence and Kerry Patterson (2006), *Palgrave Handbook of Econometrics: Econometric Theory*, V. 1, Palgrave Macmillan Ltd.

[20] Nadaraya, E. A. (1964), On Estimating Regression, *Theory of Probability and Its Applications*, 9: pp. 141—142.

[21] Newey, W. (1994), The asymptotic variance of semiparametric estimators, *Econometrica*, Vol. 62, pp. 1349—1382.

[22] Pagan, A. and A. Ullah (1999), *Nonparametric Econometrics*, Cambridge University Press.

[23] Parzen, Emanuel (1962). On estimation of a probability density function and mode. *Annals Mathematical Statistics.* 33: pp. 1065—1076.

[24] Robinson, P. (1988), Root-N-consistent semiparametric regression, *Econometrica*, Vol. 56, pp. 931—958.

[25] Rosenblatt, Murray (1956), Remarks on some nonparametric estimates of density function, *Annals Mathematical Statistics*, 27: pp. 832—837.

[26] Schennach, Susanne M. (2003), *Nonparametric Estimation Introduction*, Lecture Note for Topics in Econometrics, University of Chicago.

[27] Silverman, B. W. (1986), *Density Estimation for Statistics and Data Analysis*, Chapman and Hall.

[28] Söderlind, Paul (2002), *Lecture Notes for Econometrics*, University

of St. Gallen and CEPR, Switzerland.

[29] Takezawa, Kunio (2006), *Introduction to Nonparametric Regression*, John Wiley & Sons Ltd.

[30] Watson, G. S. (1964), *Smooth Regression Analysis*, Sankhya, Series A, 26: pp. 359—372.

第四章　贝叶斯估计与 *MCMC* 算法

内容提要

在参数估计与统计分析中，有两大学派：频率学派（又称经典学派）与贝叶斯学派，他们的理论与方法都建立在概率论基础上。贝叶斯学派与频率学派的差别在于是否使用先验信息。经典方法（比如最大似然估计）只用样本信息，而贝叶斯分析把先验信息与样本信息结合起来，形成后验信息。

贝叶斯分析是英国学者贝叶斯（T. R. Bayes）在18世纪中期首先提出的，20世纪70年代以后发展迅速。近10年来，由于马尔可夫链蒙特卡罗（*MCMC*）方法解决了贝叶斯估计中高维积分的数值计算问题，极大地推动了贝叶斯分析的应用，特别在微观经济计量学的参数估计和统计推断中得到了许多发展和应用。

第一节　贝叶斯理论与贝叶斯分析

一　贝叶斯理论

在频率学派中，概率 $P(A)$ 定义为：在一个重复性的随机试验中，当试验的次数趋于无穷时，事件 A 发生的相对频率。而在贝叶斯分析中，概率 $P(A)$ 被定义为人们对命题 A 的相信程度。

假设 A 与 B 相关，即 B 中包含关于 A 的信息，在观测到 B 之前对 A 的相信程度是 $P(A)$，在观测到 B 之后，根据贝叶斯理论，我们应修正对 A 的相信程度：

$$\Pr(A|B) = \frac{\Pr(B|A)\Pr(A)}{\Pr(B)} \tag{4.1}$$

如果 A 表示参数（或向量）θ，B 表示样本 y，用概率密度函数代替概率，则贝叶斯公式为：

$$p(\theta|y)=\frac{p(y|\theta)p(\theta)}{p(y)} \tag{4.2}$$

其中 $p(\theta)$ 是 θ 的先验分布，表示观测到数据之前对 θ 的相信程度；$p(\theta|y)$ 是 θ 的后验分布，表示观测到数据后对 θ 更新的相信程度；$p(y)$ 是样本数据的边缘分布；$p(y|\theta)$ 是 θ 给定条件下的样本分布或样本似然，即：

$$L(y|\theta)=p(y|\theta) \tag{4.3}$$

二　贝叶斯分析的步骤和结果

样本数据的边缘分布 $p(y)$ 或边际似然函数可写为：

$$p(y)=\int p(y|\theta)p(\theta)d\theta \tag{4.4}$$

由于 $p(y)$ 中未包含 θ 的任何信息，因此在计算后验分布时 $p(y)$ 仅起到一个因子的作用。如果把 $p(y)$ 省略，贝叶斯公式可改写为如下的形式：

$$p(\theta|y)\propto p(y|\theta)p(\theta) \tag{4.5}$$

其中符号 $\propto$ 表示两边仅差一个常数因子，一个不依赖于 θ 的常数因子。这样做可以简化计算。

一般按下面步骤进行贝叶斯分析：

第一步：形成先验分布 $p(\theta)$ 和样本分布 $p(y|\theta)$；

第二步：根据贝叶斯公式，计算后验分布 $p(\theta|y)$。

贝叶斯分析的最终结果就是 θ 的后验分布 $p(\theta|y)$。这个后验分布概括了当前对 θ 的认知状态。后验分布 $p(\theta|y)$ 不是一个估计量，而是在 θ 的整个参数空间上的一个概率分布函数。

三　先验分布的形式

在进行贝叶斯分析过程中，需要先形成先验分布 $p(\theta)$。先验分布有两种类型：有信息先验分布和无信息先验分布。无信息先验分布对后验分布只有很小的影响。共轭先验分布是一种便于后验分布计算的有信息先验分布，均匀分布是一种最常用的无信息先验分布。

1. 共轭先验分布

设 θ 是总体分布中的参数（或参数向量），$p(\theta)$ 是 θ 的先验密度函数，如果通过抽样信息计算得到的后验密度函数 $p(\theta|y)$ 与 $p(\theta)$ 有相同的函数形式，则称 $p(\theta)$ 是 θ 的共轭先验分布。

因为 $p(\theta|y)\propto p(y|\theta)p(\theta)$，因此共轭先验分布 $p(\theta)$ 的选取是由样本分布 $p(y|\theta)$ 中所含 θ 的形式所决定的，即选择与样本似然函数具有相同形

式的分布作为先验分布。常用的共轭先验分布见表4.1。

表4.1 常用的共轭先验分布

总体分布	样本分布	共轭先验分布
正态分布（方差已知）	$N(\theta,\sigma^2)$	$\theta \sim N(\mu,\tau^2)$
正态分布(均值已知)	$N\left(\mu,\frac{1}{\theta^2}\right)$	$\theta \sim Ga(\alpha,\beta)$
二项分布	$B(n,\theta)$	$\theta \sim Beta(\alpha,\beta)$
泊凇分布	$P(\theta)$	$\theta \sim Ga(\alpha,\beta)$
伽玛分布	$Ga(v,\theta)$	$\theta \sim Ga(\alpha,\beta)$

2. 杰佛里无信息先验分布

均匀分布是一种无信息先验分布，即：

$$P(\theta)=\begin{cases}c,\theta\in\Theta\\0,\theta\notin\Theta\end{cases} \tag{4.6}$$

其中Θ是θ的取值范围，c是一个容易确定的常数。这种分布假设通常也被称为贝叶斯假设。

杰佛里（Jeffreys, 1961）提出了更为一般的确定无信息先验分布的方法：

$$p(\theta)\propto\sqrt{|I(\theta)|} \tag{4.7}$$

其中$|I(\theta)|$为信息矩阵$I(\theta)$的行列式，与式（1.15）类似，这里的信息矩阵$I(\theta)$的定义为：

$$\begin{aligned}I(\theta)&=Var\left(\frac{\partial\ln p(y|\theta)}{\partial\theta}\right)\\&=E\left[\left(\frac{\partial\ln p(y|\theta)}{\partial\theta}\right)\left(\frac{\partial\ln p(y|\theta)}{\partial\theta}\right)'\right]\end{aligned} \tag{4.8}$$

均匀分布和杰佛里分布都是无信息先验分布，他们对贝叶斯后验分布的影响很小，很少出现对结果产生较大影响的情况。采用无信息先验分布进行贝叶斯分析越来越多。

第二节　贝叶斯估计量

贝叶斯分析的最终结果就是θ的后验分布$p(\theta|y)$，虽然后验分布完全

地代表了我们对 θ 的相信程度，但是得出 θ 的一个具体估计值有时也是需要的，这个具体的估计值就是贝叶斯解或贝叶斯估计量 $\hat{\theta}_B(y)$，贝叶斯估计量只能从后验分布 $p(\theta|y)$ 中挑选出来。

一　损失函数与后验风险

令 Y = 数据样本空间，Θ = 参数空间，A = 行动空间。参数空间 Θ 中的每个元素 θ 就是自然界或者社会可能处的状态；行动空间 A 是指为了进行某种决策，人们对自然界或社会可能作出的一切行动的全体。A中的每个元素 a 表示一个行动。

损失函数 $L(\theta, a)$ 是定义在 Θ × A 上的二元函数，它表示当自然界或社会处于状态 θ 时，如果采取行动 a 所引起的损失。损失函数是把决策与经济利益联系在一起的桥梁，它可以根据实际情况确定，但必须是非负的，即：

$$L(\theta,a)\geqslant 0,\ \forall\,\theta\in\Theta, a\in A \tag{4.9}$$

这等价于把最小的损失定义为零。一般总认为：行动 a 离 θ 越远而引起的损失越大，因此损失函数应是距离 $|\theta-a|$ 的非降函数。常用的损失函数有如下几种形式：

1. 平方损失函数

$$L(\theta,a)=(\theta-a)^2 \tag{4.10}$$

这是用得最多的损失函数。

2. 绝对值损失函数

$$L(\theta,a)=|\theta-a| \tag{4.11}$$

3. 广义绝对值损失函数

$$L(\theta,a)=\begin{cases}k_2(\theta-a), & \text{如果 } \theta>a\\ k_1(a-\theta), & \text{其他}\end{cases} \tag{4.12}$$

后验风险定义为损失函数 $L(\theta, a)$ 对后验分布 $p(\theta|y)$ 的期望，即：

$$R(a|y)=\int L(\theta,a)p(\theta|y)\,d\theta \tag{4.13}$$

后验风险就是用后验分布计算出来的平均损失，在样本给定的条件下，不同的行动 a 有不同的后验风险。

二　贝叶斯估计量

贝叶斯估计量 $\hat{\theta}_B(y)$ 应满足后验风险准则，即满足使后验风险函数

$R(a|y)$达到最小时所对应的行动 $\hat{a}(y)$，即：

$$\hat{\theta}_B(y) = \hat{a}(y) = \underset{a \in A}{\operatorname{argmin}} R(a|y) \tag{4.14}$$

当损失函数分别为平方损失函数、绝对值损失函数、广义绝对值损失函数时，相应的贝叶斯估计量分别为后验均值、后验中位数及后验分位数。

1. 后验均值

$$\hat{\theta}_B(y) = \hat{a}(y) = E[\theta|y] \tag{4.15}$$

2. 后验中位数

$$\hat{\theta}_B(y) = \hat{a}(y) = Q_{1/2}(\theta|y) \tag{4.16}$$

3. 后验分位数

$$\hat{\theta}_B(y) = \hat{a}(y) = Q_{k_2/(k_1+k_2)}(\theta|y) \tag{4.17}$$

三 贝叶斯估计量的推导过程

1. 平方损失函数的情况

对于平方损失函数的情况，后验风险为：

$$R(a|y) = \int(\theta - a)^2 p(\theta|y)\,d\theta \tag{4.18}$$

这是关于 a 的连续上凹函数，一阶条件是：

$$\frac{\partial R(a|y)}{\partial a} = 0 \Leftrightarrow \int(\theta - a)p(\theta|y)\,d\theta = 0 \tag{4.19}$$

解之得：

$$\hat{a}(y) = \int \theta p(\theta|y)\,d\theta = E[\theta|y] \tag{4.20}$$

即对于平方损失函数的情形，贝叶斯估计量为后验均值 $E[\theta|y]$。

2. 广义绝对值损失函数的情况

对于广义绝对值损失函数的情况，后验风险为：

$$\begin{aligned} R(a|y) &= \int L(\theta,a)p(\theta|y)\,d\theta \\ &= k_1\int_{-\infty}^{a}(a-\theta)p(\theta|y)\,d\theta + k_2\int_{a}^{\infty}(\theta-a)p(\theta|y)\,d\theta \end{aligned} \tag{4.21}$$

对于其中的第一项，运用分部积分法：

$$\int_{-\infty}^{a}(a-\theta)p(\theta|y)\,d\theta$$

$$= (a-a)\Pr(\theta < a|y) - \lim_{x\to-\infty}(a-x)\Pr(\theta < x|y) + \int_{-\infty}^{a}\Pr(\theta < x|y)\,dx$$

$$= \int_{-\infty}^{a} \Pr(\theta < x \mid y)\, dx \tag{4.22}$$

同理，对于其中的第二项，也可以运用分部积分法。于是：

$$R(a \mid y) = k_1 \int_{-\infty}^{a} \Pr(\theta < x \mid y)\, dx + k_2 \int_{a}^{\infty} \Pr(\theta > x \mid y)\, dx \tag{4.23}$$

这是关于 a 的连续上凹函数，一阶条件为：

$$\frac{\partial R(a \mid y)}{\partial a} = k_1 \Pr(\theta < a \mid y) - k_2 \Pr(\theta > a \mid y) = 0 \tag{4.24}$$

考虑到 $\Pr(\theta > a \mid y) = 1 - \Pr(\theta < a \mid y)$，所以：

$$\Pr(\theta < \hat{a} \mid y) = \frac{k_2}{k_1 + k_2} \tag{4.25}$$

这表明，在广义绝对值损失函数情况下，贝叶斯估计量 $\hat{a}(y)$ 为后验分布的分位数 $Q_{k_2/(k_1+k_2)}(\theta \mid y)$。

3. 绝对值损失函数的情况

当 $k_1 = k_2$ 时，广义绝对值损失函数的情况转化为绝对值损失函数的情况，此时：

$$\Pr(\theta < \hat{a} \mid y) = \frac{k_2}{k_1 + k_2} = \frac{1}{2}$$

因此贝叶斯估计量 $\hat{a}(y)$ 即为后验分布的中位数 $Q_{1/2}(\theta \mid y)$。

第三节　案例分析

假设我们有一个容量为 n 的样本 y，y_i 是从均值为 μ、方差为 σ^2 的正态分布总体中抽取的，即：

$$y_i \mid \mu \sim i.i.d.\ N(\mu, \sigma^2) \tag{4.26}$$

因此样本分布为：

$$p(y \mid \mu) = (2\pi)^{-\frac{n}{2}} \sigma^{-n} \exp\left[-\frac{1}{2\sigma^2} \sum_{i=1}^{n} (y_i - \mu)^2 \right] \tag{4.27}$$

假设我们采用下面的共轭先验分布（参见表 4.1）：

$$p(\mu) = (2\pi)^{-\frac{1}{2}} \sigma_0^{-1} \exp\left[-\frac{1}{2\sigma_0^2} (\mu - \mu_0)^2 \right] \tag{4.28}$$

其中 μ_0 是已知的先验分布的均值，σ_0^2 是其方差。在观测到任何数据之前，对 μ 的最好的猜测是 μ_0（至少在平方损失函数的情况下是这样的）。通常可以设定 σ_0 很大，以此来表明在观测到数据之前，我们对 μ 几乎一无所知的。

μ 的后验分布是：

$$p(\mu|y)=\frac{p(y|\mu)p(\mu)}{p(y)}=\frac{p(y|\mu)p(\mu)}{\int p(y|\mu)p(\mu)d\mu} \tag{4.29}$$

分子是：

$$p(y|\mu)p(\mu)=(2\pi)^{-\frac{n+1}{2}}\sigma^{-n}\sigma_0^{-1}\exp\left[-\frac{1}{2\sigma^2}\sum_{i=1}^{n}(y_i-\mu)^2-\frac{1}{2\sigma_0^2}(\mu-\mu_0)^2\right] \tag{4.30}$$

注意到：

$$\sum_{i=1}^{n}(y_i-\mu)^2=\sum_{i=1}^{n}(y_i-\bar{y})^2+n(\mu-\bar{y})^2 \tag{4.31}$$

又因为①：

$$\frac{n}{\sigma^2}(\mu-\bar{y})^2+\frac{1}{\sigma_0^2}(\mu-\mu_0)^2=\frac{1}{\bar{\sigma}^2}(\mu-\bar{\mu})^2+\frac{1}{\sigma_0^2+n^{-1}\sigma^2}(\bar{y}-\mu_0)^2 \tag{4.32}$$

其中：

$$\bar{\mu}=\frac{\frac{n}{\sigma^2}\bar{y}+\frac{1}{\sigma_0^2}\mu_0}{\frac{n}{\sigma^2}+\frac{1}{\sigma_0^2}} \tag{4.33}$$

$$\bar{\sigma}^2=\frac{1}{\frac{n}{\sigma^2}+\frac{1}{\sigma_0^2}} \tag{4.34}$$

在式（4.30）中，中括号里面的项是：

$$-\frac{1}{2\sigma^2}\sum_{i=1}^{n}(y_i-\mu)^2-\frac{1}{2\sigma_0^2}(\mu-\mu_0)^2=-\frac{1}{2\bar{\sigma}^2}(\mu-\bar{\mu})^2-h(y) \tag{4.35}$$

其中：

$$h(y)=\frac{1}{2\sigma^2}\sum_{i=1}^{n}(y_i-\bar{y})^2+\frac{1}{2(\sigma_0^2+n^{-1}\sigma^2)}(\bar{y}-\mu_0)^2 \tag{4.36}$$

于是式（4.30）可写为：

---

① 对于正态分布，有一个便捷的展开式：

$$a(x-b)^2+c(x-d)^2=(a+c)\left(x-\frac{ab+cd}{a+c}\right)^2+\frac{ac}{a+c}(b-d)^2$$

$$p(y|\mu)p(\mu)=p(y)(2\pi)^{-\frac{1}{2}}\bar{\sigma}^{-1}\exp\left[-\frac{1}{2\bar{\sigma}^2}(\mu-\bar{\mu})^2\right] \tag{4.37}$$

其中：

$$p(y)=(2\pi)^{-\frac{n}{2}}\sigma^{-n}\bar{\sigma}\sigma_0^{-1}\exp[-h(y)] \tag{4.38}$$

根据式（4.37），式（4.29）变为：

$$\begin{aligned}p(\mu|y)&=\frac{p(y|\mu)p(\mu)}{p(y)}\\&=(2\pi)^{-\frac{1}{2}}\bar{\sigma}^{-1}\exp\left[-\frac{1}{2\bar{\sigma}^2}(\mu-\bar{\mu})^2\right]\end{aligned} \tag{4.39}$$

这是均值为 $\bar{\mu}$ 且方差为 $\bar{\sigma}^2$ 的正态分布的密度函数，所以我们可以作出这样的结论：

$$p(\mu|y)=N(\bar{\mu},\bar{\sigma}^2) \tag{4.40}$$

事实上，为了推导上面的结论，我们作了许多不必要的计算。因为在推导 μ 的后验分布过程中，我们只需要纳入含有 μ 的项即可。因此，下面的推导更加简便：

$$\begin{aligned}p(\mu|y)&=\frac{p(y|\mu)p(\mu)}{p(y)}\\&\propto p(y|\mu)p(\mu)\\&\propto exp\left[-\frac{1}{2\sigma^2}\sum_{i=1}^{n}(y_i-\mu)^2-\frac{1}{2\sigma_0^2}(\mu-\mu_0)^2\right] \qquad (4.41)\\&\propto\exp\left[-\frac{1}{2\bar{\sigma}^2}(\mu-\bar{\mu})^2\right]\end{aligned}$$

上面的快速计算表明：

$$p(\mu|y)\propto\exp\left[-\frac{1}{2\bar{\sigma}^2}(\mu-\bar{\mu})^2\right] \tag{4.42}$$

这正是一个非标准化的正态密度函数，因此我们可以直接得到式（4.40）的结论。

在平方损失函数情况下，贝叶斯估计量是后验分布的均值：

$$\hat{\theta}_B(y)=E[\mu|y]=\bar{\mu}=\frac{\frac{n}{\sigma^2}\bar{y}+\frac{1}{\sigma_0^2}\mu_0}{\frac{n}{\sigma^2}+\frac{1}{\sigma_0^2}} \tag{4.43}$$

可见，贝叶斯估计量是一般的估计量 $\bar{y}$ 和先验分布期望 μ_0 的加权组合。当 n 很大或者 σ_0 很大时，大部分权重都赋予了 $\bar{y}$。于是：

$E[\mu|y]\to\bar{y}$　　当 $n\to\infty$ 时

$E[\mu|y]\to\bar{y}$　　当 $\sigma_0\to\infty$ 时

在这个例子中，贝叶斯估计量和经典估计量 $\bar{y}$ 之间存在紧密的对应关系。但是，假设我们已经得知 μ 的取值必须为正，且先验分布为下面的无信息均匀分布：

$$p(\mu)=\frac{1}{K}\times\mathbf{1}(K>\mu>0) \tag{4.44}$$

其中 $\mathbf{1}$ $(K>\mu>0)$ 为指标函数，K 是一个很大的正数。于是我们可以计算当 $K<\infty$ 时的后验分布，然后令 K 趋于无穷。那么，后验分布就是：

$$p(\mu|y)\propto\frac{1}{K}\times\mathbf{1}(K>\mu>0)\exp\left[-\frac{1}{2\bar{\sigma}^2}(\mu-\bar{\mu})^2\right] \tag{4.45}$$

其中 $\bar{\mu}=\bar{y}$，$\bar{\sigma}^2=\sigma^2/n$。这是一个非标准化的两端截断的正态分布，因此：

$$p(\mu|y)=\frac{\phi(\mu|\bar{\mu},\bar{\sigma}^2)\times\mathbf{1}(K>\mu>0)}{\Phi\left(\frac{K-\bar{\mu}}{\bar{\sigma}}\right)-\Phi\left(-\frac{\bar{\mu}}{\bar{\sigma}}\right)}$$

$$\to\frac{\phi(\mu|\bar{\mu},\bar{\sigma}^2)\times\mathbf{1}(\infty>\mu>0)}{\Phi\left(\frac{\bar{\mu}}{\bar{\sigma}}\right)},\ (\text{当 } K\to\infty \text{ 时}) \tag{4.46}$$

在平方损失函数情况下，贝叶斯估计量是后验分布的均值，后验分布是一个左端截断的正态分布，期望为：

$$\hat{\theta}_B(y)=E[\mu|y]=\bar{y}+\bar{\sigma}\,\frac{\phi\left(\frac{\bar{y}}{\bar{\sigma}}\right)}{\Phi\left(\frac{\bar{\mu}}{\bar{\sigma}}\right)} \tag{4.47}$$

第四节　*MCMC* 数值方法

我们已经知道，贝叶斯分析的结果就是 θ 的后验分布 $p(\theta|y)$，对于平方损失函数的情况，贝叶斯估计量为后验均值：

$$E[\theta|y]=\int\theta\cdot p(\theta|y)\cdot d\theta \tag{4.48}$$

考虑更一般的情况，对于函数 $g(\theta)$，其后验期望为：

$$E[g(\theta)]=\int g(\theta)\cdot p(\theta|y)\cdot d\theta \tag{4.49}$$

当 $g(\theta)=\theta$ 时，得后验均值；当 $g(\theta)=L(\theta,a)$ 时，得后验风险。

然而，$\int g(\theta)\cdot p(\theta|y)\cdot d\theta$ 的积分计算可能是困难的，特别当 θ 为高维时更是如此。近 10 年来，由于马尔可夫链蒙特卡罗（*MCMC*）方法解决了贝叶斯估计中高维积分的数值计算问题，极大地推动了贝叶斯分析的应用，特别是在微观经济计量学的参数估计和统计推断中得到了许多发展和应用。

一　重要性抽样与蒙特卡罗积分

我们首先考虑蒙特卡罗方法。一般地说，蒙特卡罗实验按如下步骤进行：（1）完整地设定一个"真实"的模型。作为一个例子，比如真实模型是一个标准线性模型，这意味着设定好了误差项的分布、解释变量、系数及样本大小。（2）利用这一真实模型去生成一个数据集。（3）利用这一人为生成的数据集计算有待估算的检验统计量或估计量，并保存结果。（4）大量地重复步骤（2）和（3）。每生成一个新的数据集指导它叫做一次"重复实验"。（5）评价估计量表现的好坏，或者计算在重复实验中"真实"模型被检验统计量拒绝或不能拒绝的频率。

换句话说，如果我们在实际中不能确定某一估计量或检验的性质，那么我们就做一个实验，于是我们将估计量放在许多不同的条件（不同的模拟样本）下进行考查，并评价估计量的表现。对任何蒙特卡罗实验程序，随机数的生成都是关键的一步，许多经济计量软件给出了随机生成(0，1)区间上均匀分布以及标准正态分布 $N(0,1)$ 的方法。从一个（0，1）区间上均匀分布的变量 x 生成一个（a，b）区间上均匀分布变量 y 的方程如下：

$$y = a + x\cdot(b-a)$$

从一个标准正态变量 x 生成一个均值为 μ，方差为 σ^2 的正态变量 y 的方程如下：

$$y = \mu + x\cdot\sigma$$

在计算积分：

$$I = \int h(\theta)\,d\theta \tag{4.50}$$

时，I 可看做是：先从一个具有（0，1）区间上均匀分布的总体中抽取 θ，再对 θ 的函数 $h(\theta)$ 取期望。如果 θ 能够从该均匀分布中进行独立抽样，并得到样本 $\{\theta^t\}_{t=1}^n$，则积分 I 可以通过数值算法估计出来，即：

$$\hat{I}=\frac{1}{n}\sum_{t=1}^{n}h(\theta^t) \tag{4.51}$$

现在考虑更一般的情况，如果 θ 不是从均匀分布的总体中抽取的，而是从密度函数为 $\pi(\theta)$ 的总体中抽取的，由于 I 总是可以写为：

$$I=\int h(\theta)d\theta=\int\frac{h(\theta)}{\pi(\theta)}\pi(\theta)d\theta=\int g(\theta)\pi(\theta)d\theta \tag{4.52}$$

其中：

$$g(\theta)=\frac{h(\theta)}{\pi(\theta)} \tag{4.53}$$

从密度为 $\pi(\theta)$ 的总体中抽取样本的过程一般被称为"重要性抽样"（Importance Sampling）或权重抽样（Weighted Sampling）。于是 $g(\theta)$ 的期望为：

$$E_\pi[g(\theta)]=\int g(\theta)\pi(\theta)d\theta \tag{4.54}$$

此时 I 可看做是：先从密度为 $\pi(\theta)$ 的总体中抽取 θ，再对 θ 的函数 $g(\theta)$ 取期望。如果 θ 能够从 $\pi(\theta)$ 总体中进行独立抽样，并得到样本 $\{\theta^t\}_{t=1}^n$，则积分 I 同样可以通过数值算法估计出来，即：

$$\hat{I}=\hat{E}_\pi[g(\theta)]=\frac{1}{n}\sum_{t=1}^{n}g(\theta^t) \tag{4.55}$$

二 *MCMC* 算法

MCMC 是马尔可夫链蒙特卡罗（Markov Chain Monte Carlo）方法的缩写，其中马尔可夫链表示状态空间 $\Omega\subseteq R^p$ 的离散时间随机过程 $\{\boldsymbol{\theta}^0,\boldsymbol{\theta}^1,\boldsymbol{\theta}^2,\cdots,\boldsymbol{\theta}^t,\cdots\}$，其中 $\boldsymbol{\theta}^t(t=0,1,\cdots)$ 表示时刻 t 的 p 维向量，$\boldsymbol{\theta}^0$ 为初值。对于 $\forall A\subseteq\Omega$，满足如下性质：

$$\Pr(\boldsymbol{\theta}^{t+1}\in A\mid\boldsymbol{\theta}^0,\boldsymbol{\theta}^1,\cdots,\boldsymbol{\theta}^t)=\Pr(\boldsymbol{\theta}^{t+1}\in A\mid\boldsymbol{\theta}^t) \tag{4.56}$$

即给定 $\boldsymbol{\theta}^t$ 后，$\boldsymbol{\theta}^{t+1}$ 与 $\boldsymbol{\theta}^0$，$\boldsymbol{\theta}^1$，…，$\boldsymbol{\theta}^{t-1}$ 无关。

马尔可夫链的演化规律主要由其转移核 $P(\boldsymbol{\theta},A)$ 决定。转移核的定义为：

$$P(\boldsymbol{\theta}^t,A)=P[\boldsymbol{\theta}^{t+1}\in A\mid\boldsymbol{\theta}^t]=\int_A P(\boldsymbol{\theta}^t,d\phi) \tag{4.57}$$

即给定 $\boldsymbol{\theta}^t$ 后 $\boldsymbol{\theta}^{t+1}$ 的条件分布。

记起始密度函数为：

$$P_{\boldsymbol{\theta}^0}=\Pr(\boldsymbol{\theta}^0) \tag{4.58}$$

则在任意时刻 m，马尔可夫链上状态 $\boldsymbol{\theta}^m$ 的密度函数为：

$$P_{\theta^0}(\boldsymbol{\theta}^1 \in A_1) = P(\boldsymbol{\theta}^1 \mid \boldsymbol{\theta}^0) = \Pr(\boldsymbol{\theta}^1 \in A_1 \mid \boldsymbol{\theta}^0) = \mathrm{P}(\boldsymbol{\theta}^0, A_1) \tag{4.59}$$

$$\begin{aligned} P_{\theta^0}[(\boldsymbol{\theta}^1 \times \boldsymbol{\theta}^2) \in A_1 \times A_2] &= \Pr[(\boldsymbol{\theta}^1 \times \boldsymbol{\theta}^2) \in A_1 \times A_2 \mid \boldsymbol{\theta}^0] \\ &= \int_{A_1} P(\phi_1, A_2) P(\boldsymbol{\theta}^0, d\phi_1) \end{aligned} \tag{4.60}$$

$$\begin{aligned} &P_{\boldsymbol{\theta}^0}[(\boldsymbol{\theta}^1 \times \boldsymbol{\theta}^2 \times \boldsymbol{\theta}^3) \in A_1 \times A_2 \times A_3] \\ &= \Pr[(\boldsymbol{\theta}^1 \times \boldsymbol{\theta}^2 \times \boldsymbol{\theta}^3) \in A_1 \times A_2 \times A_3 \mid \boldsymbol{\theta}^0] \\ &= \int_{A_1} \left[\int_{A_2} P(\phi_2, A_3) P(\phi_1, d\phi_2) \right] P(\boldsymbol{\theta}^0, d\phi_1) \end{aligned} \tag{4.61}$$

依此类推，并令 $A_1 = A_2 = \cdots = A_m = A \subseteq \Omega$，可知：

$$\begin{aligned} &\mathrm{P}_{\boldsymbol{\theta}^0}[(\boldsymbol{\theta}^1 \times \boldsymbol{\theta}^2 \times \cdots \times \boldsymbol{\theta}^m) \in A_1 \times A_2 \times \cdots \times A_m] \\ &= \Pr[(\boldsymbol{\theta}^1 \times \boldsymbol{\theta}^2 \times \cdots \times \boldsymbol{\theta}^m) \in A \times A \times \cdots \times A \mid \boldsymbol{\theta}^0] \\ &= \int_A \int_A \cdots \int_A P(\phi_{m-1}, A) P(\phi_{m-2}, d\phi_{m-1}) \cdots P(\boldsymbol{\theta}^0, d\phi_1) \\ &= \int_A P^{m-1}(\phi, A) P(\boldsymbol{\theta}^0, \mathrm{d}\phi) \end{aligned} \tag{4.62}$$

当 $A_1 = A_2 = \cdots = A_m = A \subseteq \Omega$ 时，记：

$$P^2(\boldsymbol{\theta}^0, A) = \int_A P(\phi, A) P(\boldsymbol{\theta}^0, d\phi) \tag{4.63}$$

$$P^3(\boldsymbol{\theta}^0, A) = \int_A P^2(\phi, A) P(\boldsymbol{\theta}^0, d\phi) \tag{4.64}$$

……

$$P^m(\boldsymbol{\theta}^0, A) = \int_A P^{m-1}(\phi, A) P(\boldsymbol{\theta}^0, d\phi) \tag{4.65}$$

则 $\boldsymbol{\theta}^m$ 的密度函数为：

$$P^m_{\boldsymbol{\theta}^0}(\mathrm{A}) = \Pr(\boldsymbol{\theta}^m \in A \mid \boldsymbol{\theta}^0) = P^m(\boldsymbol{\theta}^0, A) \tag{4.66}$$

假设起始密度函数为 $\pi(\boldsymbol{\theta})$，即：

$$P_{\boldsymbol{\theta}^0} = \Pr(\boldsymbol{\theta}^0) = \pi(\boldsymbol{\theta}^0) \tag{4.67}$$

则经过 m 次转移后，$\boldsymbol{\theta}^m$ 的密度函数为：

$$\begin{aligned} \pi^m(A) = P^m_{\boldsymbol{\theta}^0}(A) &= \Pr(\boldsymbol{\theta}^m \in A \mid \boldsymbol{\theta}^0) = P^m(\boldsymbol{\theta}^0, A) \\ &= \int_A P^{m-1}(\phi, A) P(\boldsymbol{\theta}^0, d\phi) \end{aligned} \tag{4.68}$$

假设马尔可夫链 $\{\boldsymbol{\theta}^0, \boldsymbol{\theta}^1, \boldsymbol{\theta}^2, \cdots, \boldsymbol{\theta}^t, \cdots\}$ 是从密度为 $\pi(\boldsymbol{\theta})$ 的总体中抽取出来的样本。如果对于任意可测集 $A \subseteq \Omega$，满足：

$$\pi(A) = \int P(\phi, A) \pi(d\phi) \tag{4.69}$$

则称 $\pi(\boldsymbol{\theta})$ 为马尔可夫链 $\{\boldsymbol{\theta}^0, \boldsymbol{\theta}^1, \boldsymbol{\theta}^2, \cdots, \boldsymbol{\theta}^t, \cdots\}$ 的平稳分布或不变分布。

根据平稳分布的定义可知，如果 $\boldsymbol{\theta}^0 \sim \pi$，则 $\boldsymbol{\theta}^m \sim \pi$。

MCMC 方法的基本思想就是通过建立一个平稳分布为 $\pi(\boldsymbol{\theta})$ 的 p 维马尔可夫链来得到 $\pi(\boldsymbol{\theta})$ 的样本 $\{\boldsymbol{\theta}^t\}_{t=1}^n$，基于这些样本就可以通过蒙特卡罗积分估计出 $E_\pi[g(\boldsymbol{\theta})]$，即：

$$\hat{I} = \hat{E}_\pi[g(\boldsymbol{\theta})] = \frac{1}{n}\sum_{t=1}^{n} g(\boldsymbol{\theta}^t) \tag{4.70}$$

然而在实践中，往往难以从高维（p 维）的 $\pi(\boldsymbol{\theta})$ 总体中直接取样，因此才借助 *MCMC* 方法。在 *MCMC* 方法中，我们并不需要起始状态 $\boldsymbol{\theta}^0$ 的分布就是 $\pi(\boldsymbol{\theta})$。即使从不同的初始 $\boldsymbol{\theta}^0$ 出发，只要经过一段时间的迭代后，比如经历 m 次迭代后，如果 $\boldsymbol{\theta}^{m+1}$，…，$\boldsymbol{\theta}^n$ 的分布已经成为平稳分布 $\pi(\boldsymbol{\theta})$，则认为它们收敛了。相应地，在进行蒙特卡罗积分估计时，应该把前面的 m 个迭代值去掉，只用后面的 n - m 个迭代结果来估计，即：

$$\hat{I} = \hat{E}_\pi[g(\boldsymbol{\theta})] = \frac{1}{n-m}\sum_{t=m+1}^{n} g(\boldsymbol{\theta}^t) \tag{4.71}$$

三 吉布斯（Gibbs）抽样算法

MCMC 算法的本质，就是通过构造合适的转移核，使目标分布为马尔可夫链的平稳分布。因此在采用 *MCMC* 方法时，转移核的构造至关重要。不同的 *MCMC* 方法，往往也就是转移核的构造方法不同。应用最广泛的 *MCMC* 方法是吉布斯（Gibbs）抽样算法。

吉布斯抽样的主要特点是，其马尔可夫链的样本是从一系列条件分布中抽取的，有效地将高维（p 维）分布 $\pi(\boldsymbol{\theta})$ 分解为低维分布，而且分解后的低维分布一般具有标准的容易抽取的形式。

假设 $\pi(\boldsymbol{\theta})$ 为高维的目标分布，$\boldsymbol{\theta} \subseteq R^p$。将 p 维的 $\boldsymbol{\theta}$ 分解为 q 块，记为：

$$\boldsymbol{\theta} = (\boldsymbol{\theta}_{(1)}, \cdots, \boldsymbol{\theta}_{(q)}) \tag{4.72}$$

其中 $\boldsymbol{\theta}_{(j)}$ 中包含 p 维 $\boldsymbol{\theta}$ 中的 d_j 维，d_j 维数较低，因此：

$$\sum_{j=1}^{q} d_j = p \tag{4.73}$$

当 $q = p$ 时，每块都是一维的，即 $d_j = 1$，$j = 1$，…，q。令：

$$\pi(\boldsymbol{\theta}_{(j)} \mid \boldsymbol{\theta}_{(1)}, \boldsymbol{\theta}_{(2)}, \cdots, \boldsymbol{\theta}_{(j-1)}, \boldsymbol{\theta}_{(j+1)}, \cdots, \boldsymbol{\theta}_{(q)}) \tag{4.74}$$

表示第 j 块 $\boldsymbol{\theta}_{(j)}$ 的条件密度分布，即给定所有其他块 $\boldsymbol{\theta}_{(1)}$，$\boldsymbol{\theta}_{(2)}$，…，$\boldsymbol{\theta}_{(j-1)}$，

$\boldsymbol{\theta}_{j+1}$，⋯，$\boldsymbol{\theta}_{(q)}$条件下的分布，这种条件分布也叫满条件分布，它可以从目标分布$\pi(\boldsymbol{\theta})$中推导出来。

给定 $t=0$ 时刻的初值 $\boldsymbol{\theta}^0=(\boldsymbol{\theta}_{(1)}^0,\ \cdots,\ \boldsymbol{\theta}_{(q)}^0)$，则对于 $t=1,\ 2,\ \cdots$，从状态$\boldsymbol{\theta}^t=(\boldsymbol{\theta}_{(1)}^t,\ \cdots,\ \boldsymbol{\theta}_{(q)}^t)$ 转移到状态 $\boldsymbol{\theta}^{t+1}=(\boldsymbol{\theta}_{(1)}^{t+1},\ \cdots,\ \boldsymbol{\theta}_{(q)}^{(t+1)})$ 的吉布斯抽样方法是一种递推动态的抽样方法：

从 $\boldsymbol{\theta}_{(1)}^{t+1}\sim\pi(\boldsymbol{\theta}_{(1)}^{t+1}\mid\boldsymbol{\theta}_{(2)}^t,\ \boldsymbol{\theta}_{(3)}^t,\ \cdots,\ \boldsymbol{\theta}_{(q)}^t)$中抽取 $\boldsymbol{\theta}_{(1)}^{t+1}$；

从 $\boldsymbol{\theta}_{(2)}^{t+1}\sim\pi(\boldsymbol{\theta}_{(2)}^{t+1}\mid\boldsymbol{\theta}_{(1)}^{t+1},\ \boldsymbol{\theta}_{(3)}^t,\ \cdots,\ \boldsymbol{\theta}_{(q)}^t)$中抽取 $\boldsymbol{\theta}_{(2)}^{t+1}$；

从 $\boldsymbol{\theta}_{(3)}^{t+1}\sim\pi(\boldsymbol{\theta}_{(3)}^{t+1}\mid\boldsymbol{\theta}_{(1)}^{t+1},\ \boldsymbol{\theta}_{(2)}^{t+1},\ \boldsymbol{\theta}_{(4)}^t\cdots,\ \boldsymbol{\theta}_{(q)}^t)$中抽取 $\boldsymbol{\theta}_{(3)}^{t+1}$；

⋮

从 $\boldsymbol{\theta}_{(q)}^{t+1}\sim\pi(\boldsymbol{\theta}_{(q)}^{t+1}\mid\boldsymbol{\theta}_{(1)}^{t+1},\ \boldsymbol{\theta}_{(2)}^{t+1},\ \cdots,\ \boldsymbol{\theta}_{(q-1)}^{t+1})$中抽取 $\boldsymbol{\theta}_{(q)}^{t+1}$。

MCMC 方法是一种实践性很强的方法，当吉布斯抽样迭代足够多步数后，可以认为以后产生的样本服从目标分布，或收敛于目标分布。$t=0$ 时刻初值 $\boldsymbol{\theta}^0=(\boldsymbol{\theta}_{(1)}^0,\ \cdots,\ \boldsymbol{\theta}_{(q)}^0)$ 的选择会影响到 *MCMC* 的收敛速度。在贝叶斯 *MCMC* 估计中，可以把先验分布的均值和方差作为有关变量的初值。

本章小结

贝叶斯分析的思想来源于贝叶斯公式，其最终结果就是 θ 的后验分布 $p(\theta|y)$。在进行贝叶斯分析过程中，需要先形成先验分布 $p(\theta)$。先验分布有两种类型：有信息先验分布和无信息先验分布。当损失函数分别为平方损失函数、绝对值损失函数、广义绝对值损失函数时，相应的贝叶斯估计量分别为后验均值、后验中位数及后验分位数。

近 10 年来，由于马尔可夫链蒙特卡罗（*MCMC*）方法解决了贝叶斯估计中高维积分的数值计算问题，极大地推动了贝叶斯分析的应用。*MCMC* 算法的本质，就是通过构造合适的转移核，使目标分布为马尔可夫链的平稳分布。应用最广泛的 *MCMC* 方法是吉布斯抽样算法，其马尔可夫链的样本是从一系列条件分布中抽取的，它可以有效地将高维分布分解为低维分布。

思　考　题

1. 名词解释

（1）贝叶斯公式　　（2）共轭先验分布

（3）杰佛里无信息先验分布　　（4）损失函数

（5）后验风险　　（6）贝叶斯估计量
（7）蒙特卡罗实验　　（8）重要性抽样
（9）转移核　　（10）吉布斯抽样

2. 简答题

（1）简述贝叶斯分析的步骤；并说明如何选择先验分布？

（2）证明：当损失函数分别为平方损失函数、绝对值损失函数、广义绝对值损失函数时，相应的贝叶斯估计量分别为后验均值、后验中位数及后验分位数。

（3）简述吉布斯抽样的步骤及 *MCMC* 数值算法的原理。

（4）$y=(y_1, \cdots, y_n)'$为一个随机样本，其中：

$$p(y_i|\theta)=\begin{cases}\theta^{y_i}(1-\theta)^{y_i} & \text{如果 } 0\leqslant y_i\leqslant 1\\ 0 & \text{其他}\end{cases}$$

假设参数 θ 满足先验分布 $\theta\sim U(0, 1)$，

（a）推导出后验分布；

（b）推导出后验均值 $E(\theta|y)$。

3. 论述题

（1）已知 X，Y 服从二元正态分布，均值为零，方差为 1，X 与 Y 之间的相关系数为 ρ；给定 $X=x$ 条件下 Y 的均值为 ρx，方差为 $1-\rho^2$；给定 $Y=y$ 条件下 X 的均值为 ρy，方差为 $1-\rho^2$；试写出吉布斯抽样的步骤。

（2）考虑下面的工资函数 $\ln W_i=\beta_1+\beta_2 E_i+\beta_3 E_i^2+u_i$，$i=1, \cdots, n$，其中 W_i 为工资，E_i 为工作年限，已知 $u_i\sim N(0, 4)$，未知参数为 $\boldsymbol{\beta}=(\beta_1, \beta_2, \beta_3)'$。

（a）运用无信息先验分布 $p(\boldsymbol{\beta})\propto 1$，推导 $\boldsymbol{\beta}$ 的后验分布；

（b）$\boldsymbol{\beta}$ 的后验分布是三维的，写出从该后验分布中进行吉布斯抽样的步骤。

阅读参考文献

[1] 茆诗松、王静龙、濮晓龙编著：《高等数理统计》，高等教育出版社、施普林格出版社 1998 年版。

[2] 茆诗松编著：《贝叶斯统计》，中国统计出版社 1999 年版。

[3] [美] James O. Berger 著：《统计决策论及贝叶斯分析》，贾乃光译，吴喜之校译，中国统计出版社 1998 年版。

[4] [美] J. 约翰斯顿、J. 迪纳尔多著：《计量经济学方法》，唐齐明

等译，中国经济出版社 2002 年版。

[5] [美] 詹姆斯 D. 汉密尔顿著：《时间序列分析》，刘明志译，中国社会科学出版社 1999 年版。

[6] 苏良军编著：《高等数理统计》，北京大学出版社 2007 年版。

[7] 刘凤芹著：《基于 *MCMC* 方法的随机波动模型的推断》，中国人民大学博士学位论文，2004 年。

[8] Cameron, Adrian Colin and Pravin K. Trivedi (2005), *Microeconometrics: methods and applications*, Cambridge University Press.

[9] Hansen, Bruce E. (2006), *Econometrics*, Unpublished Book, University of Wisconsin.

[10] Hansen, Karsten (2002), *Introduction to Bayesian conometrics and Decision Theory*, Lecture Note for Microeconometrics, University of Chicago.

[11] Jeffreys, H. (1961), *Theory of Probability* (3rd edition), Oxford University Press.

[12] Kendall, W. S. and F Liang (2005) Eds., *Markov Chain Monte Carlo: Innovations and Applications*, World Scientific Publishing Co. Ltd.

[13] Koop, Gary (2003), *Bayesian Econometrics*, John Woley & Sons Ltd.

[14] Lancaster, Tony (2004), *An Introduction to Modern Bayesian Econometrics*, Blackwell Publishing.

[15] Lee, Peter M (2004), *Bayesian Statistics: An Introduction*, Third Edition, Hodder Arnold, A member of the Hodder Headline Group.

[16] Mills C. Terence and Kerry Patterson (2006), *Palgrave Handbook of Econometrics: Econometric Theory*, V. 1, Palgrave Macmillan Ltd.

[17] O'Hagan, Anthony and Jonathan Forster (2004), *Bayesian Inference*, Second Edition, Arnold, A member of the Hodder Headline Group.

[18] Robert, Christian P. and George Casella (1999), *Monte Carlo Statistical Methods*, Springer-Verlag New York, Inc.

[19] Söderlind, Paul (2002), *Lecture Notes for Econometrics*, University of St. Gallen and CEPR, Switzerland.

第五章　分位数回归与自助法

内容提要

如果随机误差项满足高斯分布，最小二乘法可以给出一致、有效的估计量，运算速度也快。在实际应用中有时会遇到误差不服从高斯分布的情形，比如样本中有几个奇异点（离群点）的情形，这时候运用最小二乘法有可能导致较为严重的后果。如果舍弃奇异点（离群点），一般应有足够充分的理由。1978 年库克与巴赛特（Koenker & Bassett）提出的分位数回归（Quantile Regression）是一种可以较好地解决该问题的方法。

1979 年埃弗龙（Efron）教授首次提出了一种新的统计方法——自助法（Bootstrap），该方法借助计算机对原始有限样本而不是总体进行重复抽样以产生一系列“新”的样本。20 多年来，包括埃弗龙本人在内的许多统计学家和经济计量学家作了大量的研究，证明了自助法在解决实际问题时有着广泛的应用。

第一节　分位数回归

一　中位数回归

1. 分位数的概念

分位数（quantile）是四分位数、十分位数、百分位数等的总称。如果把总体作等分，就可以成为分位数。如果一个学生在一次标准化测验中，他的成绩比 $100\times\theta\%$ 的学生成绩高，而比其余 $100\times(1-\theta)\%$ 的学生成绩低，那么他的成绩就处于 θ 分位。如果他的成绩处于中位数就意味着一半的学生比他的成绩高，另一半的学生比他的成绩差。类似地，四分位数（quartile）将总体四等分，五分位数将总体五等分，十分位数（decile）将总体十等分，百分位数（percentile）将总体百等分。

2. 均值回归

最小二乘法（OLS）提供了一种界定分位数的基本模式。假设有一组随机样本 y_1，y_2，…，y_n，通过最小二乘法（OLS）可得到样本均值 μ 的解：

$$\min_{\mu}\sum_{i=1}^{n}(y_i-\mu)^2 \tag{5.1}$$

其中 μ 为无条件均值，通过一阶条件可得样本均值的估计量 $\hat{\mu}=\frac{1}{n}\sum_{i=1}^{n}y_i$。可见 OLS 回归实质上就是均值回归。

3. 中位数回归

假设被解释变量为 y，其概率密度函数为 $f(y)$，累积分布函数为 $F(y)$，y 的中位数用 $\mathrm{med}(y)$ 表示。可以证明，当参数 $\xi=\mathrm{med}(y)$ 时，$E(|y_i-\xi|)$取得最小值。因为：

$$\begin{aligned}E(|y_i-\xi|)&=-\int_{-\infty}^{\xi}(y-\xi)f(y)\,\mathrm{d}y+\int_{\xi}^{+\infty}(y-\xi)f(y)\,\mathrm{d}y\\&=-\int_{-\infty}^{\xi}(y-\xi)\cdot\mathrm{d}F(y)+\int_{\xi}^{+\infty}(y-\xi)\cdot\mathrm{d}F(y)\end{aligned}\tag{5.2}$$

根据莱布尼兹公式，如果 $F(\xi)=\int_a^b f(y,\xi)\,\mathrm{d}y$，则 $F'(\xi)=\int_a^b\frac{\partial f(y,\xi)}{\partial\xi}\mathrm{d}y$。

如果 $F(\xi)=\int_a^{g(\xi)}f(y,\xi)\,\mathrm{d}y$，则：

$$F'(\xi)=f[g(\xi),\xi]\frac{\partial g(\xi)}{\partial\xi}+\int_a^{g(\xi)}\frac{\partial f(y,\xi)}{\partial\xi}\mathrm{d}y \tag{5.3}$$

令 $g(\xi)=\xi$，$f(y,\xi)=(y-\xi)$，运用式（5.3），式（5.2）对 ξ 的一阶条件可简化为：

$$\begin{aligned}\frac{\partial E(|y_i-\xi|)}{\partial\xi}&=\int_{-\infty}^{\xi}\mathrm{d}F(y)-\int_{\xi}^{+\infty}\mathrm{d}F(y)\\&=F(\xi)-[1-F(\xi)]\\&=2F(\xi)-1=0\end{aligned}\tag{5.4}$$

即：

$$F(\hat{\xi})=0.5 \tag{5.5}$$

或者：

$$\hat{\xi}=\mathrm{med}(y) \tag{5.6}$$

当绝对偏差 $E(|y_i-\xi|)$取得最小值时，要求 ξ 取值为 y 在中位值 0.5 处的中位数 $\mathrm{med}(y)$。因此，中位数回归（median regression）估计量可通过最小绝对偏差法 *LAD*（Least Absolute Deviation）估计出来。

同理，对于线性回归模型 $y_i=x_i\boldsymbol{\beta}+\boldsymbol{\varepsilon}_i$，令绝对偏差 $E(|y_i-x_i\boldsymbol{\beta}|)$取得最小值，可估计出 $x_i\hat{\boldsymbol{\beta}}_{0.5}=\mathrm{med}(y_i|x_i)$。

二　分位数回归

假设被解释变量为 y，其概率密度函数为 $f(y)$，累积分布函数为 $F(y)$，参数为 ξ，被解释变量 y 在分位值 θ 处的分位数为 $Q_\theta(y)$，其中 $\theta\in(0,1)$。

定义 $\rho_\theta(\cdot)$ 为"检查函数"（Check Function），它满足：

$$\rho_\theta(\eta)=[\theta-\mathbf{1}(\eta<0)]\eta=\begin{cases}\theta\eta, & \eta\geqslant 0\\ -(1-\theta)\eta, & \eta<0\end{cases} \tag{5.7}$$

其中 $\mathbf{1}(\cdot)$ 为指针函数。检查函数的图形类似于一个对号"✓"，因此常被称为"打钩函数"。

考虑一种简单的情况。当 $\eta=y-\xi$ 时，可以证明，参数 ξ 的 θ 分位数估计量就是 y 的 θ 分位数 $Q_\theta(y)$，它是使 $E[\rho_\theta(y-\xi)]$ 取得最小值时所对应的参数估计量 $\hat{\xi}$，它满足 $F(\hat{\xi})=\theta$。因为：

$$E[\rho_\theta(y-\xi)]=-\int_{-\infty}^{\xi}(1-\theta)(y-\xi)\cdot dF(y)+\int_{\xi}^{+\infty}\theta(y-\xi)\cdot dF(y) \tag{5.8}$$

令 $g(\xi)=\xi$，$f(y,\xi)=(y-\xi)$，运用式（5.3），式（5.8）对 ξ 的一阶条件可简化为：

$$\begin{aligned}0&=E[-(1-\theta)\cdot\mathbf{1}(y<\xi)+\theta\cdot\mathbf{1}(y>\xi)]\\&=-(1-\theta)\cdot\Pr(y<\xi)+\theta\cdot\Pr(y>\xi)\\&=-(1-\theta)\cdot\Pr(y<\xi)+\theta\cdot[1-\Pr(y<\xi)]\\&=-\Pr(y<\xi)+\theta\end{aligned} \tag{5.9}$$

解为 $\Pr(y<\hat{\xi})=\theta$，即：

$$F(\hat{\xi})=\theta \tag{5.10}$$

或者：

$$\hat{\xi}=Q_\theta(y) \tag{5.11}$$

可见，当加权绝对偏差 $E[\rho_\theta(y-\xi)]$ 取得最小值时，要求 ξ 取值为 y 在分位值为 θ 处的分位数 $Q_\theta(y)$。因此，分位数回归（quantile regression）

估计量可通过加权的最小绝对偏差法 *WLAD*（Weighted Least Absolute Deviation）估计出来，其中权数就是 θ 的分位值。

类似地，对于线性回归模型 $y_i = x_i\beta + \varepsilon_i$，样本的分位数回归方程为：

$$Q_\theta(y|x) = x\beta_\theta \tag{5.12}$$

在分位值 θ 处，参数 β 的分位数估计量 $\hat{\beta}_\theta$ 为：

$$\begin{aligned}\hat{\beta}_\theta &= \arg\min E[\rho_\theta(y - x\beta)] \\ &= \arg\min \frac{1}{n}\sum_{i=1}^{n}\rho_\theta(y_i - x_i\beta) \\ &= \arg\min \frac{1}{\mathrm{n}}\sum_{i=1}^{n}\left[-\mathbf{1}(y < x_i\beta)\cdot(1-\theta)(y_i - x_i\beta) + \mathbf{1}(y > x_i\beta)\cdot\theta(y_i - x_i\beta)\right]\end{aligned} \tag{5.13}$$

当 $\theta = 0.5$ 时，（5.13）变为：

$$\hat{\beta}_{0.5} = \arg\min \frac{1}{2n}\sum_{i=1}^{n}\left[-\mathbf{1}(y < x_i\beta)\cdot(y_i - x_i\beta) + \mathbf{1}(y > x_i\beta)\cdot(y_i - x_i\beta)\right] \tag{5.14}$$

（5.14）即为中位数回归。

一旦得到 $\hat{\beta}_\theta$，y_i 的分位数回归估计量的超平面即可得到，其值为：

$$\hat{y}_i = x_i\hat{\beta}_\theta \tag{5.15}$$

并且可得到分位数回归的残差为：

$$\hat{e}_i(\theta) = y_i - x_i\hat{\beta}_\theta \tag{5.16}$$

估计的分位数回归越多，我们对条件分布的了解就越多。比如，如果中位数回归线 *LAD* 与均值回归线 *OLS* 有显著的差别，那么表明该分布是非对称的。而且，如果上方的分位数回归线相对于下方的分位数回归线来说彼此比较接近，那么该条件分布应向左倾斜。在许多实际应用中，不同分位数的回归估计量之间有很大差异，这表明在条件分布的不同位置，解释变量对因变量的影响是截然不同的。

三　分位数回归的估计

由于分位数回归没有一个封闭的形式，所以分位数回归估计量 $\hat{\beta}_\theta$ 是很难计算的。根据导数的定义可知，在原点 $y_i - x_i\beta = 0$ 处，检查函数 $\rho_\theta(y_i - x_i\beta)$ 对 β 的导数不存在（左导数不等于右导数），因此我们很难对式（5.13）使用标准的数值最优化方法，因此很难使用最大似然估计（*MLE*）或广义矩方法（*GMM*）对参数进行估计。

实践中，可以通过求解一个线性规划问题来计算分位数回归估计量，也可以采用最小距离估计 *CMD*（Classical Minimum Distance）方法。

求线性目标函数在具有线性等式或线性不等式的约束条件下的极值（极大值或极小值）问题，称为“线性规划”问题。有多种方法可以求解线性规划问题。比如内点法、最大最小化算法等。

对于不可导的目标函数，难以采用最优化方法估计 p 维待估参数 $\boldsymbol{\theta}$，如果 s 维参数 $\boldsymbol{\pi}$ 容易估计出来（$s \geqslant p$），且 $\boldsymbol{\pi}$ 与 $\boldsymbol{\theta}$ 具有如下关系：$\boldsymbol{\pi}=h(\boldsymbol{\theta})$，其中 $h(\cdot)$ 为已知的连续可导函数。最小距离估计（*CMD*）方法的基本思想是：首先估计出 $\hat{\boldsymbol{\pi}}$，然后选取 $\hat{\boldsymbol{\theta}}$ 使 $h(\hat{\boldsymbol{\theta}})$ 与 $\hat{\boldsymbol{\pi}}$ 之间的距离最短，即目标函数变为 $\min\limits_{\boldsymbol{\theta}}(\hat{\boldsymbol{\pi}}-h(\boldsymbol{\theta}))'\boldsymbol{A}_s(\hat{\boldsymbol{\pi}}-h(\boldsymbol{\theta}))$，$\boldsymbol{A}_s$ 为最优权矩阵，此时采用类似于广义矩的方法即可估计出 $\hat{\boldsymbol{\theta}}$。

分位数回归估计量 $\hat{\beta}_\theta$ 的方差可用非参数方法或者下节将要介绍的自助法估计出来。

在统计与计量软件中，*STATA* 和 *SAS* 中包含了一些分位数回归的命令，提供了分位数回归的一些基本功能。比较专业的分位数回归软件是 *R*，由于 *R* 是免费下载的而且所有的软件包都是共享的，可以随时更新，所以应用广泛。有关 *R* 软件的详细介绍可参见 *R* 软件网站 www. r-project. org，分位数回归的软件包是 quantreg。

四　案例分析：恩格尔曲线①

下面通过分析恩格尔（1857）数据集，揭示恩格尔曲线以外的更多信息，以展示分位数回归的魅力。

德国统计学家恩思特·恩格尔（1821—1896），曾任普鲁士统计局局长（1860—1862）。他在1857年发表的一篇论文中，通过分析恩格尔数据集——它记录了235个比利时家庭（工作收入为其家庭生活的来源）的家庭收入和食品支出的情况（见表5.1），阐明了一个让他流芳后世的恩格尔定律：随着家庭和个人收入增加，收入中用于食品方面的支出比例将逐渐减小。反映这一定律的系数被称为恩格尔系数，即：

$$\text{恩格尔系数}(\%)=\frac{\text{食品支出总额}}{\text{家庭或个人消费支出总额}}\times 100\%$$

它说明了经济发展与收入增加对生活消费的影响程度，揭示了居民收入和食品支出之间的相互关系。在收入水平较低时，食品在消费支出中必

① 此案例引自李育安（2006）。

然占有重要地位。随着收入的增加，在食物需求基本满足的情况下，消费的重心才会开始向衣、住、行等其他方面转移。通常来讲，一个国家或家庭生活越贫困，食品在消费支出中必然占有较大的比例，恩格尔系数就越大；反之，生活越富裕，恩格尔系统就越小。国际上通常用恩格尔系数来衡量一个国家或地区人民生活水平的状况。根据联合国粮农组织提出的标准：恩格尔系数大于59%为贫困，50%—59%间为温饱，在40%—50%间为小康，在30%—40%间为富裕，小于30%为最富裕。

表5.1　恩格尔（1857）数量集节选表　（单位：元）

家庭收入	食品支出
420.1577	255.8394
541.4117	310.9587
901.1575	485.6800
…	…

在统计软件 *R* 上，分位数回归理论基础的奠基人之一库克（Konek-er），编写了一个专门计算分位数回归的软件包 quantreg，对恩格尔（1857）数据集进行了统计分析，可选择输出许多分位数回归结果（见图5.1）。图5.1中的6条实直线表示的则是线性分位数回归直线，从下到上，它们的分位数值依次是：0.05，0.1，0.25，0.75，0.9，0.95。

图5.1清晰地展示了家庭食品支出随家庭收入增长而增长的趋势，不同分位数值的分位数回归直线之间的间隙先窄后宽，以及中位数回归直线位于最小二乘法所得到的回归直线之上，说明了食品支出是左偏的：分位数回归直线左侧之间间隙较窄，寓示了数据点比较密集；而分位数回归直线右侧之间间隙较大，寓示了数据点比较稀疏且拖尾。从图5.1还可以清楚地看出，中位数回归直线的位置和由最小二乘法得到的线性回归直线的位置显著不同：说明了条件密度的不对称性，也说明了此时最小二乘法显然受到了两个异常点（高家庭收入、低食品支出）的影响较大，它的这种不稳健性的后果，表明最小二乘法对贫穷家庭的食品支出预测较差，常常低估了他们的恩格尔系数，高估了他们的生活质量。

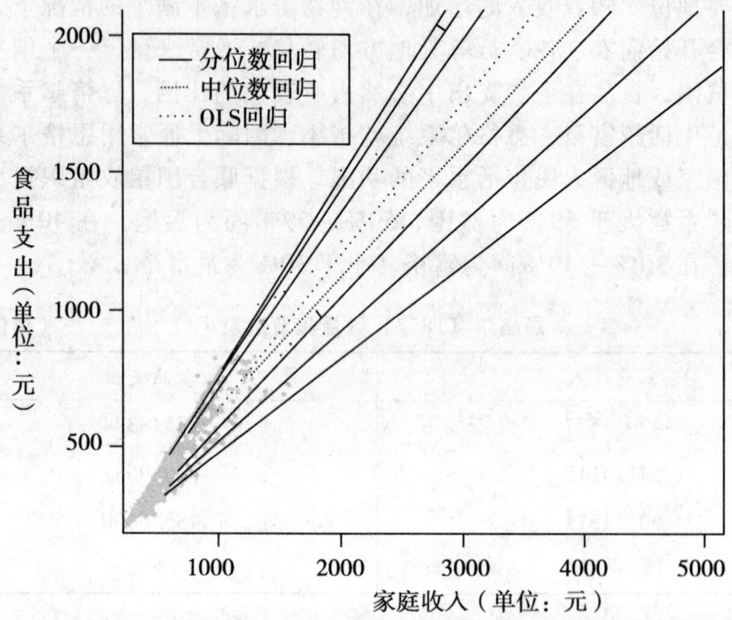

图 5.1 家庭收入与食品支出分位数回归

第二节 自助法

一 自助法的概念

1979 年美国斯坦福大学统计系教授埃弗龙（Efron，1986，1993）在总结前人研究成果的基础上，首次提出一种新的统计方法——自助法（Bootstrap），或重复抽样自助法。该方法借助计算机对原始有限样本而不是总体进行重复抽样以产生一系列“新”的样本。20 多年来，包括埃弗龙本人在内的许多统计学家和经济计量学家都作了大量的研究，证明了自助法在解决实际问题时有着广泛的应用。

自助法的优点是不需要对总体作一些预先性的假设，而且自助法利用电脑来执行其整个过程，完全自动化，所以省去了理论上的许多繁琐计算。本节内容主要选编自恩德斯（2006）。

自助法类似于一个蒙特卡罗（Monte Carlo）试验，但存在一个本质的差异。在蒙特卡罗试验中，我们根据一个给定的分布如均匀分布或正态分布来构造随机变量，自助的方法不同——随机变量是根据对它们观测得到的分布获得的。本质上，自助使用了 plug-in 原理——随机变量的观测分布是实际分布的最优估计。自助法的优点在于，我们不必知道数据的生成过程，这一点显著地有别于蒙特卡罗方法。

埃弗龙提出的自助法在经济计量学中的应用正在上升，自助法常被用于如下场合：第一，估计量的标准差很难找到解析方法或者根本不可能找到；第二，渐近理论对某一估计量的精确性所能提供的指引作用是很差的，因而希望找到另一种更好的有限样本近似方法。

自助法的关键在于观测的数据序列是根据生成数据时的实际可能分布中获取的规模为 T 的随机样本。在某种意义上，数据的经验分布是数据的实际分布的最优估计，这样，经验分布函数被定义为每个观测值出现的可能性为 $1/T$ 离散分布。经验分布函数——并不是某个预先指定的分布诸如正态分布——被用于生成随机变量。自助样本是规模为 T 的随机样本，其从每个观测值出现的可能性概率为 $1/T$ 的观测数据中获得。

假设我们有如下的 x_t 的 10 个值。

t	1	2	3	4	5	6	7	8	9	10
x_t	0.8	3.5	0.5	1.7	7.0	0.6	1.3	2.0	1.8	-0.5

样本均值为 1.87，标准差为 2.098。如下的数据显示了 3 个不同的自助样本，每个自助样本包含 10 个从置换中随机选择的 x_t 值——在上面所列的 10 个值中每一个值获取的可能性为 0.1。有可能会看到重复抽样选择了不同的样本，通过有放回地抽样，x_t 的一些元素在自助样本中出现不止一次。第一组的 3 个自助样本可能为：

t	1	2	3	4	5	6	7	8	9	10	μ_i^*
x_1^*	3.5	1.7	-0.5	0.5	1.8	2.0	1.7	0.6	0.6	7.0	1.89
x_2^*	-0.5	0.6	0.6	0.8	1.7	7.0	1.8	3.5	1.8	0.8	1.81
x_3^*	0.5	0.6	0.7	1.3	1.3	7.0	1.3	1.8	3.5	0.6	2.49

其中 x_i^* 表示自助样本 i，μ_i^* 为样本均值。注意到 0.6 和 1.7 在第 1 个自助样本中都出现了 2 次，0.6、0.8 和 1.8 在第 2 个自助样本中都出现了 2 次，而 1.3 在第 3 个自助样本中出现了 3 次。埃弗龙指出，除非有一个较大的外助部分，随着自助样本数趋于无限，自助样本的矩将趋向于总体样本的矩。

二 残差再抽样：标准差的模拟

假设我们有一个观测样本数为 T 的时间序列数据，并且想估计变量 x 对变量 y 的影响。为此目的，可估计线性回归方程：

$$y_t = a_0 + a_1 x_t + \varepsilon_t \tag{5.17}$$

对于小样本而言，假设残差 ε_t 或随机变量 y 不是近似于正态分布，则不能使用标准的 t 检验，也无法构造 $\hat{a}_1$ 的置信区间。我们应该构建一个涉及 $\hat{a}_0$ 和 $\hat{a}_1$ 统计特征的蒙特卡罗试验。但是，并不是从一个正态分布中选择 ε_t 的各个值，可以使用实际的回归残差，这一方法被称为自助的残差方法。为使用其方法，构建如下的步骤。

第一步：估计模型并计算其残差值

$$e_t = y_t - \hat{a}_0 - \hat{a}_1 x_t \tag{5.18}$$

第二步：假定误差项是独立同分布的（尽管可能不是正态分布），构建误差项的一个自助样本，其元素为 e_1^*，e_2^*，…，e_T^*。使用自助样本计算自助的随机变量 y 序列（称为 y^*）。对于 t 从 1 到 T 的每个值，计算 y_t^*

$$y_t^* = \hat{a}_0 + \hat{a}_1 x_t + e_t^* \tag{5.19}$$

注意参数的估计值被当做固定值对待。而且，确定性变量 x_t 的值被当做固定的大小对待以便于它们与自助样本中的值保持相同。

第三步：用自助样本估计 a_0 和 a_1 的新值，结果称之为 a_0^* 和 a_1^*。

第四步：大量重复第二步和第三步多次，得到 n 个 a_0^* 和 a_1^* 的样本统计值，这些应与 $\hat{a}_0$ 和 $\hat{a}_1$ 有相同的分布。

据此我们可以计算 $\hat{a}_1$ 的样本标准差：

$$S_{\hat{a}_1} = \sqrt{\frac{1}{n-1}\sum_{i=1}^{n}(\hat{a}_1^{*i} - \bar{a}_1^*)^2} \tag{5.20}$$

其中 $\bar{a}_1^*$ 为 $\hat{a}_1^{*i}(i = 1 \sim n)$ 的均值，$\bar{a}_1^* = \frac{1}{n}\sum_{i=1}^{n}\hat{a}_1^{*i}$。

对于这种非正态分布的情形，通过自助法得到 $\bar{a}_1^*$ 的分布以后，我们就可以构造其置信区间，也可以进行假设检验。

三 数据再抽样：横截面与面板数据的情况

有一种在回归中使用自助法的更直接的方式，即直接对数据（y，x）进行再抽样，而不是对残差项再抽样。事实上，对截面数据而言，这是一种更普遍的方法。

从标准模型

$$y_t = a_0 + a_1 x_t + \varepsilon_t$$

进行再抽样的过程如下：

第一步：从原始数据（y，x）样本中，有放回地“成对”抽样；

第二步：计算我们关心的统计量；

第三步：大量重复步骤一和步骤二。

这个过程与残差再抽样的过程相比，主要区别在于它对异方差性具有稳健性。也就是说，我们不必假定误差项是独立同分布的。因此，这个过程一般来说要比残差再抽样优越一些，在截面数据和面板数据中得到了广泛的应用。

在典型的时间序列分析中，当误差项存在时序相关时，这种方法就不能使用，因为数据再抽样的过程会混淆相邻误差项之间的关系。此时应使用残差再抽样方法。

对于面板数据，自助法需作一些调整。尤其当每一个个体或截面是一个聚集（*cluster*）而不是一个观测值时，需要对聚集再抽样。假设对 N 个个体和 T 个时间段有面板数据（y_{it}，x_{it}），共有 NT 个观测值，令 $T\times1$ 向量 y_i 表示对第 i 个个体的观测值，$T\times k$ 矩阵 x_i 是对应于 i 的自变量的观测值。此时应该从 N 个个体组成的集合中有放回地抽样而不是从 NT 个观测中有回置地抽样。也就是说，应从（y_i，x_i）中有放回地抽样。按照这种方法，个体内部的相关性能够得到保持。

本章小结

分位数回归可以被看做是经典最小二乘回归（均值回归）的一个自然拓展。中位数回归（中值回归）是分位数回归的一个特例，其估计量是通过最小化绝对偏差之和得到的，而其他分位数回归的估计量则是通过最小化绝对偏差的加权和（其中权数是非对称的）得到的。分位数回归通过设定不同的分位数从而能够对被解释变量的条件分布情况作出完整的描述。由于分位数回归要取不同的分位数，因此对样本容量的要求较高，必须在较大样本容量下才能进行分位数回归。

自助法在计量经济学中应用最频繁的是用于小样本场合标准差和置信区间的预测。这样的置信区间往往很难用解析方法计算出来，而自助法是一种比较适用的方法。然而，当渐近理论易于处理时，自助法未必好。一个不错的准则是用蒙特卡罗技术（尽管也是通过反复计算）来评价自助法。此外，自助法有时会失效，例如布朗（*Brown*）和尼威（*Newey*）证明了自助的广义矩法（*GMM*）统计量是没有功效的。

思 考 题

1. 名词解释

(1) 分位数　(2) 中位数

(3) 均值回归　(4) 中位数回归

(5) 分位数回归　(6) 最小绝对偏差法

(7) 加权的最小绝对偏差法　(8) 检查函数

(9) 自助法

2. 简答题

(1) 简述分位数回归的优点及适用场合。

(2) 简述自助法的优点及适用场合。

(3) 画出“检查函数”的图形，为什么检查函数又称为“打钩函数”?

(4) 为什么中位数回归估计量可通过最小绝对偏差法估计出来?

(5) 简述最小距离估计（*CMD*）法的基本原理。

(6) 简述 Monte Carlo 模拟与自助法的区别和联系。

3. 论述题

(1) 推导公式（5.11），说明参数 ξ 的 θ 分位数估计量就是 y 的 θ 分位数 $Q_\theta(y)$。

(2) 以线性回归模型为例，论述构造自助回归系数及其标准差的过程。

阅读参考文献

[1] [美] 沃尔特·恩德斯（Walter Enders）著:《应用计量经济学:时间序列分析》，杜江、谢志超译，高等教育出版社 2006 年版。

[2] [美] 伍德里奇著:《横截面与面板数据的经济计量分析》，王忠玉译，中国人民大学出版社 2007 年版。

[3] [美] J. 约翰斯顿、J. 迪纳尔多著:《计量经济学方法》，唐齐明等译，中国经济出版社 2002 年版。

[4] 李育安著:《分位数回归及应用简介》，载《统计与信息论坛》

第21卷，2006年第3期。

［5］岳昌君、刘燕萍著：《教育对不同群体收入的影响》，载《北京大学教育评论》第4卷，2006年第2期。

［6］邢春冰著：《中国不同所有制部门的工资决定与教育回报》，载《世界经济文汇》2006年第4期。

［7］Buchinsky, M., (1998), Recent Advances in Quantile Regression Models: A practical guide for empirical research, *Journal of Human Resources*, 33, pp. 88—126.

［8］Cameron, Adrian Colin and Pravin K. Trivedi (2005), *Microeconometrics: methods and applications*, Cambridge University Press.

［9］Eforn, B. and R. Tibshirani (1993), *An Introduction to the Bootstrap*, London: Chapman & Hall.

［10］Eforn, B. and R. Tibshirani (1986), Bootstrap Method for Standard Errors, Confidence Intervals and Other Measures of Statistical Accuracy, *Statistical Science*, 1, pp. 54—77.

［11］Hu, Luojia (2007), *Quantile Regression*, Lecture Note for Applied Econometrics, CASS Summer School Program.

［12］Koenker, Roger (2005), *Quantile Regression*, Cambridge University Press.

［13］Koenker, Roger and G. Bassett (1978), Regression quantiles, *Econometrica*, 46, pp. 33—50.

［14］Koenker, Roger and K. Hallock (2001), Quantile Regression, *Journal of Economic Perspectives*, 15, pp. 143—156.

［15］Koenker, R. (2002), *Quantile Regression Reference Manual for* R.

第六章 *ARMA* 过程与 *ARCH* 模型

内容提要

经济计量分析的目的之一是进行预测。经典方法一般是基于某种经济理论建立结构模型，并进行预测。但结构预测需要先给出外生解释变量的预测值，当外生解释变量预测值难以准确给出的时候，人们开始寻找其他的方法。比如，如果想用失业率来预测通货膨胀率，我们对未来的失业率往往难以准确给出。本章介绍的 *ARMA* 模型就是基于变量自身历史观测值预测未来的时间序列分析方法。*ARMA* 模型建立之前，需要先检查序列的平稳性，如果序列经过差分才能成为平稳的，则先要进行差分变换。然后根据样本的自相关图、偏自相关图，结合施瓦茨准则，数据是否具有季节特征确定模型的形式和阶数。最后运用条件最大似然方法估计参数（系数和方差），*ARMA* 模型中系数的条件最大似然估计等价于最小二乘估计，而方差的条件最大似然估计不同于 *OLS* 估计。

在经典经济模型中，随机误差项的方差被假设为常数。但是在金融市场上，许多经济时间序列都同时呈现出阶段性的很大的波动和阶段性的相对稳定。在一些场合，我们需要预测一个序列的条件方差。预测方差的一种方法是引入一个独立变量来估计波动性。自回归条件异方差（*ARCH*）模型是由恩格尔（Engle，1982）首先提出来的；保罗斯拉夫（Bollerslev，1986）扩展了恩格尔的原始模型，引入了广义自回归条件异方差（*GARCH*）模型，它同时考虑了异方差中的自回归和移动平均成分，实质是针对方差建立 *ARMA* 模型。

第一节　ARMA 过程

一　平稳过程

1. 平稳过程的概念

如果随机过程 Y_t 的均值 μ_t 与自协方差 γ_{kt} 都与时期 t 无关，则称 Y_t 为平稳随机过程，平稳随机过程也简称为平稳过程，或弱平稳过程。

如果随机过程 Y_t 的均值与时期 t 无关，即：

$$\mu_t = E(Y_t) = \mu < \infty \tag{6.1}$$

则称 Y_t 为均值平稳过程。

如果随机过程 Y_t 的方差与时期 t 无关，即：

$$Var(Y_t) = EY_t^2 - \mu^2 = \gamma_0 < \infty \tag{6.2}$$

则称 Y_t 为方差平稳过程。

如果随机过程 Y_t 的自协方差与时期 t 无关，即：

$$\begin{aligned}\gamma_{kt} &= Cov(Y_t, Y_{t+k}) = E[(Y_t - \mu)(Y_{t+k} - \mu)] \\ &= E(Y_t Y_{t+k}) - \mu^2 \\ &= \gamma_k < \infty, \quad k = 0, 1, 2, \cdots \end{aligned} \tag{6.3}$$

则称 Y_t 为自协方差平稳过程。当 $k=0$ 时，自协方差平稳过程就是方差平稳过程。

由此可见，只有当均值 μ_t 与方差 γ_0 为常数，自协方差 γ_{kt} 与 t 无关时，才是平稳过程。

对于白噪声过程：

$$\varepsilon_t \sim i.i.d.(0, \sigma^2) \tag{6.4}$$

因为均值为 $E(\varepsilon_t) = 0$，自协方差为 $E(\varepsilon_t \varepsilon_s) = \begin{cases} \sigma^2, & t = s \\ 0, & t \neq s \end{cases}$，它们都与 t 无关，所以白噪声过程是一个平稳过程。

高斯白噪声过程是指满足正态分布的白噪声过程，即：

$$\varepsilon_t \sim i.i.d.N(0, \sigma^2) \tag{6.5}$$

高斯白噪声过程也是一个平稳过程。

2. 平稳过程的自相关函数

对于平稳过程 Y_t，自相关函数 ACF（Autocorrelation Function）定义为：

$$\rho_k = \frac{Cov(Y_t, Y_{t+k})}{Var(Y_t)} = \frac{\gamma_k}{\gamma_0}, \quad k = 0, 1, 2, \cdots \tag{6.6}$$

自相关函数具有如下一些性质：

（1） $\rho_0 = 1$ （6.7）

（2） $\rho_k = \rho_{-k}$，因为 $Cov(Y_t, Y_{t+k}) = Cov(Y_t, Y_{t-k}) = \gamma_k$ （6.8）

（3） $-1 \leqslant \rho_k \leqslant 1$，$k = 0, 1, 2, \cdots$ （6.9）

二 *ARMA* 过程

1. *ARMA*(*p*,*q*)过程

具有如下形式的平稳随机过程：

$$Y_t = \delta + \varphi_1 Y_{t-1} + \varphi_2 Y_{t-2} + \cdots + \varphi_p Y_{t-p} + \varepsilon_t + \theta_1 \varepsilon_{t-1} + \theta_2 \varepsilon_{t-2} + \cdots + \theta_q \varepsilon_{t-q} \quad (6.10)$$

称为自回归移动平均过程（Autoregressive Moving Average Process），简称为 $ARMA(p,q)$过程。其中 $\varphi_p \neq 0, \theta_q \neq 0, \varepsilon_t \sim i.\,i.\,d.\,(0, \sigma^2)$为白噪声序列。

当 $q = 0$ 时，$ARMA(p, q)$ 过程简化为自回归过程（Autoregressive Process），即 $AR(p)$过程：

$$Y_t = \delta + \varphi_1 Y_{t-1} + \varphi_2 Y_{t-2} + \cdots + \varphi_p Y_{t-p} + \varepsilon_t，\text{其中 } \varphi_p \neq 0 \quad (6.11)$$

当 $p = 0$ 时，$ARMA(p, q)$过程简化为移动平均过程（Moving Average Process），即 $MA(q)$过程：

$$Y_t = \delta + \varepsilon_t + \theta_1 \varepsilon_{t-1} + \theta_2 \varepsilon_{t-2} + \cdots + \theta_q \varepsilon_{t-q}，\text{其中 } \theta_q \neq 0 \quad (6.12)$$

2. 滞后算子

引入滞后算子 L，定义为：

$$LY_t = Y_{t-1} \quad (6.13)$$

$$L^p Y_t = Y_{t-p},\ p = \cdots, -1, 0, 1, \cdots \quad (6.14)$$

$$L^0 = 1 \quad (6.15)$$

定义滞后算子多项式：

$$\varphi(L) = 1 - \varphi_1 L - \varphi_2 L^2 - \cdots - \varphi_p L^p \quad (6.16)$$

$$\theta(L) = 1 + \theta_1 L + \theta_2 L^2 + \cdots + \theta_q L^q \quad (6.17)$$

于是，*ARMA* 模型可以简记为：

$$\varphi(L) Y_t = \delta + \theta(L) \varepsilon_t \quad (6.18)$$

$AR(p)$模型简记为：

$$\varphi(L) Y_t = \delta + \varepsilon_t \quad (6.19)$$

$MA(q)$模型简记为：

$$Y_t = \delta + \theta(L) \varepsilon_t \quad (6.20)$$

三　ARMA 过程的平稳性与可逆性

对于 $ARMA(p,q)$ 过程 Y_t，如果滞后算子多项式 $\varphi(L)=0$ 的根全在单位圆以外，则 Y_t 是平稳的。如果 $\theta(L)=0$ 的根全在单位圆以外，则 Y_t 是可逆的。

$\theta(L)$ 的逆记作 $\theta^{-1}(L)$，它满足：

$$\theta(L)\theta^{-1}(L)=1 \tag{6.21}$$

定理：

特征方程 $\lambda^p-\varphi_1\lambda^{p-1}-\cdots-\varphi_{p-1}\lambda-\varphi_p=0$ 的特征根是滞后算子多项式 $\varphi(L)=1-\varphi_1L-\varphi_2L^2-\cdots-\varphi_pL^p=0$ 的根的倒数。

推论：

滞后算子多项式 $\varphi(L)=0$ 的根在单位圆以外

$\Leftrightarrow$特征方程的特征根在单位圆以内

$\Leftrightarrow Y_t$ 平稳

对于 AR（1）过程：

$$Y_t=\delta+\varphi_1Y_{t-1}+\varepsilon_t$$

滞后算子多项式 $\varphi(L)=1-\varphi_1L=0$ 时，根为 $L=\dfrac{1}{\varphi_1}$。

当 $|\varphi_1|<1$ 时，$L>1$，$\varphi(L)=0$ 的根在单位圆以外，Y_t 为平稳过程。

考虑到 $EY_t=\delta+\varphi_1EY_{t-1}$，对于平稳过程有 $\mu=EY_t=EY_{t-1}$，因此均值为 $\mu=\dfrac{\delta}{1-\varphi_1}$，该均值是无条件均值。与此相对应，一般称 $E(Y_t|Y_{t-1})=\delta+\varphi_1Y_{t-1}$ 为条件期望或条件均值。

如果随机过程 Y_t 经过 d 次差分后可变换为一个平稳、可逆的 $ARMA(p,q)$ 过程，则称 Y_t 为 (p,q,d) 阶单整自回归移动平均过程，记为 $ARIMA(p,q,d)$。

四　平稳性与可逆性示例

1. $MA(q)$ 过程平稳性与可逆性示例

对于下面的 $MA(2)$ 过程：

$$Y_t=(1+2.4L+0.8L^2)\varepsilon_t$$

已知 $E\varepsilon_t=0, E(\varepsilon_t\varepsilon_s)=\begin{cases}1, t=s\\0, t\neq s\end{cases}$

（1）Y_t 是平稳的吗？若是，计算其自协方差；

（2）Y_t 是可逆的吗？

解答：

（1）任何 *MA* 过程都是协方差平稳的

均值为：$\mu = EY_t = 0$

自协方差为：

$$\begin{aligned}\gamma_k &= Cov(Y_t, Y_{t-k}) = E(Y_t - \mu)(Y_{t-k} - \mu) = E(Y_t Y_{t-k}) \\ &= E[(\varepsilon_t + 2.4\varepsilon_{t-1} + 0.8\varepsilon_{t-2})(\varepsilon_{t-k} + 2.4\varepsilon_{t-k-1} + 0.8\varepsilon_{t-k-2})]\end{aligned}$$

当 $k=0$ 时，

$$\begin{aligned}\gamma_0 &= E[(\varepsilon_t + 2.4\varepsilon_{t-1} + 0.8\varepsilon_{t-2})(\varepsilon_t + 2.4\varepsilon_{t-1} + 0.8\varepsilon_{t-2})] \\ &= 1 + 2.4^2 + 0.8^2 = 7.4\end{aligned}$$

当 $k=1$ 时，

$$\begin{aligned}\gamma_1 &= E[(\varepsilon_t + 2.4\varepsilon_{t-1} + 0.8\varepsilon_{t-2})(\varepsilon_{t-1} + 2.4\varepsilon_{t-2} + 0.8\varepsilon_{t-3})] \\ &= 2.4 + 0.8 \times 2.4 = 4.32\end{aligned}$$

当 $k=2$ 时，

$$\begin{aligned}\gamma_2 &= E[(\varepsilon_t + 2.4\varepsilon_{t-1} + 0.8\varepsilon_{t-2})(\varepsilon_{t-2} + 2.4\varepsilon_{t-3} + 0.8\varepsilon_{t-4})] \\ &= 0.8\end{aligned}$$

当 $k=-1$ 时，$\gamma_{-1} = \gamma_1 = 4.32$；当 $k=-2$ 时，$\gamma_{-2} = \gamma_2 = 0.8$

当 $|k| \geqslant 3$ 时，$\gamma_k = 0$，自相关函数 $\rho_k = \dfrac{\gamma_k}{\gamma_0} = 0$，即自相关函数（*ACF*）截尾。

（2）令滞后算子多项式为零

$$\theta(L) = 1 + 2.4L + 0.8L^2 = (1 + 0.4L)(1 + 2L) = 0$$

解为 $L_1 = -2.5$，$L_2 = -0.5$。由于 L_2 在单位圆内，故 Y_t 不可逆。

2. *AR*（*p*）过程平稳性示例

对于下面的 *AR*（2）过程：

$$(1 - 1.1L + 0.18L^2)Y_t = \varepsilon_t$$

已知 $E\varepsilon_t = 0$，$E(\varepsilon_t \varepsilon_s) = \begin{cases}1, & t = s \\ 0, & t \neq s\end{cases}$。$Y_t$ 是平稳的吗？若是，计算其自协方差。

解答：

令滞后算子多项式为零：

$$\varphi(L) = 1 - 1.1L + 0.18L^2 = (1 - 0.9L)(1 - 0.2L) = 0$$

解为 $L_1=\frac{1}{0.9}$，$L_2=\frac{1}{0.2}$，均在单位圆外，也即特征根 0.9 及 0.2 均在单位圆内，故 Y_t 是平稳的。

均值 $\mu=EY_t=0$

$$Y_t=1.1Y_{t-1}-0.18Y_{t-2}+\varepsilon_t$$

自协方差为：

$$\begin{aligned}\gamma_k&=Cov(Y_t,Y_{t-k})=E(Y_t-\mu)(Y_{t-k}-\mu)=E(Y_tY_{t-k})\\&=E[Y_t(1.1Y_{t-k-1}-0.18Y_{t-k-2}+\varepsilon_{t-k})]\\&=1.1\gamma_{k+1}-0.18\gamma_{k+2}+E(Y_t\varepsilon_{t-k})\end{aligned}$$

当 $k=0$ 时，$\gamma_0=1.1\gamma_1-0.18\gamma_2+E\varepsilon_t^2$

因为 $\gamma_j=\gamma_{-j}$，所以有：

当 $k=-1$ 时，$\gamma_1=1.1\gamma_0-0.18\gamma_1$

当 $k=-2$ 时，$\gamma_2=1.1\gamma_1-0.18\gamma_0$

解上述三元一次方程组可得：

$$\gamma_0=7.89,\gamma_1=7.35,\gamma_2=6.66$$

当 $k\geqslant 2$ 时，$\gamma_k=1.1\gamma_{k-1}-0.18\gamma_{k-2},k=2,3,\cdots$，自相关函数 $\rho_k=\frac{\gamma_k}{\gamma_0}$，即自相关函数（ACF）拖尾。

当 $k<0$ 时，$\gamma_k=\gamma_{-k}$

一般地，对于 AR（2）模型，方程组：

$$\begin{cases}\gamma_0=\varphi_1\gamma_1+\varphi_2\gamma_2+\sigma^2\\\gamma_1=\varphi_1\gamma_0+\varphi_2\gamma_1\\\gamma_2=\varphi_1\gamma_1+\varphi_2\gamma_0\end{cases}$$

称为约勒—沃克（*Yule-Walker*）方程组，自协方差 γ_0，γ_1，γ_2 是模型参数 φ_1，φ_2，σ^2 的函数，一旦 γ_0，γ_1，γ_2 解出，则自协方差函数 ACF 可表示为：

$$\gamma_k=\varphi_1\gamma_{k-1}+\varphi_2\gamma_{k-2},k=2,3,\cdots$$

第二节　ARMA 模型的形式及阶数选择

一　AR(k) 过程的偏自相关函数

为了说明偏自相关函数 PACF（Partial Auto Correlation Function），首先定义样本的偏自相关系数：Y_t 与 Y_{t-k} 之间的偏自相关系数是指模型已经包含了滞后期较短的滞后值 $Y_{t-1}, Y_{t-2}, \cdots, Y_{t-(k-1)}$ 之后，再增加一期滞后 Y_{t-k} 时所增加的模型解释能力，它是 $AR(k)$ 中 Y_{t-k} 的回归系数，记为 $\hat{\theta}_{kk}$。因此，偏自相关函数 *PACF* 本质上是条件相关函数，是在给定 $Y_{t-1}, Y_{t-2}, \cdots, Y_{t-(k-1)}$ 的条件下，Y_t 与 Y_{t-k} 的条件相关函数。

例如估计模型：

$$Y_t = \delta + \theta_1 Y_{t-1} + \varepsilon_t$$

可得偏自相关系数 $\hat{\theta}_{11} = \hat{\theta}_1$，如果估计模型：

$$Y_t = \delta + \theta_1 Y_{t-1} + \theta_2 Y_{t-2} + \varepsilon_t$$

则可得偏自相关系数 $\hat{\theta}_{22} = \hat{\theta}_2$

不断重复这个过程，可得偏自相关函数 *PACF*。

二　*ARMA* 模型的形式选择

ARMA（*p*，*q*）模型的形式可根据自相关图 *ACF* 与偏自相关图 *PACF* 进行判断。

（1）如果 *ACF* 拖尾，*PACF* 截尾，且当滞后期 $> p$ 时，$PACF = 0$，则为 *AR*（*p*）模型。

（2）如果 *ACF* 截尾，*PACF* 拖尾，且当滞后期 $> q$ 时，$ACF = 0$，则为 *MA*（*q*）模型。

（3）如果 *ACF* 与 *PACF* 均是拖尾的，则为 $ARMA(p,q)$ 模型，此时模型阶数 (p,q) 一般通过从低阶开始逐步试探，并通过下面将要介绍的施瓦茨准则，直到定出合适的模型为止。

三　*ARMA* 模型阶数 (p,q) 的选择

根据 *ACF* 与 *PACF*，如果判定模型为 *ARMA* 模型，下一步就需要定出模型的阶数（*p*，*q*）。一般采用两种准则来判断：第一种是赤池信息准则 *AIC*（Akaike's Information Criterion），它是由赤池（Akaike，1973）首先提出的；第二种是施瓦茨贝叶斯信息准则 *SC*、*BIC* 或 *SBC*（Schwarz's Bayesian Information Criterion），它是由施瓦茨（Schwarz，1978）首先提出的。

对于 *ARMA*（*p*，*q*）模型，赤池信息准则 *AIC* 定义为：

$$AIC = \ln\hat{\sigma}^2 + \frac{2(p+q+1)}{T} \tag{6.22}$$

其中 $\hat{\sigma}^2$ 是 ε_t 方差的估计值，T 为样本容量。

对于 *ARMA*（*p*，*q*）模型，施瓦茨准则 *SC* 定义为：

$$SC = \ln\hat{\sigma}^2 + \frac{(p+q+1)}{T}\ln T \tag{6.23}$$

根据定义式可以看出，对于不同阶数(p,q)的$ARMA(p,q)$模型，较小的 *AIC* 值或 *SC* 值所对应的模型更加可取。在实证研究中，哈南（Hannan，1980）发现，运用施瓦茨准则选择模型阶数比赤池信息准则效果更好。

四 季度 *ARMA* 模型及季度 *ADL* 模型

ARMA 模型是一种动态模型，在动态建模中经常使用季度数据，季度数据一般都会显示出某种季节性特征。对于季节性特征有两种处理方式：一种是引入季节性虚拟变量，并把它作为解释变量放在模型中；另一种是对回归模型的随机误差项建立季度 *ARMA* 模型，这等价于在自回归分布滞后（*ADL*）模型中考虑季度滞后变量。

1. 季度 *ARMA* 过程

假设有回归模型：

$$y_t = \mathbf{x}_t\boldsymbol{\beta} + u_t \tag{6.24}$$

如果采用季度数据建模，可以对随机误差项 u_t 建立季度 *ARMA* 模型。在实际应用中，一般多采用自回归（*AR*）模型的形式。最简单、最常用的形式是下面的 *AR*（4）纯季度模型：

$$u_t = \rho_4 u_{t-4} + \varepsilon_t \tag{6.25}$$

其中 ρ_4 是待估参数，ε_t 为白噪声过程。另一种可供选择的季度 *AR* 过程是下面的 *AR*（8）纯季度模型：

$$u_t = \rho_4 u_{t-4} + \rho_8 u_{t-8} + \varepsilon_t \tag{6.26}$$

实际上，季度 *AR*（8）过程只相当于非季度数据的 *AR*（2）过程。

在很多情况下，随机误差项 u_t 中可能同时包含了季度序列相关性和非季度序列相关性，这就要求在建模过程中必须把季度过程与非季度过程结合起来，建立混合模型。比如：在 u_t 中把反映非季度相关性的 *AR*（1）过程与反映季度相关性的 *AR*（4）过程结合起来。通常用滞后算子写成下面的乘积形式：

$$(1-\rho_1 L)(1-\rho_4 L^4)u_t = \varepsilon_t \tag{6.27}$$

即下面的混合模型：

$$u_t = \rho_1 u_{t-1} + \rho_4 u_{t-4} - \rho_1\rho_4 u_{t-5} + \varepsilon_t \tag{6.28}$$

其中 u_{t-5}的系数是 u_{t-1}系数与 u_{t-4}系数的乘积。如果在实际估计中 u_{t-5}的系数不等于 u_{t-1}系数与 u_{t-4}系数的乘积，那就可以放松这个约束，或选择

其他阶数的 *AR* 混合模型。

2. 季度 *ADL* 模型

考虑回归模型 $y_t = \mathbf{x}_t\boldsymbol{\beta} + u_t$，如果采用季度数据，假设随机误差项 u_t 满足季度 *AR*（4）纯季度模型形式 $u_t = \rho_4 u_{t-4} + \varepsilon_t$，于是：

$$u_t = y_t - \mathbf{x}_t\boldsymbol{\beta}$$

$$u_{t-4} = y_{t-4} - \mathbf{x}_{t-4}\boldsymbol{\beta}$$

从而：

$$y_t - \mathbf{x}_t\boldsymbol{\beta} = \rho_4(y_{t-4} - \mathbf{x}_{t-4}\boldsymbol{\beta}) + \varepsilon_t$$

即：

$$y_t = \rho_4 y_{t-4} + \mathbf{x}_t\boldsymbol{\beta} - \mathbf{x}_{t-4}\rho_4\boldsymbol{\beta} + \varepsilon_t \tag{6.29}$$

这是一个自回归分布滞后（*ADL*）模型，更一般的 *ADL* 纯季度模型形式如下：

$$y_t = \gamma_4 y_{t-4} + \mathbf{x}_t\boldsymbol{\beta}_0 + \mathbf{x}_{t-4}\boldsymbol{\beta}_4 + \varepsilon_t \tag{6.30}$$

同样，如果随机误差项 u_t 中同时包含了季度序列相关性和非季度序列相关性，则 *ADL* 模型也可能具有其他形式，比如下面的混合模型形式：

$$y_t = \gamma_4 y_{t-4} + \mathbf{x}_t\boldsymbol{\beta}_0 + \mathbf{x}_{t-1}\boldsymbol{\beta}_1 + \mathbf{x}_{t-4}\boldsymbol{\beta}_4 + \varepsilon_t \tag{6.31}$$

对于季度 *ARMA* 模型或季度 *ADL* 模型阶数的选择，在理论上并没有严密的方法，在实证研究中需要结合具体问题，通过从低阶开始逐步试探，并综合运用各种诊断方法，直到定出合适的模型为止。

五　*ARMA* 模型的建模步骤

ARMA 建模过程一般遵循下面三个步骤：

第一步：检查序列的平稳性，如果序列经过差分才能成为平稳的，则先要进行差分变换。

第二步：根据样本的自相关图、偏自相关图，结合施瓦茨准则，数据是否具有季节特征确定模型的形式和阶数。对 *ARMA* 模型的形式和阶数的选择，与其说是科学方法，不如说更是一门艺术，只有在实践中才能作出恰如其分的判断。

第三步：估计模型，进行预测分析。

一个好的 *ARMA* 模型应满足如下几个条件：模型尽可能简单，阶数尽可能低；具有平稳性与可逆性；拟合效果较好；残差大致是一个白噪声过程；在样本期内系数不变，具有稳健性；样本期外的预测效果较好。

第三节　AR 模型的条件最大似然估计

一　AR（1）模型的样本似然函数

考虑下面的 AR（1）模型：

$$Y_t = \delta + \varphi Y_{t-1} + \varepsilon_t \tag{6.32}$$

假设 ε_t 为高斯白噪声：$\varepsilon_t \sim i.i.d.\ N(0,\sigma^2)$，已知 Y_t 的 T 个观测值 y_1，…，y_T，待估参数为 $\boldsymbol{\theta} = (\delta,\varphi,\sigma^2)'$。

AR（1）的无条件均值为：

$$\mu = \frac{\delta}{1-\varphi} \tag{6.33}$$

方差为：

$$\gamma_0 = Var(Y_t) = Var(\delta + \varphi Y_{t-1} + \varepsilon_t) = \varphi^2 Var(Y_{t-1}) + \sigma^2$$

即 $\gamma_0 = \varphi^2\gamma_0 + \sigma^2$，从而：

$$\gamma_0 = \frac{\sigma^2}{1-\varphi^2} \tag{6.34}$$

对于随机变量 Y_1，其无条件均值为 $\mu = \dfrac{\delta}{1-\varphi}$，方差为 $\gamma_0 = \dfrac{\sigma^2}{1-\varphi^2}$，从而：

$$Y_1 \sim i.i.d.\ N(\mu,\gamma_0) \tag{6.35}$$

即：

$$f(y_1,\boldsymbol{\theta}) = \frac{1}{\sqrt{\dfrac{2\pi\sigma^2}{1-\varphi^2}}}\exp\left[-\frac{\left(y_1 - \dfrac{\delta}{1-\varphi}\right)^2}{\dfrac{2\sigma^2}{1-\varphi^2}}\right] \tag{6.36}$$

Y_1 一旦观测到，则 Y_2，…，Y_T 的概率密度均应以其前期确定性数值为条件。比如，对于随机变量 Y_2：$Y_2 = \delta + \varphi Y_1 + \varepsilon_2$，以观测值 y_1 为条件的均值为：$E(Y_2 | y_1) = \delta + \varphi y_1$，方差为 σ^2，于是：

$$(Y_2 | y_1) \sim i.i.d.\ N(\delta + \varphi y_1, \sigma^2) \tag{6.37}$$

即：

$$f(y_2,\boldsymbol{\theta} | y_1) = \frac{1}{\sqrt{2\pi\sigma^2}}\exp\left[-\frac{(y_2 - \delta - \varphi y_1)^2}{2\sigma^2}\right] \tag{6.38}$$

对于随机变量 Y_3，以观测值 y_2,y_1 为条件的均值为 $E(Y_3 | y_2,y_1) = \delta + \varphi y_2$，方差为 σ^2，即：

$$f(y_3,\boldsymbol{\theta}|y_2,y_1)=\frac{1}{\sqrt{2\pi\sigma^2}}\exp\left[-\frac{(y_3-\delta-\varphi y_2)^2}{2\sigma^2}\right] \tag{6.39}$$

同理，对于随机变量 Y_t，以观测值 y_{t-1}，…，y_1 为条件的均值为 $E(Y_t|y_{t-1},\cdots,y_1)=\delta+\varphi y_{t-1}$，方差为 σ^2，即：

$$f(y_t,\boldsymbol{\theta}|y_{t-1},\cdots,y_1)=\frac{1}{\sqrt{2\pi\sigma^2}}\exp\left[-\frac{(y_t-\delta-\varphi y_{t-1})^2}{2\sigma^2}\right] \tag{6.40}$$

因为：

$$\begin{aligned}&f(y_t,y_{t-1},\cdots,y_2,y_1,\boldsymbol{\theta})\\&=f(y_t,\boldsymbol{\theta}|y_{t-1},\cdots,y_1)\cdot f(y_{t-1},\boldsymbol{\theta}|y_{t-2},\cdots,y_1)\cdot\cdots\cdot f(y_2,\boldsymbol{\theta}|y_1)\cdot f(y_1,\boldsymbol{\theta})\end{aligned} \tag{6.41}$$

因此整个样本的似然函数为：

$$f(y_1,\cdots,y_T,\boldsymbol{\theta})=f(y_1,\boldsymbol{\theta})\cdot\prod_{t=2}^{T}f(y_t,\boldsymbol{\theta}|y_{t-1},\cdots,y_1) \tag{6.42}$$

样本的对数似然函数为：

$$\begin{aligned}\ln L(\boldsymbol{\theta},y_1,\cdots,y_T)&=\ln f(y_1,\boldsymbol{\theta})+\sum_{t=2}^{T}\ln f(y_t,\boldsymbol{\theta}|y_{t-1},\cdots,y_1)\\&=-\frac{1}{2}\ln\left(\frac{2\pi\sigma^2}{1-\varphi^2}\right)-\frac{\left(y_1-\frac{\delta}{1-\varphi}\right)^2}{\frac{2\sigma^2}{1-\varphi^2}}-\frac{T-1}{2}\ln(2\pi\sigma^2)\\&\quad-\sum_{t=2}^{T}\frac{(y_t-\delta-\varphi y_{t-1})^2}{2\sigma^2}\end{aligned} \tag{6.43}$$

二 *AR*（1）模型的精确最大似然估计

假设 Y_1，…，Y_T 均为随机变量，此时得到的最大似然估计量是一个精确最大似然估计量：

$$\hat{\boldsymbol{\theta}}_{ML}=\arg\max\ln L(\boldsymbol{\theta},y_1,\cdots,y_T) \tag{6.44}$$

理论上讲，对 $\ln L$ 求导，并令其一阶条件为 0，可求得 $\hat{\theta}_{ML}$。但在实践上，$\ln L$ 分别对 δ，φ，σ^2 求导后将得到三元非线性方程组，因此一般都需要用数值解法求解。

三　AR（1）模型的条件最大似然估计

假设 Y_1 为确定性变量，Y_2，…，Y_T 为随机变量，则在样本似然函数中不再有 Y_1 所对应的概率密度，此时得到的最大似然估计量是 AR（1）模型以 Y_1 为条件的条件最大似然估计量。

因为：

$$f(y_1, y_{t-1}, \cdots, y_2, \boldsymbol{\theta} \mid y_1)$$
$$= f(y_t, \boldsymbol{\theta} \mid y_{t-1}, \cdots, y_1) \cdot f(y_{t-1}, \boldsymbol{\theta} \mid y_{t-2}, \cdots, y_1) \cdot \cdots \cdot f(y_2, \boldsymbol{\theta} \mid y_1) \tag{6.45}$$

因此样本的条件似然函数为：

$$f(y_2, \cdots, y_T, \boldsymbol{\theta} \mid y_1) = \prod_{t=2}^{T} f(y_t, \boldsymbol{\theta} \mid y_{t-1}, \cdots, y_1) \tag{6.46}$$

样本的条件对数似然函数为：

$$\begin{aligned} & \ln L(\boldsymbol{\theta}, y_2, \cdots, y_T \mid y_1) \\ &= \sum_{t=2}^{T} \ln f(y_t, \boldsymbol{\theta} \mid y_{t-1}, \cdots, y_1) \\ &= -\frac{T-1}{2} \ln(2\pi\sigma^2) - \sum_{t=2}^{T} \frac{(y_t - \delta - \varphi y_{t-1})^2}{2\sigma^2} \end{aligned} \tag{6.47}$$

先看系数 δ 与 φ 的条件最大似然估计，考虑到：

$$\max_{\delta,\varphi} \ln L(\delta, \varphi, y_2, \cdots, y_T \mid y_1) \Leftrightarrow \min_{\delta,\varphi} \sum_{t=2}^{T} (y_t - \delta - \varphi y_{t-1})^2 = \min_{\delta,\varphi} \sum_{t=2}^{T} \varepsilon_t^2 \tag{6.48}$$

所以 δ 与 φ 的条件 MLE 等价于最小二乘估计 OLS，即：

$$\hat{\delta}_{CML} = \hat{\delta}_{OLS} \tag{6.49}$$

$$\hat{\varphi}_{CML} = \hat{\varphi}_{OLS} \tag{6.50}$$

再看方差 σ^2 的条件最大似然估计，$\ln L$ 对 σ^2 求导并令其为 0，可得：

$$\begin{aligned} \frac{\partial \ln L}{\partial \sigma^2} &= -\frac{T-1}{2} \cdot \frac{1}{2\pi\sigma^2} \cdot 2\pi + \sum_{t=2}^{T} \frac{(y_t - \delta - \varphi y_{t-1})^2}{2\sigma^4} \\ &= -\frac{T-1}{2\sigma^2} + \sum_{t=2}^{T} \frac{(y_t - \delta - \varphi y_{t-1})^2}{2\sigma^4} = 0 \end{aligned} \tag{6.51}$$

于是 σ^2 的条件最大似然估计为：

$$\hat{\sigma}^2_{CML} = \frac{1}{T-1} \sum_{t=2}^{T} (y_t - \hat{\delta} - \hat{\varphi} y_{t-1})^2 = \frac{1}{T-1} \sum_{t=2}^{T} \hat{\varepsilon}_t^2 \tag{6.52}$$

需要指出的是，虽然 $AR(1)$ 模型系数的条件最大似然估计量等价于 OLS 估计量，但其方差的条件最大似然估计量却不同于 OLS 估计量。σ^2 的 OLS 估计量为：

$$\hat{\sigma}^2_{OLS} = \frac{1}{(T-1)-2}\sum_{t=2}^{T}\hat{\varepsilon}_t^2 = \frac{1}{T-3}\sum_{t=2}^{T}\hat{\varepsilon}_t^2 \tag{6.53}$$

尽管 $AR(1)$ 模型方差 σ^2 的条件最大似然估计量不同于 OLS 估计量，或者说 σ^2 的条件最大似然估计量不具有无偏性，但当 $T\to\infty$ 时，σ^2 的条件最大似然估计量仍然具有一致性。

由于 $AR(1)$ 模型的条件最大似然估计简单易行，因此在实际应用中，$AR(1)$ 模型多数都采用条件最大似然估计，而不是精确最大似然估计。

四　$AR(p)$ 模型的条件最大似然估计

对于 $AR(p)$ 模型：

$Y_t = \delta + \varphi_1 Y_{t-1} + \varphi_2 Y_{t-2} + \cdots + \varphi_p Y_{t-p} + \varepsilon_t$，其中 $\varphi_p \neq 0$

假定 $\varepsilon_t \sim i.i.d.\ N(0,\ \sigma^2)$，已知 Y_t 的 T 个观测值 y_1，…，y_T，待估的总体参数为 $\boldsymbol{\theta} = (\delta,\ \varphi_1,\ \varphi_2,\ \cdots,\ \varphi_p,\ \sigma^2)$。

假设 Y_1，Y_2，…，Y_p 为确定性变量，Y_{p+1}，Y_{p+2}，…，Y_T 为随机变量，则样本的条件对数似然函数为：

$$\begin{aligned}&\ln L(y_{p+1}, y_{p+2}, \cdots, y_T, \boldsymbol{\theta} \mid y_1, \cdots, y_p)\\&= -\frac{T-p}{2}\ln(2\pi\sigma^2) - \sum_{t=p+1}^{T}\frac{\varepsilon_t^2}{2\sigma^2}\end{aligned} \tag{6.54}$$

条件最大似然估计为：

$$\hat{\boldsymbol{\theta}}_{CML} = \arg\max \ln L(y_{p+1}, y_{p+2}, \cdots, y_T, \boldsymbol{\theta} \mid y_1, y_2, \cdots, y_p) \tag{6.55}$$

与 $AR(1)$ 模型类似，$AR(p)$ 模型中系数 δ，φ_1，φ_2，…，φ_p 的条件最大似然估计量也等价于 OLS 估计量，而方差 σ^2 的条件最大似然估计量不同于 OLS 估计量。当 $T\to\infty$ 时，σ^2 的条件最大似然估计量仍然具有一致性。

第四节　MA 模型及 $ARMA$ 模型的条件最大似然估计

一　MA 模型的条件最大似然估计

1. $MA(1)$ 模型的条件最大似然估计

考虑如下的 $MA(1)$ 模型：

$$Y_t = \delta + \varepsilon_t + \theta\varepsilon_{t-1} \tag{6.56}$$

假定 $\varepsilon_t \sim i.i.d.\, N(0,\sigma^2)$，已知 Y_t 的 T 个观测值 y_1，…，y_T，待估参数为 $\boldsymbol{\theta} = (\delta,\theta,\sigma^2)'$。

假设 ε_0 为确定性变量，ε_1，…，ε_T 为随机变量，则以 ε_0 为条件时 Y_1 的分布为：

$$(Y_1 \mid \varepsilon_0) \sim i.i.d.\, N(\delta + \theta\varepsilon_0, \sigma^2) \tag{6.57}$$

$$f(y_1, \boldsymbol{\theta} \mid \varepsilon_0) = \frac{1}{\sqrt{2\pi\sigma^2}}\exp\left[-\frac{(y_1 - \delta - \theta\varepsilon_0)^2}{2\sigma^2}\right] \tag{6.58}$$

当 ε_0 已知时，由于 y_1 为观测值，故 ε_1 可表示为：

$$\varepsilon_1 = y_1 - \delta - \theta\varepsilon_0$$

于是以 ε_0，y_1 为条件时 Y_2 的分布为：

$$f(y_2, \boldsymbol{\theta} \mid \varepsilon_0, y_1) = \frac{1}{\sqrt{2\pi\sigma^2}}\exp\left[-\frac{(y_2 - \delta - \theta\varepsilon_1)^2}{2\sigma^2}\right] \tag{6.59}$$

当 ε_0 已知时，由于 y_1，y_2 为观测值，故 ε_2 可表示为：

$$\begin{aligned}\varepsilon_2 &= y_2 - \delta - \theta\varepsilon_1 = y_2 - \delta - \theta(y_1 - \delta - \theta\varepsilon_0)\\ &= y_2 - \delta - \theta(y_1 - \delta) + \theta^2\varepsilon_0\end{aligned}$$

依此类推，可得以 ε_0，y_1，y_2 为条件时 Y_3 的分布为：

$$f(y_3, \boldsymbol{\theta} \mid \varepsilon_0, y_1, y_2) = \frac{1}{\sqrt{2\pi\sigma^2}}\exp\left[-\frac{(y_3 - \delta - \theta\varepsilon_2)^2}{2\sigma^2}\right] \tag{6.60}$$

同理可知，以 ε_0，y_1，…，y_{t-1} 为条件时 Y_t 的分布为：

$$\begin{aligned}&f(y_t, \boldsymbol{\theta} \mid \varepsilon_0, y_1, \cdots, y_{t-1})\\ &= \frac{1}{\sqrt{2\pi\sigma^2}}\exp\left[-\frac{(y_t - \delta - \theta\varepsilon_{t-1})^2}{2\sigma^2}\right]\\ &= \frac{1}{\sqrt{2\pi\sigma^2}}\exp\left[-\frac{\varepsilon_t^2}{2\sigma^2}\right]\end{aligned} \tag{6.61}$$

其中：

$$\begin{aligned}\varepsilon_{t-1} = &(y_{t-1} - \delta) - \theta(y_{t-2} - \delta) + \theta^2(y_{t-3} - \delta)\\ &- \cdots + (-1)^{t-2}\theta^{t-2}(y_1 - \delta) + (-1)^{t-1}\theta^{t-1}\varepsilon_0\end{aligned} \tag{6.62}$$

考虑到：

$$\begin{aligned}&f(y_t, \cdots, y_1, \boldsymbol{\theta} \mid \varepsilon_0)\\ &= f(y_t, \boldsymbol{\theta} \mid \varepsilon_0, y_1, \cdots, y_{t-1}) \cdot f(y_{t-1}, \boldsymbol{\theta} \mid \varepsilon_0, y_1, \cdots, y_{t-2})\\ &\cdot \cdots \cdot f(y_2, \boldsymbol{\theta} \mid \varepsilon_0, y_1) \cdot f(y_1, \boldsymbol{\theta} \mid \varepsilon_0)\end{aligned} \tag{6.63}$$

所以，整个样本的条件似然函数为：

$$
\begin{aligned}
& f(y_1, \cdots, y_T, \boldsymbol{\theta} | \varepsilon_0) \\
& = f(y_1, \boldsymbol{\theta} | \varepsilon_0) \cdot \prod_{t=2}^{T} f(y_t, \boldsymbol{\theta} | \varepsilon_0, y_1, \cdots, y_{t-1})
\end{aligned}
\tag{6.64}
$$

样本的条件对数似然函数为：

$$
\begin{aligned}
& \ln L(y_1, \cdots, y_T, \boldsymbol{\theta} | \varepsilon_0) \\
& = \ln f(y_1, \boldsymbol{\theta} | \varepsilon_0) + \sum_{t=2}^{T} \ln f(y_t, \boldsymbol{\theta} | \varepsilon_0, y_1, \cdots, y_{t-1}) \\
& = -\frac{T}{2} \ln(2\pi\sigma^2) - \sum_{t=1}^{T} \frac{\varepsilon_t^2}{2\sigma^2}
\end{aligned}
\tag{6.65}
$$

条件最大似然估计为：

$$
\hat{\boldsymbol{\theta}}_{CML} = \arg\max \ln L(y_1, \cdots, y_T, \boldsymbol{\theta} | \varepsilon_0) \tag{6.66}
$$

对于系数（δ, θ）而言，考虑到：

$$
\max_{\delta,\theta} \ln L[y_1, \cdots, y_T, (\delta, \theta) | \varepsilon_0] \Leftrightarrow \min_{\delta,\theta} \sum_{t=1}^{T} \varepsilon_t^2 \tag{6.67}
$$

所以系数 δ 与 θ 的条件 *MLE* 等价于最小二乘估计 *OLS*，即：

$$
\hat{\delta}_{CML} = \hat{\delta}_{OLS}
$$

$$
\hat{\theta}_{CML} = \hat{\theta}_{OLS}
$$

再看方差 σ^2 的条件最大似然估计，$\ln L$ 对 σ^2 求导并令其为 0，可得：

$$
\begin{aligned}
\frac{\partial \ln L}{\partial \sigma^2} & = -\frac{T}{2} \cdot \frac{1}{2\pi\sigma^2} \cdot 2\pi + \sum_{t=1}^{T} \frac{\varepsilon_t^2}{2\sigma^4} \\
& = -\frac{T}{2\sigma^2} + \sum_{t=1}^{T} \frac{\varepsilon_t^2}{2\sigma^4} = 0
\end{aligned}
$$

于是 σ^2 的条件最大似然估计为：

$$
\hat{\sigma}^2_{CML} = \frac{1}{T} \sum_{t=1}^{T} \hat{\varepsilon}_t^2 \tag{6.68}
$$

与 $AR(p)$ 模型类似，$MA(1)$ 模型中系数 δ，θ 的条件最大似然估计量也等价于 *OLS* 估计量，而方差 σ^2 的条件最大似然估计量不同于 *OLS* 估计量。

2. *MA*（q）模型的条件最大似然估计

对于下面的 *MA*（q）模型：

$$
Y_t = \delta + \varepsilon_t + \theta_1 \varepsilon_{t-1} + \theta_2 \varepsilon_{t-2} + \cdots + \theta_q \varepsilon_{t-q}
$$

其中 $\theta_q \neq 0$，假定 $\varepsilon_t \sim i.i.d. N(0, \sigma^2)$，已知 Y_t 的 T 个观测值

y_1，y_2，…，y_T，待估总体参数为 $\boldsymbol{\theta}=(\delta,\ \theta_1,\ \theta_2,\ \cdots,\ \theta_q,\ \sigma^2)'$。

假设 ε_0，ε_{-1}，…，ε_{1-q}为确定性变量，ε_1，ε_2，…，ε_T 为随机变量，则样本的条件对数似然函数为：

$$\begin{aligned}&\ln L(y_1,y_2,\cdots,y_T,\boldsymbol{\theta}\mid\varepsilon_0,\varepsilon_{-1},\cdots,\varepsilon_{1-q})\\&=-\frac{T}{2}\ln(2\pi\sigma^2)-\sum_{t=1}^{T}\frac{\varepsilon_t^2}{2\sigma^2}\end{aligned}\tag{6.69}$$

条件最大似然估计为：

$$\hat{\boldsymbol{\theta}}_{CML}=\arg\max\ln L(y_1,y_2,\cdots,y_T,\boldsymbol{\theta}\mid\varepsilon_0,\varepsilon_{-1},\cdots,\varepsilon_{1-q})\tag{6.70}$$

对于系数 $\delta,\theta_1,\theta_2,\cdots,\theta_q$，有：

$$\max\ln L(y_1,y_2,\cdots,y_T,\delta,\theta_1,\theta_2,\cdots,\theta_q\mid\varepsilon_0,\varepsilon_{-1},\cdots,\varepsilon_{1-q})\Leftrightarrow\min\sum_{t=1}^{T}\varepsilon_t^2$$

所以系数 δ，θ_1，θ_2，…，θ_q 的条件 *MLE* 等价于它们的最小二乘估计 *OLS*。

与 $AR(p)$ 模型及 $MA(1)$ 模型类似，$MA(q)$ 模型中系数 δ，θ_1，θ_2，…，θ_q 的条件最大似然估计等价于它们的最小二乘估计 *OLS*，而方差 σ^2 的条件最大似然估计不同于 *OLS* 估计。当 $T\to\infty$ 时，σ^2 的条件最大似然估计量仍然具有一致性。

二　ARMA 模型的条件最大似然估计

考虑下面的 $ARMA(p,q)$ 模型：

$$Y_t=\delta+\varphi_1Y_{t-1}+\varphi_2Y_{t-2}+\cdots+\varphi_pY_{t-p}+\varepsilon_t+\theta_1\varepsilon_{t-1}+\theta_2\varepsilon_{t-2}+\cdots+\theta_q\varepsilon_{t-q}$$

其中 $\varphi_p\neq0$，$\theta_q\neq0$，假定 $\varepsilon_t\sim i.i.d.\ N(0,\sigma^2)$，待估参数为 $\boldsymbol{\theta}=(\delta,\varphi_1,\cdots,\varphi_p,\theta_1,\cdots,\theta_p,\sigma^2)$。

假设 $(y_0,y_{-1},\cdots,y_{1-p})$ 及 $(\varepsilon_0,\varepsilon_{-1},\cdots,\varepsilon_{1-q})$ 为确定性变量，$(y_1,y_2,\cdots,y_T)$ 及 $(\varepsilon_1,\varepsilon_2,\cdots,\varepsilon_T)$ 为随机变量。

则样本的条件对数似然函数为：

$$\begin{aligned}&\ln L(y_1,y_2,\cdots,y_T,\boldsymbol{\theta}\mid y_0,y_{-1},\cdots,y_{1-p};\varepsilon_0,\varepsilon_{-1},\cdots,\varepsilon_{1-q})\\&=-\frac{T}{2}\ln(2\pi\sigma^2)-\sum_{t=1}^{T}\frac{\varepsilon_t^2}{2\sigma^2}\end{aligned}\tag{6.71}$$

条件最大似然估计为：

$$\hat{\boldsymbol{\theta}}_{CML}=\arg\max\ln L(y_1,y_2,\cdots,y_T,\boldsymbol{\theta}\mid y_0,y_{-1},\cdots,y_{1-p};\varepsilon_0,\varepsilon_{-1},\cdots,\varepsilon_{1-q})\tag{6.72}$$

与 $AR(p)$ 模型及 $MA(q)$ 模型类似，$ARMA(p,q)$ 模型中系数 δ，φ_1，…，φ_p，θ_1，…，θ_q 的条件最大似然估计等价于它们的最小二乘估计 *OLS*，而

方差 σ^2 的条件最大似然估计不同于 *OLS* 估计，或者说 σ^2 的条件最大似然估计量不具有无偏性，但当 $T\to\infty$ 时，σ^2 的条件最大似然估计量仍然具有一致性。

第五节　自回归条件异方差模型

一　*ARCH* 模型的概念

在经典经济模型中，随机误差项的方差被假设为常数。但是，在金融市场上，许多经济时间序列都同时呈现出阶段性的很大的波动和阶段性的相对稳定。在这种情况下，假设方差为常数是不恰当的。在一些场合，我们需要预测一个序列的条件方差，例如，我们在 t 期买进某种资产，在 $t+1$ 期卖出，我们仅对该资产在持有期内的回报率及其方差感兴趣。预测方差的一种方法是引入一个独立变量来估计波动性。

对于自回归模型 $AR(p)$：

$$y_t=\delta+\varphi_1 y_{t-1}+\varphi_2 y_{t-2}+\cdots+\varphi_p y_{t-p}+u_t,\ u_t\sim N(0,\sigma^2) \tag{6.73}$$

假定滞后算子多项式 $1-\varphi_1 L-\varphi_2 L^2-\cdots-\varphi_p L^p=0$ 的根都在单位圆以外，则该过程是平稳的。此时，y_t 的无条件期望是常数：

$$Ey_t=\frac{\delta}{1-\varphi_1-\varphi_2-\cdots-\varphi_p} \tag{6.74}$$

无条件方差为：

$$Var(y_t)=\frac{\sigma^2}{1-\varphi_1^2-\varphi_2^2-\cdots-\varphi_p^2} \tag{6.75}$$

基于 $t-1$，$t-2$，…，$t-p$ 期信息的条件期望为：

$$E(y_t\,|\,y_{t-1},y_{t-2},\cdots,y_{t-p})=\delta+\varphi_1 y_{t-1}+\varphi_2 y_{t-2}+\cdots+\varphi_p y_{t-p} \tag{6.76}$$

条件方差为：

$$\begin{aligned}&Var(y_t\,|\,y_{t-1},y_{t-2},\cdots,y_{t-p})\\&=E[y_t-\delta-\varphi_1 y_{t-1}-\varphi_2 y_{t-2}-\cdots-\varphi_p y_{t-p}]^2=Eu_t^2\end{aligned} \tag{6.77}$$

当条件方差随时间变化时，假设 u_t^2 服从 AR（m）的自回归过程：

$$u_t^2=\xi+\alpha_1 u_{t-1}^2+\alpha_2 u_{t-2}^2+\cdots+\alpha_m u_{t-m}^2+w_t \tag{6.78}$$

其中 $w_t\sim N$（0，λ^2）。尽管 u_t 的无条件方差假定为 σ^2，但 u_t 的条件方差是时间的函数：

$$E(u_t^2\,|\,u_{t-1}^2,u_{t-2}^2,\cdots,u_{t-m}^2)=\xi+\alpha_1 u_{t-1}^2+\alpha_2 u_{t-2}^2+\cdots+\alpha_m u_{t-m}^2=\sigma_t^2 \tag{6.79}$$

上述白噪声过程 u_t 称为 m 阶自回归条件异方差（Auto Regressive Conditional Heteroskedastic）过程，记作 $u_t \sim ARCH(m)$。$ARCH$ 模型是由恩格尔（Engle，1982）首先提出来的。

由于 u_t 是随机的，并且 u_t^2 不可能为负。一般假设 $\xi>0$，$\alpha_i \geqslant 0$，$i=1$，2，…，m。由于 u_t^2 的非负性，给定变量 u_{t-1}^2，u_{t-2}^2，…，u_{t-m}^2的值，白噪声过程 w_t 的分布是受约束的，因为它显然应满足：

$$w_t \geqslant -\xi, t=1,2,\cdots \tag{6.80}$$

为了确保 u_t^2 为一平稳过程，假定滞后算子多项式$1-\alpha_1 L-\alpha_2 L^2-\cdots-\alpha_m L^m=0$ 的根 L 都在单位圆以外。若 $\xi>0$，$\alpha_i \geqslant 0$，$i=1$，2，…，m 成立，以上条件（根 L 都在单位圆以外）等价于：

$$1-\alpha_1-\alpha_2-\cdots-\alpha_m>0 \tag{6.81}$$

$$\alpha_1+\alpha_2+\cdots+\alpha_m<1 \tag{6.82}$$

这样，若 $u_t \sim ARCH$（m），那么 u_t 的无条件方差：

$$Eu_t^2=\sigma^2=\frac{\xi}{1-\alpha_1-\cdots-\alpha_m} \tag{6.83}$$

为一常数。

二　ARCH（m）过程参数之间的约束关系

为了进一步揭示 $ARCH(m)$ 过程参数之间的约束关系，也为了便于对 $ARCH(m)$ 模型进行参数估计，我们对 u_t 的序列相关性施以更强的假定。假定：

$$u_t=\sqrt{h_t} \cdot v_t \tag{6.84}$$

其中 $v_t \sim i.i.d.N$（0，1），如果 h_t 的变化服从：

$$h_t=\xi+\alpha_1 u_{t-1}^2+\alpha_2 u_{t-2}^2+\cdots+\alpha_m u_{t-m}^2 \tag{6.85}$$

那么式（6.84）意味着 u_t 的条件方差为：

$$E(u_t^2 \mid u_{t-1}, u_{t-2}, \cdots, u_{t-m})=h_t \cdot Ev_t^2=h_t \tag{6.86}$$

对式（6.84）取平方得：

$$u_t^2=h_t \cdot v_t^2 \tag{6.87}$$

把式（6.85）代入式（6.78）得：

$$u_t^2=h_t+w_t \tag{6.88}$$

根据式（6.87）与式（6.88）有：

$$h_t \cdot v_t^2=h_t+w_t \tag{6.89}$$

即：

$$w_t = h_t(v_t^2 - 1) \tag{6.90}$$

因此，尽管 w_t 的无条件方差假定为常数：

$$Ew_t^2 = E(h_t^2) \cdot E(v_t^2 - 1)^2 = \lambda^2 \tag{6.91}$$

但 w_t 的条件方差则随时间 t 而变化，因为：

$$E(w_t^2 | u_{t-1}, u_{t-2}, \cdots, u_{t-m}) = h_t^2 \cdot E(v_t^2 - 1)^2 \tag{6.92}$$

利用 w_t 的条件方差与无条件方差之间的关系，可揭示出 *ARCH* 过程参数之间的约束关系。以 *ARCH*（1）为例，假设 $h_t = \xi + \alpha_1 u_{t-1}^2$，$u_t^2 = h_t + w_t$，$w_t \sim N$（0，$\lambda^2$），则 h_t^2 的无条件期望为：

$$\begin{aligned}
E(h_t^2) &= E(\xi + \alpha_1 u_{t-1}^2)^2 = E(\xi^2 + 2\xi\alpha_1 u_{t-1}^2 + \alpha_1^2 u_{t-1}^4) \\
&= \alpha_1^2[Var(u_{t-1}^2) + [E(u_{t-1}^2)]^2] + 2\xi\alpha_1 \cdot E(u_{t-1}^2) + \xi^2 \\
&= \alpha_1^2\left[\frac{\lambda^2}{1-\alpha_1^2} + \frac{\xi^2}{(1-\alpha_1)^2}\right] + \frac{2\xi^2\alpha_1}{1-\alpha_1} + \xi^2 \qquad (6.93) \\
&= \frac{\alpha_1^2\lambda^2}{1-\alpha_1^2} + \frac{\xi^2}{(1-\alpha_1)^2}
\end{aligned}$$

根据式（6.91），w_t 的无条件方差应满足如下约束方程：

$$\lambda^2 = \left[\frac{\alpha_1^2\lambda^2}{1-\alpha_1^2} + \frac{\xi^2}{(1-\alpha_1)^2}\right] \cdot E(v_t^2 - 1)^2 \tag{6.94}$$

显然当 $|\alpha_1| > 1$ 时，上述约束方程中的 λ 可能没有实数解。即使 $|\alpha_1| < 1$，λ 也可能没有实数解。例如，如果 $v_t \sim i.i.d.N(0,1)$，那么 $E(v_t^2 - 1)^2 = 2$，上述约束方程变为：

$$\frac{(1-3\alpha_1^2)\lambda^2}{1-\alpha_1^2} = \frac{2\xi^2}{(1-\alpha_1)^2}$$

当 $\alpha_1^2 \geqslant \frac{1}{3}$ 时，该约束方程中的 λ 可能没有实数解；只有当 $\alpha_1^2 < \frac{1}{3}$ 时，该约束方程中的 λ 才有实数解。

三　*ARCH* 模型的条件最大似然估计

由于我们关注的对象主要是具有 *ARCH*（m）扰动的回归模型的参数，不失一般性，令回归方程为：

$$y_t = \mathbf{x}'_t\boldsymbol{\beta} + u_t \tag{6.95}$$

其中解释变量的向量 $\mathbf{x}_t$ 中可以包含 y_t 的滞后值，假设 $u_t \sim ARCH(m)$ 满足 $u_t = \sqrt{h_t} \cdot v_t$，其中 $h_t = \xi + \alpha_1 u_{t-1}^2 + \alpha_2 u_{t-2}^2 + \cdots + \alpha_m u_{t-m}^2, v_t \sim i.i.d.N(0,1)$。

待估的总体参数为 $\boldsymbol{\theta}=(\boldsymbol{\beta}, \xi, \alpha_1, \alpha_2, \cdots, \alpha_m)'$。

以最先 m 个观察值为条件（$t=0, -1, \cdots, 1-m$），即假设 y_0，y_{-1}，…，y_{1-m}，$\mathbf{x}_0$，$\mathbf{x}_{-1}$，…，$\mathbf{x}_{1-m}$为确定性变量，当 $t=1$ 时，

$$
\begin{aligned}
Var(y_1) &= Var(u_1) = h_1 \cdot Var(v_1) = h_1 \\
&= \xi + \alpha_1(y_0 - \mathbf{x}_0'\boldsymbol{\beta})^2 + \alpha_2(y_{-1} - \mathbf{x}_{-1}'\boldsymbol{\beta})^2 + \cdots + \alpha_m(y_{1-m} - \mathbf{x}_{1-m}'\boldsymbol{\beta})^2
\end{aligned} \tag{6.96}
$$

于是 y_1 的条件密度函数为：

$$
\begin{aligned}
& f(y_1 \mid x_1; y_0, y_{-1}, \cdots, y_{1-m}; x_0, x_{-1}, \cdots, x_{1-m}; \theta) \\
&= \frac{1}{\sqrt{2\pi h_1}} \exp\left[\frac{-(y_1 - \mathbf{x}_1'\boldsymbol{\beta})^2}{2h_1}\right]
\end{aligned} \tag{6.97}
$$

同理，当 $t=t$ 时，

$$
\begin{aligned}
& f(y_t \mid x_t; y_{t-1}, y_{t-2}, \cdots, y_{t-m}; x_{t-1}, x_{t-2}, \cdots, x_{t-m}; \theta) \\
&= \frac{1}{\sqrt{2\pi h_t}} \exp\left[\frac{-(y_t - \mathbf{x}_t'\boldsymbol{\beta})^2}{2h_t}\right]
\end{aligned} \tag{6.98}
$$

其中：

$$
\begin{aligned}
Var(y_t) &= h_t \\
&= \xi + \alpha_1(y_{t-1} - \mathbf{x}_{t-1}'\boldsymbol{\beta})^2 + \alpha_2(y_{t-2} - \mathbf{x}_{t-2}'\boldsymbol{\beta})^2 \\
&\quad + \cdots + \alpha_m(y_{t-m} - \mathbf{x}_{t-m}'\boldsymbol{\beta})^2
\end{aligned} \tag{6.99}
$$

样本的条件似然函数为：

$$
\begin{aligned}
\ln L(\boldsymbol{\theta}) &= \sum_{t=1}^{T} \ln \frac{1}{\sqrt{2\pi h_t}} - \sum_{t=1}^{T} \frac{(y_t - \mathbf{x}_t'\boldsymbol{\beta})^2}{2h_t} \\
&= -\frac{T}{2}\ln(2\pi) - \frac{1}{2}\sum_{t=1}^{T}\ln(h_t) - \frac{1}{2}\sum_{t=1}^{T}\frac{(y_t - \mathbf{x}_t'\boldsymbol{\beta})^2}{h_t}
\end{aligned} \tag{6.100}
$$

于是参数估计量为：

$$
\hat{\boldsymbol{\theta}}_{CML} = \arg\max \ln L(\boldsymbol{\theta}) \tag{6.101}
$$

四　扩展的 *ARCH* 模型

保罗斯拉夫（Bollerslev，1986）扩展了恩格尔（Engle，1982）的原始 *ARCH* 模型，引入了一种允许条件方差转化为一个 *ARMA* 过程的方法。假设误差过程为：

$$
u_t = \sqrt{h_t} \cdot v_t
$$

其中 $v_t \sim i.i.d.\ N(0,1)$，且：

$$h_t = \xi + \delta_1 h_{t-1} + \delta_2 h_{t-2} + \cdots + \delta_r h_{t-r} + \alpha_1 u_{t-1}^2 + \alpha_2 u_{t-2}^2 + \cdots + \alpha_m u_{t-m}^2 \tag{6.102}$$

这个扩展的 *ARCH* 模型被称为广义自回归条件异方差 *GARCH*(r,m)模型，它同时考虑了异方差中的自回归和移动平均成分。如果 $\delta_i = 0, i = 1,2,\cdots,r$，则 *GARCH*$(r,m)$模型就等同于一个 *ARCH*$(m)$模型。*GARCH*$(r,m)$模型一般也采用条件最大似然方法进行估计。

五 ARCH 模型的 LM 检验

检验一个回归模型的残差 u_t 是否具有随时间变化的方差，无须估计 *ARCH* 或 *GARCH* 参数，恩格尔基于拉格朗日乘数（*LM*）提出了如下的 *ARCH* 检验方法。

在 $u_t \sim i.i.d.N(0, \sigma^2)$ 条件下，令原假设为：

$$H_0: \alpha_1 = \alpha_2 = \cdots = \alpha_m = 0$$

表明没有 *ARCH* 或 *GARCH* 效果。备择假设为：

H_1：存在某些 $\alpha_i \neq 0$，$i = 1, 2, \cdots, m$

表明 *ARCH* 或 *GARCH* 效果显著。

检验步骤如下：

第一步：运用 $\mathbf{x}_t$ 与 $y_t(t = -m+1, -m+2, \cdots, T)$ 的观测值，使用 *OLS* 估计回归模型 $y_t = \mathbf{x}_t'\boldsymbol{\beta} + u_t$ 或 *ARMA* 模型，得出残差估计量 $\hat{u}_t$。

第二步：运用残差平方值 $\hat{u}_t^2$（$t = 1, 2, \cdots, T$），进行如下 *ARCH* 回归：

$$\hat{u}_t^2 = \xi + \alpha_1 \hat{u}_{t-1}^2 + \alpha_2 \hat{u}_{t-2}^2 + \cdots + \alpha_m \hat{u}_{t-m}^2 + e_t \tag{6.103}$$

得到回归的拟合优度 $\bar{R}^2$。

构造如下拉格朗日乘数（*LM*）统计量：

$$LM = T \cdot \bar{R}^2 \sim \chi^2(m) \tag{6.104}$$

当 $LM >$ 自由度为 m 的临界值时，应拒绝 H_0，表明存在 *ARCH* 效应，此时可进一步估计 *ARCH* 或 *GARCH* 模型的参数。

当 $LM <$ 自由度为 m 的临界值时，不能拒绝 H_0，说明 *ARCH* 回归的解释能力极弱，回归的拟合优度 $\bar{R}^2$ 很小，不存在 *ARCH* 效果。

本章小结

ARMA 模型是协方差平稳的随机过程。如果 Y_t 的 *ARMA* 模型的滞后算

子多项式 $\varphi(L)=0$ 的根在单位圆以外，或者特征方程的特征根在单位圆以内，则 Y_t 是平稳的。样本的自相关图、偏自相关图、季节特征是确定模型的形式和阶数的主要因素。通常使用条件最大似然方法估计 *ARMA* 模型的系数和方差，其中系数的条件最大似然估计等价于最小二乘估计，而方差 σ^2 的条件最大似然估计不同于 *OLS* 估计；当 $T\to\infty$ 时 σ^2 的条件最大似然估计量仍然具有一致性。

许多经济时间序列表现出阶段性的波动，自回归条件异方差模型（*ARCH* 或 *GARCH*）允许一个序列的条件方差取决于误差过程过去的观测值，当期干扰项的一个较大观测值会增大下一期的条件方差。检验一个回归模型的残差 u_t 是否具有随时间变化的方差，无须估计 *ARCH* 或 *GARCH* 参数，恩格尔运用拉格朗日乘数统计量构造了 *ARCH* 检验方法。*ARCH* 类模型较广泛地运用在高频数据如股市、汇市的建模中。

思　考　题

1. 名词解释

（1）平稳过程　（2）白噪声过程

（3）高斯白噪声过程　（4）自相关函数

（5）偏自相关函数　（6）*ARIMA* 过程

（7）赤池信息准则　（8）施瓦茨准则

（9）*ARCH* 过程　（10）*GARCH* 过程

2. 简答题

（1）计算下列模型的自相关函数，并画出其分布图。

(a) $Y_t-0.5Y_{t-1}-0.3Y_{t-2}=\varepsilon_t$

(b) $Y_t=\varepsilon_t+0.5\varepsilon_{t-1}-0.3\varepsilon_{t-2}$

其中 ε_t 为白噪声过程。

（2）判定下面 *ARMA* 模型的平稳性与可逆性。

$$Y_t-0.3Y_{t-1}+0.4Y_{t-2}=\varepsilon_t-0.9\varepsilon_{t-1}$$

（3）对于 *AR*（1）模型：

$$Y_t=\delta+\varphi Y_{t-1}+\varepsilon_t$$

其中 $\varepsilon_t\sim i.i.d.\ N(0,\sigma^2)$，已知 Y_t 的 T 个观测值 y_1，…，y_T，待估参数为 $\boldsymbol{\theta}=(\delta,\varphi,\sigma^2)'$。

证明：参数 δ 与 φ 的条件最大似然估计等价于最小二乘估计。

（4）对于 $MA(1)$ 模型：

$$Y_t = \delta + \varepsilon_t + \theta\varepsilon_{t-1}$$

其中 $\varepsilon_t \sim i.i.d.N(0, \sigma^2)$，已知 Y_t 的 T 个观测值 $y_1, \cdots, y_T$，待估参数为 $\boldsymbol{\theta} = (\delta, \theta, \sigma^2)'$。

证明：参数 δ 与 θ 的条件最大似然估计等价于最小二乘估计。

（5）考查 $ARCH(2)$ 过程 $E(u_t^2 | u_{t-1}^2, u_{t-2}^2) = \alpha_0 + \alpha_1 u_{t-1}^2 + \alpha_2 u_{t-2}^2$，假设残差来自模型 $y_t = \beta_0 + \beta_1 y_{t-1} + \varepsilon_t$，根据参数 β_1、α_0、α_1 和 α_2，写出序列 y_t 的条件方差和无条件方差的表达式。

3. 论述题

（1）已知一个 $AR(2)$ 模型形式为：$y_t = \varphi_1 y_{t-1} + \varphi_2 y_{t-2} + \varepsilon_t$

（a）用滞后算子表示该模型；

（b）计算自相关函数 ρ_1 及 ρ_2；

（c）计算自协方差 γ_0。

（2）已知 $ARMA(p,q)$ 模型：

$$y_t = c + \varphi_1 y_{t-1} + \varphi_2 y_{t-2} + \cdots + \varphi_p y_{t-p} + \varepsilon_t + \theta_1 \varepsilon_{t-1} + \theta_2 \varepsilon_{t-2} + \cdots + \theta_q \varepsilon_{t-q}$$

其中 $\varepsilon_t \sim i.i.d.N(0, \sigma^2)$，为了求参数的条件最大似然估计量：

（a）写出该条件是什么？

（b）写出对数形式的条件似然函数。

（c）简要说明最陡爬坡法及牛顿—拉夫森法的适应条件。

（3）论述约勒—沃克（Yule-Walker）方程组的作用。

（4）简要论述季度 $ARMA$ 模型及季度 ADL 模型的建模方法。

阅读参考文献

[1]［美］詹姆斯·D. 汉密尔顿著：《时间序列分析》，刘明志译，中国社会科学出版社 1999 年版。

[2]［美］沃尔特·恩德斯（Walter Enders）著：《应用计量经济学：时间序列分析》，杜江、谢志超译，高等教育出版社 2006 年版。

[3]［美］J. 约翰斯顿、J. 迪纳尔多著：《计量经济学方法》，唐齐明等译，中国经济出版社 2002 年版。

[4] 陆懋祖著：《高等时间序列经济计量学》，上海人民出版社 1999 年版。

[5] Ruey S. Tsay 著：《金融时间序列分析》，潘家柱译，机械工业出版社 2006 年版。

[6] 张晓峒著:《计量经济分析》(修订版), 经济科学出版社 2000 年版。

[7] 李子奈、叶阿忠编著:《高等计量经济学》, 清华大学出版社 2000 年版。

[8] 张树京、齐立心编著:《时间序列分析简明教程》, 清华大学出版社、北方交通大学出版社 2003 年版。

[9] Akaike, H. (1973), Information Theory and An Extension of the Maximum Likelihood Principle. In: B. N. Petrov and F. Cszaki, eds., *Second International Symposium on Information Theory*, Akademiai Kiado, Budapest, pp. 267—281.

[10] Bierens, Herman J. (1994), *Topics in Advanced Econometrics*, Cambridge University Press.

[11] Bollerslev, Tim (1986), Generalized Autoregressive Conditional Heteroskedasticity, *Journal of Econometrics*, 31, pp. 307—327.

[12] Davidson, Russell, James G. MacKinnon (2004), *Econometric Theory and Methods*, Oxford University Press.

[13] Enders, Walter (2004), *Applied Econometric Time Series*, Second Edition, John Wiley & Sons, Inc.

[14] Engle, Robert F (1982), Autoregressive Conditional Heteroscedasticity with Estimators of the Variance of United Kingdom Inflation, *Econometrica*, 50, pp. 987—1007.

[15] Hannan, E. J. (1980), The Estimation of the Order of an ARMA Process, *Annals of Statistics*, 8, pp. 1071—1081.

[16] Hansen, Bruce E. (2006), *Econometrics*, Unpublished Book, University of Wisconsin.

[17] Schwarz. G. (1978), Estimating the Dimension of a Model, *Annals of Statistics*, 6, pp. 461—464.

[18] Söderlind, Paul (2002), *Lecture Notes for Econometrics*, University of St. Gallen and CEPR, Switzerland.

[19] Verbeek, Marno (2004), *A Guide to Modern Econometrics*, 2nd edition, John Wiley & Sons, Ltd.

第七章　协整与误差修正模型

内容提要

在上一章中，我们知道，对于平稳序列，可以建立 *ARMA* 模型，对于非平稳序列，不能直接建立 *ARMA* 模型。非平稳过程可分为趋势平稳过程与差分平稳过程两类。对于两类不同的非平稳过程，分别采用差分变换法和去势操作法除去趋势，并转化为平稳过程，从而建立 *ARMA* 模型。如果一个序列在成为平稳序列之前必须经过一次差分，则该序列被称为一阶单整，记为 $I(1)$。*DF* 检验以及 *ADF* 检验是检验序列是否平稳，是否存在单位根的方法。为了有效避免伪回归，在对经济变量建模时，应先进行平稳性检验。按照协整理论，当且仅当若干个非平稳变量是协整的，由这些变量建立的回归模型才有意义。大多数非平稳变量的线性组合都不存在协整关系；只有在少数情况下，非平稳变量的线性组合才具有协整关系。具有协整关系的 $I(1)$ 变量一定可以建立误差修正模型(*ECM*)。

第一节　趋势、单位根与伪回归

一　趋势平稳过程与差分平稳过程

非平稳过程可分为趋势平稳过程与差分平稳过程两类。一般地，趋势平稳过程只含有确定性趋势，无随机趋势；而差分平稳过程则含有随机趋势。

1. 趋势平稳过程

第一类非平稳过程称为趋势平稳（Trend Stationary）过程，简称 *TS* 过程，形如：

$$y_t = \beta_0 + \beta_1 t + u_t \tag{7.1}$$

其中 $u_t \sim i.i.d.N(0,\sigma^2)$，$y_t$ 中含有确定性趋势 $\beta_0 + \beta_1 t$ 及平稳过程 u_t，期望 $Ey_t = \beta_0 + \beta_1 t$ 是时间 t 的线性函数，与 t 有关，因此 y_t 是非平稳

的，y_t 值在$\beta_0+\beta_1 t$ 周围波动。

2. 差分平稳过程

第二类非平稳过程称为差分平稳（Difference Stationary）过程，简称 *DS* 过程，比如随机游走过程：

$$y_t = y_{t-1} + u_t \tag{7.2}$$

或者带漂移的随机游走过程：

$$y_t = \beta_0 + y_{t-1} + u_t \tag{7.3}$$

若已知初值 y_0，则它等价于：

$$y_t = y_0 + \beta_0 t + \sum_{i=1}^{t} u_i \tag{7.4}$$

其中 y_t 中既含有线性确定性趋势 $y_0+\beta_0 t$，又含有随机趋势 $\sum_{i=1}^{t} u_t$，y_t 是非平稳的。

根据平稳过程的定义，也可以判断随机游走过程式（7.2）为非平稳过程。虽然 y_t 的期望 $E(y_t)=E(y_0+u_1+\cdots+u_t)=E(y_0)=y_0$ 为一常数。但 y_t 的方差：

$$Var(y_t)=E[y_t-Ey_t]^2=E[y_t-y_0]^2=E(u_1+\cdots+u_t)^2=t\sigma^2 \tag{7.5}$$

是时间 t 的函数，而且随 t 发散，因此，随机游走过程式（7.2）为非平稳过程。

二　除去趋势的方法

对于上述两类不同的非平稳过程，可以通过不同的方法除去趋势，并转化为平稳过程，从而建立 *ARMA* 模型。这两种方法分别是差分变换法和去势操作法。

1. 差分变换

对于差分平稳过程，可以通过差分变换的办法除去随机趋势，并转化为一个平稳序列。比如，对式（7.3）取一阶差分，可得：$\Delta y_t=\beta_0+u_t$，显然 Δy_t 是平稳的。

2. 去势操作

对于趋势平稳过程，应通过去势操作的办法排除掉确定性趋势，并转化为一个平稳序列。具体而言，先把 t 作为一个确定性解释变量，估计下面的回归模型：

$$y_t=\beta_0+\beta_1 t+u_t$$

y_t 的观测值与估计值之差，便产生了平稳序列 u_t 的估计值，这样就可以运用传统方法（比如 *ARMA* 估计）来对去除趋势后的序列建立模型。

更为一般地，一个时间序列可能存在如下多项式趋势：

$$y_t = \beta_0 + \beta_1 t + \beta_2 t^2 + \cdots + \beta_n t^n + u_t \tag{7.6}$$

同样，我们可以通过在确定性多项式时间趋势的基础上对 y_t 进行回归，多项式次数 n 可以由 t 检验、F 检验、赤池准则或施瓦茨准则来综合判断。

对一个趋势平稳序列进行差分是不恰当的。同样，对一个包含随机趋势的差分平稳序列进行去势操作，也是不恰当的。

对于短期预测而言，趋势的类型无关紧要。但对于中长期预测，趋势的确切形式就变得更为重要了。因为，趋势平稳过程中的确定性趋势意味着稳定地增加或减少，而差分平稳过程中的随机性趋势可收敛于一个稳定的水平。

根据尼尔森和普罗士（Nelson & Plosser，1982）的研究成果，绝大多数重要的宏观经济变量基本上都是差分平稳过程，而非趋势平稳过程。

三　单位根过程

比随机游走过程更一般的，是单位根过程。随机过程 y_t 是一个单位根过程，若：

$$y_t = \rho y_{t-1} + u_t \tag{7.7}$$

其中 $\rho = 1$。显然，随机游走过程是单位根过程的一个特例。

上式可改写为滞后算子的形式：

$$(1 - \rho L) y_t = u_t \tag{7.8}$$

滞后算子多项式 $1 - \rho L = 0$ 的根 $L = \dfrac{1}{\rho}$，当 $\rho = 1$ 时 $L = 1$ 称为“单位根”。这就是称呼“单位根过程”的来历。分别以 $I(1)$ 和 $I(0)$ 表示单位根过程和平稳过程，可将 y_t 和 Δy_t 记为：

$$y_t \sim I(1), \Delta y_t \sim I(0) \tag{7.9}$$

同随机游走过程类似，一般的单位根过程可通过差分变换转化为一个平稳过程。从这个意义上说，单位根过程也属于差分平稳过程。

如果一个序列在成为平稳序列之前必须经过 d 次差分，则该序列被称为 d 阶单整，记为 $I(\mathrm{d})$。

一般地，如果 $x_t \sim I(d), y_t \sim I(e), d > e$，则 $(ax_t + by_t) \sim I[\max(d,e)] = I(d)$。

四　伪回归

格兰杰和牛博德（Granger & Newbold，1974）最早指出了伪回归问题：当求两个相互独立的非平稳时间序列的相关系数时，常常得到相关系数显著不为 0 的结果；当用两个相互独立的非平稳时间序列建立回归模型时，常常得到一个具有统计显著性的回归函数，此为伪回归。

比如，对于回归方程：

$$y_t = \beta_0 + \beta_1 x_t + \varepsilon_t \tag{7.10}$$

如果 y_t 和 x_t 分别是两个相互独立的随机游走序列：

$$y_t = y_{t-1} + u_t \tag{7.11}$$

$$x_t = x_{t-1} + v_t \tag{7.12}$$

其中 u_t 和 v_t 是两个相互独立的白噪声过程。因为 y_t 和 x_t 相互独立，所以回归方程（7.10）应无意义。两个变量所体现的任何关系带有欺骗性。通过蒙特卡罗（Monte Carlo）抽样模拟，格兰杰和牛博德发现，在 5% 的显著性水平上，方程（7.10）中 β_1 显著的可能性有 75%，从而出现了伪回归。

关于伪回归出现的原因，在理论上菲利普斯（Phillips，1986）运用泛函中心极限定理进行了分析。对于两个非平稳序列 $y_t \sim I(1)$ 和 $x_t \sim I(1)$，如果 $\beta_1 = 0$，则所建立的方程（7.10）变为：

$$y_t = \beta_0 + \varepsilon_t \tag{7.13}$$

由于 ε_t 是一个平稳过程，方程（7.13）等号两边分别出现了 $I(1)$ 和 $I(0)$ 过程，这将是矛盾的。因此，在大多数情况下，将出现 β_1 显著的伪回归。

当出现伪回归时，通常会伴随着较大的拟合优度，较小的 *DW* 值（即 ε_t 将出现正的自相关）。

第二节　单位根检验

为了有效避免伪回归，在对经济变量建模时，应先进行平稳性检验。如果随机过程 Y_t 的均值 μ_t 与自协方差 γ_{kt} 都与时期 t 无关，则称 Y_t 为平稳过程。平稳性定义为我们提供了一种检验序列平稳性的方法。本节介绍的 *DF* 检验以及 *ADF* 检验是检验序列是否平稳，是否存在单位根的规范方法。*DF* 与 *ADF* 方法不仅可以进行单位根检验，而且可以检验出单整的阶数。

一 DF 检验

20 世纪 70 年代，迪克（Dickey）和富勒（Fuller）提出了 DF 统计量，用于检验序列是否含有单位根及其单整的阶数。对序列 y_t 进行单位根检验的最初形式如下：

$$y_t = \beta y_{t-1} + u_t \tag{7.14}$$

其中 $u_t \sim i.i.d.N(o, \sigma^2)$

零假设为：$H_0: \beta = 1$，y_t 非平稳。

备择假设为：$H_1: \beta < 1$，y_t 平稳，$y_t \sim I(0)$。

对方程（7.14）进行 OLS 估计，并计算 DF 统计量：

$$DF = \frac{\hat{\beta} - 1}{\sigma_{\hat{\beta}}} \tag{7.15}$$

当 $DF >$ 临界值时，不能拒绝 H_0，y_t 非平稳；当 $DF \leqslant$ 临界值时，拒绝 H_0，y_t 平稳。

注意到方程（7.14）可改写为：

$$\Delta y_t = (\beta - 1) y_{t-1} + u_t \tag{7.16}$$

令 $\rho = \beta - 1$，则有下面最基本的形式：

$$\Delta y_t = \rho y_{t-1} + u_t \tag{7.17}$$

于是零假设变为：$H_0: \rho = 0$，y_t 非平稳；备择假设变为：$H_1: \rho < 0$，y_t 平稳。

此时 DF 统计量等价于 t 统计量：

$$DF = \frac{\hat{\beta} - 1}{\sigma_{\hat{\beta}}} = \frac{\hat{\rho}}{\sigma_{\hat{\rho}}} = t \tag{7.18}$$

由于 DF 值与 t 值相同，故这种 DF 检验形式更常用。若 $DF >$ 临界值，则 $\beta = 1$，$\rho = 0$，y_t 非平稳；若 $DF \leqslant$ 临界值，则 $\beta < 1$，$\rho < 0$，y_t 平稳。

对方程（7.14）与（7.17），当 $DF >$ 临界值时，y_t 非平稳。此时还需要进一步检验 y_t 的单整阶数是否为1，即检验 Δy_t 是否平稳，为此可对如下方程进行 DF 检验：

$$\Delta^2 y_t = \rho \Delta y_{t-1} + u_t \tag{7.19}$$

若 $DF \leqslant$ 临界值，则 Δy_t 平稳，$\Delta y_t \sim I(0)$，于是 $y_t \sim I(1)$。若 $DF >$ 临界值，则 Δy_t 非平稳，此时应进一步检验 $\Delta^2 y_t$ 是否平稳，即 y_t 是否为 $I(2)$ 过程。依此类推，直到找到 y_t 的单整阶数为止。

对于经济时间序列，单整阶数 d 一般不会高于 2。一般地，

(a) 表示流量的序列，如不变价的消费额，收入等，通常表现为$I(1)$过程；

(b) 增长率、利率等序列，通常表现为$I(0)$过程。

DF 检验也可以加入位移项和趋势项，此时应使用不同的 *DF* 临界值表来检验。

加入位移项时的 *DF* 回归式为：

$$\Delta y_t = a + \rho y_{t-1} + u_t \tag{7.20}$$

同时加入位移项和时间趋势项的 *DF* 回归式为：

$$\Delta y_t = a + bt + \rho y_{t-1} + u_t \tag{7.21}$$

二　*ADF* 检验

DF 检验的不足之处在于，$u_t \sim$ i. i. d. $N(o, \sigma^2)$是一个较强的假设，往往难以保证 *DF* 回归式中 u_t 是白噪声，有时 u_t 可能存在自相关。*ADF* (Augmented Dickey - Fuller) 检验克服了这个问题，是对 *DF* 检验的扩展。

在 *ADF* 检验中，为了保证方程中 u_t 是高斯白噪声过程，在方程 (7.17) 的右边加入了 Δy_t 的一些滞后项：

$$\Delta y_t = \rho y_{t-1} + \sum_{i=1}^{p} \theta_i \Delta y_{t-i} + u_t \tag{7.22}$$

同样，*ADF* 检验也可以带有位移项和趋势项：

$$\Delta y_t = a + \rho y_{t-1} + \sum_{i=1}^{p} \theta_i \Delta y_{t-i} + u_t \tag{7.23}$$

$$\Delta y_t = a + bt + \rho y_{t-1} + \sum_{i=1}^{p} \theta_i \Delta y_{t-i} + u_t \tag{7.24}$$

在 *ADF* 检验中，Δy_t 的滞后项阶数 p 的选择，应以消除误差项 u_t 中的自相关为原则，p 应尽可能小。$p = 1, 2, \cdots$，由低向高选取，直到 *ADF* 回归式中 u_t 不存在自相关为止。

迪克和富勒采用蒙特卡罗方法，模拟生成了 *DF* 和 *ADF* 检验中的临界值。由于 *DF* 和 *ADF* 检验涉及对非平稳变量的系数进行假设检验，他们的检验统计量的分布是非标准的。蒙特卡罗方法根据大数定律，用随机生成的大样本来推算真实的非标准分布。

三　位移项和趋势项检验

1981 年，迪克和富勒增加了三个 F 统计量 F_1、F_2 和 F_3，用于检验在

DF 或 *ADF* 检验回归式中是否要加入位移项和趋势项。

根据 *F* 统计量的一般计算方法，构造统计量 F_1、F_2 和 F_3：

$$F_i = \frac{[SSR_r - SSR_u]/r}{SSR_u/(T-k)} \tag{7.25}$$

其中，SSR_r 表示有约束条件下的回归残差平方和，SSR_u 表示无约束条件下的回归残差平方和，*r* 为约束条件个数，*T* 为可使用的样本观测数，*k* 为无约束模型中待估参数的个数。

统计量 F_1 用于检验在含有位移项的回归式中：

$$\Delta y_t = a + \rho y_{t-1} + u_t \tag{7.26}$$

$$\Delta y_t = a + \rho y_{t-1} + \sum_{i=1}^{p} \theta_i \Delta y_{t-i} + u_t \tag{7.27}$$

单位根及位移项两个约束（$r=2$ ：$\rho=0$，$a=0$）是否显著成立。若显著成立，则意味着 ρ 和 a 都为 0；若显著不成立，则意味着 ρ 和 a 中有一个或两个参数不为 0。

统计量 F_2 用于检验在含有位移项和趋势项的回归式中：

$$\Delta y_t = a + bt + \rho y_{t-1} + u_t \tag{7.28}$$

$$\Delta y_t = a + bt + \rho y_{t-1} + \sum_{i=1}^{p} \theta_i \Delta y_{t-i} + u_t \tag{7.29}$$

单位根、位移项以及趋势项三个约束（$r=3$ ：$\rho=0$，$a=0$，$b=0$）是否显著成立。若显著成立，则意味着 ρ、a 和 b 都为 0；若显著不成立，则意味着 ρ、a 和 b 中有一个或多个参数不为 0。

统计量 F_3 用于检验在含有趋势项的回归式中：

$$\Delta y_t = bt + \rho y_{t-1} + u_t \tag{7.30}$$

$$\Delta y_t = bt + \rho y_{t-1} + \sum_{i=1}^{p} \theta_i \Delta y_{t-i} + u_t \tag{7.31}$$

单位根及趋势项两个约束（$r=2$ ：$\rho=0$，$b=0$）是否同时显著成立。若显著成立，则意味着 ρ 和 b 都为 0；若显著不成立，则意味着 ρ 和 b 中有一个或两个参数不为 0。

零假设是约束模型显著成立，备择假设是无约束模型显著成立。如果约束模型没有限制作用，则 SSR_r 应该接近于 SSR_u，从而 *F* 值应较小；如果约束模型确实有限制作用，则 SSR_r 应该与 SSR_u 相差较大，从而 *F* 值应较大。因此，将 F_1、F_2 和 F_3 的估计值与迪克和富勒所计算出来的临界值进行比较，较大的 *F* 值应意味着拒绝零假设，无约束模型显著成立，即存在位移项或者趋势项。

第三节　协整与误差修正模型

一　协整的概念

恩格尔和格兰杰（Engle & Granger，1987）提出了如下的协整定义：序列 $x_{1t},x_{2t},\cdots,x_{kt}$组成向量 $\mathbf{x}_t=(x_{1t},x_{2t},\cdots,x_{kt})'$，假设 $\mathbf{x}_t$ 中的所有变量都是 d 阶单整，$\mathbf{x}_t\sim I(d)$；若存在一个向量 $\boldsymbol{\beta}=(\beta_1,\beta_2,\cdots,\beta_k)(\boldsymbol{\beta}\neq 0)$，使得线性组合 $\boldsymbol{\beta}\mathbf{x}_t=\beta_1 \mathrm{x}_{1t}+\beta_2 \mathrm{x}_{2t}+\cdots+\beta_k \mathrm{x}_{kt}$是（$d-b$）阶单整，其中 $b>0$，则称向量 $\mathbf{x}_t$ 各分量之间为 d，b 阶协整（Co-Integration），记为 $\mathbf{x}_t\sim CI(d,\ b)$；向量 $\boldsymbol{\beta}$ 称为协整向量，向量 $\boldsymbol{\beta}$ 中的元素称为协整参数。

例如：假设居民收入 $y_t\sim I(1)$，居民消费 $C_t\sim I(1)$，如果 $\alpha y_t+\beta c_t\sim I(0)$，则 y_t 与 c_t 是$(1,1)$阶协整，其中参数(α,β)为协整向量。

根据恩格尔和格兰杰的定义，如果两个变量都是单整变量，只有当它们单整阶数相同时，才可能协整。如果它们单整阶数不同，则它们是不可能协整的。

协整向量不是唯一的。如果$(\beta_1,\beta_2,\cdots,\beta_k)$是协整向量，则对于任意非零的 π，$(\pi\beta_1,\pi\beta_2,\cdots,\pi\beta_k)$也是协整向量。

经典回归分析和 *ARMA* 模型是建立在变量是 $I(0)$ 的条件下的。大多数协整的研究都集中在每个变量只有一个单位根的情况，特别是两个 $I(1)$ 变量存在协整关系 $CI(1,\ 1)$ 的情况。比如假设 x_t，$y_t\sim I(1)$，具有如下关系：

$$y_t=\beta x_t+u_t,\ u_t\sim I(0)$$

则协整向量为$(1,\ -\beta)$，$y_t=\beta x_t$ 表示长期均衡关系，$u_t=y_t-\beta x_t$ 表示非均衡误差。协整本质上是对变量之间长期均衡关系的描述。

按照协整理论，当且仅当若干个非平稳变量是协整的，由这些变量建立的回归模型才有意义。否则，假设 x_t，$y_t\sim I(1)$，当建立模型 $y_t=\beta x_t+u_t$ 时，如果 $u_t\sim I(1)$，则表明变量不是协整的。此时建立的模型 $y_t=\beta x_t+u_t$ 是错误的，可能是伪回归。所以协整检验也是区别真实回归和伪回归的有效方法。

二　协整检验（*EG* 检验）

恩格尔和格兰杰提出的协整检验的方法，简称为 *EG* 检验。

假设有变量 y_t，$\mathbf{x}_t$，$\mathbf{x}_t$ 可以是向量，$\mathbf{x}_t=(x_{1t},\ x_{2t},\ \cdots,\ x_{kt})'$，现在需

要检验 y_t，$\mathbf{x}_t$ 之间是否存在一个长期均衡关系。在进行 *EG* 检验之前，首先要检验 y_t，$\mathbf{x}_t$ 的单整性。单整性检验可以通过 *DF* 或 *ADF* 检验完成。如果向量 $\mathbf{x}_t=(x_{1t},\ x_{2t},\ \cdots,\ x_{kt})'$中的每个分量都是一阶单整的，则 $\mathbf{x}_t$ 是一阶单整过程。假设 y_t，$\mathbf{x}_t$ 都是一阶单整的，$\mathbf{x}_t$，$y_t \sim I(1)$，则 *EG* 检验的步骤如下：

第一步：进行协整回归，即估计下面长期均衡关系：

$$y_t=\boldsymbol{\beta}\mathbf{x}_t+u_t$$

其中 $\boldsymbol{\beta}=(\beta_1,\ \beta_2,\ \cdots,\ \beta_k)$。如果变量间是协整的，则普通最小二乘（*OLS*）回归可得到协整参数向量的超一致估计量 $\hat{\boldsymbol{\beta}}$。为了确定变量间是否真正存在协整，用 $\hat{u}_t$ 表示这个回归的残差序列，即 $\hat{u}_t=y_t-\hat{y}_t=y_t-\hat{\boldsymbol{\beta}}\mathbf{x}_t$。

第二步：进行协整检验（*EG* 或 *AEG* 检验），检验残差 $\hat{u}_t$ 的平稳性。

如果残差 $\hat{u}_t$ 的估计值平稳，$\hat{u}_t \sim I(0)$，则认为 y_t 与 $\mathbf{x}_t$ 为（1，1）阶协整；如果残差 $\hat{u}_t$ 的估计值不平稳，$\hat{u}_t \sim I(1)$，则 y_t 与 $\mathbf{x}_t$ 不是协整的，此时由于 $\hat{u}_t$ 中含有单位根，y_t 与 $\mathbf{x}_t$ 可能为伪回归。

恩格尔与格兰杰提出的协整检验（*EG* 或 *AEG* 检验）回归式与迪克和富勒提出的单位根检验（*DF* 或 *ADF* 检验）回归式类似，但判断残差 $\hat{u}_t$ 是否平稳所用的 *EG* 或 *AEG* 临界值表与 *DF* 或 *ADF* 临界值表不同。*EG* 或 *AEG* 回归如下：

$$\Delta\hat{u}_t=\rho\hat{u}_{t-1}+\varepsilon_t \tag{7.32}$$

$$\Delta\hat{u}_t=\rho\hat{u}_{t-1}+\sum_{i=1}^{p}\theta_i\Delta\hat{u}_{t-i}+\varepsilon_t \tag{7.33}$$

零假设为：$H_0: \rho=0$，$\hat{u}_t$ 非平稳；备择假设变为：$H_1: \rho<0$，$\hat{u}_t$ 平稳。协整检验统计量 *EG* 或 *AEG* 也等价于 t 统计量：

$$EG=\frac{\hat{\rho}}{\sigma_{\hat{\rho}}}=t \tag{7.34}$$

若 $EG>$ 临界值，则 $\rho=0$，$\hat{u}_t$ 非平稳；若 $EG<$ 临界值，则 $\rho<0$，$\hat{u}_t$ 平稳。

EG 或 *AEG* 检验的临界值表之所以与 *DF* 或 *ADF* 检验的临界值表不同，这是因为：由于 *OLS* 估计的基本原理是使残差的平方和最小，协整回归 *OLS* 估计所产生的残差序列很容易是平稳序列，因此以残差为基础的 *EG* 或 *AEG* 检验的临界值条件应该比 *DF* 或 *ADF* 检验的临界值条件更加苛刻，这样才能正确地拒绝零假设。

此外，只有当 y_t 与 $\mathbf{x}_t$ 是协整的，协整向量 $\boldsymbol{\beta}=(\beta_1, \beta_2, \cdots, \beta_k)$ 才能用协整回归进行估计，但此时的估计量 $\hat{\boldsymbol{\beta}}$ 并不具有渐近正态分布的特征；如果 y_t 与 $\mathbf{x}_t$ 不是协整的，则估计量 $\hat{\boldsymbol{\beta}}$ 只不过是 y_t 与 $\mathbf{x}_t$ 的伪回归参数而已。因此，以残差为基础的 *EG* 或 *AEG* 检验统计量的渐近分布与 *DF* 或 *ADF* 统计量的渐近分布不同。

恩格尔和格兰杰给出了两个变量，样本容量为 100 时的 *EG* 或 *AEG* 检验临界值；恩格尔和姚（Engle & Yoo，1987）给出了 2 ~ 5 个变量，不同样本容量时的 *EG* 或 *AEG* 检验临界值；麦金农（Mackinnon，1991）通过给出临界值的响应面函数，能够给出更多的协整检验临界值。

三　误差修正模型

事实上，大多数非平稳变量的线性组合都不存在协整关系；只有在少数情况下，非平稳变量的线性组合才具有协整关系。根据格兰杰定理，具有协整关系的 $I(1)$ 变量一定可以建立误差修正模型（*ECM*）。

准确地确定 $I(1)$ 变量间是否存在协整关系非常重要。如果 $I(1)$ 变量不是协整的，则先用一阶差分转化为 $I(0)$ 变量，然后再根据经济理论进行经典回归分析就是恰当的。如果 $I(1)$ 变量是协整的，则用一阶差分模型进行估计就是不恰当的，因为差分丢掉了协整关系的信息，此时应建立误差修正模型。

建立误差修正模型的方法主要有两种：*EG* 两步法以及一般到特殊建模法。

1. *EG* 两步法

通过 *EG* 检验或 *AEG* 检验，如果 $I(1)$ 变量是协整的，则可以通过 *EG* 两步法建立误差修正模型。

以两变量模型为例，假设变量 y_t 与 x_t 都是一阶单整的，x_t，$y_t \sim I(1)$，它们具有如下协整关系：

$$y_t = \beta x_t + u_t,\ u_t \sim I(0)$$

则 *EG* 两步法的步骤如下：

第一步：进行协整回归。估计下面长期均衡关系：

$$y_t = \beta x_t + u_t,$$

因为变量间是协整的，所以普通最小二乘（*OLS*）回归可得到超一致估计量 $\hat{\beta}$，用 $\hat{u}_t$ 表示这个回归的残差序列，即 $\hat{u}_t = y_t - \hat{y}_t = y_t - \hat{\beta} x_t$。

第二步：估计误差修正模型。如果变量是协整的，则相对于长期均衡的残差可以用来估计误差修正模型，且变量具有如下误差修正的形式：

$$\Delta y_t = \alpha \Delta x_t + \delta(y_{t-1} - \hat{\beta} x_{t-1}) + v_t$$
$$= \alpha \Delta x_t + \delta \hat{u}_{t-1} + v_t \tag{7.35}$$

运用 *OLS* 估计出参数 $\hat{\alpha}$，$\hat{\delta}$。若 v_t 存在自相关（*DW* 值太小或太大），可进一步增加 Δy_t 与 Δx_t 的滞后项，同时相应地调整模型中误差修正项 $\hat{u}_t$ 的滞后期，直到消除了随机误差项 v_t 中的自相关为止。比如：

$$\Delta y_t = \alpha_1 \Delta x_t + \alpha_2 \Delta x_{t-1} + \eta_1 \Delta y_{t-1} + \delta \hat{u}_{t-2} + v_t \tag{7.36}$$

2. 一般到特殊建模法

一般到特殊建模法是亨德里（Hendry）提出的，其分析框架是基于一个自回归分布滞后（Autoregressive Distributed Lag，简称 *ADL*）模型，在“一般”模型中包含尽可能多的解释变量，经过回归系数检验逐步剔除那些不显著的变量，最后得到一个“特殊”的简化模型。“一般”模型的滞后阶数取决于随机误差项中的自相关是否已经消除。

$ADL(m,n)$ 模型的一般形式是：

$$y_t = \alpha_0 + \sum_{i=1}^{m} \alpha_i y_{t-i} + \sum_{j=1}^{n} \sum_{i=0}^{m} \beta_{ji} x_{j,t-i} + v_t \tag{7.37}$$

其中 $v_t \sim i.i.d.(0, \sigma^2)$，$m$ 表示 y_t 和 $\mathbf{x}_t$ 的滞后阶数，n 表示外生变量 $\mathbf{x}_t$ 的个数，以一阶 $ADL(1,1)$ 模型为例：

$$y_t = \alpha_0 + \alpha_1 y_{t-1} + \beta_0 x_t + \beta_1 x_{t-1} + v_t \tag{7.38}$$

假设变量 y_t 与 x_t 都是一阶单整的，x_t，$y_t \sim I(1)$，它们之间存在协整关系。

式（7.38）两边同时减去 y_{t-1}，并经过适当变换可得误差修正模型（*ECM*）：

$$\Delta y_t = \alpha_0 + \beta_0 \Delta x_t + (\alpha_1 - 1) y_{t-1} + (\beta_0 + \beta_1) x_{t-1} + v_t$$
$$= \beta_0 \Delta x_t - (1 - \alpha_1)\left[y_{t-1} - \frac{\alpha_0}{1 - \alpha_1} - \frac{\beta_0 + \beta_1}{1 - \alpha_1} x_{t-1}\right] + v_t$$
$$= \beta_0 \Delta x_t - (1 - \alpha_1)[y_{t-1} - \eta_0 - \eta_1 x_{t-1}] + v_t \tag{7.39}$$

如果 y_t 与 x_t 是协整的，则 $[y_{t-1} - \eta_0 - \eta_1 x_{t-1}]$ 代表 $t-1$ 期的非均衡误差，其中的参数 $\eta_0 = \dfrac{\alpha_0}{1 - \alpha_1}$ 以及 $\eta_1 = \dfrac{\beta_0 + \beta_1}{1 - \alpha_1}$ 称为长期参数，它所隐含的长期关系是 $y_t = \eta_0 + \eta_1 x_t$。式（7.39）中的 $-(1 - \alpha_1)$ $[y_{t-1} - \eta_0 - \eta_1 x_{t-1}]$ 称为误差修正项。参数 β_0 以及 $(1 - \alpha_1)$ 称为短期参数。$-(1 - \alpha_1)$ 表示误差修正系数，

该值一般为负数。

“一般到特殊”建模法中变量的选取应符合经济理论，残差项应无自相关，如果若 v_t 存在自相关（DW 值太小或太大），应考虑更高阶数的初始 ADL 模型，所用到的外生解释变量个数及滞后阶数应尽可能少。

事实上，任何一个 ADL 模型都可以变换为一个 ECM 模型。比如 $ADL(2,1)$ 模型：

$$y_t = \alpha_0 + \alpha_1 y_{t-1} + \alpha_2 y_{t-2} + \beta_0 x_t + \beta_1 x_{t-1} + \beta_2 x_{t-2} + v_t \tag{7.40}$$

假设变量 y_t 与 x_t 都是一阶单整的，x_t，$y_t \sim I(1)$，它们之间存在协整关系。

式（7.40）两边同时减去 y_{t-1}，并经过适当变换可得误差修正模型（ECM）：

$$\begin{aligned}
\Delta y_t &= \alpha_0 + (\alpha_1 - 1)\Delta y_{t-1} + \beta_0 \Delta x_t + (\beta_0 + \beta_1)\Delta x_{t-1} \\
&\quad + (\alpha_1 + \alpha_2 - 1) y_{t-2} + (\beta_0 + \beta_1 + \beta_2) x_{t-2} + v_t \\
&= (\alpha_1 - 1)\Delta y_{t-1} + \beta_0 \Delta x_t + (\beta_0 + \beta_1)\Delta x_{t-1} \\
&\quad - (1 - \alpha_1 - \alpha_2)\left[y_{t-2} - \frac{\alpha_0}{1 - \alpha_1 - \alpha_2} - \frac{\beta_0 + \beta_1 + \beta_2}{1 - \alpha_1 - \alpha_2} x_{t-2} \right] + v_t \\
&= (\alpha_1 - 1)\Delta y_{t-1} + \beta_0 \Delta x_t + (\beta_0 + \beta_1)\Delta x_{t-1} \\
&\quad - (1 - \alpha_1 - \alpha_2)[y_{t-2} - \eta_0 - \eta_1 x_{t-2}] + v_t
\end{aligned} \tag{7.41}$$

如果 y_t 与 x_t 是协整的，则 $[y_{t-2} - \eta_0 - \eta_1 x_{t-2}]$ 代表 $t-2$ 期的非均衡误差，其中的参数 $\eta_0 = \dfrac{\alpha_0}{1 - \alpha_1 - \alpha_2}$，$\eta_1 = \dfrac{\beta_0 + \beta_1 + \beta_2}{1 - \alpha_1 - \alpha_2}$为长期参数。

如果 x_t，$y_t \sim I(1)$，当 y_t 与 x_t 存在协整关系时，ECM 模型中的各个差分变量及非均衡误差项都是 $I(0)$ 的，此时用 OLS 法估计参数，就不存在伪回归问题。一般的做法是把误差修正项中的括号打开，直接对模型进行 OLS 估计，然后再变换成 ECM 模型的形式。

在“一般到特殊”建模过程中，对于 t 检验不显著的差分变量可以剔除掉，但不能剔除非均衡误差项中的任何滞后变量，否则将影响变量间的长期均衡关系。

本章小结

准确地确定 $I(1)$ 变量间是否存在协整关系非常重要。如果 $I(1)$ 变量不是协整的，则先用一阶差分转化为 $I(0)$ 变量，然后再根据经济理论进行经典回归分析就是恰当的。如果 $I(1)$ 变量是协整的，则用一阶差分模型进行估计就是不恰当的，因为差分丢掉了协整关系的信息；此时应建立误差修正模型。

协整检验（*EG* 或 *AEG* 检验）的回归式与单位根检验（*DF* 或 *ADF* 检验）的回归式类似，但两者所用的临界值表不同。建立误差修正模型的方法主要有两种：*EG* 两步法以及一般到特殊建模法。

思 考 题

1. 名词解释

（1）趋势平稳过程　（2）差分平稳过程
（3）去势操作　（4）单位根过程
（5）伪回归　（6）*ADF* 检验
（7）协整　（8）*AEG* 检验

2. 简答题

（1）在进行 *DF* 或 *ADF* 检验中，如何判断在回归式中是否要加入位移项和趋势项？

（2）*EG* 或 *AEG* 检验的临界值表与 *DF* 或 *ADF* 检验的临界值表为什么不同？

（3）对一个趋势平稳序列进行差分是否恰当？对一个包含随机趋势的差分平稳序列进行去势操作是否恰当？为什么？

（4）有三个 $I(1)$ 变量 x_t，y_t 与 z_t，假设 x_t 与 y_t 是协整的，x_t 与 z_t 也是协整的，那么 y_t 与 z_t 是否为协整的？为什么？

3. 论述题

（1）假设变量 y_t 与 $x_{1,t}$，$x_{2,t}$ 都是一阶单整的，且 y_t 与 $x_{1,t}$，$x_{2,t}$ 之间存在协整关系。

（a）把如下的 *ADL*（2，2）模型变换为一个 *ECM* 模型：

$$y_t = c + \beta_1 y_{t-1} + \beta_2 y_{t-2} + \eta_0 x_{1,t} + \eta_1 x_{1,t-1} + \eta_2 x_{1,t-2} + \lambda_0 x_{2,t} + \lambda_1 x_{2,t-1} + \lambda_2 x_{2,t-2} + u_t$$

（b）简要说明 *EG* 两步法以及"一般到特殊"建模法建立误差修正模型的过程。

（2）已知 x_t 与 y_t 是随机游走过程：$x_t = x_{t-1} + \varepsilon_t$，$y_t = y_{t-1} + \omega_t$，其中 ε_t 与 ω_t 是白噪声过程。

（a）给定 x_t 与 y_t 的初始值 x_0 与 y_0，证明 x_t 与 y_t 的形式分别是 $x_t = x_0 +$

$\sum \varepsilon_{t-i}$，$y_t = y_0 + \sum \omega_{t-i}$。

（b）指出线性组合 $\alpha x_t + \beta y_t$ 通常包含随机趋势。

（c）保证 x_t 与 y_t 是协整 $CI(1, 1)$ 的条件是什么？

阅读参考文献

[1]［美］詹姆斯·D. 汉密尔顿著：《时间序列分析》，刘明志译，中国社会科学出版社 1999 年版。

[2]［美］沃尔特·恩德斯（Walter Enders）著：《应用计量经济学：时间序列分析》，杜江、谢志超译，高等教育出版社 2006 年版。

[3] 张晓峒著：《计量经济分析》（修订版），经济科学出版社 2000 年版。

[4] 陆懋祖著：《高等时间序列经济计量学》，上海人民出版社 1999 年版。

[5] 马薇著：《协整理论与应用》，南开大学出版社 2004 年版。

[6] Dickey, David, and Wayne. A. Fuller (1979), Distribution of the Estimates for Autoregressive Time Series with a Unit Root, *Journal of the American Statistical Association*, 74: pp. 427—431.

[7] Dickey, David, and Wayne. A. Fuller (1981), Likelihood Ratio Statistics for Autoregressive Time Series with a Unit Root, *Econometrica*, 49: pp. 1057—1072.

[8] Enders, Walter (2004), *Applied Econometric Time Series*, Second Edition, John Wiley & Sons, Inc.

[9] Engle, Robert and Clive Granger (1987), Cointegration and Error Correction: Representation, Estimation and Testing, *Econometrica*, 55: pp. 251—276.

[10] Engle, Robert and B. S. Yoo (1987), Forecasting and Testing in Cointegrated Systems, *Journal of Econometrics*, 35: pp. 143—159.

[11] Granger, Clive, and Paul Newbold (1974), Spurious Regression in Econometrics, *Journal of Econometrics*, 2: pp. 111—120.

[12] Mackinnon J. G. (1991), Critical Values for Cointegration Tests, in Robert Engle and Clive Granger eds., *Long-run Economic Relationships*, Oxford University Press, pp. 267—276.

[13] Nelson, Charles, and Charles Plosser (1982), Trends and Random

Walks in Macroeconomic Time Series: Some Evidence and Implications, *Journal of Monetary Economics*, 10: pp. 130—162.

[14] Phillips, P. C. B. (1986), Understanding Spurious Regressions in Econometrics, *Journal of Econometrics*, 33: pp. 311—340.

[15] Verbeek, Marno (2004), *A Guide to Modern Econometrics*, 2nd edition, John Wiley & Sons, Ltd.

第八章　向量自回归

内容提要

向量自回归(*VAR*)模型就是这样一个系统，系统中每一个变量对常数项和它的 p 阶滞后值，同时也对 *VAR* 中的所有其他变量的 p 阶滞后值回归，每一个回归式的解释变量都相同。根据相关的经济理论来选择包含在 *VAR*(p)中的变量；通过似然比检验来选择恰当的滞后长度。格兰杰提出的两变量间的因果关系检验可为向量自回归模型中变量的选择提供一些参考依据。

VAR(p)模型通常是过度参数化的，对于所估计的模型中的系数往往难以逐一地加以解释。为了对参数估计值作出合理的经济解释，我们可以对系统进行脉冲响应和方差分解分析。对于向量 $\mathbf{y}_t$ 的自回归模型 *VAR*，如果 $\mathbf{y}_t$ 中的变量是非平稳的，应检验这些非平稳变量之间是否存在协整关系。当存在协整关系时，可直接对水平变量建立向量误差修正模型(*VECM*)。本章内容主要选编自汉密尔顿（1999）。

第一节　平稳向量自回归

一　向量自回归的概念

一般自回归模型 $AR(p)$ 的形式如下：

$$y_t = c + \alpha_1 y_{t-1} + \alpha_2 y_{t-2} + \cdots + \alpha_p y_{t-p} + \varepsilon_t = c + \sum_{i=1}^{p} \alpha_i y_{t-i} + \varepsilon_t \tag{8.1}$$

其中

$$E(\varepsilon_t) = 0 \tag{8.2}$$

$$E(\varepsilon_t \varepsilon_\tau) = \begin{cases} \sigma^2, t = \tau \\ 0, t \neq \tau \end{cases} \tag{8.3}$$

本章讨论($k\times1$) 向量 $\mathbf{y}_t$ 中的变量间的动态交互作用。一个 p 阶向量自回归，记作 $VAR(p)$，是 $AR(p)$ 模型的一个向量推广：

$$\mathbf{y}_t = \mathbf{c} + \mathbf{A}_1\mathbf{y}_{t-1} + \mathbf{A}_2\mathbf{y}_{t-2} + \cdots + \mathbf{A}_p\mathbf{y}_{t-p} + \boldsymbol{\varepsilon}_t = \mathbf{c} + \sum_{i=1}^{p}\mathbf{A}_i\mathbf{y}_{t-i} + \boldsymbol{\varepsilon}_t \tag{8.4}$$

其中，$\mathbf{c}$ 代表常数项的一个$(k\times1)$向量，$\mathbf{A}_i$ 是自回归系数的一个$(k\times k)$矩阵，$i=1, 2, \cdots, p$。$(k\times1)$向量 $\boldsymbol{\varepsilon}_t$ 是白噪声的一个向量推广：

$$E(\boldsymbol{\varepsilon}_t) = 0 \tag{8.5}$$

$$E(\boldsymbol{\varepsilon}_t\boldsymbol{\varepsilon}'_\tau) = \begin{cases}\boldsymbol{\Omega}, t = \tau \\ \mathbf{0}, t \neq \tau\end{cases} \tag{8.6}$$

其中 $\boldsymbol{\Omega}$ 是一个$(k\times k)$对称正定矩阵。需要指出的是，尽管$(k\times1)$向量 $\boldsymbol{\varepsilon}_t$ 与自己的滞后值及其他解释变量不相关，但$(k\times1)$向量 $\boldsymbol{\varepsilon}_t$ 各个分量之间可能存在同期相关，即 $E(\varepsilon_{it}\varepsilon_{jt})\neq0$，$i\neq j$，比如，经济形势良好时，各个经济指标可能都表现强劲。

令 c_i 表示向量 $\mathbf{c}$ 的第 i 个元素，令 $\alpha_{ij}^{(1)}$ 表示矩阵 $\mathbf{A}_1$ 的第 i 行第 j 列元素。则向量系统 $VAR(p)$ 的第一个方程可写为：

$$\begin{aligned} y_{1t} = c_1 &+ \alpha_{11}^{(1)}y_{1,t-1} + \alpha_{12}^{(1)}y_{2,t-1} + \cdots + \alpha_{1k}^{(1)}y_{k,t-1} \\ &+ \alpha_{11}^{(2)}y_{1,t-2} + \alpha_{12}^{(2)}y_{2,t-2} + \cdots + \alpha_{1k}^{(2)}y_{k,t-2} \\ &+ \cdots + \alpha_{11}^{(p)}y_{1,t-p} + \alpha_{12}^{(p)}y_{2,t-p} + \cdots + \alpha_{1k}^{(p)}y_{k,t-p} + \varepsilon_{1t} \end{aligned} \tag{8.7}$$

因此，一个向量自回归模型就是这样一个系统，系统中每一个变量对常数项和它的 p 阶滞后值，同时也对 VAR 中的所有其他变量的 p 阶滞后值回归。每一个回归式的解释变量都相同。

二　平稳向量自回归 *VAR*(*p*) 及其 *VAR* (1) 表示

运用滞后算子表示，$VAR(p)$ 可写作：

$$[\mathbf{I}_k - \mathbf{A}_1L - \mathbf{A}_2L^2 - \cdots - \mathbf{A}_pL^p]\mathbf{y}_t = \mathbf{c} + \varepsilon_t \tag{8.8}$$

$$\mathbf{A}(L)\mathbf{y}_t = \mathbf{c} + \boldsymbol{\varepsilon}_t \tag{8.9}$$

其中 $\mathbf{A}(L)=\mathbf{I}_k-\mathbf{A}_1L-\mathbf{A}_2L^2-\cdots-\mathbf{A}_pL^p$，表示滞后算子 L 的一个$(k\times k)$矩阵多项式。$\mathbf{I}_k$ 为单位矩阵。$\mathbf{A}(L)$ 的第 i 行，第 j 列元素是 L 的一个数量多项式：

$$\mathbf{A}(L) = [\delta_{ij} - \alpha_{(ij)}^{(1)}L^1 - \alpha_{ij}^{(2)}L^2 - \cdots - \alpha_{ij}^{(p)}L^p] \tag{8.10}$$

当 $i=j$ 时，δ_{ij} 取值为 1，其他情形为 0。

一个向量过程 $\mathbf{y}_t$ 被称做协方差平稳的，如果其一阶矩 $E(\mathbf{y}_t)$ 和二阶矩 $E[\mathbf{y}_t\mathbf{y}'_{t-j}]$ 关于时期 t 是独立的。

对于协方差平稳的 $VAR(p)$ 过程，$(k\times1)$ 向量 $\mathbf{y}_t$ 的无条件均值 $\boldsymbol{\mu}$ 为：

$$\boldsymbol{\mu}=(\mathbf{I}_k-\mathbf{A}_1-\mathbf{A}_2-\cdots-\mathbf{A}_p)^{-1}\mathbf{c} \tag{8.11}$$

于是 $VAR(p)$ 的离差形式可表示如下：

$$(\mathbf{y}_t-\boldsymbol{\mu})=\mathbf{A}_1(\mathbf{y}_{t-1}-\boldsymbol{\mu})+\mathbf{A}_2(\mathbf{y}_{t-2}-\boldsymbol{\mu})+\cdots+\mathbf{A}_p(\mathbf{y}_{t-p}-\boldsymbol{\mu})+\boldsymbol{\varepsilon}_t$$

如果定义：

$$\underset{(kp\times1)}{\mathbf{s}_t}=\begin{bmatrix}\mathbf{y}_t-\boldsymbol{\mu}\\ \mathbf{y}_{t-1}-\boldsymbol{\mu}\\ \vdots\\ \mathbf{y}_{t-p+1}-\boldsymbol{\mu}\end{bmatrix} \tag{8.12}$$

$$\underset{(kp\times kp)}{\mathbf{F}}=\begin{bmatrix}\mathbf{A}_1 & \mathbf{A}_2 & \mathbf{A}_3 & \cdots & \mathbf{A}_{p-1} & \mathbf{A}_p\\ \mathbf{I}_k & \mathbf{0} & \mathbf{0} & \cdots & \mathbf{0} & \mathbf{0}\\ \mathbf{0} & \mathbf{I}_k & \mathbf{0} & \cdots & \mathbf{0} & \mathbf{0}\\ \vdots & \vdots & \vdots & \cdots & \vdots & \vdots\\ \mathbf{0} & \mathbf{0} & \mathbf{0} & \cdots & \mathbf{I}_k & \mathbf{0}\end{bmatrix} \tag{8.13}$$

$$\underset{(kp\times1)}{\mathbf{v}_t}=\begin{bmatrix}\boldsymbol{\varepsilon}_t\\ \mathbf{0}\\ \vdots\\ \mathbf{0}\end{bmatrix} \tag{8.14}$$

则 $VAR(p)$ 的离差形式可改写成下面的 $VAR(1)$ 形式：

$$\mathbf{s}_t=\mathbf{F}\mathbf{s}_{t-1}+\mathbf{v}_t \tag{8.15}$$

其中：

$$E(\mathbf{v}_t\mathbf{v}_\tau)=\begin{cases}\mathbf{W}, t=\tau\\ \mathbf{0}, t\neq\tau\end{cases} \tag{8.16}$$

$$\underset{(kp\times kp)}{\mathbf{W}}=\begin{bmatrix}\boldsymbol{\Omega} & \mathbf{0} & \cdots & \mathbf{0}\\ \mathbf{0} & \mathbf{0} & \cdots & \mathbf{0}\\ \vdots & \vdots & \cdots & \vdots\\ \mathbf{0} & \mathbf{0} & \cdots & \mathbf{0}\end{bmatrix} \tag{8.17}$$

方程(8.15)意味着：

$$\begin{aligned}\mathbf{s}_{t+r}&=\mathbf{v}_{t+r}+\mathbf{F}\mathbf{s}_{t+r-1}\\ &=\mathbf{v}_{t+r}+\mathbf{F}(\mathbf{v}_{t+r-1}+\mathbf{F}\mathbf{s}_{t+r-2})\\ &=\mathbf{v}_{t+r}+\mathbf{F}\mathbf{v}_{t+r-1}+\mathbf{F}^2\mathbf{v}_{t+r-2}+\cdots+\mathbf{F}^{r-1}(\mathbf{v}_{t+1}+\mathbf{F}\mathbf{s}_t)\\ &=\mathbf{v}_{t+r}+\mathbf{F}\mathbf{v}_{t+r-1}+\mathbf{F}^2\mathbf{v}_{t+r-2}+\cdots+\mathbf{F}^{r-1}\mathbf{v}_{t+1}+\mathbf{F}^r\mathbf{s}_t\end{aligned} \tag{8.18}$$

一般地，如果滞后算子多项式矩阵的行列式等于0：

$$|\mathbf{I}_k - \mathbf{A}_1 L - \mathbf{A}_2 L^2 - \cdots - \mathbf{A}_p L^p| = 0 \tag{8.19}$$

的根 L 都落在单位圆之外，L 的模大于1，$|L|>1$，则 $VAR(p)$ 是协方差平稳的。

等价地，如果矩阵 $\mathbf{F}$ 的特征根矩阵的行列式等于0：

$$|\mathbf{I}_k \boldsymbol{\lambda}^p - \mathbf{A}_1 \lambda^{p-1} - \mathbf{A}_2 \lambda^{p-2} - \cdots - \mathbf{A}_p| = 0 \tag{8.20}$$

的根 λ 都落在单位圆之内，λ 的模小于1，$|\lambda|<1$，则 $VAR(p)$ 为协方差平稳的。如果 $\mathbf{F}$ 的特征根都落在单位圆之内，则当 $r\to\infty$ 时，$\mathbf{F}^r\to 0$。

三　$\mathbf{y}_t$ 的方差协方差矩阵与自协方差

对于一个协方差平稳的 k 维向量过程 $\mathbf{y}_t$，第 j 阶自协方差 $\mathbf{\Gamma}_j$ 定义为如下的$(k\times k)$矩阵：

$$\mathbf{\Gamma}_j = E[(\mathbf{y}_t - \boldsymbol{\mu})(\mathbf{y}_{t-j} - \boldsymbol{\mu})'] \tag{8.21}$$

当 $j=0$ 时，可得 $\mathbf{y}_t$ 的方差协方差矩阵：

$$\mathbf{\Gamma}_0 = E[(\mathbf{y}_t - \boldsymbol{\mu})(\mathbf{y}_t - \boldsymbol{\mu})'] \tag{8.22}$$

需要注意的是，尽管对于数量过程自协方差具有如下性质：$\gamma_j=\gamma_{-j}$。但是对于向量过程并不成立：

$$\mathbf{\Gamma}_j \neq \mathbf{\Gamma}_{-j} \tag{8.23}$$

例如，$\mathbf{\Gamma}_j$ 的第(1，2)元素是 y_{1t}和 $y_{2,t-j}$之间的协方差，而 $\mathbf{\Gamma}_{-j}$的第(1，2)元素则是 y_{1t}和 $y_{2,t+j}$之间的协方差。y_1 对 y_2 以前运动的反应与 y_2 对 y_1 以前运动的反应可能完全不同。对于向量过程，其自协方差具有如下性质：

$$\mathbf{\Gamma}'_j = \mathbf{\Gamma}_{-j} \tag{8.24}$$

这是因为对于协方差平稳的 k 维向量过程$\mathbf{y}_t$，$\mathbf{\Gamma}_j=E[(\mathbf{y}_t-\boldsymbol{\mu})(\mathbf{y}_{t-j}-\boldsymbol{\mu})']$中的 t 可由 $t+j$ 代替，即：

$$\begin{aligned}\mathbf{\Gamma}_j &= E[(\mathbf{y}_{t+j} - \boldsymbol{\mu})(y_{(t+j)-j} - \boldsymbol{\mu})'] \\ &= E[(y_{t+j} - \boldsymbol{\mu})(y_t - \boldsymbol{\mu})']\end{aligned}$$

取转置矩阵，得：

$$\mathbf{\Gamma}'_j = E[(y_t - \boldsymbol{\mu})(y_{t+j} - \boldsymbol{\mu})'] = \mathbf{\Gamma}_{-j}$$

四　$\mathbf{s}_t$ 的方差协方差矩阵

$(k\times1)$维向量 $\mathbf{y}_t$ 的平稳 $VAR(p)$过程，其离差形式可改写成 VAR (1)

形式 $\mathbf{s}_t = \mathbf{F}\mathbf{s}_{t-1} + \mathbf{v}_t$，其中 $\underset{(kp\times 1)}{\mathbf{s}_t} = \begin{bmatrix} \mathbf{y}_t - \boldsymbol{\mu} \\ \mathbf{y}_{t-1} - \boldsymbol{\mu} \\ \vdots \\ \mathbf{y}_{t-p+1} - \boldsymbol{\mu} \end{bmatrix}$。令 Σ 表示 $\mathbf{s}_t$ 的方差协方差矩阵：

$$\Sigma = \mathrm{E}\ (\mathbf{s}_t \mathbf{s}_t')$$

$$= \mathrm{E}\left\{ \begin{bmatrix} \mathbf{y}_t - \boldsymbol{\mu} \\ \mathbf{y}_{t-1} - \boldsymbol{\mu} \\ \vdots \\ \mathbf{y}_{t-p+1} - \boldsymbol{\mu} \end{bmatrix} \cdot [(\mathbf{y}_t - \boldsymbol{\mu})' \quad (\mathbf{y}_{t-1} - \boldsymbol{\mu})' \quad \cdots \quad (\mathbf{y}_{t-p+1} - \boldsymbol{\mu})'] \right\} \tag{8.25}$$

$$= \begin{bmatrix} \boldsymbol{\Gamma}_0 & \boldsymbol{\Gamma}_1 & \cdots & \boldsymbol{\Gamma}_{p-1} \\ \boldsymbol{\Gamma}_1' & \boldsymbol{\Gamma}_0 & \cdots & \boldsymbol{\Gamma}_{p-2} \\ \vdots & \vdots & \cdots & \vdots \\ \boldsymbol{\Gamma}_{p-1}' & \boldsymbol{\Gamma}_{p-2}' & \cdots & \boldsymbol{\Gamma}_0 \end{bmatrix}$$

其中 $\boldsymbol{\Gamma}_j$ 表示原始过程 $\mathbf{y}_t$ 的第 j 阶自协方差。根据 $\mathbf{s}_t = \mathbf{F}\mathbf{s}_{t-1} + \mathbf{v}_t$，可得：

$$\begin{aligned} \Sigma &= \mathrm{E}\ (\mathbf{s}_t \mathbf{s}_t') \\ &= E\ [\ (\mathbf{F}\mathbf{s}_{t-1} + \mathbf{v}_t)\ (\mathbf{F}\mathbf{s}_{t-1} + \mathbf{v}_t)'] \\ &= \mathbf{F}E\ (\mathbf{s}_{t-1}\mathbf{s}_{t-1}')\ \mathbf{F}' + E\ (\mathbf{v}_t\mathbf{v}_t') \\ &= \mathbf{F}\Sigma \boldsymbol{F}' + \boldsymbol{W} \end{aligned} \tag{8.26}$$

一般地，令 **A**、**B** 和 **C** 为阶数满足乘积 **ABC** 存在的矩阵，有如下性质：

$$vec(\mathbf{ABC}) = (\mathbf{C}' \otimes \mathbf{A}) \cdot vec(\mathbf{B}) \tag{8.27}$$

其中符号⊗表示克罗内克积（简称叉积）。$vec(\cdot)$ 表示列向量算子，它将矩阵$(\cdot)$的各列按照从左到右的顺序排成上下一列。

假设 $\mathbf{A} = (a_{ij})_{n\times m}$，$\mathbf{B} = (b_{ij})_{l\times k}$，**A** 与 **B** 的克罗内克积定义为：

$$\mathbf{A} \otimes \mathbf{B} = \begin{bmatrix} a_{11}\mathbf{B} & a_{12}\mathbf{B} & \cdots & a_{1m}\mathbf{B} \\ a_{21}\mathbf{B} & a_{22}\mathbf{B} & \cdots & a_{2m}\mathbf{B} \\ \vdots & \vdots & \cdots & \vdots \\ a_{n1}\mathbf{B} & a_{n2}\mathbf{B} & \cdots & a_{nm}\mathbf{B} \end{bmatrix} \tag{8.28}$$

显然，$\mathbf{A}\otimes\mathbf{B}$ 是$(nl\times mk)$阶矩阵，是分块矩阵，其第(i,j)块为 $a_{ij}\mathbf{B}$。

对 $\Sigma = \mathbf{F}\Sigma\mathbf{F}' + \mathbf{W}$ 两边运用式（8.27）表示的列向量算子，可得结果：

$$vec(\Sigma) = (\mathbf{F} \otimes \mathbf{F}) \cdot vec(\Sigma) + vec(\mathbf{W}) \tag{8.29}$$

令 $m = kp$，则 $\underset{(kp \times kp)}{\mathbf{F}}$ 是一个$(m \times m)$矩阵，而（$\mathbf{F} \otimes \mathbf{F}$）是一个$(m^2 \times m^2)$矩阵。于是式(8.29)的解为：

$$vec(\Sigma) = [I_{m^2} - (\mathbf{F} \otimes \mathbf{F})]^{-1} \cdot vec(\mathbf{W}) \tag{8.30}$$

即：

$$vec\begin{bmatrix} \boldsymbol{\Gamma}_0 & \boldsymbol{\Gamma}_1 & \cdots & \boldsymbol{\Gamma}_{p-1} \\ \boldsymbol{\Gamma}_1' & \boldsymbol{\Gamma}_0 & \cdots & \boldsymbol{\Gamma}_{p-2} \\ \vdots & \vdots & \cdots & \vdots \\ \boldsymbol{\Gamma}_{p-1}' & \boldsymbol{\Gamma}_{p-2}' & \cdots & \boldsymbol{\Gamma}_0 \end{bmatrix} = [I_{m^2} - (\mathbf{F} \otimes \mathbf{F})]^{-1} \cdot vec(\mathbf{W}) \tag{8.31}$$

五　$\mathbf{s}_t$ 的自协方差

令Σ_j 表示 $\mathbf{s}_t$ 的第 j 阶自协方差：

$$\Sigma_j = \mathrm{E}(\mathbf{s}_t \mathbf{s}_{t-j}')$$

$$= E\left\{\begin{bmatrix} \mathbf{y}_t - \boldsymbol{\mu} \\ \mathbf{y}_{t-1} - \boldsymbol{\mu} \\ \vdots \\ \mathbf{y}_{y-p+1} - \boldsymbol{\mu} \end{bmatrix} \cdot [(\mathbf{y}_{t-j} - \boldsymbol{\mu})' \quad (\mathbf{y}_{t-j-1} - \boldsymbol{\mu})' \quad \cdots \quad (\mathbf{y}_{t-j-p+1} - \boldsymbol{\mu})']\right\} \tag{8.32}$$

$$= \begin{bmatrix} \boldsymbol{\Gamma}_j & \boldsymbol{\Gamma}_{j+1} & \cdots & \boldsymbol{\Gamma}_{j+p-1} \\ \boldsymbol{\Gamma}_{j-1} & \boldsymbol{\Gamma}_j & \cdots & \boldsymbol{\Gamma}_{j+p-2} \\ \vdots & \vdots & \cdots & \vdots \\ \boldsymbol{\Gamma}_{j-p+1} & \boldsymbol{\Gamma}_{j-p+2} & \cdots & \boldsymbol{\Gamma}_j \end{bmatrix}$$

根据 $\mathbf{s}_t = \mathbf{F}\mathbf{s}_{t-1} + \mathbf{v}_t$，可得 $\mathbf{s}_t$ 的第 j 阶自协方差Σ_j：

$$\begin{aligned} \Sigma_j &= E(\mathbf{s}_t \mathbf{s}_{t-j}') \\ &= E[(\mathbf{F}\mathbf{s}_{t-1} + \mathbf{v}_t)\mathbf{s}_{t-j}'] \\ &= \mathbf{F}E(\mathbf{s}_{t-1}\mathbf{s}_{t-j}') + E(\mathbf{v}_t \mathbf{s}_{t-j}') \\ &= \mathbf{F}\Sigma_{j-1}, \ j = 1, 2, \cdots \end{aligned} \tag{8.33}$$

于是：

$$\Sigma_j = \boldsymbol{F}\Sigma_{j-1} = \mathbf{F}^2 \Sigma_{j-2} = \cdots = \mathbf{F}^j \Sigma, \ j = 1, 2, \cdots \tag{8.34}$$

注意到$\Sigma_j = \mathbf{F}\Sigma_{j-1}$意味着：

$$\begin{bmatrix} \boldsymbol{\Gamma}_j & \boldsymbol{\Gamma}_{j+1} & \cdots & \boldsymbol{\Gamma}_{j+p-1} \\ \boldsymbol{\Gamma}_{j-1} & \boldsymbol{\Gamma}_j & \cdots & \boldsymbol{\Gamma}_{j+p-2} \\ \vdots & \vdots & \cdots & \vdots \\ \boldsymbol{\Gamma}_{j-p+1} & \boldsymbol{\Gamma}_{j-p+2} & \cdots & \boldsymbol{\Gamma}_j \end{bmatrix}$$

$$= \begin{bmatrix} \mathbf{A}_1 & \mathbf{A}_2 & \mathbf{A}_3 & \cdots & \mathbf{A}_{p-1} & \mathbf{A}_p \\ \mathbf{I}_k & \mathbf{0} & \mathbf{0} & \cdots & \mathbf{0} & \mathbf{0} \\ \mathbf{0} & \mathbf{I}_k & \mathbf{0} & \cdots & \mathbf{0} & \mathbf{0} \\ \vdots & \vdots & \vdots & \cdots & \vdots & \vdots \\ \mathbf{0} & \mathbf{0} & \mathbf{0} & \cdots & \mathbf{I}_k & \mathbf{0} \end{bmatrix} \cdot \begin{bmatrix} \boldsymbol{\Gamma}_{j-1} & \boldsymbol{\Gamma}_j & \cdots & \boldsymbol{\Gamma}_{j+p-2} \\ \boldsymbol{\Gamma}_{j-2} & \boldsymbol{\Gamma}_{j-1} & \cdots & \boldsymbol{\Gamma}_{j+p-3} \\ \vdots & \vdots & \cdots & \vdots \\ \boldsymbol{\Gamma}_{j-p} & \boldsymbol{\Gamma}_{j-p+1} & \cdots & \boldsymbol{\Gamma}_{j-1} \end{bmatrix} \tag{8.35}$$

把上式左边的第一个元素展开，则原始向量过程 $\mathbf{y}_t$ 的第 j 阶自协方差 $\boldsymbol{\Gamma}_j$ 可表示为：

$$\boldsymbol{\Gamma}_j = \mathbf{A}_1\boldsymbol{\Gamma}_{j-1} + \mathbf{A}_2\boldsymbol{\Gamma}_{j-2} + \cdots + \mathbf{A}_p\boldsymbol{\Gamma}_{j-p} \tag{8.36}$$

第二节 格兰杰因果检验与向量自回归模型的估计

一 过度参数化与平稳向量自回归的 *OLS* 估计

对于一个协方差平稳过程 $VAR(p)$，方程等号的右边只含有滞后变量，$VAR(p)$ 中隐含的假定是所有滞后变量都与随机误差项不存在相关关系，并且随机误差项方差恒为正且不同期的序列不相关。

如果 $(k\times1)$ 向量 $\boldsymbol{\varepsilon}_t$ 的各个分量之间也不存在同期相关，即 $E(\varepsilon_{it}\varepsilon_{jt})=0$，$i\neq j$，则平稳 $VAR(p)$ 系统中的每一个方程都可以用普通最小二乘法 *OLS* 单独进行估计，参数估计量具有一致性和有效性。

一般情况下，$(k\times1)$ 向量 $\boldsymbol{\varepsilon}_t$ 的各个分量之间都存在着同期相关性，即 $E(\varepsilon_{it}\varepsilon_{jt})\neq0$，$i\neq j$，此时在理论上可对 $VAR(p)$ 系统中的每个方程分别采用广义最小二乘法 *GLS* 来消除同期相关，但这种变换的弱点是对变换后的变量不容易给出实际解释意义，且当 $E(\varepsilon_{it}\varepsilon_{jt})$ 未知时，无法对模型实施这种变换。因此，当 $(k\times1)$ 向量 $\boldsymbol{\varepsilon}_t$ 的各个分量之间都存在着同期相关时，常采用最大似然估计的方法。

$VAR(p)$ 模型总是过度参数化的，常数项 $\mathbf{c}$ 中包含了 k 个截距项，每个自回归系数 $\mathbf{A}_i$ 中包含了 k^2 个系数。因此，需要估计 $k+pk^2$ 个参数。这些参数估计值中许多都是不显著的。假如构造 $VAR(p)$ 模型的目的是在变量中寻找重要的相关关系，不恰当地施加零约束并去掉不显著的滞后变量，可能会浪费掉重要的信息；而且回归变量可能存在多重共线性，对单个系数的 t 检验可能并不是简化模型的可靠依据。

我们需要决定包含在 $VAR(p)$ 中的适当变量和恰当的滞后长度 p。根据相关的经济理论和经济模型来选择包含在 $VAR(p)$ 中的变量；通过滞后长度检验选择恰当的滞后长度。

二　格兰杰因果关系检验

向量自回归模型中变量的选择应遵循有关经济理论的指导，但一些变量在预测另一些变量时的有用程度如何，是否应纳入一个 VAR 系统中，往往表现为一个实证问题。格兰杰（Granger, 1969）提出的两变量间的因果关系检验可为向量自回归模型中变量的选择提供一些参考依据。

1. 格兰杰因果关系的概念

格兰杰提出了一个变量 y 是否能引起另一个变量 x，或者说一个变量 y 是否能用于估计另一个变量 x 的检验方法。主要是看 x 在多大程度上能被过去的 y 所解释，加入 y 的滞后项是否能使解释程度提高。如果 y 在 x 的预测中有帮助，则加入 y 的滞后项后预测 x 的均方误差（MSE）将减少，此时称 y 能够格兰杰引起 x。否则，称 y 不能格兰杰引起 x。

如果对所有的 $s>0$，基于$(x_t, x_{t-1}, \cdots)$的预测 x_{t+s} 的均方误差与用$(x_t, x_{t-1}, \cdots)$和$(y_t, y_{t-1}, \cdots)$二者的预测 x_{t+s} 的 MSE 相同，即：

$$MSE[\hat{E}(x_{t+s} | x_t, x_{t-1}, \cdots)] = MSE[\hat{E}(x_{t+s} | x_t, x_{t-1}, \cdots; y_t, y_{t-1}, \cdots)]$$

则 y 不能格兰杰引起 x，也称 y 关于未来的 x 无线性信息作用。

在一个描述 x 和 y 的二元向量 VAR 自回归系统中，y 不能格兰杰—引起 x，如果系数矩阵 $\mathbf{A}_j$ 关于所有的 j 都是下三角形的：

$$\begin{bmatrix} x_t \\ y_t \end{bmatrix} = \begin{bmatrix} c_1 \\ c_2 \end{bmatrix} + \begin{bmatrix} \alpha_{11}^{(1)} & 0 \\ \alpha_{21}^{(1)} & \alpha_{22}^{(1)} \end{bmatrix} \begin{bmatrix} x_{t-1} \\ y_{t-1} \end{bmatrix} + \begin{bmatrix} \alpha_{11}^{(2)} & 0 \\ \alpha_{21}^{(2)} & \alpha_{22}^{(2)} \end{bmatrix} \begin{bmatrix} x_{t-2} \\ y_{t-2} \end{bmatrix} + \cdots + \begin{bmatrix} \alpha_{11}^{(p)} & 0 \\ \alpha_{21}^{(p)} & \alpha_{22}^{(p)} \end{bmatrix} \begin{bmatrix} x_{t-p} \\ y_{t-p} \end{bmatrix} + \begin{bmatrix} \varepsilon_{1t} \\ \varepsilon_{2t} \end{bmatrix} \tag{8.37}$$

根据该系统的第一行，对 x_{t+1} 的最优预测取决于它自身的滞后值，而与 y 的滞后值无关：

$$\hat{E}(x_{t+1} | x_t, x_{t-1}, \cdots, y_t, y_{t-1}, \cdots) = c_1 + \alpha_{11}^{(1)} x_t + \alpha_{11}^{(2)} x_{t-1} + \cdots + \alpha_{11}^{(p)} x_{t-p+1} \tag{8.38}$$

2. 格兰杰因果关系检验

在一个描述 x 和 y 的二元向量 *VAR* 自回归系统中，如果系数矩阵 $\mathbf{A}_j$ 关于所有的 j 都是下三角形的，则 y 不能格兰杰—引起 x。假定一个滞后 p 阶的自回归模型：

$$\begin{aligned} x_t &= c_1 + \alpha_1 x_{t-1} + \alpha_2 x_{t-2} + \cdots + \alpha_p x_{t-p} \\ &\quad + \beta_1 y_{t-1} + \beta_2 y_{t-2} + \cdots + \beta_p y_{t-p} + u_t \end{aligned} \tag{8.39}$$

运用 *OLS* 估计，得到残差平方和：

$$RSS_1 = \sum_{t=1}^{T} \hat{u}_t^2 \tag{8.40}$$

再估计一个不含 y 滞后项的 p 阶的自回归模型：

$$x_t = c_0 + \gamma_1 x_{t-1} + \gamma_2 x_{t-2} + \cdots + \gamma_p x_{t-p} + e_t \tag{8.41}$$

运用 *OLS* 估计，得到残差平方和：

$$RSS_0 = \sum_{t=1}^{T} \hat{e}_t^2 \tag{8.42}$$

对零假设（y 不能格兰杰—引起 x）：

$$H_0: \beta_1 = \beta_2 = \cdots = \beta_p = 0 \tag{8.43}$$

运用 F 检验，构造下面的 F 统计量：

$$F = \frac{(RSS_0 - RSS_1)/p}{RSS_1/(T - 2p - 1)} \sim F(p, T - 2p - 1) \tag{8.44}$$

如果 F 统计量大于 $F(p,\ T-2p-1)$ 分布的临界值，则拒绝零假设，表明 y 能格兰杰—引起 x。

3. 注意事项

在检验关于特定序列的可预测性的假设时，格兰杰因果关系检验是一个非常有用的工具。另一方面，对于用它来判断因果关系的方向，人们又可持怀疑态度。一般而言，格兰杰因果关系检验并不一定能推断一个因果方向，尽管格兰杰因果关系可为真实的因果方向提供有用的论据。为此，最好将这些检验结果视做 y 是否有助于预测 x，而不是 y 是否引起 x。

西蒙（Sims）认为 *VAR* 模型中的全部变量都是内生变量。近年也有一些学者认为具有单向因果关系的变量，也可以加入到 *VAR* 模型。

三　向量自回归模型的条件似然函数

对于一个平稳过程 $VAR(p)$，当 $(k \times 1)$ 向量 $\boldsymbol{\varepsilon}_t$ 的各个分量之间存在同期相关时，即 $E(\varepsilon_{it}\varepsilon_{jt}) \neq 0, i \neq j$，可采用最大似然估计。

令 $\mathbf{y}_t$ 表示包含时期 t 的 k 个变量的值的 $(k\times1)$ 向量。假定 $\mathbf{y}_t$ 的动态性质服从 p 阶高斯向量自回归：

$$\mathbf{y}_t = \mathbf{c} + \mathbf{A}_1\mathbf{y}_{t-1} + \mathbf{A}_2\mathbf{y}_{t-2} + \cdots + \mathbf{A}_p\mathbf{y}_{t-p} + \boldsymbol{\varepsilon}_t = \mathbf{c} + \sum_{i=1}^{p}\mathbf{A}_i\mathbf{y}_{t-i} + \boldsymbol{\varepsilon}_t \tag{8.45}$$

假定 $\boldsymbol{\varepsilon}_t \sim i.i.d.\ N(\mathbf{0},\boldsymbol{\Omega})$，待估参数为 $\boldsymbol{\Theta}=(\mathbf{c},\mathbf{A}_1,\mathbf{A}_2,\cdots,\mathbf{A}_p,\boldsymbol{\Omega})$。以前 p 个观察值为条件（记作 $\mathbf{y}_0,\mathbf{y}_{-1},\cdots,\mathbf{y}_{1-p}$），即假设 $\mathbf{y}_0$，$\mathbf{y}_{-1}$，…，$\mathbf{y}_{1-p}$ 为确定性变量，$\mathbf{y}_1,\mathbf{y}_2,\cdots,\mathbf{y}_T$ 及 $\boldsymbol{\varepsilon}_1,\boldsymbol{\varepsilon}_2,\cdots,\boldsymbol{\varepsilon}_T$ 为随机变量。

与一般数量自回归过程似然函数的计算类似，向量自回归过程 $\mathbf{y}_t$ 的条件均值与条件方差服从如下分布：

$$\mathbf{y}_t|\mathbf{y}_{t-1},\mathbf{y}_{t-2},\cdots,\mathbf{y}_{1-p} \sim N[(\mathbf{c}+\mathbf{A}_1\mathbf{y}_{t-1}+\mathbf{A}_2\mathbf{y}_{t-2}+\cdots+\mathbf{A}_p\mathbf{y}_{t-p}),\boldsymbol{\Omega}] \tag{8.46}$$

为书写方便起见，令：

$$\mathbf{x}_t = \begin{bmatrix} 1 \\ \mathbf{y}_{t-1} \\ \mathbf{y}_{t-2} \\ \vdots \\ \mathbf{y}_{t-p} \end{bmatrix} \tag{8.47}$$

$\mathbf{x}_t$ 是一个 $[(kp+1)\times1]$ 向量。令 $\boldsymbol{\Phi}'$ 表示下面的 $[k\times(kp+1)]$ 矩阵：

$$\boldsymbol{\Phi}' = [\mathbf{c}\quad \mathbf{A}_1\quad \mathbf{A}_2\quad \cdots\quad \mathbf{A}_p] \tag{8.48}$$

则（8.46）可简化为：

$$\mathbf{y}_t|\mathbf{y}_{t-1},\mathbf{y}_{t-2},\cdots,\mathbf{y}_{1-p} \sim N(\boldsymbol{\Phi}'\mathbf{x}_t,\boldsymbol{\Omega}) \tag{8.49}$$

于是 $(k\times1)$ 向量 $\mathbf{y}_t$ 的条件概率密度函数为：

$$\begin{aligned} & f(\mathbf{y}_t,\boldsymbol{\Theta}|\mathbf{y}_{t-1},\mathbf{y}_{t-2},\cdots,\mathbf{y}_{1-p}) \\ &= (2\pi)^{-\frac{k}{2}}|\boldsymbol{\Omega}^{-1}|^{\frac{1}{2}}\exp\left[-\frac{1}{2}(\mathbf{y}_t-\boldsymbol{\Phi}'\mathbf{x}_t)'\boldsymbol{\Omega}^{-1}(\mathbf{y}_t-\boldsymbol{\Phi}'\mathbf{x}_t)\right] \end{aligned} \tag{8.50}$$

因为：

$$\begin{aligned} & f(\mathbf{y}_t,\mathbf{y}_{t-1},\cdots,\mathbf{y}_2,\mathbf{y}_1,\boldsymbol{\Theta}) \\ &= f(\mathbf{y}_t,\boldsymbol{\Theta}|\mathbf{y}_{t-1},\mathbf{y}_{t-2},\cdots,\mathbf{y}_{1-p})\cdot f(\mathbf{y}_{t-1},\boldsymbol{\Theta}|\mathbf{y}_{t-2},\mathbf{y}_{t-3},\cdots,\mathbf{y}_{1-p})\cdot \\ &\quad \cdots\cdot f(\mathbf{y}_1,\boldsymbol{\Theta}|\mathbf{y}_0,\mathbf{y}_{-1},\cdots,\mathbf{y}_{1-p}) \end{aligned}$$

递归地运用这一公式，则全样本 $\mathbf{y}_T$，$\mathbf{y}_{T-1}$，…，$\mathbf{y}_1$ 的条件似然函数为：

$$f(\mathbf{y}_1,\cdots,\mathbf{y}_T,\boldsymbol{\Theta}) = \prod_{t=1}^{T} f(\mathbf{y}_t,\boldsymbol{\Theta}|\mathbf{y}_{t-1},\cdots,\mathbf{y}_{1-p}) \tag{8.51}$$

样本的条件对数似然函数为：

$$\begin{aligned}\ln L(\mathbf{y}_1,\cdots,\mathbf{y}_T,\boldsymbol{\Theta}) &= \ln\prod_{t=1}^{T}f(\mathbf{y}_t,\boldsymbol{\Theta}\mid\mathbf{y}_{t-1},\cdots,\mathbf{y}_{1-p}) \\ &= -\frac{Tk}{2}\ln(2\pi)+\frac{T}{2}\ln\mid\boldsymbol{\Omega}^{-1}\mid-\frac{1}{2}\sum_{t=1}^{T}(\mathbf{y}_t-\boldsymbol{\Phi}'\mathbf{x}_t)'\boldsymbol{\Omega}^{-1}(\mathbf{y}_t-\boldsymbol{\Phi}'\mathbf{x}_t)\end{aligned} \tag{8.52}$$

四　系数 Φ 的条件最大似然估计

首先考查系数 $\boldsymbol{\Phi}$ 的条件 *MLE*，它包含常数项 $\mathbf{c}$ 和自回归系数 $\mathbf{A}_j$。结果为：

$$\underset{[k\times(kp+1)]}{\hat{\boldsymbol{\Phi}}'} = \left[\sum_{t=1}^{T}\mathbf{y}_t\mathbf{x}_t'\right]\cdot\left[\sum_{t=1}^{T}\mathbf{x}_t\mathbf{x}_t'\right]^{-1} \tag{8.53}$$

$\hat{\boldsymbol{\Phi}}'$中第 j 个分量的条件 *MLE* 为：

$$\underset{[1\times(kp+1)]}{\hat{\boldsymbol{\varphi}}_j'} = \left[\sum_{t=1}^{T}y_{jt}\mathbf{x}_t'\right]\cdot\left[\sum_{t=1}^{T}\mathbf{x}_t\mathbf{x}_t'\right]^{-1} \tag{8.54}$$

从上式可以看出，向量自回归中第 j 个方程系数的条件最大似然估计等价于 y_{jt}关于 $\mathbf{x}_t$ 的 *OLS* 回归得到的估计系数向量，可通过求 y_{jt}关于常数项和系统中所有变量的 p 阶滞后的回归得到，*OLS* 回归提供了向量自回归模型中系数的条件最大似然估计。

为了证明式（8.53），式（8.52）中最后一项的和写成：

$$\begin{aligned}&\sum_{t=1}^{T}(\mathbf{y}_t-\boldsymbol{\Phi}'\mathbf{x}_t)'\boldsymbol{\Omega}^{-1}(\mathbf{y}_t-\boldsymbol{\Phi}'\mathbf{x}_t) \\ &= \sum_{t=1}^{T}\left[(\mathbf{y}_t-\hat{\boldsymbol{\Phi}}'\mathbf{x}_t+\hat{\boldsymbol{\Phi}}'\mathbf{x}_t-\boldsymbol{\Phi}'\mathbf{x}_t)'\boldsymbol{\Omega}^{-1}(\mathbf{y}_t-\hat{\boldsymbol{\Phi}}'\mathbf{x}_t+\hat{\boldsymbol{\Phi}}'\mathbf{x}_t-\boldsymbol{\Phi}'\mathbf{x}_t)\right] \\ &= \sum_{t=1}^{T}\left\{\left[\hat{\boldsymbol{\varepsilon}}_t+(\hat{\boldsymbol{\Phi}}-\boldsymbol{\Phi})'\mathbf{x}_t\right]'\boldsymbol{\Omega}^{-1}\left[\hat{\boldsymbol{\varepsilon}}_t+(\hat{\boldsymbol{\Phi}}-\boldsymbol{\Phi})\right]'\mathbf{x}_t\right\}\end{aligned} \tag{8.55}$$

其中$(k\times1)$向量 $\hat{\boldsymbol{\varepsilon}}_t$ 的第 j 个元素是 y_{jt}关于 $\mathbf{x}_t$ 的 *OLS* 回归在观察值 t 处的样本残差：

$$\hat{\boldsymbol{\varepsilon}}_t = \mathbf{y}_t-\hat{\boldsymbol{\Phi}}'\mathbf{x}_t \tag{8.56}$$

因为 $\sum_{t=1}^{T}\underset{(1\times k)}{\hat{\boldsymbol{\varepsilon}}_t'}\underset{(k\times k)}{\boldsymbol{\Omega}^{-1}}\underset{[k\times(kp+1)]}{(\hat{\boldsymbol{\Phi}}-\boldsymbol{\Phi})'}\underset{[(kp+1)\times1]}{\mathbf{x}_t}$ 是一个数量，$\boldsymbol{\Omega}$ 为正定对称矩阵，$\boldsymbol{\Omega}=\boldsymbol{\Omega}'$，所以：

$$\begin{aligned}\sum_{t=1}^{T}\hat{\boldsymbol{\varepsilon}}_t'\boldsymbol{\Omega}^{-1}(\hat{\boldsymbol{\Phi}}-\boldsymbol{\Phi})'\mathbf{x}_t &= \sum_{t=1}^{T}\left[\hat{\boldsymbol{\varepsilon}}_t'\boldsymbol{\Omega}^{-1}(\hat{\boldsymbol{\Phi}}-\boldsymbol{\Phi})'\mathbf{x}_t\right]' \\ &= \sum_{t=1}^{T}\mathbf{x}_t'(\hat{\boldsymbol{\Phi}}-\boldsymbol{\Phi})\boldsymbol{\Omega}^{-1}\hat{\boldsymbol{\varepsilon}}_t\end{aligned}$$

于是式（8.55）可展开为：

$$\sum_{t=1}^{T}(\mathbf{y}_t-\mathbf{\Phi}'\mathbf{x}_t)'\mathbf{\Omega}^{-1}(\mathbf{y}_t-\mathbf{\Phi}'\mathbf{x}_t)$$

$$=\sum_{t=1}^{T}\hat{\boldsymbol{\varepsilon}}_t'\mathbf{\Omega}^{-1}\hat{\boldsymbol{\varepsilon}}_t+2\sum_{t=1}^{T}\hat{\boldsymbol{\varepsilon}}_t'\mathbf{\Omega}^{-1}(\hat{\mathbf{\Phi}}-\mathbf{\Phi})'\mathbf{x}_t \tag{8.57}$$

$$+\sum_{t=1}^{T}\mathbf{x}_t'(\hat{\mathbf{\Phi}}-\mathbf{\Phi})\mathbf{\Omega}^{-1}(\hat{\mathbf{\Phi}}-\mathbf{\Phi})'\mathbf{x}_t$$

为了进一步简化式（8.57），引入矩阵的“迹”，一个$(k\times k)$矩阵 **A** 的迹定义为主对角线上所有元素的总和：

$$trace(\mathbf{A})=a_{11}+a_{22}+\cdots+a_{kk}=\sum_{i=1}^{k}a_{ii} \tag{8.58}$$

如果 **A** 是一个$(k\times l)$ 矩阵，而 **B** 是一个 $(l\times k)$矩阵，那么 **AB** 就是一个$(k\times k)$矩阵，其迹是：

$$trace(\mathbf{AB})=\sum_{j=1}^{l}a_{1j}b_{j1}+\sum_{j=1}^{l}a_{2j}b_{j2}+\cdots+\sum_{j=1}^{l}a_{kj}b_{jk}=\sum_{i=1}^{k}\sum_{j=1}^{l}a_{ij}b_{ji} \tag{8.59}$$

BA 就是一个 $(l\times l)$ 矩阵，其迹是：

$$trace(\mathbf{BA})=\sum_{i=1}^{k}b_{1i}a_{i1}+\sum_{i=1}^{k}b_{2i}a_{i2}+\cdots+\sum_{i=1}^{k}b_{li}a_{il}=\sum_{j=1}^{l}\sum_{i=1}^{k}b_{ji}a_{ij} \tag{8.60}$$

因此：

$$trace(\mathbf{AB})=trace(\mathbf{BA}) \tag{8.61}$$

如果 **A** 和 **B** 都是$(k\times k)$矩阵，则：

$$trace(\mathbf{A}+\mathbf{B})=trace(\mathbf{A})+trace(\mathbf{B}) \tag{8.62}$$

如果 **A** 是一个 $(k\times k)$ 矩阵，λ 是一个标量，则：

$$trace(\lambda\mathbf{A})=\sum_{i=1}^{k}\lambda a_{ii}=\lambda\cdot\sum_{i=1}^{k}a_{ii}=\lambda\cdot trace(\mathbf{A}) \tag{8.63}$$

现在考查式（8.57）的中间项。因为它是一个数量，所以运用“迹”算子及式（8.61)后，其值不变：

$$\sum_{t=1}^{T}\hat{\boldsymbol{\varepsilon}}_t'\mathbf{\Omega}^{-1}(\hat{\mathbf{\Phi}}-\mathbf{\Phi})'\mathbf{x}_t$$

$$=trace\left[\sum_{t=1}^{T}\hat{\boldsymbol{\varepsilon}}_t'\mathbf{\Omega}^{-1}(\hat{\mathbf{\Phi}}-\mathbf{\Phi})'\mathbf{x}_t\right]$$

$$= trace[\sum_{t=1}^{T} \mathbf{\Omega}^{-1}(\hat{\mathbf{\Phi}} - \mathbf{\Phi})'\mathbf{x}_t\hat{\boldsymbol{\varepsilon}}'_t]$$
$$= trace[\mathbf{\Omega}^{-1}(\hat{\mathbf{\Phi}} - \mathbf{\Phi})'\sum_{t=1}^{T}\mathbf{x}_t\hat{\boldsymbol{\varepsilon}}'_t] \tag{8.64}$$

而由构造 *OLS* 回归得到的样本残差与解释变量正交，即对于所有的 j，有 $\sum_{t=1}^{T}\mathbf{x}_t\hat{\varepsilon}_{jt}=0$，所以 $\sum_{t=1}^{T}\mathbf{x}_t\hat{\boldsymbol{\varepsilon}}'_t=0$。因而式（8.64）等于零，而式（8.57）可简化为：

$$\sum_{t=1}^{T}(\mathbf{y}_t - \mathbf{\Phi}'\mathbf{x}_t)'\mathbf{\Omega}^{-1}(\mathbf{y}_t - \mathbf{\Phi}'\mathbf{x}_t)$$
$$= \sum_{t=1}^{T}\hat{\boldsymbol{\varepsilon}}'_t\mathbf{\Omega}^{-1}\hat{\boldsymbol{\varepsilon}}_t + \sum_{t=1}^{T}\mathbf{x}'_t(\hat{\mathbf{\Phi}} - \mathbf{\Phi})\mathbf{\Omega}^{-1}(\hat{\mathbf{\Phi}} - \mathbf{\Phi})'\mathbf{x}_t \tag{8.65}$$

由于 $\mathbf{\Omega}$ 是一个正定矩阵，所以 $\mathbf{\Omega}^{-1}$ 也是正定矩阵。定义如下（$k\times 1$）向量 $\mathbf{x}_t^*$：

$$\mathbf{x}_t^* = (\hat{\mathbf{\Phi}} - \mathbf{\Phi})'\mathbf{x}_t \tag{8.66}$$

式（8.65）的最后一项可改写为：

$$\sum_{t=1}^{T}\mathbf{x}'_t(\hat{\mathbf{\Phi}} - \mathbf{\Phi})\mathbf{\Omega}^{-1}(\hat{\mathbf{\Phi}} - \mathbf{\Phi})'\mathbf{x}_t = \sum_{t=1}^{T}(\mathbf{x}_t^*)'\mathbf{\Omega}^{-1}\mathbf{x}_t^* \tag{8.67}$$

对于任意的序列 $\{\mathbf{x}_t^*\}_{t=1}^{T}$，二次型 $\sum_{t=1}^{T}(\mathbf{x}_t^*)'\mathbf{\Omega}^{-1}\mathbf{x}_t^* \geqslant 0$。当 $\mathbf{x}_t^*=0$，即 $\mathbf{\Phi}=\hat{\mathbf{\Phi}}$ 时，式（8.67）可取到最小值，式（8.52）可得到最大值，由此可得 *OLS* 回归提供了向量自回归系数的条件最大似然估计的结论。

五　方差 Ω 的条件最大似然估计

为了求 $\mathbf{\Omega}$ 的条件最大似然估计，先给出两个矩阵微积分的公式。

第一个公式是关于矩阵二次型的求导。令 a_{ij} 表示（$k\times k$）矩阵 $\mathbf{A}$ 的第 i 行、第 j 列元素。假定 $\mathbf{A}$ 是非对称的，且是非限制性的（即当 $i\neq m$ 或 $j\neq n$ 时，a_{ij} 的值与 a_{mn} 的值不相关）。假设 $\mathbf{x}$ 是一个（$k\times 1$）向量，则二次型 $\mathbf{x}'\mathbf{A}\mathbf{x}$ 可写成：

$$\mathbf{x}'\mathbf{A}\mathbf{x} = \sum_{i=1}^{k}\sum_{j=1}^{k}x_i a_{ij} x_j \tag{8.68}$$

由此得：

$$\frac{\partial \mathbf{x}'\mathbf{A}\mathbf{x}}{\partial a_{ij}} = x_i x_j \tag{8.69}$$

将这 k^2 个不同的导数放进一个 $(k\times k)$ 矩阵，式（8.69）可等价地表示成矩阵形式：

$$\frac{\partial \mathbf{x}'\mathbf{A}\mathbf{x}}{\partial \mathbf{A}} = \mathbf{x}\mathbf{x}' \tag{8.70}$$

第二个公式是关于矩阵的行列式的求导。令 $\mathbf{A}$ 为一个行列式为正的非对称、非限制性 $(k\times k)$ 矩阵，则：

$$\frac{\partial \ln|\mathbf{A}|}{\partial a_{ij}} = a^{ji} \tag{8.71}$$

其中 a^{ji} 表示 $\mathbf{A}^{-1}$ 的第 j 行、第 i 列元素。以矩阵形式表示，有：

$$\frac{\partial \ln|\mathbf{A}|}{\partial \mathbf{A}} = (\mathbf{A}')^{-1} \tag{8.72}$$

为了推导式（8.72），我们知道矩阵 $\mathbf{A}$ 的行列式等于它的任意一行（列）的各元素与其对应的代数余子式乘积的和，即：

$$|\mathbf{A}| = \sum_{j=1}^{k}(-1)^{i+j}a_{ij}|\mathbf{A}_{ij}| \tag{8.73}$$

其中 $\mathbf{A}_{ij}$ 表示由 $\mathbf{A}$ 去掉第 i 行、第 j 列后形成的 $(k-1)\times(k-1)$ 矩阵，式（8.73）关于 a_{ij} 的导数为：

$$\frac{\partial|\mathbf{A}|}{\partial a_{ij}} = (-1)^{i+j}|\mathbf{A}_{ij}| \tag{8.74}$$

因为矩阵 $\mathbf{A}_{ij}$ 中并不包含参数 a_{ij}，因此：

$$\frac{\partial \ln|\mathbf{A}|}{\partial a_{ij}} = \frac{1}{|\mathbf{A}|}(-1)^{i+j}|\mathbf{A}_{ij}| \tag{8.75}$$

运用逆矩阵公式：

$$\mathbf{A}^{-1} = \frac{1}{|\mathbf{A}|}\{(-1)^{i+j}|\mathbf{A}_{ij}|\} \tag{8.76}$$

则式（8.75）可看做 $\mathbf{A}^{-1}$ 的第 j 行、第 i 列元素。正如式（8.72）所示。

现在我们将这些结果用于求 $\mathbf{\Omega}$ 的条件最大似然估计。条件对数似然函数式（8.52）在条件最大似然估计量 $\hat{\mathbf{\Phi}}$ 处的值为：

$$\ln L(\mathbf{\Omega},\hat{\mathbf{\Phi}}) = -\frac{Tk}{2}\ln(2\pi) + \frac{T}{2}\ln|\mathbf{\Omega}^{-1}| - \frac{1}{2}\sum_{t=1}^{T}\hat{\boldsymbol{\varepsilon}}_t'\mathbf{\Omega}^{-1}\hat{\boldsymbol{\varepsilon}}_t \tag{8.77}$$

我们的目标是求一个正定对称矩阵 $\mathbf{\Omega}$，使上式的值最大。首先考虑选取 $\mathbf{\Omega}$ 为任意非限制性 $(k\times k)$ 矩阵，使式（8.77）最大。为此，运用式（8.70）和式（8.72），求式（8.77）对 $\mathbf{\Omega}^{-1}$ 的导数：

$$\frac{\partial \ln L(\mathbf{\Omega},\hat{\mathbf{\Phi}})}{\partial \mathbf{\Omega}^{-1}} = \frac{T}{2}\cdot\frac{\partial \ln|\mathbf{\Omega}^{-1}|}{\partial \mathbf{\Omega}^{-1}} - \frac{1}{2}\sum_{t=1}^{T}\frac{\partial \hat{\boldsymbol{\varepsilon}}_t'\mathbf{\Omega}^{-1}\hat{\boldsymbol{\varepsilon}}_t}{\partial \mathbf{\Omega}^{-1}}$$

$$= \frac{T}{2}\boldsymbol{\Omega}' - \frac{1}{2}\sum_{t=1}^{T}\hat{\boldsymbol{\varepsilon}}_t\hat{\boldsymbol{\varepsilon}}'_t \tag{8.78}$$

当这一导数为零时，条件对数似然函数（8.77）的值最大，即：

$$\boldsymbol{\Omega}' = \frac{1}{T}\sum_{t=1}^{T}\hat{\boldsymbol{\varepsilon}}_t\hat{\boldsymbol{\varepsilon}}'_t \tag{8.79}$$

时，上面的似然值最大。因为 $\boldsymbol{\Omega}$ 为对称正定矩阵，所以：

$$\hat{\boldsymbol{\Omega}} = \hat{\boldsymbol{\Omega}}' = \frac{1}{T}\sum_{t=1}^{T}\hat{\boldsymbol{\varepsilon}}_t\hat{\boldsymbol{\varepsilon}}'_t \tag{8.80}$$

$\hat{\boldsymbol{\Omega}}$ 的主对角线上的元素为：

$$\hat{\sigma}_i^2 = \frac{1}{T}\sum_{t=1}^{T}\hat{\varepsilon}_{it}^2 \tag{8.81}$$

它是向量自回归中的第 i 个元素关于常数项和所有变量的 p 阶滞后的回归的均方误差。$\hat{\boldsymbol{\Omega}}$ 的第 i 行、第 j 列元素为：

$$\hat{\sigma}_{ij} = \frac{1}{T}\sum_{t=1}^{T}\hat{\varepsilon}_{it}\hat{\varepsilon}_{jt} \tag{8.82}$$

它是关于第 i 个变量的 *OLS* 回归残差和第 j 个变量的 *OLS* 回归残差的积的平均，它表明$(k\times 1)$向量 $\boldsymbol{\varepsilon}_t$ 的各个分量之间存在同期相关。

综上所述，可以看出，*VAR* 中系数的条件最大似然估计量等价于最小二乘估计量：

$$\hat{\boldsymbol{\Phi}}_{CML} = \hat{\boldsymbol{\Phi}}_{OLS} \tag{8.83}$$

但方差的条件最大似然估计量不同于最小二乘估计量：

$$\hat{\boldsymbol{\Omega}}_{CML} \neq \hat{\boldsymbol{\Omega}}_{OLS} \tag{8.84}$$

在实际运用中，往往先用 *OLS* 估计出系数 $\hat{\boldsymbol{\Phi}}_{OLS}$，然后用式（8.56）求出 $\hat{\boldsymbol{\varepsilon}}_{t,OLS}$，最后按照式（8.80）求出 $\hat{\boldsymbol{\Omega}}_{CML}$。可见在有同期相关情况下，使用 *OLS* 并借助于少量计算也可以把所有参数估计出来。

六　滞后长度的选择：似然比检验

在 $VAR(p)$ 中，滞后长度 p 太短时，随机误差项中可能含有自相关；p 太长时，待估参数过多，参数估计量的有效性会减弱。通常采用似然比统计量 *LR* 来检验滞后长度 p 的大小。

为了运用似然比检验，我们需要求式（8.77）达到的最大值。考查：

$$\ln L(\hat{\boldsymbol{\Omega}},\hat{\boldsymbol{\Phi}}) = -\frac{Tk}{2}\ln(2\pi) + \frac{T}{2}\ln|\hat{\boldsymbol{\Omega}}^{-1}| - \frac{1}{2}\sum_{t=1}^{T}\hat{\boldsymbol{\varepsilon}}'_t\hat{\boldsymbol{\Omega}}^{-1}\hat{\boldsymbol{\varepsilon}}_t \tag{8.85}$$

其中系数 $\hat{\boldsymbol{\Phi}}$ 通过 *OLS* 给出（等价于条件 *MLE*），$\hat{\boldsymbol{\varepsilon}}_t$ 由式（8.56）求出，

$\hat{\mathbf{\Omega}}$ 由式（8.80）求出（不同于 OLS）。式（8.85）中最后一项为一个数量，运用“迹”算子及式（8.61）后，其值不变：

$$\frac{1}{2}\sum_{t=1}^{T}\underset{(1\times k)}{\hat{\boldsymbol{\varepsilon}}'_t}\underset{(k\times k)}{\hat{\mathbf{\Omega}}^{-1}}\underset{(k\times 1)}{\hat{\boldsymbol{\varepsilon}}_t}=\frac{1}{2}trace\left[\sum_{t=1}^{T}\hat{\boldsymbol{\varepsilon}}'_t\hat{\mathbf{\Omega}}^{-1}\hat{\boldsymbol{\varepsilon}}_t\right]$$

$$=\frac{1}{2}trace\left[\sum_{t=1}^{T}\hat{\mathbf{\Omega}}^{-1}\hat{\boldsymbol{\varepsilon}}_t\hat{\boldsymbol{\varepsilon}}'_t\right]=\frac{1}{2}trace\left[\hat{\mathbf{\Omega}}^{-1}(T\hat{\mathbf{\Omega}})\right] \tag{8.86}$$

$$=\frac{1}{2}trace\left[T\cdot\mathbf{I}_k\right]=\frac{Tk}{2}$$

将此结果代入式（8.85）可得：

$$\ln L(\hat{\mathbf{\Omega}},\hat{\mathbf{\Phi}})=-\frac{Tk}{2}\ln(2\pi)+\frac{T}{2}\ln|\hat{\mathbf{\Omega}}^{-1}|-\frac{Tk}{2} \tag{8.87}$$

有了式（8.87），似然比检验便特别易于使用。假定我们想检验这样一个零假设 H_0：一组变量由 p_0 阶滞后的高斯向量自回归 $VAR(p_0)$ 生成；H_1 表示一组变量由 $p_1>p_0$ 阶滞后的高斯向量自回归 $VAR(p_1)$ 生成。H_1 相当于无约束情形，H_0 相当于有约束情形。与 H_1 相比，H_0 中的每一个变量少了 (p_1-p_0) 阶滞后，因此 H_0 相当于在每一个方程中施加了 $k(p_1-p_0)$ 个约束。由于有 k 个这样的方程，H_0 共施加了 $k^2(p_1-p_0)$ 个约束。

为了在零假设下估计这个系统，先求每一个变量关于常数项和系统中所有变量的 p_0 阶滞后的回归，共 k 个 OLS 回归（等价于条件 MLE），得到系数 $\hat{\mathbf{\Phi}}$ 及残差 $\hat{\boldsymbol{\varepsilon}}_t$，然后用式（8.80）求出残差 $\hat{\boldsymbol{\varepsilon}}_t$ 的方差协方差矩阵为：

$$\hat{\mathbf{\Omega}}_0=\frac{1}{T}\sum_{t=1}^{T}\hat{\boldsymbol{\varepsilon}}_t\hat{\boldsymbol{\varepsilon}}'_t \tag{8.88}$$

于是在 H_0 下，对数似然的最大值为：

$$\ln L_0=-\frac{Tk}{2}\ln(2\pi)+\frac{T}{2}\ln|\hat{\mathbf{\Omega}}_0^{-1}|-\frac{Tk}{2} \tag{8.89}$$

同理，在 H_1 下，对于 $VAR(p_1)$ 系统，令残差的方差协方差矩阵为 $\hat{\mathbf{\Omega}}_1$，则对数似然的最大值也可求出：

$$\ln L_1=-\frac{Tk}{2}\ln(2\pi)+\frac{T}{2}\ln|\hat{\mathbf{\Omega}}_1^{-1}|-\frac{Tk}{2} \tag{8.90}$$

于是可构造如下的似然比统计量：

$$LR=2(\ln L_1-\ln L_0)=T\left[\ln|\hat{\mathbf{\Omega}}_1^{-1}|-\ln|\hat{\mathbf{\Omega}}_0^{-1}|\right]$$

$$=T\left[\ln\left(\frac{1}{|\hat{\mathbf{\Omega}}_1|}\right)-\ln\left(\frac{1}{|\hat{\mathbf{\Omega}}_0|}\right)\right] \tag{8.91}$$

$$= T\left[\ln|\hat{\mathbf{\Omega}}_0| - \ln|\hat{\mathbf{\Omega}}_1|\right] \xrightarrow{d} \chi^2_{k^2(p_1-p_0)}$$

式（8.91）的值服从自由度为$k^2(p_1-p_0)$的χ^2分布，$k^2(p_1-p_0)$为系统中约束条件的个数。如果$LR>\chi_p^2$，则拒绝H_0，说明参数约束无效，应为$VAR(p_1)$模型；如果$LR\leqslant\chi_p^2$，则不能拒绝H_0，说明参数约束有效，应为$VAR(p_0)$模型。

似然比检验比较适应于大样本情形，西蒙（Sims，1980）提出了一个修正的似然比检验以适应小样本的情形，他建议由下式替代式（8.91）：

$$LR = (T-d)\left[\ln|\hat{\mathbf{\Omega}}_0| - \ln|\hat{\mathbf{\Omega}}_1|\right] \sim \chi^2_{k^2(p_1-p_0)} \tag{8.92}$$

其中T为所使用的样本容量，d为无约束系统（$VAR(p_1)$模型）中每个方程所估计的参数个数$d=kp_1+1$。χ^2分布的自由度等于系统中约束条件的个数$k^2(p_1-p_0)$。调整后的检验式（8.92）与式（8.91）有同样的渐近性质，但在小样本情况下更少拒绝零假设。

在小样本情况下，还可通过施池（Akaike）信息准则（AIC）和施瓦茨（Schwartz）准则（SC）进行滞后长度的检验，它们定义如下：

$$AIC = T\ln|\hat{\mathbf{\Omega}}| + 2N \tag{8.93}$$

$$SC = T\ln|\hat{\mathbf{\Omega}}| + N\ln T \tag{8.94}$$

其中，$\hat{\mathbf{\Omega}}$表示残差$\hat{\boldsymbol{\varepsilon}}_t$的方差协方差矩阵的行列式，$T$为所使用的样本容量，$N$为$VAR(p)$系统中所有待估参数的总数。在$k$个变量的$VAR(p)$中，如果有一个截距项，则$N=k+pk^2$。选择具有最低$AIC$和$SC$值的模型所对应的滞后长度作为$VAR(p)$模型中$p$的选择。

第三节　脉冲响应分析与方差分解分析

$VAR(p)$模型通常是过度参数化的，对于所估计的模型中的系数往往难以逐一地加以解释。为了对参数估计值作出合理的经济解释，我们可以对系统进行脉冲响应和方差分解分析。

一　平稳 $VAR(p)$ 的 $VMA(\infty)$ 表示

1. 含有同期相关的$VMA(\infty)$表示

把式（8.18）重新表示如下：

$$\mathbf{s}_{t+r} = \mathbf{v}_{t+r} + \mathbf{F}\mathbf{v}_{t+r-1} + \mathbf{F}^2\mathbf{v}_{t+r-2} + \cdots + \mathbf{F}^{r-1}\mathbf{v}_{t+1} + \mathbf{F}^r\mathbf{s}_t$$

把该向量系统的第一个行向量（相当于前k行）展开，可表示成下面的方程：

$$\mathbf{y}_{t+r} = \boldsymbol{\mu} + \boldsymbol{\varepsilon}_{t+r} + \mathbf{B}_1\boldsymbol{\varepsilon}_{t+r-1} + \mathbf{B}_2\boldsymbol{\varepsilon}_{t+r-2} + \cdots + \mathbf{B}_{r-1}\boldsymbol{\varepsilon}_{t+1} + \mathbf{F}_{11}^{(r)}(\mathbf{y}_t - \boldsymbol{\mu}) + \mathbf{F}_{12}^{(r)}(\mathbf{y}_{t-1} - \boldsymbol{\mu}) + \cdots + \mathbf{F}_{1p}^{(r)}(\mathbf{y}_{t-p+1} - \boldsymbol{\mu}) \quad (8.95)$$

其中 $\mathbf{B}_j = \mathbf{F}_{11}^{(j)}$，$\mathbf{F}^{(j)}$ 表示矩阵 $\mathbf{F}^j$ 中的其中一块，$\mathbf{F}^j$ 为矩阵 $\mathbf{F}$ 的 j 次方，$(k\times k)$ 矩阵 $\mathbf{F}_{11}^{(j)}$ 表示 $(kp\times kp)$ 矩阵 $\mathbf{F}^j$ 的第一个行向量（相当于第 1 到 k 行）和第一个列向量（相当于第 1 到 k 列）所围成的块。类似地，$\mathbf{F}_{12}^{(j)}$ 表示 $\mathbf{F}^j$ 的第一个行向量（相当于第 1 到 k 行）和第二个列向量（相当于第 $(k+1)$ 到 $2k$ 列）所围成的块，而 $\mathbf{F}_{1p}^{(j)}$ 表示 $\mathbf{F}^j$ 的第一个行向量（相当于第 1 到 k 行）和第 p 个列向量（相当于第 $[k(p-1)+1]$ 到 kp 列）所围成的块。

对于一个平稳的 $VAR(p)$ 过程，如果 $\mathbf{F}$ 的特征值全部落在单位圆之内，当 $r\to\infty$ 时，$\mathbf{F}^r\to 0$，$\mathbf{B}_r = \mathbf{F}_{11}^{(r)}\to 0$。于是一个平稳的 $VAR(p)$ 可改写为一个无穷阶的向量移动平均过程 $VMA(\infty)$：

$$\mathbf{y}_t = \boldsymbol{\mu} + \boldsymbol{\varepsilon}_t + \mathbf{B}_1\boldsymbol{\varepsilon}_{t-1} + \mathbf{B}_2\boldsymbol{\varepsilon}_{t-2} + \mathbf{B}_3\boldsymbol{\varepsilon}_{t-3} + \cdots = \boldsymbol{\mu} + \mathbf{B}(L)\boldsymbol{\varepsilon}_t \quad (8.96)$$

其中滞后算子多项式 $\mathbf{B}(L) = \mathbf{I}_k + \mathbf{B}_1 L + \mathbf{B}_2 L^2 + \cdots$，$(k\times 1)$ 向量 $\boldsymbol{\varepsilon}_t$ 的各个分量之间可以存在同期相关。

注意到对于 $j=0,1,2,\cdots$，$\mathbf{y}_{t-j}$ 是 $\boldsymbol{\varepsilon}_{t-j}$，$\boldsymbol{\varepsilon}_{t-j-1}$，…的线性函数，当 $j=0,1,2,\cdots$ 时，它们中的每一个都与 $\boldsymbol{\varepsilon}_{t+1}$ 无关。由此得，对任意 $j\geqslant 0$，$\boldsymbol{\varepsilon}_{t+1}$ 与 $\mathbf{y}_{t-j}$ 不相关。因此，根据 $VAR(p)$ 的离差形式 $(\mathbf{y}_t - \boldsymbol{\mu}) = \mathbf{A}_1(\mathbf{y}_{t-1} - \boldsymbol{\mu}) + \mathbf{A}_2(\mathbf{y}_{t-2} - \boldsymbol{\mu}) + \cdots + \mathbf{A}_p(\mathbf{y}_{t-p} - \boldsymbol{\mu}) + \boldsymbol{\varepsilon}_t$，基于 $\mathbf{y}_t$，$\mathbf{y}_{t-1}$，…的 $\mathbf{y}_{t+1}$ 的预测可由下式给出：

$$\hat{\mathbf{y}}_{t+1|t} = \boldsymbol{\mu} + \mathbf{A}_1(\mathbf{y}_t - \boldsymbol{\mu}) + \mathbf{A}_2(\mathbf{y}_{t-1} - \boldsymbol{\mu}) + \cdots + \mathbf{A}_p(\mathbf{y}_{t-p+1} - \boldsymbol{\mu})$$

随机误差项 $\boldsymbol{\varepsilon}_{t+1}$ 通常可解释为 $\mathbf{y}_{t+1}$ 的新息或创新（即 $\mathbf{y}_{t+1}$ 以常数项及 $\mathbf{y}_t$，$\mathbf{y}_{t-1}$，…的线性函数为基础的预测误差）。更一般地，根据式(8.95)，以 $\mathbf{y}_t$，$\mathbf{y}_{t-1}$，…为基础的 $\mathbf{y}_{t+r}$ 的预测为：

$$\hat{\mathbf{y}}_{t+r|t} = \boldsymbol{\mu} + \mathbf{F}_{11}^{(r)}(\mathbf{y}_t - \boldsymbol{\mu}) + \mathbf{F}_{12}^{(r)}(\mathbf{y}_{t-1} - \boldsymbol{\mu}) + \cdots + \mathbf{F}_{1p}^{(r)}(\mathbf{y}_{t-p+1} - \boldsymbol{\mu}) \quad (8.97)$$

移动平均矩阵 $\mathbf{B}_j$ 可根据如下等式计算。根据矩阵 $\mathbf{F}$ 的定义，可以证明滞后算子多项式 $\mathbf{A}(L)$ 与 $\mathbf{B}(L)$ 之间存在如下关系：

$$\mathbf{B}(L) = [\mathbf{A}(L)]^{-1} \quad (8.98)$$

$$\mathbf{A}(L)\mathbf{B}(L) = \mathbf{I}_k$$

即：$[\mathbf{I}_k - \mathbf{A}_1 L - \mathbf{A}_2 L^2 - \cdots - \mathbf{A}_p L^p][\mathbf{I}_k + \mathbf{B}_1 L + \mathbf{B}_2 L^2 + \cdots] = \mathbf{I}_k$

把左边展开，并令展开式中 L^1 项的系数等于零矩阵，可得式（8.96）中

系数矩阵 $\mathbf{B}_r$ 的计算公式：

$$\mathbf{B}_1 = \mathbf{A}_1 \tag{8.99}$$

类似地，令展开式中 L^2 的系数等于零矩阵，可得：

$$\mathbf{B}_2 = \mathbf{A}_1\mathbf{B}_1 + \mathbf{A}_2 \tag{8.100}$$

一般地，对于 L^r，有：

$$\mathbf{B}_r = \mathbf{A}_1\mathbf{B}_{r-1} + \mathbf{A}_2\mathbf{B}_{r-2} + \cdots + \mathbf{A}_p\mathbf{B}_{r-p},\ r = 1,2,\cdots \tag{8.101}$$

且 $\mathbf{B}_0 = \mathbf{I}_k$，当 $r<0$ 时 $\mathbf{B}_r = 0$。

2. 去除同期相关的 $VMA(\infty)$ 表示

在式（8.96）所示的 $VMA(\infty)$ 中，新息 $\boldsymbol{\varepsilon}_t$（即 $\mathbf{y}_t$ 的基本创新）中的各个元素之间一般都存在同期相关性，为了得到无同期相关性的 $VMA(\infty)$ 表示，令 $\mathbf{G}$ 为 $(k\times k)$ 非奇异矩阵，定义：

$$\mathbf{u}_t = \mathbf{G}\boldsymbol{\varepsilon}_t \tag{8.102}$$

因为 $\boldsymbol{\varepsilon}_t$ 是 $(k\times 1)$ 维白噪声向量，所以 $\mathbf{u}_t$ 也是一个 $(k\times 1)$ 白噪声向量。于是 $VMA(\infty)$ 过程式（8.96）又可以写作：

$$\begin{aligned}\mathbf{y}_t &= \boldsymbol{\mu} + \mathbf{G}^{-1}\mathbf{G}\boldsymbol{\varepsilon}_t + \mathbf{B}_1\mathbf{G}^{-1}\mathbf{G}\boldsymbol{\varepsilon}_{t-1} + \mathbf{B}_2\mathbf{G}^{-1}\mathbf{G}\boldsymbol{\varepsilon}_{t-2} + \mathbf{B}_3\mathbf{G}^{-1}\mathbf{G}\boldsymbol{\varepsilon}_{t-3} + \cdots \\ &= \boldsymbol{\mu} + \mathbf{M}_0\mathbf{u}_t + \mathbf{M}_1\mathbf{u}_{t-1} + \mathbf{M}_2\mathbf{u}_{t-2} + \mathbf{M}_3\mathbf{u}_{t-3} + \cdots \\ &= \boldsymbol{\mu} + \mathbf{M}(L)\mathbf{u}_t\end{aligned} \tag{8.103}$$

其中 $\mathbf{M}_r = \mathbf{B}_r\mathbf{G}^{-1}$，$r=0$，1，2，…，$\mathbf{B}_0 = \mathbf{I}_k$。当 $r<0$ 时，$\mathbf{B}_r = 0$。注意滞后算子多项式：

$$\mathbf{M}(L) = \mathbf{M}_0 + \mathbf{M}_1L + \mathbf{M}_2L^2 + \cdots \tag{8.104}$$

的第一个参数矩阵 $\mathbf{M}_0 = \mathbf{B}_0\mathbf{G}^{-1} = \mathbf{G}^{-1}$ 不是单位矩阵 $\mathbf{I}_k$。

令 $\mathbf{G}$ 表示使任意 $\boldsymbol{\varepsilon}_t$ 的方差协方差矩阵 $\boldsymbol{\Omega}$ 对角化的矩阵：

$$\mathbf{G}\boldsymbol{\Omega}\mathbf{G}' = \mathbf{D} \tag{8.105}$$

其中 $\mathbf{D}$ 是对角阵。对于这样选出来的矩阵 $\mathbf{G}$，$(k\times 1)$ 向量 $\mathbf{u}_t$ 的各个分量之间不再相关，因为：

$$E(\mathbf{u}_t\mathbf{u}_t') = E(\mathbf{G}\boldsymbol{\varepsilon}_t\boldsymbol{\varepsilon}_t'\mathbf{G}') = \mathbf{D} \tag{8.106}$$

因此，只要找出满足式（8.105）的矩阵 $\mathbf{G}$，便可以将一个平稳 $VAR(p)$ 过程写成一个白噪声向量 $\mathbf{u}_t$ 的无限移动平均过程，其中 $\mathbf{u}_t$ 的各个元素之间不存在同期相关性。

二　脉冲—响应函数

在式（8.96）中，一个向量自回归 $VAR(p)$ 可写成向量移动平均 $VMA(\infty)$ 形式：

$$\mathbf{y}_t = \boldsymbol{\mu} + \boldsymbol{\varepsilon}_t + \mathbf{B}_1\boldsymbol{\varepsilon}_{t-1} + \mathbf{B}_2\boldsymbol{\varepsilon}_{t-2} + \mathbf{B}_3\boldsymbol{\varepsilon}_{t-3} + \cdots = \boldsymbol{\mu} + \mathbf{B}(L)\boldsymbol{\varepsilon}_t$$

其中滞后算子多项式 $\mathbf{B}(L) = \mathbf{I}_k + \mathbf{B}_1 L + \mathbf{B}_2 L^2 + \cdots$，$(k\times 1)$向量 $\boldsymbol{\varepsilon}_t$ 的各个分量之间可以存在同期相关。动态乘子 $(k\times k)$ 矩阵 $\mathbf{B}_r$ 的含义为：

$$\mathbf{B}_r = \frac{\partial \mathbf{y}_{t+r}}{\partial \boldsymbol{\varepsilon}_t'} \tag{8.107}$$

$\mathbf{B}_r$ 的第 i 行、第 j 列元素等于时期 t 第 j 个变量的新息 ε_{jt} 增加一个单位而其他时期其他新息不变的情况下，对时期 $t+r$ 的 i 个变量的值 $y_{i,t+r}$ 的影响。

如果已知 $\boldsymbol{\varepsilon}_t$ 的第一个元素变化 δ_1，同时第二个元素变化 δ_2，…，第 k 个元素变化 δ_k，则这些变化对向量 $\mathbf{y}_{t+s}$ 的综合影响为：

$$\Delta\mathbf{y}_{t+r} = \frac{\partial \mathbf{y}_{t+r}}{\partial \varepsilon_{1t}}\delta_1 + \frac{\partial \mathbf{y}_{t+r}}{\partial \varepsilon_{2t}}\delta_2 + \cdots + \frac{\partial \mathbf{y}_{t+r}}{\partial \varepsilon_{kt}}\delta_k = \mathbf{B}_r\boldsymbol{\delta} \tag{8.108}$$

其中 $\boldsymbol{\delta} = (\delta_1, \delta_2, \cdots, \delta_k)'$。式（8.101）给出了 $\mathbf{B}_r$ 的一些分析特征。求这些动态乘子的一个简单方法是模拟。为实施模拟，令初值 $\mathbf{y}_{t-1} = \mathbf{y}_{t-2} = \cdots = \mathbf{y}_{t-p} = \mathbf{0}$。由于$(k\times 1)$向量 $\boldsymbol{\varepsilon}_t$ 的各个分量之间可能存在同期相关，令基期 t 第 j 个变量的新息 $\varepsilon_{jt} = 1$，基期 t 时刻 $\boldsymbol{\varepsilon}_t$ 的其他元素为零，同时令 $\mathbf{c}$ 以及 $\boldsymbol{\varepsilon}_{t+1}, \boldsymbol{\varepsilon}_{t+2}, \cdots$ 为零。模拟时期 t，$t+1$，$t+2$，…的系统：

$$\mathbf{y}_t = \mathbf{c} + \mathbf{A}_1\mathbf{y}_{t-1} + \mathbf{A}_2\mathbf{y}_{t-2} + \cdots + \mathbf{A}_p\mathbf{y}_{t-p} + \boldsymbol{\varepsilon}_t = \mathbf{c} + \sum_{i=1}^{p}\mathbf{A}_i\mathbf{y}_{t-i} + \boldsymbol{\varepsilon}_t \tag{8.109}$$

在该模拟中，时期 $t+r$ 向量 $\mathbf{y}_{t+r}$ 的值即对应于矩阵 $\mathbf{B}_r$ 的第 j 列。对每一个新息的脉冲分别进行模拟$(j = 1, 2, \cdots, k)$，则 $\mathbf{B}_r$ 的所有列都可计算出来。

$\mathbf{B}_r$ 的第 i 行、第 j 列元素：

$$\frac{\partial y_{i,t+r}}{\partial \varepsilon_{jt}} \tag{8.110}$$

作为 r 的一个函数，称做脉冲—响应函数，它描述了 $y_{i,t+r}$ 在时期 t 的其他变量和早期变量不变的情况下对 ε_{jt} 的一个暂时变化 $\partial\varepsilon_{jt}$ 的反应。根据式（8.96）可知，当其他变量不变时，$\partial y_{jt} = \partial\varepsilon_{jt}$，因此脉冲—响应函数描述了 $y_{i,t+r}$ 在时期 t 的其他变量和早期变量不变的情况下对 y_{jt} 的一个暂时变化 ∂y_{jt} 的反应。

式（8.110）所定义的脉冲—响应函数存在一个问题：在一般的情形下，$\boldsymbol{\varepsilon}_t$ 的元素之间存在同期相关，这与计算脉冲—响应函数时假定只

有 ε_{jt}变化而 $\boldsymbol{\varepsilon}_t$ 中的其他元素不变相矛盾。比如，假定我们已知时期 t 自回归中第一个变量的值 y_{1t}比正常预期的要高，则 ε_{1t}为正，则 $y_{i,t+r}$将会对该脉冲作出响应，但 ε_{1t}的脉冲意味着 $\varepsilon_{2t},\cdots,\varepsilon_{nt}$可能也已经发生了变化。

三　正交化的脉冲—响应函数

在 $VAR(p)$模型中，由于系统中不同方程的误差项之间通常存在同期相关，因此要正确地得到在其他误差项保持不变的条件下，当第 j 个变量对应的误差项在 t 期受到一个单位的冲击后，对所有内生变量第 $t+r$ 期产生的影响，我们必须将由误差项 $\boldsymbol{\varepsilon}_t$ 得到的方差协方差矩阵 $\boldsymbol{\Omega}$ 进行正交化处理。

在 $E(\boldsymbol{\varepsilon}_t\boldsymbol{\varepsilon}'_\tau)=\begin{cases}\boldsymbol{\Omega}, t=\tau\\ \mathbf{0}, t\neq\tau\end{cases}$中，$\boldsymbol{\Omega}$ 是一个$(k\times k)$对称正定矩阵。根据对称正定矩阵三角形分解的有关知识，对于任意实对称正定矩阵 $\boldsymbol{\Omega}$，存在唯一一个主对角线元素为 1 的下三角形矩阵 $\mathbf{Q}$ 和唯一一个主对角线元素为正的全对角矩阵 $\mathbf{D}$ 使得

$$\boldsymbol{\Omega}=\mathbf{QDQ}' \tag{8.111}$$

其中：

$$\mathbf{Q}=\begin{bmatrix}1 & 0 & 0 & \cdots & 0\\ q_{21} & 1 & 0 & \cdots & 0\\ q_{31} & q_{32} & 1 & \cdots & 0\\ \vdots & \vdots & \vdots & \cdots & \vdots\\ q_{k1} & q_{k2} & q_{k3} & \cdots & 1\end{bmatrix},\mathbf{D}=\begin{bmatrix}d_{11} & 0 & 0 & \cdots & 0\\ 0 & d_{22} & 0 & \cdots & 0\\ 0 & 0 & d_{33} & \cdots & 0\\ \vdots & \vdots & \vdots & \cdots & \vdots\\ 0 & 0 & 0 & \cdots & d_{kk}\end{bmatrix}$$

对所有的 i，$d_{ii}>0$。

利用矩阵 $\mathbf{Q}$ 可以构造一个 $(k\times1)$向量 $\mathbf{u}_t$，构造方法为：

$$\mathbf{u}_t=\mathbf{Q}^{-1}\boldsymbol{\varepsilon}_t \tag{8.112}$$

因为 $\boldsymbol{\varepsilon}_t$ 与它自身的滞后值以及 $\mathbf{y}_t$ 的滞后值不相关，所以 $\mathbf{u}_t$ 与它自身的滞后值以及 $\mathbf{y}_t$ 的滞后值不相关。另外，$\mathbf{u}_t$ 的元素还互不相关，因为：

$$\begin{aligned}E(\mathbf{u}_t\mathbf{u}'_t)&=\mathbf{Q}^{-1}E(\boldsymbol{\varepsilon}_t\boldsymbol{\varepsilon}'_t)(\mathbf{Q}^{-1})'=\mathbf{Q}^{-1}\boldsymbol{\Omega}(\mathbf{Q}^{-1})'\\&=\mathbf{Q}^{-1}\mathbf{QDQ}'(\mathbf{Q}^{-1})'=\mathbf{D}\end{aligned} \tag{8.113}$$

由于 $\mathbf{D}$ 是一个主对角矩阵，因此 $\mathbf{u}_t$ 的元素互不相关，$\mathbf{D}$ 的第 (j, j) 元素表示 u_{jt}的方差。

若式（8.112）的两边同时左乘 **Q**，可得：

$$\mathbf{Q}\mathbf{u}_t = \boldsymbol{\varepsilon}_t \tag{8.114}$$

即：

$$\begin{bmatrix} 1 & 0 & 0 & \cdots & 0 \\ q_{21} & 1 & 0 & \cdots & 0 \\ q_{31} & q_{32} & 1 & \cdots & 0 \\ \vdots & \vdots & \vdots & \cdots & \vdots \\ q_{k1} & q_{k2} & q_{k3} & \cdots & 1 \end{bmatrix} \cdot \begin{bmatrix} u_{1t} \\ u_{2t} \\ u_{3t} \\ \vdots \\ u_{kt} \end{bmatrix} = \begin{bmatrix} \varepsilon_{1t} \\ \varepsilon_{2t} \\ \varepsilon_{3t} \\ \vdots \\ \varepsilon_{kt} \end{bmatrix} \tag{8.115}$$

各行展开可知：

$$u_{1t} = \varepsilon_{1t}$$

$$u_{jt} = \varepsilon_{jt} - q_{j1}u_{1t} - q_{j2}u_{2t} - \cdots - q_{j,j-1}u_{j-1,t}$$

即：

$$\varepsilon_{jt} = q_{j1}u_{1t} + q_{j2}u_{2t} + \cdots + q_{j,j-1}u_{j-1,t} + u_{jt}$$

考虑到 u_{jt} 与 $u_{1t}, u_{2t}, \cdots, u_{j-1,t}$ 不相关，所以有：

$$\hat{E}(\varepsilon_{jt} | u_{1t}, u_{2t}, \cdots, u_{j-1,t}) = q_{j1}u_{1t} + q_{j2}u_{2t} + \cdots + q_{j,j-1}u_{j-1,t} \tag{8.116}$$

$$\hat{E}(\varepsilon_{jt} | u_{1t}) = q_{j1}u_{1t} \tag{8.117}$$

于是，ε_{1t} 的脉冲对于 ε_{jt} 的响应为：

$$\frac{\partial \hat{E}(\varepsilon_{jt} | \varepsilon_{1t})}{\partial \varepsilon_{1t}} = \frac{\partial \hat{E}(\varepsilon_{jt} | u_{1t})}{\partial u_{1t}} = q_{j1} \tag{8.118}$$

令 $\mathbf{x}'_{t-1} = (\mathbf{y}'_{t-1}, \mathbf{y}'_{t-2}, \cdots, \mathbf{y}'_{t-p})$，由于 $\varepsilon_{1t} = y_{1t} - \hat{E}(y_{1t} | \mathbf{x}_{t-1})$；$\varepsilon_{jt} = y_{jt} - \hat{E}(y_{jt} | \mathbf{x}_{t-1})$。当其他变量不变时，$\partial y_{1t} = \partial \varepsilon_{1t}, \partial y_{jt} = \partial \varepsilon_{jt}$，于是：

$$\frac{\partial \hat{E}(\varepsilon_{jt} | y_{1t}, \mathbf{x}_{t-1})}{\partial y_{1t}} = q_{j1} \tag{8.119}$$

将 $j = 1, 2, \cdots, k$ 时的各个方程组成一个向量：

$$\frac{\partial \hat{E}(\boldsymbol{\varepsilon}_t | y_{1t}, \mathbf{x}_{t-1})}{\partial y_{1t}} = \mathbf{q}_1 \tag{8.120}$$

其中 $\mathbf{q}_1$ 表示 **Q** 的第一列：

$$\mathbf{q}_1 = \begin{bmatrix} 1 \\ q_{21} \\ q_{31} \\ \vdots \\ q_{k1} \end{bmatrix}$$

将式（8.120）代入式（8.108），可得到 $\mathbf{x}_{t-1}$ 之外的 y_{1t} 的新息对向量 $\mathbf{y}_{t+r}$ 的影响：

$$\frac{\partial \hat{E}(\mathbf{y}_{t+r} | y_{1t}, \mathbf{x}_{t-1})}{\partial y_{1t}} = \mathbf{B}_r \mathbf{q}_1$$

类似地，在 y_{1t} 和 $\mathbf{x}_{t-1}$ 确定的条件下，因为 $\varepsilon_{1t} = y_{1t} - \hat{E}(y_{1t} | \mathbf{x}_{t-1})$，所以我们对 ε_{1t} 的判断已经确定。此时 u_{2t} 表示在 $(y_{1t}, \mathbf{x}_{t-1})$ 之外的 y_{2t} 中的新息，该新息已不能使我们改变对 ε_{1t} 的判断，但由式（8.116），这一新息可使我们改变 $j=2,3,\cdots,k$ 时对 ε_{jt} 的估计：

$$\frac{\partial \hat{E}(\varepsilon_{jt} | u_{2t}, u_{1t})}{\partial u_{2t}} = q_{j2}$$

将上式代入式（8.108），可得：

$$\frac{\partial \hat{E}(\mathbf{y}_{t+r} | y_{2t}, y_{1t}, \mathbf{x}_{t-1})}{\partial y_{2t}} = \mathbf{B}_r \mathbf{q}_2$$

其中 $\mathbf{q}_2 = \begin{bmatrix} 0 \\ 1 \\ q_{32} \\ q_{42} \\ \vdots \\ q_{k2} \end{bmatrix}$

一般地，

$$\frac{\partial \hat{E}(\mathbf{y}_{t+r} | y_{jt}, y_{j-1,t}, \cdots, y_{1t}, \mathbf{x}_{t-1})}{\partial y_{jt}} = \mathbf{B}_r \mathbf{q}_j \tag{8.121}$$

其中 $\mathbf{q}_j$ 为式（8.111）中矩阵 $\mathbf{Q}$ 的第 j 列。式（8.121）作为 r 的函数被称为“正交化的脉冲—响应函数”。

在具体操作过程中，对于一个给定的容量为 T 的样本，可由 *OLS*（等价于条件 *MLE*）估计出自回归系数 $\hat{\mathbf{A}}_1, \hat{\mathbf{A}}_2, \cdots, \hat{\mathbf{A}}_p$，根据矩阵 $\mathbf{F}$ 可构造出矩阵 $\mathbf{B}_r$。基于 *OLS* 估计的残差还可以用于计算方差协方差矩阵 $\hat{\mathbf{\Omega}} = \frac{1}{T}\sum_{t=1}^{T} \hat{\boldsymbol{\varepsilon}}_t \hat{\boldsymbol{\varepsilon}}_t'$，其中 $\hat{\boldsymbol{\varepsilon}}_t$ 的第 i 个元素是时期 t 向量自回归中第 i 个方程的样本残差，$\hat{\boldsymbol{\varepsilon}}_t$ 中的元素存在同期相关。运用对称正定矩阵的三角形分解，可由 $\hat{\mathbf{\Omega}}$ 构造出满足 $\hat{\mathbf{\Omega}} = \hat{\mathbf{Q}}\hat{\mathbf{D}}\hat{\mathbf{Q}}'$ 的矩阵 $\hat{\mathbf{Q}}$ 和 $\hat{\mathbf{D}}$。根据 $\hat{\mathbf{u}}_t = \hat{\mathbf{Q}}^{-1}\hat{\boldsymbol{\varepsilon}}_t$ 可得 $\hat{\mathbf{u}}_t$，此时 $\hat{\mathbf{u}}_t$ 中的元素互相正交，正交化的脉冲—响应函数估计为 $\mathbf{B}_r \hat{\mathbf{q}}_j$，其中 $\hat{\mathbf{q}}_j$ 表示矩阵 $\hat{\mathbf{Q}}$ 的第 j 列。

正交化脉冲—响应函数基于以下过程：将存在同期相关的原始向量自回归的残差($\varepsilon_{1t},\cdots,\varepsilon_{kt}$)分解成一组互不相关的成分($u_{1t},\cdots,u_{kt}$)，并且计算$\mathbf{y}_{t+r}$对于$u_{jt}$的每单位脉冲的响应。这些乘子描述了关于$y_{jt}$的新息如何使我们改变对$\mathbf{y}_{t+r}$的预测，尽管新息的隐含的定义对于每一个变量$j$是不同的。

$VAR(p)$模型中$\mathbf{y}_t$的不同分量的顺序会影响脉冲响应分析的结果。假设我们将第二个变量标为y_{1t}，将第一个变量标为y_{2t}，则我们将会得到不同的动态乘子。在选择特定的变量递归顺序时，主要取决于我们首先要预测什么。

四　基于乔利斯基分解的正交化脉冲—响应函数

有多种方法可以得到正交化的脉冲响应函数，各种计量统计软件也给出了许多相关模拟程序，比较常用的是利用乔利斯基分解得到的正交矩阵。

令$\mathbf{D}^{1/2}$表示其(j，j)元素为u_{jt}的标准差的矩阵：

$$\mathbf{D}^{1/2}=\begin{bmatrix}\sqrt{d_{11}} & 0 & 0 & \cdots & 0\\ 0 & \sqrt{d_{22}} & 0 & \cdots & 0\\ 0 & 0 & \sqrt{d_{33}} & \cdots & 0\\ \vdots & \vdots & \vdots & \cdots & \vdots\\ 0 & 0 & 0 & \cdots & \sqrt{d_{kk}}\end{bmatrix} \tag{8.122}$$

因为矩阵$\mathbf{D}$是唯一的，而且主对角线元素严格为正，所以矩阵$\mathbf{D}^{1/2}$存在且唯一。因此矩阵$\mathbf{\Omega}$的三角形分解可写作：

$$\mathbf{\Omega}=\mathbf{QDQ}'=\mathbf{QD}^{1/2}\mathbf{D}^{1/2}\mathbf{Q}'=\mathbf{HH}' \tag{8.123}$$

其中乔利斯基因子矩阵$\mathbf{H}$为：

$$\mathbf{H}=\mathbf{QD}^{1/2}$$

$$=\begin{bmatrix}1 & 0 & 0 & \cdots & 0\\ q_{21} & 1 & 0 & \cdots & 0\\ q_{31} & q_{32} & 1 & \cdots & 0\\ \vdots & \vdots & \vdots & \cdots & \vdots\\ q_{k1} & q_{k2} & q_{k3} & \cdots & 1\end{bmatrix}\begin{bmatrix}\sqrt{d_{11}} & 0 & 0 & \cdots & 0\\ 0 & \sqrt{d_{22}} & 0 & \cdots & 0\\ 0 & 0 & \sqrt{d_{33}} & \cdots & 0\\ \vdots & \vdots & \vdots & \cdots & \vdots\\ 0 & 0 & 0 & \cdots & \sqrt{d_{kk}}\end{bmatrix}$$

$$= \begin{bmatrix} \sqrt{d_{11}} & 0 & 0 & \cdots & 0 \\ q_{21}\sqrt{d_{11}} & \sqrt{d_{22}} & 0 & \cdots & 0 \\ q_{31}\sqrt{d_{11}} & q_{32}\sqrt{d_{22}} & \sqrt{d_{33}} & \cdots & 0 \\ \vdots & \vdots & \vdots & \cdots & \vdots \\ q_{k1}\sqrt{d_{11}} & q_{k2}\sqrt{d_{22}} & q_{k3}\sqrt{d_{33}} & \cdots & \sqrt{d_{kk}} \end{bmatrix} \quad (8.124)$$

式（8.123）称做矩阵 $\mathbf{\Omega}$ 的乔利斯基分解。与 $\mathbf{Q}$ 一样，$(k \times k)$ 矩阵 $\mathbf{H}$ 也是下三角形的。但是两者的主对角线的元素不同：$\mathbf{Q}$ 的主对角线元素为 1，而 $\mathbf{H}$ 的主对角线元素是 $\mathbf{u}_t$ 的标准差 $\sqrt{d_{jj}}$。

采用乔利斯基分解后，用 $\mathbf{v}_t$ 代替式（8.112）中的 $\mathbf{u}_t$：

$$\mathbf{v}_t = \mathbf{H}^{-1}\boldsymbol{\varepsilon}_t = \mathbf{D}^{-1/2}\mathbf{Q}^{-1}\boldsymbol{\varepsilon}_t = \mathbf{D}^{-1/2}\mathbf{u}_t \quad (8.125)$$

$\mathbf{v}_t$ 的标准差为 1，且 $\mathbf{v}_t$ 中的各个元素互不相关：

$$E(\mathbf{v}_t\mathbf{v}_t') = \mathbf{H}^{-1}E(\boldsymbol{\varepsilon}_t\boldsymbol{\varepsilon}_t')(\mathbf{H}^{-1})' = \mathbf{H}^{-1}\mathbf{\Omega}(\mathbf{H}^{-1})'$$
$$= \mathbf{H}^{-1}\mathbf{H}\mathbf{H}'(\mathbf{H}^{-1})' = \mathbf{I}_k$$

因此，v_{jt} 相当于用 u_{jt} 除以其标准差 $\sqrt{d_{jj}}$。v_{jt} 的一个单位增加正是 u_{jt} 的一个标准差增加。此时用 $\frac{\partial y_{i,t+r}}{\partial v_{jt}}$ 代替动态乘子 $\frac{\partial y_{i,t+r}}{\partial u_{jt}}$，这些乘子之间的关系为：

$$\frac{\partial \mathbf{y}_{t+r}}{\partial v_{jt}} = \frac{\partial \mathbf{y}_{t+r}}{\partial u_{jt}}\sqrt{d_{jj}} = \mathbf{B}_r\mathbf{q}_j\sqrt{d_{jj}}$$

而 $\mathbf{q}_j\sqrt{d_{jj}}$ 就是 $\mathbf{QD}^{1/2}$ 的第 j 列，它是乔利斯基因子矩阵 $\mathbf{H}$ 的第 j 列。将 $\mathbf{H}$ 的第 j 列记作 $\mathbf{H}_j$，从而有：

$$\frac{\partial \mathbf{y}_{t+r}}{\partial v_{jt}} = \mathbf{B}_r\mathbf{H}_j \quad (8.126)$$

式（8.126）正是式（8.121）乘以常数 $\sqrt{Var(u_{jt})}$。式（8.121）给出了 y_{jt} 增加一单位后的影响，这些单位为 y_{jt} 本身使用的单位。式（8.126）给出了如果 y_{jt} 增加 $\sqrt{Var(u_{jt})}$ 单位的影响。

五　方差分解分析

除了脉冲—响应函数外，还可以采用方差分解的方法来研究向量自回归模型的动态特征。其主要思想是把系统中每个内生变量的波动（r 期预测均方误差）按其成因分解为与各方程新息（innovation）相关联的 k 个组成部分，从而了解每个新息扰动对模型预测误差的相对作用。

式（8.95）与式（8.97）相减，可得前 r 期向量自回归的误差：

$$\mathbf{y}_{t+r} - \hat{\mathbf{y}}_{t+r|t} = \boldsymbol{\varepsilon}_{t+r} + \mathbf{B}_1\boldsymbol{\varepsilon}_{t+r-1} + \mathbf{B}_2\boldsymbol{\varepsilon}_{t+r-2} + \cdots + \mathbf{B}_{r-1}\boldsymbol{\varepsilon}_{t+1} \quad (8.127)$$

因而前 r 期预测的均方误差为：

$$\begin{aligned} MSE(\hat{\mathbf{y}}_{t+r|t}) &= E[(\mathbf{y}_{t+r} - \hat{\mathbf{y}}_{t+r|t})(\mathbf{y}_{t+r} - \hat{\mathbf{y}}_{t+r|t})'] \\ &= \boldsymbol{\Omega} + \mathbf{B}_1\boldsymbol{\Omega}\mathbf{B}'_1 + \mathbf{B}_2\boldsymbol{\Omega}\mathbf{B}'_2 + \cdots + \mathbf{B}_{r-1}\boldsymbol{\Omega}\mathbf{B}'_{r-1} \end{aligned} \quad (8.128)$$

其中：

$$\boldsymbol{\Omega} = E(\boldsymbol{\varepsilon}_t\boldsymbol{\varepsilon}'_t) \quad (8.129)$$

现在让我们考查每一个正交化扰动 $(u_{1t}, \cdots, u_{kt})$ 对 MSE 的贡献。将式（8.114）写作：

$$\boldsymbol{\varepsilon}_t = \mathbf{Q}\mathbf{u}_t = \mathbf{q}_1 u_{1t} + \mathbf{q}_2 u_{2t} + \cdots + \mathbf{q}_k u_{kt} \quad (8.130)$$

其中 $\mathbf{q}_j$ 表示式（8.111）给出的矩阵 $\mathbf{Q}$ 的第 j 列。因为各个 u_{jt} 互不相关，将式（8.130）右乘它的转置再取期望得：

$$\begin{aligned} \boldsymbol{\Omega} &= \mathrm{E}(\boldsymbol{\varepsilon}_t\boldsymbol{\varepsilon}'_t) \\ &= \mathbf{q}_1\mathbf{q}'_1 \cdot Var(u_{1t}) + \mathbf{q}_2\mathbf{q}'_2 \cdot Var(u_{2t}) + \cdots + \mathbf{q}_k\mathbf{q}'_k \cdot Var(u_{kt}) \\ &= \sum_{j=1}^{k} [Var(u_{kt}) \cdot \mathbf{q}_j\mathbf{q}'_j] \end{aligned} \quad (8.131)$$

其中 $Var(u_{jt})$ 是式（8.111）中的矩阵 $\mathbf{D}$ 的第 i 行、第 j 列元素。将式（8.131）代入式（8.128），则前 r 期预测的方差 MSE 可分解为 k 项 u_{jt} 对应的方差之和，其中每一项由一个扰动 u_{jt} 得到：

$$\begin{aligned} & MSE(\hat{\mathbf{y}}_{t+r|t}) = \\ & \sum_{j=1}^{k} [\mathrm{Var}(u_{jt}) \cdot (\mathbf{q}_j\mathbf{q}'_j + \mathbf{B}_1\mathbf{q}_j\mathbf{q}'_j\mathbf{B}'_1 + \\ & \mathbf{B}_2\mathbf{q}_j\mathbf{q}'_j\mathbf{B}'_2 + \cdots + \mathbf{B}_{r-1}\mathbf{q}_j\mathbf{q}'_j\mathbf{B}'_{r-1})] \end{aligned} \quad (8.132)$$

运用该式可以计算出第 j 个正交化新息 u_{jt} 对前 r 期预测的 MSE 的贡献：

$$Var(u_{jt}) \cdot (\mathbf{q}_j\mathbf{q}'_j + \mathbf{B}_1\mathbf{q}_j\mathbf{q}'_j\mathbf{B}'_1 + \mathbf{B}_2\mathbf{q}_j\mathbf{q}'_j\mathbf{B}'_2 + \cdots + \mathbf{B}_{r-1}\mathbf{q}_j\mathbf{q}'_j\mathbf{B}'_{r-1})$$

与脉冲—响应分析类似，这个值的大小取决于变量的顺序。

当 $r \to \infty$ 时，对于一个协方差平稳的向量自回归的 $MSE(\hat{\mathbf{y}}_{t+r|t}) \to \boldsymbol{\Gamma}_0$，即向量 $\mathbf{y}_t$ 的无条件方差。因此，令 r 足够大，运用式（8.132）可求出 $\mathbf{y}_t$ 的总方差中归因于扰动 u_j 的部分。

另外，因为 $\mathbf{q}_j \cdot \sqrt{Var(u_{jt})}$ 等于 $\mathbf{H}_j$，即乔利斯基乘子 $\mathbf{H}$ 的第 j 列。因此，基于乔利斯基正交化分解的前 r 期预测的方差 MSE 为：

$$MSE(\hat{\mathbf{y}}_{t+r|t}) = \sum_{j=1}^{k}[\mathbf{H}_j\mathbf{H}'_j + \mathbf{B}_1\mathbf{H}_j\mathbf{H}'_j\mathbf{B}'_1 + \mathbf{B}_2\mathbf{H}_j\mathbf{H}'_j\mathbf{B}'_2 + \cdots + \mathbf{B}_{r-1}\mathbf{H}_j\mathbf{H}'_j\mathbf{B}'_{r-1}] \quad (8.133)$$

其中第 j 个正交化新息 v_{jt} 对前 r 期预测的 *MSE* 的贡献为：

$$\mathbf{H}_j\mathbf{H}'_j + \mathbf{B}_1\mathbf{H}_j\mathbf{H}'_j\mathbf{B}'_1 + \mathbf{B}_2\mathbf{H}_j\mathbf{H}'_j\mathbf{B}'_2 + \cdots + \mathbf{B}_{r-1}\mathbf{H}_j\mathbf{H}'_j\mathbf{B}'_{r-1}$$

第四节　向量协整与误差修正模型

对于一个向量 $\mathbf{y}_t$ 的自回归模型 *VAR*，假设系统中含有 k 个变量，如果向量 $\mathbf{y}_t$ 是平稳的，则系数可进行 *OLS* 估计，方差可计算出来。如果 $\mathbf{y}_t$ 中的全部或部分变量含有单位根，直接对水平变量运用 *OLS* 估计时残差可能是非平稳的，这样会产生伪回归。此时应检验这些非平稳变量之间是否存在协整关系。如果不存在协整关系，一种选择是对非平稳变量进行差分，然后再对差分变量建立 *VAR*，其弱点是经济含义不是很清晰。如果存在协整关系，则不必进行差分，可直接对水平变量建立向量误差修正模型（*VECM*）。

一　协整变换

假设 *VAR* 模型中的（$k\times1$）非平稳向量 $\mathbf{y}_t$ 是一阶单整的，$\mathbf{y}_t \sim I(1)$，如果存在协整关系，则可以在 *VAR* 的基础上建立向量误差修正模型（*VECM*）。对于 *VAR*（p）：

$$\mathbf{y}_t = \mathbf{c} + \mathbf{A}_1\mathbf{y}_{t-1} + \mathbf{A}_2\mathbf{y}_{t-2} + \cdots + \mathbf{A}_p\mathbf{y}_{t-p} + \boldsymbol{\varepsilon}_t = \mathbf{c} + \sum_{i=1}^{p}\mathbf{A}_i\mathbf{y}_{t-i} + \boldsymbol{\varepsilon}_t \quad (8.134)$$

其中 $\boldsymbol{\varepsilon}_t \sim i.i.d.\ N(0, \boldsymbol{\Omega})$。两侧同时减去 $\mathbf{y}_{t-1}$，可得：

$$\Delta\mathbf{y}_t = \mathbf{c} + (\mathbf{A}_1 - \mathbf{I}_k)\mathbf{y}_{t-1} + \mathbf{A}_2\mathbf{y}_{t-2} + \cdots + \mathbf{A}_p\mathbf{y}_{t-p} + \boldsymbol{\varepsilon}_t \quad (8.135)$$

在上式右侧同时加、减（$\mathbf{A}_2 + \mathbf{A}_3 + \cdots + \mathbf{A}_p$）$\mathbf{y}_{t-1}$后得：

$$\Delta\mathbf{y}_t = \mathbf{c} + (\mathbf{A}_1 + \mathbf{A}_2 + \cdots + \mathbf{A}_p - \mathbf{I}_k)\mathbf{y}_{t-1} - (\mathbf{A}_2 + \mathbf{A}_3 + \cdots + \mathbf{A}_p)\mathbf{y}_{t-1} + \mathbf{A}_2\mathbf{y}_{t-2} + \cdots + \mathbf{A}_p\mathbf{y}_{t-p} + \boldsymbol{\varepsilon}_t$$

令：

$$\boldsymbol{\pi} = \mathbf{A}_1 + \mathbf{A}_2 + \cdots + \mathbf{A}_p - \mathbf{I}_k \quad (8.136)$$

显然 $\boldsymbol{\pi}$ 为($k\times k$）矩阵，在上式右侧再同时加、减($\mathbf{A}_3 + \mathbf{A}_4 + \cdots + \mathbf{A}_p$）$\mathbf{y}_{t-2}$ 后得：

$$\Delta\mathbf{y}_t = \mathbf{c} + \boldsymbol{\pi}\mathbf{y}_{t-1} - (\mathbf{A}_2 + \mathbf{A}_3 + \cdots + \mathbf{A}_p)\Delta\mathbf{y}_{t-1} - (\mathbf{A}_3 + \mathbf{A}_4 + \cdots + \mathbf{A}_p)\mathbf{y}_{t-2} + \cdots + \mathbf{A}_p\mathbf{y}_{t-p} + \boldsymbol{\varepsilon}_t$$

依此类推，可得：

$$\begin{aligned}\Delta\mathbf{y}_t &= \mathbf{c} + \boldsymbol{\pi}\mathbf{y}_{t-1} + \boldsymbol{\Psi}_1\Delta\mathbf{y}_{t-1} + \boldsymbol{\Psi}_2\Delta\mathbf{y}_{t-2} + \cdots + \boldsymbol{\Psi}_{p-1}\Delta\mathbf{y}_{t-(p-1)} + \boldsymbol{\varepsilon}_t \\ &= \mathbf{c} + \sum_{i=1}^{p-1}\boldsymbol{\Psi}_i\Delta\mathbf{y}_{t-i} + \boldsymbol{\pi}\mathbf{y}_{t-1} + \boldsymbol{\varepsilon}_t\end{aligned} \tag{8.137}$$

其中：

$$\boldsymbol{\Psi}_i = -(\mathbf{A}_{i+1} + \mathbf{A}_{i+2} + \cdots + \mathbf{A}_p),\ i = 1, 2, \cdots, p-1 \tag{8.138}$$

可见，$\boldsymbol{\pi}$ 与全部的 $\boldsymbol{\Psi}_i$，$i = 1, 2, \cdots, p-1$ 有关，一般称 $\boldsymbol{\pi}$ 为压缩矩阵（或影响矩阵）。由于已知 $\mathbf{y}_t \sim I(1) \Rightarrow \Delta\mathbf{y}_t \sim \mathrm{I}(0)$，因此式（8.137）中除了 $\boldsymbol{\pi}\mathbf{y}_{t-1}$ 项以外都是平稳的。如果 $\boldsymbol{\pi}\mathbf{y}_{t-1}$ 是平稳的，则 $\mathbf{y}_{t-1}$ 的各个分量之间必然存在协整关系。可见压缩矩阵 $\boldsymbol{\pi}$ 是决定 *VAR* 模型中的变量是否存在协整关系的关键因素。

二　约翰森（Johansen）协整检验

假设非平稳向量 $\mathbf{y}_t$ 是一阶单整的，且 $\mathbf{y}_t$ 的各个分量间不存在协整关系，如果 $\boldsymbol{\pi}\mathbf{y}_{t-1}$ 是平稳的，则必有 $\boldsymbol{\pi} = \mathbf{0}$，$(k \times k)$ 矩阵 $\boldsymbol{\pi}$ 为：

$$\underset{(k\times k)}{\boldsymbol{\pi}} = \mathbf{A}_1 + \mathbf{A}_2 + \cdots + \mathbf{A}_p - \mathbf{I}_k = \begin{pmatrix} \pi_{11} & \pi_{12} & \cdots & \pi_{1k} \\ \pi_{21} & \pi_{22} & \cdots & \pi_{2k} \\ \vdots & \vdots & \cdots & \vdots \\ \pi_{k1} & \pi_{k2} & \cdots & \pi_{kk} \end{pmatrix} \tag{8.139}$$

从而矩阵 $\boldsymbol{\pi}$ 的秩 $Rank(\boldsymbol{\pi}) = 0$。

当 $Rank(\boldsymbol{\pi}) = k$ 时，如果 $\boldsymbol{\pi}\mathbf{y}_{t-1}$ 是平稳的，唯一的可能是 $\mathbf{y}_{t-1}$ 所含的全部分量都是平稳的，这与 $\mathbf{y}_t \sim \mathrm{I}(1)$ 相矛盾。因此，对于非平稳向量 $\mathbf{y}_t$，如果 $\boldsymbol{\pi}\mathbf{y}_{t-1}$ 是平稳的，则必有：$0 < Rank(\boldsymbol{\pi}) < k$。

如果 $Rank(\boldsymbol{\pi}) = r, 0 < r \leqslant k-1$，若 $\mathbf{y}_t$ 是非平稳的，$\mathbf{y}_t \sim I(1)$，则 $\boldsymbol{\pi}\mathbf{y}_{t-1}$ 平稳意味着 $\mathbf{y}_{t-1}$ 中各分量一定存在协整关系。此时矩阵 $\boldsymbol{\pi}$ 可分解为：

$$\underset{(k\times k)}{\boldsymbol{\pi}} = \underset{(k\times r)}{\boldsymbol{\alpha}} \cdot \underset{(r\times k)}{\boldsymbol{\beta}'} \tag{8.140}$$

其中 $\boldsymbol{\alpha}$ 为 $(k \times k)$ 调整系数矩阵，$\boldsymbol{\beta}'$ 为 $(r \times k)$ 协整参数矩阵：

$$\underset{(k\times r)}{\boldsymbol{\beta}} = \begin{pmatrix} \beta_{11} & \cdots & \beta_{1r} \\ \vdots & \cdots & \vdots \\ \beta_{k1} & \cdots & \beta_{kr} \end{pmatrix} = (\boldsymbol{\beta}_1, \boldsymbol{\beta}_2, \cdots, \boldsymbol{\beta}_r) \tag{8.141}$$

其中 $\boldsymbol{\beta}_i=(\beta_{1i},\beta_{2i},\cdots,\beta_{ki})',(i=1,2,\cdots,r)$ 为协整参数向量，共有 r 个协整参数向量，使得：

$$\underset{(r\times k)}{\boldsymbol{\beta}'}\underset{(k\times 1)}{\mathbf{y}_{t-1}}=\begin{pmatrix}\beta_{11} & \cdots & \beta_{k1}\\ \vdots & \cdots & \vdots\\ \beta_{1r} & \cdots & \beta_{kr}\end{pmatrix}\cdot\begin{pmatrix}y_{1,t-1}\\ \vdots\\ y_{k,t-1}\end{pmatrix}\sim I(0) \tag{8.142}$$

此时式（8.137）可表示为：

$$\begin{aligned}\Delta\mathbf{y}_t &= \mathbf{c}+\sum_{i=1}^{p-1}\boldsymbol{\Psi}_i\Delta\mathbf{y}_{t-i}+\boldsymbol{\pi}\mathbf{y}_{t-1}+\boldsymbol{\varepsilon}_t\\ &= \mathbf{c}+\sum_{i=1}^{p-1}\boldsymbol{\Psi}_i\Delta\mathbf{y}_{t-i}+\boldsymbol{\alpha}\cdot\boldsymbol{\beta}'\mathbf{y}_{t-1}+\boldsymbol{\varepsilon}_t\end{aligned} \tag{8.143}$$

由于矩阵 $\boldsymbol{\pi}$ 的秩等于它的非零特征根的个数，因此可以通过检验非零特征根的个数来检验 $\boldsymbol{\pi}$ 的秩。约翰森（Johansen，1988）提出了向量协整检验方法。

零假设 H_0：$Rank(\boldsymbol{\pi})\leqslant r$ 或 $\underset{(k\times k)}{\boldsymbol{\pi}}=\underset{(k\times r)}{\boldsymbol{\alpha}}\cdot\underset{(r\times k)}{\boldsymbol{\beta}'}$

备择假设 H_1：$r<Rank(\boldsymbol{\pi})\leqslant k-1$

假设矩阵 $\boldsymbol{\pi}$ 的特征根为 $\lambda_1>\lambda_2>\cdots>\lambda_k$，其中 $\lambda_1>\lambda_2>\cdots>\lambda_r$ 为 r 个非零特征根，λ_1 为最大特征根，其余的（$k-r$）个特征根 $\lambda_{r+1},\lambda_{r+2},\cdots,\lambda_k$ 为零。定义特征根的迹统计量：

$$\eta_r=-T\sum_{i=r+1}^{k}\ln(1-\lambda_i),r=0,1,\cdots,k-1 \tag{8.144}$$

不同 r 值条件下的临界值 η_r^*（自由度为 $k-r$）可以通过蒙特卡罗模拟得到。约翰森给出了 *VAR* 模型中协整检验的临界值。奥斯特瓦德—莱纽姆（Osterwald-Lenum，1992）的研究对约翰森检验临界值表进行了扩展，允许 *VAR* 系统包含 5 个以上的变量。在 *VAR* 模型中若含有常数项及趋势项，则协整检验的临界值应相应改变。

约翰森协整检验是一个连续检验的过程。首先从检验 $r=0$ 开始，即在式（8.143）中不存在协整向量，若 $\eta_0<\eta_0^*$，表明 $r=0$ 不能被拒绝，只有 0 个协整向量，则检验到此结束；若 $\eta_0>\eta_0^*$，表明 $r=0$ 被拒绝，接下来再检验 $r=1$，2，…，直到找出不能被拒绝的最小的 r 为止。

若结果 $r\neq 0$，则存在并可建立向量误差修正模型（*VECM*），*VECM* 实际上是以协整关系为约束条件的 *VAR* 模型。

确定 r 值后，就可估计出 $\underset{(k\times k)}{\boldsymbol{\pi}}=\underset{(k\times r)}{\boldsymbol{\alpha}}\cdot\underset{(r\times k)}{\boldsymbol{\beta}'}$，进一步可估计出 *VECM* 中的参数 $\boldsymbol{\Psi}_i,i=1,2,\cdots,p-1$，从而建立起 *VECM*。

目前，对非平稳向量系统中的协整检验工作仍在发展过程之中，比如，当约翰森协整检验结果存在多个协整向量时，究竟哪一个是经济变量之间的真实关系？如果以最大特征值 λ_1 所对应的协整向量作为系统中经济变量间的长期均衡关系，理由是否充分？其他几个协整向量应如何进行解释？这些问题都还有待于经济计量学界的进一步研究。

我们已经知道，一个向量自回归就是这样一个系统，系统中每一个变量对常数项和它的 p 阶滞后值，同时也对 *VAR* 中的所有其他变量的 p 阶滞后值回归，每一个回归式的解释变量都相同。如果在解释变量中还包含所有其他变量的当期值，则这种系统通常称做结构性 *VAR*(p)模型。结构性 *VAR*(p)模型不能用 *OLS* 估计，否则会产生联立方程偏倚。通常，结构性 *VAR*(p)模型可以转化为一般性的 *VAR*(p)模型，然后再运用普通 *VAR*(p)的分析方法进行研究。

本章小结

如果（$k\times1$）向量 $\boldsymbol{\varepsilon}_t$ 的各个分量之间不存在同期相关，则平稳 *VAR*（p）系统中的每一个方程都可以用 *OLS* 单独进行估计。但当 $\boldsymbol{\varepsilon}_t$ 的各个分量之间存在同期相关时，理论上可采用 *GLS* 对每一个方程单独估计，实际上多采用条件最大似然估计。条件最大似然方法估计出的系数等价于 *OLS* 估计，方差不同于 *OLS* 估计。

根据相关的经济理论和经济模型来选择包含在 *VAR*（p）中的变量；通过滞后长度检验选择恰当的滞后长度。格兰杰（Granger, 1969）提出的两变量间的因果关系检验可为向量自回归模型中变量的选择提供一些参考依据。一般而言，格兰杰因果关系检验并不一定能推断一个因果方向，尽管格兰杰因果关系可为真实的因果方向提供有用的论据。

脉冲—响应函数和方差分解，它们可用于概括平稳向量自回归中变量之间的动态关系。向量移动平均表达式 *VMA*（∞）是一种解释向量 $\mathbf{y}_t$ 的各个分量之间相互作用的极其有用的工具，脉冲响应分析及方差分解分析都是在移动平均表达式的基础上进行的。在 *VAR*（p）模型中，由于系统中不同方程的误差项之间通常存在同期相关，因此要正确地得到在其他误差项保持不变的条件下，当第 j 个变量对应的误差项在 t 期受到一个单位的冲击后，对所有内生变量第 $t+r$ 期产生的影响，我们必须将由误差项 $\boldsymbol{\varepsilon}_t$ 得到的方差协方差矩阵 $\boldsymbol{\Omega}$ 进行正交化处理。有多种方法可以得到正交化的脉冲—响应函数，各种计量统计软件也给出了许多相关模拟程序，比较常用的是利用乔利斯基分解得到的正交矩阵。*VAR*（p）模型中 $\mathbf{y}_t$ 的不同分量的顺序会影响脉冲响应分析及方差分析的结果。在选择特定的变量递归顺序时，主要取决于我们首先要预测什么。

对于向量 $\mathbf{y}_t$ 的自回归模型 *VAR*，如果 $\mathbf{y}_t$ 中的全部或部分变量含有单位根，直接对水平变量运用 *OLS* 估计时残差可能是非平稳的，这会产生伪回归。此时应检验这些非平稳变量之间是否存在协整关系。如果存在协整关系，则不必进行差分，可直接对水平变量建立向量误差修正模型（*VECM*）。

思　考　题

1. 名词解释

（1）向量自回归　　（2）平稳向量自回归

（3）过度参数化　　（4）格兰杰因果关系

（5）格兰杰因果关系检验　　（6）脉冲—响应函数

（7）乔利斯基分解　　（8）方差分解

2. 简答题

（1）如何将一个平稳 $VAR(p)$ 过程转化为 $VMA(\infty)$ 形式？

（2）对 $VAR(p)$ 进行 *OLS* 估计及条件最大似然估计有什么异同？

（3）简述脉冲响应分析及方差分解分析过程中正交化处理的目的和过程。

（4）$VAR(p)$ 模型中 $\mathbf{y}_t$ 的不同分量的顺序为什么会影响脉冲响应分析及方差分解分析的结果？

（5）简述约翰森协整检验的基本原理和过程。

3. 论述题

（1）论述 $VAR(p)$ 模型中变量及滞后长度选择的原则。

（2）考查下面的二元向量自回归模型：

$$y_t = 0.3y_{t-1} + 0.8z_{t-1} + \varepsilon_{1t}$$

$$z_t = 0.9y_{t-1} + 0.4z_{t-1} + \varepsilon_{2t}$$

其中 $E(\varepsilon_{1t}\varepsilon_{1\tau}) = \begin{cases}1, & t=\tau \\ 0, & t\neq\tau\end{cases}$，$E(\varepsilon_{2t}\varepsilon_{2\tau}) = \begin{cases}2, & t=\tau \\ 0, & t\neq\tau\end{cases}$；且对所有的 t 与 τ，有 $E(\varepsilon_{1t}\varepsilon_{2\tau}) = 0$。

（a）这个系统是协方差平稳的吗？

（b）计算 $r=0$，1，2 时的脉冲—响应函数 $\mathbf{B}_r = \dfrac{\partial y_{t+r}}{\partial \boldsymbol{\varepsilon}_t'}$，当 $r\to\infty$ 时，其极限是什么？

（c）计算变量 y 的前两期预测误差的均方误差 $MSE = E\left[y_{t+2} - \hat{E}(y_{t+2|t})\right]^2$ 中

归因于$\varepsilon_{1,t+1}$和$\varepsilon_{1,t+2}$的部分。

阅读参考文献

[1] [美] 詹姆斯·D. 汉密尔顿著:《时间序列分析》，刘明志译，中国社会科学出版社 1999 年版。

[2] [美] 沃尔特·恩德斯（Walter Enders）著:《应用计量经济学:时间序列分析》，杜江、谢志超译，高等教育出版社 2006 年版。

[3] [美] J. 约翰斯顿、J. 迪纳尔多著:《计量经济学方法》，唐齐明等译，中国经济出版社 2002 年版。

[4] 陆懋祖著:《高等时间序列经济计量学》，上海人民出版社 1999 年版。

[5] 张晓峒著:《计量经济分析》（修订版），经济科学出版社 2000 年版。

[6] 李子奈、叶阿忠编著:《高等计量经济学》，清华大学出版社 2000 年版。

[7] 谷宇、陈磊著:《基于结构 VAR 模型对中国财政和货币政策的动态效应分析》，载汪同三、王成璋主编《21 世纪数量经济学》（第五卷），西南交通大学出版社 2005 年版。

[8] 高铁梅主编:《计量经济分析方法与建模: Eviews 应用及实例》，清华大学出版社 2006 年版。

[9] Enders, Walter (2004), *Applied Econometric Time Series*, Second Edition, John Wiley & Sons, Inc.

[10] Granger, C. W. J. (1969), Investigating Causal Relation by Econometric and Cross-Sectional Method, *Econometrica*, 37: pp. 424—438.

[11] Johansen, S. (1988), Statistical Analysis of Cointegration Vectors, *Journal of Economic Dynamics and Control*, 12, pp. 231—254.

[12] Johansen, S. (1995), *Likelihood - Based Inference in Cointegrated Vector Autoregressive Models*, Oxford University Press.

[13] Osterwald - Lenum, M. (1992), A Note with Fractiles of the Asymptotic Distribution of the Maximum Likelihood Cointegration Rank Test Statistic: Four Cases, *Oxford Bulletin of Economics and Statistics*, 54, pp. 461—472.

[14] Sims, Christopher (1980), Macroeconometrics and Reality, *Econometrica*, 48: pp. 1—48.

第九章　状态空间模型与卡尔曼滤波

内容提要

对经济系统的研究离不开模型，而一个系统往往可以用不同的模型去描述，其中之一就是状态空间模型。状态空间模型可以方便地描述经济系统的动态性质，状态空间模型的基本思想是将动态系统表示成特定形式，称做状态空间表示，运用最大似然方法估计出参数矩阵，运用卡尔曼滤波算法递推出动态参数。这种算法应归功于20世纪60年代R. E. 卡尔曼的开创性研究。

20世纪80年代以来，状态空间模型已成为研究经济系统的一种有力的建模工具。状态空间模型建立后，就可以利用卡尔曼滤波得出相应的估计并进行预测。状态空间模型的应用范围越来越广泛，其中一个重要的应用就是用来估计变参数模型。本章内容主要选编自汉密尔顿（1999）。

第一节　常用的状态空间模型

一　状态空间模型的一般形式

令 $\mathbf{y}_t$ 表示时期 t 观察到的（$k\times1$）个变量组成的向量。$\mathbf{y}_t$ 的动态模型可以用观察到的（$m\times1$）个外生变量或前定变量组成的向量 $\mathbf{x}_t$、可能未观察到的（$r\times1$）个变量组成的状态向量 $\mathbf{s}_t$ 来表示，$\mathbf{s}_t$ 称为状态向量。$\mathbf{y}_t$（$t=1, 2, \cdots, T$）的动态状态空间模型可表示为如下方程系统：

状态方程或转换方程：$\underset{(r\times1)}{\mathbf{s}_{t+1}} = \underset{(r\times r)}{\mathbf{F}}\ \underset{(r\times1)}{\mathbf{s}_t} + \underset{(r\times1)}{\mathbf{v}_{t+1}}$　　(9.1)

观察方程：$\underset{(k\times1)}{\mathbf{y}_t} = \underset{(k\times m)}{\mathbf{B}'}\cdot\underset{(m\times1)}{\mathbf{x}_t} + \underset{(k\times r)}{\mathbf{G}'}\cdot\underset{(r\times1)}{\mathbf{s}_t} + \underset{(k\times1)}{\mathbf{u}_t}$　　(9.2)

其中 $\mathbf{F}$，$\mathbf{B}'$，$\mathbf{G}'$ 分别为（$r\times r$），（$k\times m$），（$k\times r$）矩阵，$\mathbf{x}_t$ 是外生的或前定变量（$m\times1$）向量，（$r\times1$）向量 $\mathbf{v}_t$ 和（$k\times1$）向量 $\mathbf{u}_t$ 为向量白噪声，它们满足：

$$E(\mathbf{v}_t\mathbf{v}'_\tau)=\begin{cases}\underset{(r\times r)}{\mathbf{W}} & t=\tau\\ \mathbf{0} & t\neq\tau\end{cases} \tag{9.3}$$

$$E(\mathbf{u}_t\mathbf{u}'_\tau)=\begin{cases}\underset{(k\times k)}{\mathbf{R}} & t=\tau\\ \mathbf{0} & t\neq\tau\end{cases} \tag{9.4}$$

其中 $\mathbf{W}$ 和 $\mathbf{R}$ 分别为（$r\times r$）和（$k\times k$）矩阵。假定扰动项 $\mathbf{v}_t$ 和 $\mathbf{u}_t$ 两者之间在同期及所有阶滞后都不相关：

$E(\mathbf{v}_t\mathbf{u}'_\tau)=\mathbf{0}$，对所有的 t 和 τ (9.5)

$\mathbf{x}_t$ 是外生的或前定变量（$m\times 1$）向量，它可以包含 $\mathbf{y}_t$ 的滞后值或其他与任意时期 $\mathbf{s}_\tau$ 和 $\mathbf{u}_\tau$（对所有的 τ）都不相关的变量。

状态向量 $\mathbf{s}_t$ 的初始值 $\mathbf{s}_1$ 需要特别给予关注，假定 $\mathbf{s}_1$ 与任意时期的 $\mathbf{v}_t$ 和 $\mathbf{u}_t$ 都不相关：

$$E(\mathbf{v}_t\mathbf{s}'_1)=\mathbf{0},t=1,2,\cdots,T \tag{9.6}$$

$$E(\mathbf{u}_t\mathbf{s}'_1)=\mathbf{0},t=1,2,\cdots,T \tag{9.7}$$

由状态方程（9.1）得，$\mathbf{s}_t$ 可写作 $\mathbf{s}_1$，$\mathbf{v}_2$，$\mathbf{v}_3$，…，$\mathbf{v}_t$ 的线性函数：

$$\mathbf{s}_t=\mathbf{v}_t+\mathbf{F}\mathbf{v}_{t-1}+\mathbf{F}^2\mathbf{v}_{t-2}+\cdots+\mathbf{F}^{t-2}\mathbf{v}_2+\mathbf{F}^{t-1}\mathbf{s}_1,\ t=2,\ 3,\ \cdots,\ T \tag{9.8}$$

因此，根据式（9.6）和式（9.3），可得 $\mathbf{v}_t$ 与 $\mathbf{s}_t$ 的任意滞后值不相关：

$$E(\mathbf{v}_t\mathbf{s}'_\tau)=E[\mathbf{v}_t\cdot(\mathbf{v}_\tau+\mathbf{F}\mathbf{v}_{\tau-1}+\mathbf{F}^2\mathbf{v}_{\tau-2}+\cdots+\mathbf{F}^{\tau-2}\mathbf{v}_2+\mathbf{F}^{\tau-1}\mathbf{s}_1)']=\mathbf{0}$$
$$\tau=t-1,t-2,\cdots,1 \tag{9.9}$$

类似地，根据式（9.7）和式（9.5），可得 $\mathbf{u}_t$ 与 $\mathbf{s}_t$ 在同期及 $\mathbf{s}_t$ 的任意滞后值不相关：

$$E(\mathbf{u}_t\mathbf{s}'_\tau)=E[\mathbf{u}_t\cdot(\mathbf{v}_\tau+\mathbf{F}\mathbf{v}_{\tau-1}+\mathbf{F}^2\mathbf{v}_{\tau-2}+\cdots+\mathbf{F}^{\tau-2}\mathbf{v}_2+\mathbf{F}^{\tau-1}\mathbf{s}_1)']=\mathbf{0}$$
$$\tau=1,2,\cdots,T \tag{9.10}$$

同理可得 $\mathbf{v}_t$、$\mathbf{u}_t$ 与 $\mathbf{y}_t$ 的任意期滞后值不相关：

$$E(\mathbf{u}_t\mathbf{y}'_\tau)=E[\mathbf{u}_t(\mathbf{B}'\mathbf{x}_\tau+\mathbf{G}'\mathbf{s}_\tau+\mathbf{u}_\tau)']=\mathbf{0},\ \tau=t-1,t-2,\cdots,1 \tag{9.11}$$

$$E(\mathbf{v}_t\mathbf{y}'_\tau)=E[\mathbf{v}_t(\mathbf{B}'\mathbf{x}_\tau+\mathbf{G}'\mathbf{s}_\tau+\mathbf{u}_\tau)']=\mathbf{0},\ \tau=t-1,t-2,\cdots,1 \tag{9.12}$$

二　自回归模型 *AR*（*p*）的状态空间表示

状态空间模型可以方便地描述经济系统的动态性质，因此可以将许多经济模型改写成状态空间模型的形式。

设 p 阶自回归模型 AR（p）的离差形式为：

$$y_{t+1}-\mu=\varphi_1(y_t-\mu)+\varphi_2(y_{t-1}-\mu)+\cdots+\varphi_p(y_{t-p+1}-\mu)+\varepsilon_{t+1} \tag{9.13}$$

$$E(\varepsilon_t\ \varepsilon_\tau)=\begin{cases}\sigma^2, t=\tau\\ 0, t\neq\tau\end{cases}$$

它的状态空间模型如下。

状态方程 $\underset{(r\times1)}{\mathbf{s}_{t+1}}=\underset{(r\times r)}{\mathbf{F}}\ \underset{(r\times1)}{\mathbf{s}_t}+\underset{(r\times1)}{\mathbf{v}_{t+1}}$ （$r=p$）为：

$$\begin{bmatrix} y_{t+1}-\mu\\ y_t-\mu\\ \vdots\\ y_{t-p+2}-\mu\end{bmatrix}=\begin{bmatrix}\varphi_1 & \varphi_2 & \cdots & \varphi_{p-1} & \varphi_p\\ 1 & 0 & \cdots & 0 & 0\\ 0 & 1 & \cdots & 0 & 0\\ \vdots & \vdots & \cdots & \vdots & \vdots\\ 0 & 0 & \cdots & 1 & 0\end{bmatrix}\begin{bmatrix} y_t-\mu\\ y_{t-1}-\mu\\ \vdots\\ y_{t-p+1}-\mu\end{bmatrix}+\begin{bmatrix}\varepsilon_{t+1}\\ 0\\ \vdots\\ 0\end{bmatrix} \tag{9.14}$$

其中：

$$\mathbf{s}_t=\begin{bmatrix} y_t-\mu\\ y_{t-1}-\mu\\ \vdots\\ y_{t-p+1}-\mu\end{bmatrix},\mathbf{F}=\begin{bmatrix}\varphi_1 & \varphi_2 & \cdots & \varphi_{p-1} & \varphi_p\\ 1 & 0 & \cdots & 0 & 0\\ 0 & 1 & \cdots & 0 & 0\\ \vdots & \vdots & \cdots & \vdots & \vdots\\ 0 & 0 & \cdots & 1 & 0\end{bmatrix},\mathbf{v}_{t+1}=\begin{bmatrix}\varepsilon_{t+1}\\ 0\\ \vdots\\ 0\end{bmatrix},\mathbf{W}=\begin{bmatrix}\sigma^2 & 0 & \cdots & 0\\ 0 & 0 & \cdots & 0\\ \vdots & \vdots & \cdots & \vdots\\ 0 & 0 & \cdots & 0\end{bmatrix}$$

观察方程 $\underset{(k\times1)}{\mathbf{y}_t}=\underset{(k\times m)}{\mathbf{B}'}\cdot\underset{(m\times1)}{\mathbf{x}_t}+\underset{(k\times r)}{\mathbf{G}'}\cdot\underset{(r\times1)}{\mathbf{s}_t}+\underset{(k\times1)}{\mathbf{u}_t}$（$k=1$）相当于一阶向量差分方程：

$$y_t=\mu+\begin{bmatrix}1 & 0 & \cdots & 0\end{bmatrix}\begin{bmatrix} y_t-\mu\\ y_{t-1}-\mu\\ \vdots\\ y_{t-p+1}-\mu\end{bmatrix} \tag{9.15}$$

此时的观察方程是一个恒等式，其中 $\mathbf{y}_t=y_t,\mathbf{B}'=\mu,\mathbf{x}_t=1,\mathbf{G}'=[1\quad 0\quad\cdots\quad 0]$，$\mathbf{u}_t=0,\mathbf{R}=0$。

事实上，在第八章中，将一个 *VAR*（*p*）写成一个 *VAR*（1），就是一个相似的状态空间表示。写成状态空间表示的目的是为了便于得到系统的动态性质。

三　移动平均模型 *MA*（1）的状态空间表示

设 *MA*（1）过程为：

$$y_t=\mu+\varepsilon_t+\theta\varepsilon_{t-1} \tag{9.16}$$

它的状态空间模型如下。

状态方程 $\underset{(r\times 1)}{\mathbf{s}_{t+1}} = \underset{(r\times r)}{\mathbf{F}} \underset{(r\times 1)}{\mathbf{s}_t} + \underset{(r\times 1)}{\mathbf{v}_{t+1}}$ （$r=2$）为：

$$\begin{bmatrix}\varepsilon_{t+1}\\ \varepsilon_t\end{bmatrix}=\begin{bmatrix}0 & 0\\ 1 & 0\end{bmatrix}\begin{bmatrix}\varepsilon_t\\ \varepsilon_{t-1}\end{bmatrix}+\begin{bmatrix}\varepsilon_{t+1}\\ 0\end{bmatrix} \tag{9.17}$$

其中 $\mathbf{s}_t=\begin{bmatrix}\varepsilon_t\\ \varepsilon_{t-1}\end{bmatrix},\mathbf{F}=\begin{bmatrix}0 & 0\\ 1 & 0\end{bmatrix},\mathbf{v}_{t+1}=\begin{bmatrix}\varepsilon_{t+1}\\ 0\end{bmatrix},\mathbf{W}=\begin{bmatrix}\sigma^2 & 0\\ 0 & 0\end{bmatrix}$

观察方程 $\underset{(k\times 1)}{\mathbf{y}_t} = \underset{(k\times m)}{\mathbf{B}'} \cdot \underset{(m\times 1)}{\mathbf{x}_t} + \underset{(k\times r)}{\mathbf{G}'} \cdot \underset{(r\times 1)}{\mathbf{s}_t} + \underset{(k\times 1)}{\mathbf{u}_t}$（$k=1$）为：

$$y_t=\mu+\begin{bmatrix}1 & \theta\end{bmatrix}\begin{bmatrix}\varepsilon_t\\ \varepsilon_{t-1}\end{bmatrix} \tag{9.18}$$

其中 $\mathbf{y}_t=y_t$，$\mathbf{B}'=\mu$，$\mathbf{x}_t=1$，$\mathbf{G}'=[1\quad\theta]$，$\mathbf{u}_t=0$，$\mathbf{R}=0$。

有多种方法可以将一个给定的系统写成状态空间形式。例如，*MA*（1）过程也可以写成下面的状态空间模型。

状态方程 $\underset{(r\times 1)}{\mathbf{s}_{t+1}} = \underset{(r\times r)}{\mathbf{F}} \underset{(r\times 1)}{\mathbf{s}_t} + \underset{(r\times 1)}{\mathbf{v}_{t+1}}$ （$r=2$）为：

$$\begin{bmatrix}\varepsilon_{t+1}+\theta\varepsilon_t\\ \theta\varepsilon_{t+1}\end{bmatrix}=\begin{bmatrix}0 & 1\\ 0 & 0\end{bmatrix}\begin{bmatrix}\varepsilon_t+\theta\varepsilon_{t-1}\\ \theta\varepsilon_t\end{bmatrix}+\begin{bmatrix}\varepsilon_{t+1}\\ \theta\varepsilon_{t+1}\end{bmatrix} \tag{9.19}$$

其中 $\mathbf{s}_t=\begin{bmatrix}\varepsilon_t+\theta\varepsilon_{t-1}\\ \theta\varepsilon_t\end{bmatrix}$，$\mathbf{F}=\begin{bmatrix}0 & 1\\ 0 & 0\end{bmatrix}$，$\mathbf{v}_{t+1}=\begin{bmatrix}\varepsilon_{t+1}\\ \theta\varepsilon_{t+1}\end{bmatrix}$，$\mathbf{W}=\begin{bmatrix}\sigma^2 & \theta\sigma^2\\ \theta\sigma^2 & \theta^2\sigma^2\end{bmatrix}$

观察方程 $\underset{(k\times 1)}{\mathbf{y}_t} = \underset{(k\times m)}{\mathbf{B}'} \cdot \underset{(m\times 1)}{\mathbf{x}_t} + \underset{(k\times r)}{\mathbf{G}'} \cdot \underset{(r\times 1)}{\mathbf{s}_t} + \underset{(k\times 1)}{\mathbf{u}_t}$ （$k=1$）为：

$$y_t=\mu+\begin{bmatrix}1 & 0\end{bmatrix}\begin{bmatrix}\varepsilon_t+\theta\varepsilon_{t-1}\\ \theta\varepsilon_t\end{bmatrix} \tag{9.20}$$

其中 $\mathbf{y}_t=y_t$，$\mathbf{B}'=\mu$，$\mathbf{x}_t=1$，$\mathbf{G}'=[1\quad 0]$，$\mathbf{u}_t=0$，$\mathbf{R}=0$。

不管是哪种形式，它们的最大似然估计结果和预测是相同的。在具体运用时可以根据具体的需要写成方便的形式。

四 *ARMA*（*p*，*q*）模型的状态空间表示

设 *ARMA*（p，q）模型的离差形式为：

$$\begin{aligned}y_t-\mu&=\varphi_1(y_{t-1}-\mu)+\varphi_2(y_{t-2}-\mu)+\cdots+\varphi_p(y_{t-p}-\mu)\\&\quad+\varepsilon_t+\theta_1\varepsilon_{t-1}+\theta_2\varepsilon_{t-2}+\cdots+\theta_q\varepsilon_{t-q}\end{aligned} \tag{9.21}$$

令 $r=\max(p,\ q+1)$，上面的 *ARMA*（p，q）模型可改写为 *ARMA*（r，$r-1$）模型：

$$y_t-\mu=\varphi_1(y_{t-1}-\mu)+\varphi_2(y_{t-2}-\mu)+\cdots+\varphi_r(y_{t-r}-\mu)$$

$$+\varepsilon_t+\theta_1\varepsilon_{t-1}+\theta_2\varepsilon_{t-2}+\cdots+\theta_{r-1}\varepsilon_{t-r+1} \tag{9.22}$$

当 $i>p$ 时 $\varphi_i=0$；当 $i>q$ 时 $\theta_i=0$。

它的状态空间模型如下。

状态方程 $\underset{(r\times1)}{\mathbf{s}_{t+1}}=\underset{(r\times r)}{\mathbf{F}}\underset{(r\times1)}{\mathbf{s}_t}+\underset{(r\times1)}{\mathbf{v}_{t+1}}$ $[r=\max(p,q+1)]$ 为：

$$\mathbf{s}_{t+1}=\begin{bmatrix}\varphi_1 & \varphi_2 & \cdots & \varphi_{r-1} & \varphi_r\\ 1 & 0 & \cdots & 0 & 0\\ 0 & 1 & \cdots & 0 & 0\\ \vdots & \vdots & \cdots & \vdots & \vdots\\ 0 & 0 & \cdots & 1 & 0\end{bmatrix}\mathbf{s}_t+\begin{bmatrix}\varepsilon_{t+1}\\ 0\\ \vdots\\ 0\end{bmatrix} \tag{9.23}$$

其中 $\mathbf{s}_{t+1}=\mathbf{s}_{t+1}$，$\mathbf{F}=\begin{bmatrix}\varphi_1 & \varphi_2 & \cdots & \varphi_{r-1} & \varphi_r\\ 1 & 0 & \cdots & 0 & 0\\ 0 & 1 & \cdots & 0 & 0\\ \vdots & \vdots & \cdots & \vdots & \vdots\\ 0 & 0 & \cdots & 1 & 0\end{bmatrix}$，$\mathbf{v}_{t+1}=\begin{bmatrix}\varepsilon_{t+1}\\ 0\\ \vdots\\ 0\end{bmatrix}$，$\mathbf{W}=\begin{bmatrix}\sigma^2 & 0 & \cdots & 0\\ 0 & 0 & \cdots & 0\\ \vdots & \vdots & \cdots & \vdots\\ 0 & 0 & \cdots & 0\end{bmatrix}$

观察方程 $\underset{(k\times1)}{\mathbf{y}_t}=\underset{(k\times m)}{\mathbf{B}'}\cdot\underset{(m\times1)}{\mathbf{x}_t}+\underset{(k\times r)}{\mathbf{G}'}\cdot\underset{(r\times1)}{\mathbf{s}_t}+\underset{(k\times1)}{\mathbf{u}_t}$ $(k=1)$ 为：

$$y_t=\mu+[1\quad\theta_1\quad\theta_2\quad\cdots\quad\theta_{r-1}]\mathbf{s}_t \tag{9.24}$$

其中 $\mathbf{y}_t=y_t$，$\mathbf{B}'=\mu$，$\mathbf{x}_t=1$，$\mathbf{G}'=[1\quad\theta_1\quad\theta_2\quad\cdots\quad\theta_{r-1}]$，$\mathbf{u}_t=0$，$\mathbf{R}=0$。

第二节　卡尔曼滤波与状态向量的动态估计

在状态空间模型：

状态方程：$\underset{(r\times1)}{\mathbf{s}_{t+1}}=\underset{(r\times r)}{\mathbf{F}}\underset{(r\times1)}{\mathbf{s}_t}+\underset{(r\times1)}{\mathbf{v}_{t+1}}$

观察方程：$\underset{(k\times1)}{\mathbf{y}_t}=\underset{(k\times m)}{\mathbf{B}'}\cdot\underset{(m\times1)}{\mathbf{x}_t}+\underset{(k\times r)}{\mathbf{G}'}\cdot\underset{(r\times1)}{\mathbf{s}_t}+\underset{(k\times1)}{\mathbf{u}_t}$

$$E(\mathbf{v}_t\mathbf{v}'_\tau)=\begin{cases}\underset{(r\times r)}{\mathbf{W}} & t=\tau\\ \mathbf{0} & t\neq\tau\end{cases}$$

$$E(\mathbf{u}_t\mathbf{u}'_\tau)=\begin{cases}\underset{(k\times k)}{\mathbf{R}} & t=\tau\\ \mathbf{0} & t\neq\tau\end{cases}$$

中，假定 $\mathbf{y}_1$，$\mathbf{y}_2$，…，$\mathbf{y}_T$；$\mathbf{x}_1$，$\mathbf{x}_2$，…，$\mathbf{x}_T$ 已知，同时假定 $\mathbf{F}$，$\mathbf{B}$，$\mathbf{G}$，$\mathbf{W}$ 和 $\mathbf{R}$ 等参数矩阵已知，目标是估计动态参数 $\mathbf{s}_t$。卡尔曼（Kalman）滤波提供了一种递推估计 $\mathbf{s}_t$ 的算法。卡尔曼滤波是以时期 t 及以前观察到的数据

和信息为基础，计算状态向量的最理想的递推过程（线性投影）：

$$\hat{\mathbf{s}}_{t+1|t}=\hat{E}(\mathbf{s}_{t+1}|\mathscr{Y}_t)$$

其中：

$$\mathscr{Y}_t=(\mathbf{y}'_t,\mathbf{y}'_{t-1},\cdots,\mathbf{y}'_1;\mathbf{x}'_t,\mathbf{x}'_{t-1},\cdots,\mathbf{x}'_1)' \tag{9.25}$$

$\hat{E}(\mathbf{s}_{t+1}|\mathscr{Y}_t)$表示$\mathbf{s}_{t+1}$关于$\mathscr{Y}_t$和常数项的线性投影。卡尔曼滤波递归地计算这些预测，相继生成$\mathbf{s}_{1|0}$，$\mathbf{s}_{2|1}$，…，$\mathbf{s}_{T|T-1}$。与每一个预测相对应的方差协方差矩阵可用下面的（$r\times r$）矩阵表示：

$$\mathbf{P}_{t+1|t}=E[(\mathbf{s}_{t+1}-\hat{\mathbf{s}}_{t+1|t})(\mathbf{s}_{t+1}-\hat{\mathbf{s}}_{t+1|t})'] \tag{9.26}$$

当新的观测值一旦得到，就可以运用卡尔曼滤波连续地修正状态向量的估计。状态向量的估计问题根据信息的多少可分为三种类型：

1. 平滑（smoothing）

这是以时期T及以前观察到的数据和信息为基础，对过去时期t（$t<T$）状态的估计问题。其特点是在知道过去、现在和将来时刻的观测值的情况下，对现在时刻状态向量的估计，即：

$$\hat{\mathbf{s}}_{t|T}=\hat{E}(\mathbf{s}_t|\mathscr{Y}_T)$$

2. 滤波（filtering）

这是以时期t及以前观察到的数据和信息为基础，对同一时期t状态的估计问题。其特点是在知道过去和现在时刻的观测值，但不知道未来时刻的观测值的情况下，对现在时刻状态向量的估计，即：

$$\hat{\mathbf{s}}_{t|t}=\hat{E}(\mathbf{s}_t|\mathscr{Y}_t)$$

3. 预测（prediction）

一步预测是以时期t及以前观察到的数据和信息为基础，对未来时期（$t+1$）状态的估计问题。其特点是在知道过去和现在时刻的观测值，但不知道未来时刻的观测值的情况下，对未来前一步状态向量和观测值的估计，即：

$$\hat{\mathbf{s}}_{t+1|t}=\hat{E}(\mathbf{s}_{t+1}|\mathscr{Y}_t),\hat{y}_{t+1|t}=\hat{E}(y_{t+1}|\mathscr{Y}_t)$$

一　线性投影

线性投影的概念如下：对于线性函数$y_{t+1}=\mathbf{x}_t\boldsymbol{\beta}+\varepsilon_t$，求出$\boldsymbol{\beta}$后，如果预测误差（$y_{t+1}-\mathbf{x}_t\boldsymbol{\beta}$）与$\mathbf{x}_t$无关，则预测$\hat{P}[y_{t+1}|\mathbf{x}_t]=\mathbf{x}_t\boldsymbol{\beta}$称为$y_{t+1}$关于$\mathbf{x}_t$的线性投影，$\boldsymbol{\beta}$称为线性投影系数。在线性预测族中，线性投影具有最小的均方误差。y_{t+1}关于$\mathbf{x}_t$的OLS回归可得到线性投影系数$\boldsymbol{\beta}$的一致估计。

假定有三组变量的观察值：令 $\mathbf{y}_1$，$\mathbf{y}_2$ 和 $\mathbf{y}_3$ 分别为（$n_1\times 1$），（$n_2\times 1$），（$n_3\times 1$）向量。令它们的二阶矩矩阵为：

$$\mathbf{\Omega}=\begin{bmatrix} E(\mathbf{y}_1\mathbf{y}_1') & E(\mathbf{y}_1\mathbf{y}_2') & E(\mathbf{y}_1\mathbf{y}_3') \\ E(\mathbf{y}_2\mathbf{y}_1') & E(\mathbf{y}_2\mathbf{y}_2') & E(\mathbf{y}_2\mathbf{y}_3') \\ E(\mathbf{y}_3\mathbf{y}_1') & E(\mathbf{y}_3\mathbf{y}_2') & E(\mathbf{y}_3\mathbf{y}_3') \end{bmatrix}=\begin{bmatrix} \mathbf{\Omega}_{11} & \mathbf{\Omega}_{12} & \mathbf{\Omega}_{13} \\ \mathbf{\Omega}_{21} & \mathbf{\Omega}_{22} & \mathbf{\Omega}_{23} \\ \mathbf{\Omega}_{31} & \mathbf{\Omega}_{32} & \mathbf{\Omega}_{33} \end{bmatrix} \tag{9.27}$$

其中 $\mathbf{\Omega}_{12}=\mathbf{\Omega}'_{21}$，$\mathbf{\Omega}_{13}=\mathbf{\Omega}'_{31}$，$\mathbf{\Omega}_{23}=\mathbf{\Omega}'_{32}$

假定我们对预测 $\mathbf{y}_3$ 的值感兴趣，令 $\mathbf{y}_1$ 为一些初始信息，它能为 $\mathbf{y}_3$ 的预测提供基础，$\mathbf{y}_3$ 仅以 $\mathbf{y}_1$ 为基础的预测（线性投影）为：

$$\hat{P}(\mathbf{y}_3\mid\mathbf{y}_1)=\mathbf{\Omega}_{31}\mathbf{\Omega}_{11}^{-1}\mathbf{y}_1 \tag{9.28}$$

令 $\mathbf{y}_2$ 为用来校正 $\mathbf{y}_3$ 预测的一些新信息，如果以 $\mathbf{y}_1$ 为基础来预测 $\mathbf{y}_2$，则线性投影为：

$$\hat{P}(\mathbf{y}_2\mid\mathbf{y}_1)=\mathbf{\Omega}_{21}\mathbf{\Omega}_{11}^{-1}\mathbf{y}_1 \tag{9.29}$$

如果 $\mathbf{y}_1$ 为基础，同时加入 $\mathbf{y}_2$ 的新信息，则对 $\mathbf{y}_3$ 校正的线性投影公式为：

$$\hat{P}(\mathbf{y}_3\mid\mathbf{y}_2,\mathbf{y}_1)=\hat{P}(\mathbf{y}_3\mid\mathbf{y}_1)+\mathbf{H}_{32}\mathbf{H}_{22}^{-1}[\mathbf{y}_2-\hat{P}(\mathbf{y}_2\mid\mathbf{y}_1)] \tag{9.30}$$

对 $\mathbf{y}_3$ 校正的线性投影的均方误差为：

$$E\{[\mathbf{y}_3-\hat{P}(\mathbf{y}_3\mid\mathbf{y}_2,\mathbf{y}_1)][\mathbf{y}_3-\hat{P}(\mathbf{y}_3\mid\mathbf{y}_2,\mathbf{y}_1)]'\}=\mathbf{H}_{33}-\mathbf{H}_{32}\mathbf{H}_{22}^{-1}\mathbf{H}_{23} \tag{9.31}$$

其中：

$$\mathbf{H}_{22}=E\{[\mathbf{y}_2-\hat{P}(\mathbf{y}_2\mid\mathbf{y}_1)][\mathbf{y}_2-\hat{P}(\mathbf{y}_2\mid\mathbf{y}_1)]'\}=\mathbf{\Omega}_{22}-\mathbf{\Omega}_{21}\mathbf{\Omega}_{11}^{-1}\mathbf{\Omega}_{12} \tag{9.32}$$

$$\mathbf{H}_{32}=E\{[\mathbf{y}_3-\hat{P}(\mathbf{y}_3\mid\mathbf{y}_1)][\mathbf{y}_2-\hat{P}(\mathbf{y}_2\mid\mathbf{y}_1)]'\}=\mathbf{\Omega}_{32}-\mathbf{\Omega}_{31}\mathbf{\Omega}_{11}^{-1}\mathbf{\Omega}_{12}=\mathbf{H}'_{23} \tag{9.33}$$

$$\mathbf{H}_{33}=E\{[\mathbf{y}_3-\hat{P}(\mathbf{y}_3\mid\mathbf{y}_1)][\mathbf{y}_3-\hat{P}(\mathbf{y}_3\mid\mathbf{y}_1)]'\}=\mathbf{\Omega}_{33}-\mathbf{\Omega}_{31}\mathbf{\Omega}_{11}^{-1}\mathbf{\Omega}_{13} \tag{9.34}$$

如果线性投影 $P(\mathbf{y}_3\mid\mathbf{y}_2,\ \mathbf{y}_1)$ 本身再对 $\mathbf{y}_1$ 投影，则该投影等于 $\mathbf{y}_3$ 关于 $\mathbf{y}_1$ 的简单投影：

$$\hat{P}[\hat{P}(\mathbf{y}_3\mid\mathbf{y}_2,\mathbf{y}_1)\mid\mathbf{y}_1]=\hat{P}(\mathbf{y}_3\mid\mathbf{y}_1) \tag{9.35}$$

式（9.35）称为迭代投影定律。

二　设定递推初值

为了递推估计动态参数 $\mathbf{s}_t$，首先从 $\mathbf{s}_{1\mid 0}$开始，它表示没有 $\mathbf{y}$ 或 $\mathbf{x}$ 的观察值为根据时 $\mathbf{s}_1$ 的预测，它是 $\mathbf{s}_1$ 的无条件预测：$\hat{\mathbf{s}}_{1\mid 0}=E(\mathbf{s}_1)$，相应的方

差为：

$$\mathbf{P}_{1|0}=E\{[\mathbf{s}_1-E(\mathbf{s}_1)][\mathbf{s}_1-E(\mathbf{s}_1)]'\} \tag{9.36}$$

更为一般地，如果 $\mathbf{F}$ 的特征值都落在单位圆之内，$\mathbf{s}_t$ 的过程式（9.1）是协方差平稳的。将式（9.1）两边取期望可得：

$$E(\mathbf{s}_{t+1})=\mathbf{F}\cdot E(\mathbf{s}_t)$$

由于 $\mathbf{s}_t$ 是协方差平稳的，

$$(\mathbf{I}_r-\mathbf{F})\cdot E(\mathbf{s}_t)=\mathbf{0}$$

由于 $\mathbf{F}$ 的特征值不为 1，矩阵（$\mathbf{I}_r-\mathbf{F}$）是非奇异的且该方程有唯一解：

$$E(\mathbf{s}_t)=\mathbf{0} \tag{9.37}$$

第八章式（8.26）及式（8.30）给出了 $\underset{(r\times 1)}{\mathbf{s}_{t+1}}=\underset{(r\times r)}{\mathbf{F}}\underset{(r\times 1)}{\mathbf{s}_t}+\underset{(r\times 1)}{\mathbf{v}_{t+1}}$ 模型中 $\mathbf{s}_t$ 的方差—协方差矩阵：

$$\Sigma=\mathbf{F}\Sigma\mathbf{F}'+\mathbf{W}$$

$$vec(\Sigma)=[\mathbf{I}_{r^2}-(\mathbf{F}\otimes\mathbf{F})]^{-1}\cdot vec(\mathbf{W})$$

这里的矩阵 $\mathbf{F}$ 是一个（$r\times r$）矩阵，（$\mathbf{F}\otimes\mathbf{F}'$）是一个（$r^2\times r^2$）矩阵。其中 $vec(\Sigma)$ 表示一个列向量，它将矩阵 Σ 的各列按照从左到右的顺序排成上下一列。

如果 $\mathbf{s}_t$ 是协方差平稳的，$\mathbf{F}$ 的特征值落在单位圆之内，则卡尔曼滤波可由 $\hat{\mathbf{s}}_{1|0}=0$ 和 $\mathbf{P}_{1|0}$开始，其中 $\mathbf{P}_{1|0}$为（$r\times r$）矩阵，其元素可表示作如下的列向量：

$$vec(\mathbf{P}_{1|0})=[\mathbf{I}_{r^2}-(\mathbf{F}\otimes\mathbf{F})]^{-1}\cdot vec(\mathbf{W}) \tag{9.38}$$

与此相反，如果 $\mathbf{F}$ 的特征值落在单位圆之上或之外，或初始状态 $\mathbf{s}_1$ 并不被看做由式（9.1）表示的过程的任意抽样，则 $\hat{\mathbf{s}}_{1|0}$可被关于 $\mathbf{s}_1$ 的最好初始猜测代替，而 $\mathbf{P}_{1|0}$是一个正定矩阵，代表这一猜测的可信度，$\mathbf{P}_{1|0}$的主对角线元素的值越大，则 $\mathbf{s}_1$ 的真实值的不确定性也越大。

三　预测：$\hat{\mathbf{y}}_{t|t-1}$及其方差

给定初始值 $\mathbf{s}_{1|0}$和 $\mathbf{P}_{1|0}$之后，下一步就是计算下一期的 $\mathbf{s}_{2|1}$和 $\mathbf{P}_{2|1}$。当$t=2,3,\cdots,T$时，计算的基本形式都相同。这里可以用第 t 步的一般形式来表示它们：给定 $\mathbf{s}_{t|t-1}$和 $\mathbf{P}_{t|t-1}$，目标是计算 $\mathbf{s}_{t+1|t}$和 $\mathbf{P}_{t+1|t}$。

首先，在$\mathscr{Y}_{t-1}$之外，$\mathbf{x}_t$ 不包含 $\mathbf{s}_t$ 的其他信息，即：

$$\hat{E}(\mathbf{s}_t|\mathbf{x}_t,\mathscr{Y}_{t-1})=\hat{\mathrm{E}}(\mathbf{s}_t|\mathscr{Y}_{t-1})=\hat{\mathbf{s}}_{t|t-1}$$

接下来预测 $\mathbf{y}_t$ 的值：

$$\hat{\mathbf{y}}_{t|t-1}=\hat{E}(\mathbf{y}_t|\mathbf{x}_t,\mathscr{Y}_{t-1})$$

由式（9.2）知：

$$\hat{E}(\mathbf{y}_t|\mathbf{x}_t,\mathbf{s}_t)=\mathbf{B}'\mathbf{x}_t+\mathbf{G}'\mathbf{s}_t$$

这样，根据迭代投影定律（9.35），可得：

$$\hat{\mathbf{y}}_{t|t-1}=\mathbf{B}'\mathbf{x}_t+\mathbf{G}'\cdot\hat{E}(\mathbf{s}_t|\mathbf{x}_t,\mathscr{Y}_{t-1})=\mathbf{B}'\mathbf{x}_t+\mathbf{G}'\hat{\mathbf{s}}_{t|t-1}\tag{9.39}$$

由式（9.2），这一预测的误差为：

$$\mathbf{y}_t-\hat{\mathbf{y}}_{t|t-1}=\mathbf{B}'\mathbf{x}_t+\mathbf{G}'\mathbf{s}_t+\mathbf{u}_t-\mathbf{B}'\mathbf{x}_t+\mathbf{G}'\hat{\mathbf{s}}_{t|t-1}=\mathbf{G}'(\mathbf{s}_t-\hat{\mathbf{s}}_{t|t-1})+\mathbf{u}_t\tag{9.40}$$

于是方差为：

$$E[(\mathbf{y}_t-\hat{\mathbf{y}}_{t|t-1})(\mathbf{y}_t-\hat{\mathbf{y}}_{t|t-1})']=E[\mathbf{G}'(\mathbf{s}_t-\hat{\mathbf{s}}_{t|t-1})(\mathbf{s}_t-\hat{\mathbf{s}}_{t|t-1})'\mathbf{G}]+E[\mathbf{u}_t\mathbf{u}_t']\tag{9.41}$$

其中：

$$E[\mathbf{u}_t(\mathbf{s}_t-\hat{\mathbf{s}}_{t|t-1})']=0\tag{9.42}$$

项消去了。为了验证该结果，由式（9.10）知 $\mathbf{u}_t$ 与 $\mathbf{s}_t$ 不相关。另外，因为 $\mathbf{s}_{t|t-1}$ 是 $\mathscr{Y}_{t-1}$ 的一个线性函数，由式（9.11）知，它与 $\mathbf{u}_t$ 也不相关。

运用式（9.4）和式（9.26），式（9.41）可写作：

$$E[(\mathbf{y}_t-\hat{\mathbf{y}}_{t|t-1})(\mathbf{y}_t-\hat{\mathbf{y}}_{t|t-1})']=\mathbf{G}'\mathbf{P}_{t|t-1}\mathbf{G}+\mathbf{R}\tag{9.43}$$

四　滤波：$\hat{\mathbf{s}}_{t|t}$ 及其方差

以 $\mathbf{y}_t$ 的观察值为基础，可校正关于 $\mathbf{s}_t$ 的现值的推断，并得到 $\hat{\mathbf{s}}_{t|t}$：

$$\hat{\mathbf{s}}_{t|t}=\hat{E}(\mathbf{s}_t|\mathbf{y}_t,\mathbf{x}_t,\mathscr{Y}_{t-1})=\hat{E}(\mathbf{s}_t|\mathscr{Y}_t)$$

根据校正的线性投影公式（9.30），可得：

$$\begin{aligned}\hat{\mathbf{s}}_{t|t}=\mathbf{s}_{t|t-1}&+\{E[(\mathbf{s}_t-\hat{\mathbf{s}}_{t|t-1})(\mathbf{y}_t-\hat{\mathbf{y}}_{t|t-1})']\}\cdot\\&\{E[(\mathbf{y}_t-\hat{\mathbf{y}}_{t|t-1})(\mathbf{y}_t-\hat{\mathbf{y}}_{t|t-1})']\}^{-1}\cdot(\mathbf{y}_t-\hat{\mathbf{y}}_{t|t-1})\end{aligned}\tag{9.44}$$

而由式（9.42）和式（9.26）可得：

$$\begin{aligned}&E[(\mathbf{s}_t-\hat{\mathbf{s}}_{t|t-1})(\mathbf{y}_t-\hat{\mathbf{y}}_{t|t-1})']\\&=E\{(\mathbf{s}_t-\hat{\mathbf{s}}_{t|t-1})[\mathbf{G}'(\mathbf{s}_t-\hat{\mathbf{s}}_{t|t-1})+\mathbf{u}_t]'\}\\&=E[(\mathbf{s}_t-\hat{\mathbf{s}}_{t|t-1})(\mathbf{s}_t-\hat{\mathbf{s}}_{t|t-1})'\mathbf{G}]\\&=\mathbf{P}_{t|t-1}\mathbf{G}\end{aligned}\tag{9.45}$$

将式（9.45）、式（9.43）和式（9.39）代入式（9.44）得：

$$\hat{\mathbf{s}}_{t|t}=\hat{\mathbf{s}}_{t|t-1}+\mathbf{P}_{t|t-1}\mathbf{G}(\mathbf{G}'\mathbf{P}_{t|t-1}\mathbf{G}+\mathbf{R})^{-1}(\mathbf{y}_t-\mathbf{B}'\mathbf{x}_t-\mathbf{G}'\hat{\mathbf{s}}_{t|t-1})\tag{9.46}$$

与校正投影 $\hat{\mathbf{s}}_{t|t}$相应的方差记作 $\mathbf{P}_{t|t}$，可由校正的线性投影的均方误差公式（9.31）求得：

$$\begin{aligned}\mathbf{P}_{t|t} &= E[(\mathbf{s}_t - \hat{\mathbf{s}}_{t|t})(\mathbf{s}_t - \hat{\mathbf{s}}_{t|t})'] \\ &= E[(\mathbf{s}_t - \hat{\mathbf{s}}_{t|t-1})(\mathbf{s}_t - \hat{\mathbf{s}}_{t|t-1})'] - \{E[(\mathbf{s}_t - \hat{\mathbf{s}}_{t|t-1})(\mathbf{y}_t - \hat{\mathbf{y}}_{t|t-1})']\} \cdot \\ &\quad \{E[(\mathbf{y}_t - \hat{\mathbf{y}}_{t|t-1})(\mathbf{y}_t - \hat{\mathbf{y}}_{t|t-1})']\}^{-1} \cdot \{E[(\mathbf{y}_t - \hat{\mathbf{y}}_{t|t-1})(\mathbf{s}_t - \hat{\mathbf{s}}_{t|t-1})']\} \\ &= \mathbf{P}_{t|t-1} - \mathbf{P}_{t|t-1}\mathbf{G}(\mathbf{G}'\mathbf{P}_{t|t-1}\mathbf{G} + \mathbf{R})^{-1}\mathbf{G}'\mathbf{P}_{t|t-1}\end{aligned} \tag{9.47}$$

五　预测：$\hat{\mathbf{s}}_{t+1|t}$及其方差

下面运用状态方程（9.1）求 $\mathbf{s}_{t+1}$的预测：

$$\hat{\mathbf{s}}_{t+1|t} = \hat{E}(\mathbf{s}_{t+1}|\mathscr{Y}_t) = \mathbf{F}\cdot\hat{E}(\mathbf{s}_t|\mathscr{Y}_t) + \hat{\mathrm{E}}(\mathbf{v}_{t+1}|\mathscr{Y}_t) = \mathbf{F}\mathbf{s}_{t|t} \tag{9.48}$$

将式（9.46）代入式（9.48）得：

$$\hat{\mathbf{s}}_{t+1|t} = \mathbf{F}\hat{\mathbf{s}}_{t|t-1} + \mathbf{F}\mathbf{P}_{t|t-1}\mathbf{G}(\mathbf{G}'\mathbf{P}_{t|t-1}\mathbf{G} + \mathbf{R})^{-1}(\mathbf{y}_t - \mathbf{B}'\mathbf{x}_t - \mathbf{G}'\hat{\mathbf{s}}_{t|t-1}) \tag{9.49}$$

式（9.49）中的系数矩阵称为增益矩阵，记作 $\mathbf{K}_t$：

$$\mathbf{K}_t = \mathbf{F}\mathbf{P}_{t|t-1}\mathbf{G}(\mathbf{G}'\mathbf{P}_{t|t-1}\mathbf{G} + \mathbf{R})^{-1} \tag{9.50}$$

从而式（9.49）可以简写为：

$$\hat{\mathbf{s}}_{t+1|t} = \mathbf{F}\hat{\mathbf{s}}_{t|t-1} + \mathbf{K}_t(\mathbf{y}_t - \mathbf{B}'\mathbf{x}_t - \mathbf{G}'\hat{\mathbf{s}}_{t|t-1}) \tag{9.51}$$

上式称为卡尔曼校正方程。由式（9.48）以及状态方程（9.1）可求出此预测的方差：

$$\begin{aligned}\mathbf{P}_{t+1|t} &= E[(\mathbf{s}_{t+1} - \hat{\mathbf{s}}_{t+1|t})(\mathbf{s}_{t+1} - \hat{\mathbf{s}}_{t+1|t})'] \\ &= E[(\mathbf{F}\mathbf{s}_t + \mathbf{v}_{t+1} - \mathbf{F}\hat{\mathbf{s}}_{t|t})(\mathbf{F}\mathbf{s}_t + \mathbf{v}_{t+1} - \mathbf{F}\hat{\mathbf{s}}_{t|t})'] \\ &= \mathbf{F}\cdot E[(\mathbf{s}_t - \hat{\mathbf{s}}_{t|t})(\mathbf{s}_t - \hat{\mathbf{s}}_{t|t})']\cdot\mathbf{F}' + E[\mathbf{v}_{t+1}\mathbf{v}'_{t+1}] \\ &= \mathbf{F}\mathbf{P}_{t|t}\mathbf{F}' + \mathbf{W}\end{aligned} \tag{9.52}$$

其叉积项为零。将式（9.47）代入式（9.52）得：

$$\mathbf{P}_{t+1|t} = \mathbf{F}\cdot[\mathbf{P}_{t|t-1} - \mathbf{P}_{t|t-1}\mathbf{G}(\mathbf{G}'\mathbf{P}_{t|t-1}\mathbf{G} + \mathbf{R})^{-1}\mathbf{G}'\mathbf{P}_{t|t-1}]\mathbf{F}' + \mathbf{W} \tag{9.53}$$

还有另外一种方法也可以递推出 $\mathbf{P}_{t+1|t}$。将状态方程（9.1）减去卡尔曼校正方程（9.51）得：

$$\mathbf{s}_{t+1} - \hat{\mathbf{s}}_{t+1|t} = \mathbf{F}(\mathbf{s}_t - \hat{\mathbf{s}}_{t|t-1}) - \mathbf{K}_t(\mathbf{y}_t - \mathbf{B}'\mathbf{x}_t - \mathbf{G}'\hat{\mathbf{s}}_{t|t-1}) + \mathbf{v}_{t+1} \tag{9.54}$$

再将观察方程（9.2）代入式（9.54）得：

$$\mathbf{s}_{t+1} - \hat{\mathbf{s}}_{t+1|t} = (\mathbf{F} - \mathbf{K}_t\mathbf{G}')(\mathbf{s}_t - \hat{\mathbf{s}}_{t|t-1}) - \mathbf{K}_t\mathbf{u}_t + \mathbf{v}_{t+1} \tag{9.55}$$

将式（9.55）右乘以它的转置再取期望得：

$$E[(\mathbf{s}_{t+1}-\hat{\mathbf{s}}_{t+1|t})(\mathbf{s}_{t+1}-\hat{\mathbf{s}}_{t+1|t})'] = (\mathbf{F}-\mathbf{K}_t\mathbf{G}')E[(\mathbf{s}_t-\hat{\mathbf{s}}_{t|t-1})(\mathbf{s}_t-\hat{\mathbf{s}}_{t|t-1})'](\mathbf{F}'-\mathbf{G}\mathbf{K}'_t)+\mathbf{K}_t\mathbf{R}\mathbf{K}'_t+\mathbf{W}$$

或者由方程（9.26）中 $\mathbf{P}_{t+1|t}$的定义得：

$$\mathbf{P}_{t+1|t} = (\mathbf{F}-\mathbf{K}_t\mathbf{G}')\mathbf{P}_{t|t-1}(\mathbf{F}'-\mathbf{G}\mathbf{K}'_t)+\mathbf{K}_t\mathbf{R}\mathbf{K}'_t+\mathbf{W} \quad (9.56)$$

方程（9.56）与（9.50）中 $\mathbf{K}_t$ 的定义一起也同样可得到由方程（9.53）生成的序列。

六　预测：$\hat{\mathbf{y}}_{t+1|t}$及其方差

$\mathbf{y}_{t+1}$的预测为：

$$\hat{\mathbf{y}}_{t+1|t} = \hat{E}(\mathbf{y}_{t+1}|\mathbf{x}_{t+1},\mathscr{Y}_t) = \mathbf{B}'\mathbf{x}_{t+1}+\mathbf{G}'\hat{\mathbf{s}}_{t+1|t} \quad (9.57)$$

相应的方差为：

$$E[(\mathbf{y}_{t+1}-\hat{\mathbf{y}}_{t+1|t})(\mathbf{y}_{t+1}-\hat{\mathbf{y}}_{t+1|t})'] = \mathbf{G}'\mathbf{P}_{t+1|t}\mathbf{G}+\mathbf{R} \quad (9.58)$$

式（9.49）、式（9.53）、式（9.57）、式（9.58）的卡尔曼滤波运算通常由计算机根据已知的 **F**，**B**，**G**，**W** 和 **R** 的值以及实际数据 $\mathbf{y}_1$，$\mathbf{y}_2$，…，$\mathbf{y}_T$；$\mathbf{x}_1$，$\mathbf{x}_2$，…，$\mathbf{x}_T$ 完成。

值得注意的是，即使不计算式（9.49）中的 $\hat{\mathbf{s}}_{t+1|t}$，也可递归计算式（9.53）。式（9.53）中的 $\mathbf{P}_{t|t-1}$值和式（9.50）中的 $\mathbf{K}_t$ 值并不是数据的函数，而完全由过程的总体参数所决定。

卡尔曼滤波算法依赖于状态向量服从正态分布的假设，因为只有在此条件下线性投影才是最优预测，从而才能递推出每个状态下的动态结果。

第三节　状态空间模型超参数的最大似然估计

上一节假定参数矩阵 **F**，**B**，**G**，**W** 和 **R** 已知的情况下，运用卡尔曼滤波算法来估计动态参数 $\mathbf{s}_t$。本节主要考虑参数矩阵 **F**，**B**，**G**，**W** 和 **R** 本身的最大似然估计，这些未知参数称为超参数。

一　基于卡尔曼滤波的精确最大似然估计

对于状态空间模型，假定 $\mathbf{s}_1$ 和$\{\mathbf{u}_t,\ \mathbf{v}_t\}_{t=1}^{T}$都是高斯白噪声过程，则 $\mathbf{y}_t$ 在条件（$\mathbf{x}_t$，$\mathscr{Y}_{t-1}$）下的分布也是高斯的，其均值为式（9.57），方差为式（9.58），即：

$$\mathbf{y}_t|\mathbf{x}_t,\mathscr{Y}_{t-1} \sim N[(\mathbf{B}'\mathbf{x}_t+\mathbf{G}'\hat{\mathbf{s}}_{t|t-1}),(\mathbf{G}'\mathbf{P}_{t|t-1}\mathbf{G}+\mathbf{R})] \quad (9.59)$$

即：

$$f(\mathbf{y}_t \mid \mathbf{x}_t, \mathscr{Y}_{t-1}) = (2\pi)^{-\frac{k}{2}} \left| \mathbf{G}'\mathbf{P}_{t \mid t-1}\mathbf{G} + \mathbf{R} \right|^{-\frac{1}{2}} \cdot$$

$$\exp\left[-\frac{1}{2}(\mathbf{y}_t - \mathbf{B}'\mathbf{x}_t - \mathbf{G}'\hat{\mathbf{s}}_{t \mid t-1})'(\mathbf{G}'\mathbf{P}_{t \mid t-1}\mathbf{G} + \mathbf{R})^{-1}(\mathbf{y}_t - \mathbf{B}'\mathbf{x}_t - \mathbf{G}'\hat{\mathbf{s}}_{t \mid t-1}) \right]$$

$$t = 1, 2, \cdots, T \tag{9.60}$$

由式（9.60），易构造出样本对数似然函数

$$\ln L = \sum_{t=1}^{T} \ln f(\mathbf{y}_t \mid \mathbf{x}_t, \mathscr{Y}_{t-1}) \tag{9.61}$$

用数值方法可求出式（9.61）取得最大值时所对应的未知参数矩阵 **F**，**B**，**G**，**W** 和 **R**，式（9.61）给出了精确对数似然函数。

二 案例分析

作为一个解释性例子，假定想估计一个二元回归模型：

$$y_{1t} = \mathbf{a}'_1\mathbf{x}_t + u_{1t}$$

$$y_{2t} = \mathbf{a}'_2\mathbf{x}_t + u_{2t}$$

其中 $\mathbf{x}_t$ 是一个（$k \times 1$）外生解释变量向量，$\mathbf{a}_1$ 和 $\mathbf{a}_2$ 是（$k \times 1$）系数向量；如果两个回归含有不同的 $\mathbf{x}_t$ 解释变量，则在两个回归中需对 $\mathbf{a}_1$ 和 $\mathbf{a}_2$ 加上适当的零限制。假定扰动向量服从二元 *MA*（1）过程：

$$\begin{bmatrix} u_{1t} \\ u_{2t} \end{bmatrix} = \begin{bmatrix} \varepsilon_{1t} \\ \varepsilon_{2t} \end{bmatrix} + \begin{bmatrix} \theta_{11} & \theta_{12} \\ \theta_{21} & \theta_{22} \end{bmatrix} \begin{bmatrix} \varepsilon_{1,t-1} \\ \varepsilon_{2,t-2} \end{bmatrix}$$

其中$\begin{pmatrix} \varepsilon_{1t} \\ \varepsilon_{2t} \end{pmatrix} \sim i.\,i.\,d.\, N(\mathbf{0},\ \mathbf{\Omega})$。该模型可写成如下的状态空间形式。

状态方程 $\underset{(r\times 1)}{\mathbf{s}_{t+1}} = \underset{(r\times r)}{\mathbf{F}}\ \underset{(r\times 1)}{\mathbf{s}_t} + \underset{(r\times 1)}{\mathbf{v}_{t+1}}$（$r=4$）为：

$$\begin{bmatrix} \varepsilon_{1,t+1} \\ \varepsilon_{2,t+1} \\ \varepsilon_{1t} \\ \varepsilon_{2t} \end{bmatrix} = \begin{bmatrix} 0 & 0 & 0 & 0 \\ 0 & 0 & 0 & 0 \\ 1 & 0 & 0 & 0 \\ 0 & 1 & 0 & 0 \end{bmatrix} \begin{bmatrix} \varepsilon_{1t} \\ \varepsilon_{2t} \\ \varepsilon_{1,t-1} \\ \varepsilon_{2,t-1} \end{bmatrix} + \begin{bmatrix} \varepsilon_{1,t+1} \\ \varepsilon_{2,t+1} \\ 0 \\ 0 \end{bmatrix}$$

其中 $\mathbf{s}_t = \begin{bmatrix} \varepsilon_{1t} \\ \varepsilon_{2t} \\ \varepsilon_{1,t-1} \\ \varepsilon_{2,t-1} \end{bmatrix}, \mathbf{F} = \begin{bmatrix} 0 & 0 & 0 & 0 \\ 0 & 0 & 0 & 0 \\ 1 & 0 & 0 & 0 \\ 0 & 1 & 0 & 0 \end{bmatrix}, \mathbf{v}_{t+1} = \begin{bmatrix} \varepsilon_{1,t+1} \\ \varepsilon_{2,t+1} \\ 0 \\ 0 \end{bmatrix}, \mathbf{W} = \begin{bmatrix} \sigma_{11} & \sigma_{12} & 0 & 0 \\ \sigma_{21} & \sigma_{22} & 0 & 0 \\ 0 & 0 & 0 & 0 \\ 0 & 0 & 0 & 0 \end{bmatrix}$，

$\sigma_{ij} = E(\varepsilon_{it}\varepsilon_{jt})$

观察方程 $\underset{(k\times1)}{\mathbf{y}_t} = \underset{(k\times m)}{\mathbf{B}'} \cdot \underset{(m\times1)}{\mathbf{x}_t} + \underset{(k\times r)}{\mathbf{G}'} \cdot \underset{(r\times1)}{\mathbf{s}_t} + \underset{(k\times1)}{\mathbf{u}_t}$ $(k=2)$ 为：

$$\begin{bmatrix} y_{1t} \\ y_{2t} \end{bmatrix} = \begin{bmatrix} \mathbf{a}_1' \\ \mathbf{a}_2' \end{bmatrix} \mathbf{x}_t + \begin{bmatrix} 1 & 0 & \theta_{11} & \theta_{12} \\ 0 & 1 & \theta_{21} & \theta_{22} \end{bmatrix} \begin{bmatrix} \varepsilon_{1t} \\ \varepsilon_{2t} \\ \varepsilon_{1,t-1} \\ \varepsilon_{2,t-1} \end{bmatrix}$$

其中 $\mathbf{B}' = \begin{bmatrix} \mathbf{a}_1' \\ \mathbf{a}_2' \end{bmatrix}$，$\mathbf{G}' = \begin{bmatrix} 1 & 0 & \theta_{11} & \theta_{12} \\ 0 & 1 & \theta_{21} & \theta_{22} \end{bmatrix}$，$\mathbf{u}_t = 0$，$\mathbf{R} = 0$。

卡尔曼滤波迭代可以由

$$\hat{\mathbf{s}}_{1|0} = \begin{bmatrix} 0 \\ 0 \\ 0 \\ 0 \end{bmatrix}, \mathbf{P}_{1|0} = \begin{bmatrix} \sigma_{11} & \sigma_{12} & 0 & 0 \\ \sigma_{21} & \sigma_{22} & 0 & 0 \\ 0 & 0 & \sigma_{11} & \sigma_{12} \\ 0 & 0 & \sigma_{21} & \sigma_{22} \end{bmatrix}$$

开始。对未知参数矩阵的数值作一初始猜测，即可开始样本似然函数(9.61)的量大化。一个简易的办法是将 y_{1t} 对出现在第一个方程中的 $\mathbf{x}_t$ 的元素回归就可得到 $\mathbf{a}_1$ 的初始猜测。同理，将 y_2 对第二个方程中的 $\mathbf{x}_t$ 的元素回归就可得到 $\mathbf{a}_2$ 的初始猜测。开始时可令 $\theta_{11} = \theta_{12} = \theta_{21} = \theta_{22} = 0$，由这两个 *OLS* 回归的残差估计的方差协方差矩阵可作为 $\mathbf{\Omega}$ 的一个初始猜测。有了这些总体参数的初始值，由上面给出的表达式构造 **F**，**B**，**G**，**W** 和 **R** 并对 $t = 1,2,\cdots,T-1$，迭代式(9.49)、式(9.53)、式(9.57)、式(9.58)。由这些迭代得到的序列 $\{\mathbf{s}_{t|t-1}\}_{t-1}^{T}$ 和 $\{\mathbf{P}_{t|t-1}\}_{t-1}^{T}$ 可用于式(9.60)和式(9.61)，以计算由这些初始参数得到的对数似然函数的值，直到式(9.61)达到了最大值为止。如果 $\mathbf{\Omega}$ 以其乔利斯基分解形式出现，则数值搜索会更好。

第四节　随机变参数模型的状态空间表示

一　随机变参数模型的状态空间表示

到目前为止，我们假定矩阵 **F**，**B**，**G**，**W** 和 **R** 都是常数。在更为一般的状态空间模型里，这些矩阵的值取决于包含在向量 $\mathbf{x}_t$ 中的外生或滞后因变量，此时也可应用卡尔曼滤波算法进行动态估计。考查：

状态方程：$\underset{(r\times1)}{\mathbf{s}_{t+1}} = \underset{(r\times r)}{\mathbf{F}(\mathbf{x}_t)} \underset{(r\times1)}{\mathbf{s}_t} + \underset{(r\times1)}{\mathbf{v}_{t+1}}$　　(9.62)

观察方程：$\underset{(k\times1)}{\mathbf{y}_t} = \underset{(k\times1)}{\mathbf{b}(\mathbf{x}_t)} + \underset{(k\times r)}{\mathbf{G}'(\mathbf{x}_t)} \cdot \underset{(r\times1)}{\mathbf{s}_t} + \underset{(k\times1)}{\mathbf{u}_t}$　　(9.63)

其中 $\mathbf{F}(\mathbf{x}_t)$ 表示一个 $(r\times r)$ 矩阵,其元素都是 $\mathbf{x}_t$ 的函数;$\mathbf{b}(\mathbf{x}_t)$ 类似地描述了一个 $(k\times 1)$ 向量值函数,且 $\mathbf{G}(\mathbf{x}_t)$ 是一个 $(r\times k)$ 矩阵值函数。假定在 $\mathbf{x}_t$ 和直到 $t-1$ 期观察到的数据条件下,记:

$$\mathscr{Y}_{t-1}=(\mathbf{y}'_{t-1},\mathbf{y}'_{t-2},\cdots,\mathbf{y}'_1;\mathbf{x}'_{t-1},\mathbf{x}'_{t-2},\cdots,\mathbf{x}'_1)'$$

假定向量 $(\mathbf{v}'_{t+1},\ \mathbf{u}'_t)'$ 具有高斯分布:

$$\begin{bmatrix}\mathbf{v}_{t+1}\\ \mathbf{u}_t\end{bmatrix}\Bigg|\mathbf{x}_t,\mathscr{Y}_{t-1}\sim N\left(\begin{bmatrix}\mathbf{0}\\ \mathbf{0}\end{bmatrix},\begin{bmatrix}\mathbf{W}(\mathbf{x}_t) & \mathbf{0}\\ \mathbf{0} & \mathbf{R}(\mathbf{x}_t)\end{bmatrix}\right) \tag{9.64}$$

注意到尽管式(9.62)至式(9.64)允许参数随机变化,推广了以前的框架,但在式(9.64)中假定了一个高斯分布,这又更具限制性;下面将简短地解释一下高斯要求的作用。

假定有 $\mathbf{s}_t|\mathscr{Y}_{t-1}\sim N(\hat{\mathbf{s}}_{t|t-1},\ \mathbf{P}_{t|t-1})$。仍如前假定 $\mathbf{x}_t$ 仅包含严格外生变量或 $\mathbf{y}$ 的滞后值,这也描述了 $\mathbf{s}_t|\mathbf{x}_t,\ \mathscr{Y}_{t-1}$ 的分布。由式(9.62)至式(9.64)的假设得:

$$\begin{bmatrix}\mathbf{s}_t\\ \mathbf{y}_t\end{bmatrix}\Bigg|\mathbf{x}_t,\mathscr{Y}_{t-1}\sim N\left(\begin{bmatrix}\hat{\mathbf{s}}_{t|t-1}\\ \mathbf{b}(\mathbf{x}_t)+\mathbf{G}'(\mathbf{x}_t)\hat{\mathbf{s}}_{t|t-1}\end{bmatrix},\begin{bmatrix}\mathbf{P}_{t|t-1} & \mathbf{P}_{t|t-1}\mathbf{G}(\mathbf{x}_t)\\ \mathbf{G}'(\mathbf{x}_t)\mathbf{P}_{t|t-1} & \mathbf{G}'(\mathbf{x}_t)\mathbf{P}_{t|t-1}\mathbf{G}(\mathbf{x}_t)+\mathbf{R}(\mathbf{x}_t)\end{bmatrix}\right) \tag{9.65}$$

以外生变量 $\mathbf{x}_t$ 为条件,$\mathbf{b}(\mathbf{x}_t)$、$\mathbf{G}(\mathbf{x}_t)$ 和 $\mathbf{R}(\mathbf{x}_t)$ 都可作为确定性的向量值函数或矩阵值函数来处理。因此高斯向量的条件分布公式可用于推导:

$$\mathbf{s}_t|\mathbf{y}_t,\mathbf{x}_t,\mathscr{Y}_{t-1}=\mathbf{s}_t|\mathscr{Y}_t\sim N(\hat{\mathbf{s}}_{t|t},\mathbf{P}_{t|t}) \tag{9.66}$$

其中:

$$\hat{\mathbf{s}}_{t|t}=\hat{\mathbf{s}}_{t|t-1}+\{\mathbf{P}_{t|t-1}\mathbf{G}(\mathbf{x}_t)[\mathbf{G}'(\mathbf{x}_t)\mathbf{P}_{t|t-1}\mathbf{G}(\mathbf{x}_t)+\mathbf{R}(\mathbf{x}_t)]^{-1}[\mathbf{y}_t-\mathbf{b}(\mathbf{x}_t)-\mathbf{G}'(\mathbf{x}_t)\hat{\mathbf{s}}_{t|t-1}]\} \tag{9.67}$$

$$\mathbf{P}_{t|t}=\mathbf{P}_{t|t-1}-\{\mathbf{P}_{t|t-1}\mathbf{G}(\mathbf{x}_t)[\mathbf{G}'(\mathbf{x}_t)\mathbf{P}_{t|t-1}\mathbf{G}(\mathbf{x}_t)+\mathbf{R}(\mathbf{x}_t)]^{-1}\mathbf{G}'(\mathbf{x}_t)\mathbf{P}_{t|t-1}\} \tag{9.68}$$

由式(9.62)和式(9.64)知,$\hat{\mathbf{s}}_{t+1}|\mathscr{Y}_t\sim N(\hat{\mathbf{s}}_{t+1|t},\ \mathbf{P}_{t+1|t})$,其中:

$$\hat{\mathbf{s}}_{t+1|t}=\mathbf{F}(\mathbf{x}_t)\hat{\mathbf{s}}_{t|t} \tag{9.69}$$

$$\mathbf{P}_{t+1|t}=\mathbf{F}(\mathbf{x}_t)\mathbf{P}_{t|t}\mathbf{F}'(\mathbf{x}_t)+\mathbf{W}(\mathbf{x}_t) \tag{9.70}$$

方程(9.67)至式(9.70)正是卡尔曼滤波方程(9.46)、式(9.47)、式(9.49)和式(9.53),只不过参数矩阵 **F**,**B**,**G**,**W** 和 **R** 由相对应的随时间变化者所代替。因此,只要把初始状态 $\mathbf{s}_1$ 看做 $N(\hat{\mathbf{s}}_{1|0},\ \mathbf{P}_{1|0})$,则卡尔曼滤波仍可照前使用。

需要指出的是,与常数参数的情形不同,推断式(9.67)是 $\mathbf{x}_t$ 的非线性函数了。这就意味着尽管只要扰动和初始状态是高斯的，式（9.67）就给出最优推断，但它不能解释作 $\mathbf{s}_t$ 关于含非高斯扰动项 $\mathscr{Y}_t$ 的线性投影。

二　随机变参数线性回归模型

随机变化参数的状态空间模型的一个重要应用是参数向量随时间变化的回归—变参数回归。考查：

$$y_t = \mathbf{x}_t'\boldsymbol{\beta}_t + \mu_t \tag{9.71}$$

其中 $\mathbf{x}_t$ 是一个（$k \times 1$）向量，它可包含 y 的滞后值或关于所有的 τ 独立于回归扰动 u_τ 的变量。

状态方程 $\underset{(r\times1)}{\mathbf{s}_{t+1}} = \underset{(r\times r)}{\mathbf{F}(\mathbf{x}_t)}\ \underset{(r\times1)}{\mathbf{s}_t} + \underset{(r\times1)}{\mathbf{v}_{t+1}}\ (r=k)$ 可写作：

$$(\boldsymbol{\beta}_{t+1} - \bar{\boldsymbol{\beta}}) = \mathbf{F}(\boldsymbol{\beta}_t - \bar{\boldsymbol{\beta}}) + \mathbf{v}_{t+1} \tag{9.72}$$

其中状态向量 $\mathbf{s}_t = \boldsymbol{\beta}_t - \bar{\boldsymbol{\beta}}$。如果（$k \times k$）矩阵 $\mathbf{F}$ 的特征值全落在单位圆之内，则 $\bar{\boldsymbol{\beta}}$ 可解释作系数向量的平均或稳定状态值。若进一步假定：

$$\left[\begin{matrix}\mathbf{v}_{t+1}\\ u_t\end{matrix}\middle|\mathbf{x}_t,\mathscr{Y}_{t-1}\right] \sim N\left(\begin{bmatrix}\mathbf{0}\\0\end{bmatrix},\begin{bmatrix}\mathbf{W} & \mathbf{0}\\ \mathbf{0}' & \sigma^2\end{bmatrix}\right) \tag{9.73}$$

观察方程 $\underset{(k\times1)}{\mathbf{y}_t} = \underset{(k\times1)}{\mathbf{b}(\mathbf{x}_t)} + \underset{(k\times r)}{\mathbf{G}'(\mathbf{x}_t)} \cdot \underset{(r\times1)}{\mathbf{s}_t} + \underset{(k\times1)}{\mathbf{u}_t}\ (k=1)$ 可写成：

$$y_t = \mathbf{x}_t'\bar{\boldsymbol{\beta}} + \mathbf{x}_t'\mathbf{s}_t + u_t \tag{9.74}$$

其中 $\mathbf{b}(\mathbf{x}_t) = \mathbf{x}_t'\bar{\boldsymbol{\beta}}, \mathbf{G}(\mathbf{x}_t) = \mathbf{x}_t$，且 $\mathbf{R}(\mathbf{x}_t) = \sigma^2$。这些值可用于卡尔曼滤波迭代式（9.67）至式（9.70）。由式（9.65）可计算式（9.71）的前一期预测为：

$$E(y_t|\mathbf{x}_t,\mathscr{Y}_{t-1}) = \mathbf{x}_t'\bar{\boldsymbol{\beta}} + \mathbf{x}_t'\hat{\mathbf{s}}_{t|t-1}$$

其中 $\{\hat{\mathbf{s}}_{t|t-1}\}_{t=1}^T$ 由式（9.67）和式（9.69）计算而来。这一预测的 MSE 可由式（9.65）推断出来：

$$E[(y_t - \mathbf{x}_t'\bar{\boldsymbol{\beta}} - \mathbf{x}_t'\hat{\mathbf{s}}_{t|t-1})^2|\mathbf{x}_t,\ \mathscr{Y}_{t-1}] = \mathbf{x}_t'\mathbf{P}_{t|t-1}\mathbf{x}_t + \sigma^2$$

其中 $\{\mathbf{P}_{t|t-1}\}_{t-1}^T$ 由式（9.68）和式（9.70）计算出来。因此样本对数似然函数为：

$$\begin{aligned}\ln L &= \sum_{t=1}^T \ln f(y_t|\mathbf{x}_t,\mathscr{Y}_{t-1})\\ &= -\frac{T}{2}\ln(2\pi) - \frac{1}{2}\sum_{t=1}^T \ln(\mathbf{x}_t'\mathbf{P}_{t|t-1}\mathbf{x}_t + \sigma^2) - \frac{1}{2}\sum_{t=1}^T \frac{(y_t - \mathbf{x}_t'\bar{\boldsymbol{\beta}} - \mathbf{x}_t'\hat{\mathbf{s}}_{t|t-1})^2}{\mathbf{x}_t'\mathbf{P}_{t|t-1}\mathbf{x}_t + \sigma^2}\end{aligned}$$

变参数的线性回归模型还可以写成下面更简单的状态空间形式。

状态方程 $\underset{(r\times1)}{\mathbf{s}_{t+1}} = \underset{(r\times r)}{\mathbf{F}(\mathbf{x}_t)}\ \underset{(r\times1)}{\mathbf{s}_t} + \underset{(r\times1)}{\mathbf{v}_{t+1}}$（$r=k$）可写作：

$$\boldsymbol{\beta}_{t+1} = \mathbf{F}\boldsymbol{\beta}_t + \mathbf{v}_{t+1} \tag{9.75}$$

其中状态向量 $\mathbf{s}_t = \boldsymbol{\beta}_t$。

观察方程 $\underset{(k\times1)}{\mathbf{y}_t} = \underset{(k\times1)}{\mathbf{b}(\mathbf{x}_t)} + \underset{(k\times r)}{\mathbf{G}'(\mathbf{x}_t)} \cdot \underset{(r\times1)}{\mathbf{s}_t} + \underset{(k\times1)}{\mathbf{u}_t}$ $(k=1)$ 可写成：

$$y_t = \mathbf{x}_t'\boldsymbol{\beta}_t + u_t \tag{9.76}$$

其中 $\mathbf{b}(\mathbf{x}_t)=0, \mathbf{G}(\mathbf{x}_t)=\mathbf{x}_t, \mathbf{R}(\mathbf{x}_t)=\sigma^2$。

本章小结

状态空间模型可以方便地描述经济系统的动态性质，因此可以将许多经济模型改写成状态空间模型的形式。有多种方法可以将一个给定的系统写成状态空间形式。不管是哪种形式，它们的最大似然估计结果和预测是相同的。在具体运用时可以根据具体的需要写成方便的形式。

状态空间模型中的参数矩阵 **F**，**B**，**G**，**W** 和 **R** 可运用最大似然方法进行数值估计。在参数矩阵 **F**，**B**，**G**，**W** 和 **R** 已知的情况下，运用卡尔曼滤波算法可以估计出动态参数 $\mathbf{s}_t$。

在更为一般的随机变化参数的状态空间模型里，矩阵 **F**，**B**，**G**，**W** 和 **R** 的值取决于包含在向量 $\mathbf{x}_t$ 中的外生或滞后因变量，此时也可应用卡尔曼滤波算法进行动态估计。随机变化参数的状态空间模型的一个重要应用是参数向量随时间变化的回归—变参数回归。

思 考 题

1. 名词解释

(1) 状态方程　　(2) 观察方程

(3) 状态空间模型　　(4) 卡尔曼滤波

(5) 线性投影　　(6) 迭代投影定律

2. 简答题

(1) 将 p 阶自回归模型 $AR(p)$ 表示成状态空间模型的形式。

(2) 将 $ARMA(p, q)$ 模型表示成状态空间模型的形式。

(3) 举例说明一个经济系统，可以有多种状态空间模型的形式。

(4) 比较平滑、滤波、预测三种估计的区别。

3. 论述题

(1) 试述运用卡尔曼滤波递推估计动态参数（状态向量）的步骤。

（2）为什么变参数的线性回归模型可以借助于状态空间模型的方法进行估计？

阅读参考文献

[1]［美］詹姆斯·D. 汉密尔顿著：《时间序列分析》，中国社会科学出版社 1999 年版。

[2] 董文泉、高铁梅、姜诗章著：《经济周期波动的分析与预测方法》，吉林大学出版社 1998 年版。

[3] 高铁梅主编：《计量经济分析方法与建模：Eviews 应用及实例》，清华大学出版社 2006 年版。

[4] 赵松山著：《关于经济系统的状态空间模型及其构建研究》，载《南京财经大学学报》2004 年第 3 期。

[5] 李子奈、叶阿忠编著：《高等计量经济学》，清华大学出版社 2000 年版。

[6] Söderlind, Paul (2002), *Lecture Note for Econometrics*, University of Stockholm. Gallen and CEPR, Switzerland.

第十章　离散选择模型与托比特模型

内容提要

离散选择模型以离散的两个或多个选择结果作为被解释变量。离散选择模型可分为两项选择模型和多项选择模型。最基本的离散选择模型是两项选择模型，其中包含两种选择结果。比如劳动力市场上已婚妇女是否参与就业，汇率政策选择中是固定汇率还是浮动汇率。多项选择模型又可分为有序选择模型和无序选择模型两类。一些抽样调查得到的数据常常是有序数据，比如选择结果为：很满意、满意、无所谓、不满意、很不满意，这里的五个选择结果就包含了一个自然的顺序。另一些抽样调查得到的数据可能是无序数据，比如人们对交通工具的选择或者职业的选择。有序选择模型包括有序 Probit 模型和有序 Logit 模型；无序选择模型包括多项 Logit 模型、条件 Logit 模型以及多项 Probit 模型等形式。托比特（Tobit）模型最初是指审查或截断数据模型，它是由托宾（Tobin）于 1958 年首先提出的。后来，托比特模型的概念又有许多扩展，包含样本选择等多类模型。样本选择模型既可以采用 *MLE* 估计，也可以使用 Heckman 两阶段估计法。近年来，离散选择模型和 Tobit 模型的应用越来越广泛。

第一节　两项选择模型

一　指针函数模型与随机效用模型

选择问题通常以指针函数模型或随机效用模型的形式出现。可以通过边际成本—收益分析将计量模型与经济现实结合起来。在随机效用模型中，成本—收益的计算结构比指针函数模型中要更为复杂些。

1. 指针函数模型（Index Function Models）

因为边际收益通常难以观测，定义未被观测的隐藏变量 y^* 为净收益（收益与成本之差），并为之建立如下模型：

$$y^* = \boldsymbol{\beta}'\mathbf{x} + \varepsilon \tag{10.1}$$

其中 $\varepsilon \sim f(0, 1)$，假设密度函数 f 为对称函数。$\boldsymbol{\beta}'\mathbf{x}$ 称做指针函数，或指标函数。

虽然无法观测到 y^* 的值，但可以观测到 y 的选择结果，而 y^* 与 y 之间存在如下关系：

$$y = \begin{cases} 0, & \text{如果 } y^* \leqslant 0 \\ 1, & \text{如果 } y^* > 0 \end{cases} \tag{10.2}$$

假设条件 $\text{var}(\varepsilon) = 1$ 可以通过乘以系数 σ^2 变为 $\text{var}(\varepsilon) = \sigma^2$，此时观察到的数据 y 值将保持不变；y 取值是 0 还是 1 仅仅取决于 y^* 的符号而不是它的大小。

$y = 1$ 的概率可表示为：

$$\begin{aligned} \Pr[y=1] &= \Pr[y^* > 0] \\ &= \Pr[\boldsymbol{\beta}'\mathbf{x} + \varepsilon > 0] \\ &= \Pr[\varepsilon > -\boldsymbol{\beta}'\mathbf{x}] \end{aligned} \tag{10.3}$$

由于假设 ε 的概率密度 f 是对称的，于是可以得到：

$$\Pr[y=1] = \Pr[\varepsilon < \boldsymbol{\beta}'\mathbf{x}] = F(\boldsymbol{\beta}'\mathbf{x}) \tag{10.4}$$

其中 F 是 ε 的分布函数，式（10.4）表明，$y = 1$ 的概率等于 ε 的分布函数 $F(\boldsymbol{\beta}'\mathbf{x})$。这为最大似然估计方法的使用提供了方便。

2. 随机效用模型（Random Utility Models）

令 y_0 表示选择 0 时的净效用，y_1 表示选择 1 时的净效用，假设它们无法观测，但具有如下形式：

$$\begin{aligned} y_0 &= \boldsymbol{\beta}'\mathbf{x}_0 + \varepsilon_0 \\ y_1 &= \boldsymbol{\gamma}'\mathbf{x}_1 + \varepsilon_1 \end{aligned} \tag{10.5}$$

假设$(\varepsilon_1 - \varepsilon_0) \sim f(0,1)$，其中 f 的概率分布是对称的。虽然无法观测到 y_0 和 y_1，但知道它们与选择结果密切相关：

$$y = \begin{cases} 0, & \text{如果 } y_0 > y_1 \\ 1, & \text{如果 } y_0 \leqslant y_1 \end{cases} \tag{10.6}$$

也就是说，如果选择 0 得到的效用大于选择 1 的效用，则 $y = 0$；反之，则 $y = 1$。

$y = 1$ 的概率可表示为：

$$\begin{aligned} \Pr[y=1] &= \Pr[y_0 \leqslant y_1] = \Pr[\boldsymbol{\beta}'\mathbf{x}_0 + \varepsilon_0 \leqslant \boldsymbol{\gamma}'\mathbf{x}_1 + \varepsilon_1] \\ &= \Pr[\varepsilon_1 - \varepsilon_0 \geqslant \boldsymbol{\beta}'\mathbf{x}_0 - \boldsymbol{\gamma}'\mathbf{x}_1] \\ &= F[\boldsymbol{\gamma}'\mathbf{x}_1 - \boldsymbol{\beta}'\mathbf{x}_0] \end{aligned} \tag{10.7}$$

二　两项选择模型的几种典型形式

通过指针函数和随机效用函数可以将基本经济问题和计量模型联系起来。在指针函数和随机效用函数中，观测结果 $y=1$ 的概率具有相似的结构 $\Pr[y=1]=F(\boldsymbol{\beta}'\mathbf{x})$。我们之所以对 $y=1$ 的概率感兴趣，原因在于，给定 $\mathbf{x}$ 时 y 的期望刚好等于 $y=1$ 的概率：

$$E[y]=0\cdot(1-F)+1\cdot F=F(\boldsymbol{\beta}'\mathbf{x}) \tag{10.8}$$

考虑两项选择模型：

$$y=E[y]+u=F(\boldsymbol{\beta}'\mathbf{x})+u \tag{10.9}$$

假设 u 为独立同分布的随机变量，y 取值为 0 或 1。

$F(\boldsymbol{\beta}'\mathbf{x})$ 通常有如下几种基本形式：

1. 线性概率（LP）模型

在线性概率模型（Linear Probability Model）中，假设 $F(\boldsymbol{\beta}'\mathbf{x})$ 具有线性的形式：

$$\Pr[y=1]=F(\boldsymbol{\beta}'\mathbf{x})=\boldsymbol{\beta}'\mathbf{x} \tag{10.10}$$

这种线性模型易于估计，但这种简化也有弊端。因为在模型 $y=F(\boldsymbol{\beta}'\mathbf{x})+u$ 中，$F(\boldsymbol{\beta}'\mathbf{x})$ 是线性的，式（10.9）变为 $y=\boldsymbol{\beta}'\mathbf{x}+u$，注意到随机误差项 u：

当 $y=1$ 时，$u=1-\boldsymbol{\beta}'\mathbf{x}$，其概率为 $F=\boldsymbol{\beta}'\mathbf{x}$

当 $y=0$ 时，$u=-\boldsymbol{\beta}'\mathbf{x}$，其概率为 $1-F=1-\boldsymbol{\beta}'\mathbf{x}$

即：

$u^2=(1-\boldsymbol{\beta}'\mathbf{x})^2$ 的概率为 $F=\boldsymbol{\beta}'\mathbf{x}$

$u^2=(-\boldsymbol{\beta}'\mathbf{x})^2$ 的概率为 $1-F=1-\boldsymbol{\beta}'\mathbf{x}$

从而：

$$\begin{aligned}
Var[u\,|\,\mathbf{x}]&=E[u^2\,|\,\mathbf{x}]-E^2[u\,|\,\mathbf{x}]\\
&=E[u^2\,|\,\mathbf{x}]\\
&=F\cdot(1-\boldsymbol{\beta}'\mathbf{x})^2+(1-F)\cdot(-\boldsymbol{\beta}'\mathbf{x})^2\\
&=F-2F\boldsymbol{\beta}'\mathbf{x}+F[\boldsymbol{\beta}'\mathbf{x}]^2+[\boldsymbol{\beta}'\mathbf{x}]^2-F[\boldsymbol{\beta}'\mathbf{x}]^2\\
&=F-2F\boldsymbol{\beta}'\mathbf{x}+[\boldsymbol{\beta}'\mathbf{x}]^2\\
&=\boldsymbol{\beta}'\mathbf{x}-2[\boldsymbol{\beta}'\mathbf{x}]^2+[\boldsymbol{\beta}'\mathbf{x}]^2\\
&=\boldsymbol{\beta}'\mathbf{x}(1-\boldsymbol{\beta}'\mathbf{x})
\end{aligned} \tag{10.11}$$

可见 LP 模型面临的第一个问题就是残差 u 具有异方差性。当然，如果没有其他的问题，可以通过使用可行的广义最小二乘估计量来解决这个问题。

可是，LP 模型所面临的第二个问题要更加棘手，由于 $\boldsymbol{\beta}'\mathbf{x}$ 的取值并非仅限于区间［0，1］，则通过线形概率模型估计出来的 $y=1$ 的概率 $F=\boldsymbol{\beta}'\mathbf{x}$ 或者 $y=0$ 的概率 $1-F=1-\boldsymbol{\beta}'\mathbf{x}$ 可能在区间［0，1］之外，这不仅是无意义的，而且会导致负的方差。

若 $\boldsymbol{\beta}'\mathbf{x}>1$，则：

$$E[y|\mathbf{x}]=F=\boldsymbol{\beta}'\mathbf{x}>1 \qquad (10.12)$$
$$\Rightarrow var[u|\mathbf{x}]=\boldsymbol{\beta}'\mathbf{x}(1-\boldsymbol{\beta}'\mathbf{x})<0$$

若 $\boldsymbol{\beta}'\mathbf{x}<0$，则：

$$E[y|\mathbf{x}]=F=\boldsymbol{\beta}'\mathbf{x}<0 \qquad (10.13)$$
$$\Rightarrow var[u|\mathbf{x}]=\boldsymbol{\beta}'\mathbf{x}(1-\boldsymbol{\beta}'\mathbf{x})<0$$

这个问题很难补救，尽管可以定义如果 $\mathrm{F}(\boldsymbol{\beta}'\mathbf{x})=\boldsymbol{\beta}'\mathbf{x}>1$，则取 $F=1$；如果 $F(\boldsymbol{\beta}'\mathbf{x})=\boldsymbol{\beta}'\mathbf{x}<0$，则取 $F=0$。但这样一来，在截断点处将会产生扭曲。

2. Probit 与 Logit 模型

Probit 模型定义为：

$$\Pr[\mathrm{y}=1]=\mathrm{F}(\boldsymbol{\beta}'\mathbf{x})=\Phi(\boldsymbol{\beta}'\mathbf{x})=\int_{-\infty}^{\boldsymbol{\beta}'\mathbf{x}}\phi(t)\,\mathrm{d}t=\int_{-\infty}^{\boldsymbol{\beta}'\mathbf{x}}\frac{1}{\sqrt{2\pi}}e^{-\frac{t^2}{2}}\mathrm{d}t \qquad (10.14)$$

Logit 模型定义为：

$$Pr[y=1]=F(\boldsymbol{\beta}'\mathbf{x})=\Lambda(\boldsymbol{\beta}'\mathbf{x})=\frac{e^{\boldsymbol{\beta}'\mathbf{x}}}{1+e^{\boldsymbol{\beta}'\mathbf{x}}} \qquad (10.15)$$

Probit 模型使用的是标准正态分布，可通过中心极限定理加以判定；Logit 模型也可以用类似于正态分布的方法加以判定，而且形式上更加简单。Logit 分布和正态分布的区别是 Logit 密度函数的尾部分布更加厚一些。标准正态分布的均值为 0，方差为 1；Logit 分布的均值为 0，但方差为 $\frac{\pi^2}{3}$。

三　两项选择模型的边际效应

在经典线性回归模型中，$\mathbf{x}$ 的变化对 $E[y]$ 的边际影响就是回归系数 $\boldsymbol{\beta}$。但在两项选择模型中，对回归系数的解释往往比较困难，因此引入边际效应（Marginal Effects）的概念：

$$\frac{\partial E[y]}{\partial \mathbf{x}}=\frac{\partial F(\boldsymbol{\beta}'\mathbf{x})}{\partial(\boldsymbol{\beta}'\mathbf{x})}\cdot\frac{\partial(\boldsymbol{\beta}'\mathbf{x})}{\partial \mathbf{x}}=f(\boldsymbol{\beta}'\mathbf{x})\boldsymbol{\beta} \qquad (10.16)$$

在上述三种概率模型中，这些边际效应具有不同的形式：

1. *LP* 模型的边际效应

在 *LP* 模型中，根据式（10.10），$f(\boldsymbol{\beta}'\mathbf{x})=1$，代入式（10.16）可得 *LP*

模型的边际效应为：

$$f(\boldsymbol{\beta}'\mathbf{x})\boldsymbol{\beta}=\boldsymbol{\beta} \tag{10.17}$$

这与经典回归模型的边际效应相同。

2. Probit 模型的边际效应

在 Probit 模型中，根据式（10.14）可知：

$$f(\boldsymbol{\beta}'\mathbf{x})=\phi(\boldsymbol{\beta}'\mathbf{x})=\frac{1}{\sqrt{2\pi}}e^{-\frac{(\boldsymbol{\beta}'\mathbf{x})^2}{2}}$$

代入式（10.16）可得 Probit 模型的边际效应为：

$$f(\boldsymbol{\beta}'\mathbf{x})\mathbf{B}=\phi(\boldsymbol{\beta}'\mathbf{x})\boldsymbol{\beta} \tag{10.18}$$

Probit 模型的平均边际效应（Average Marginal Effect）为 $\phi(\boldsymbol{\beta}'\bar{\mathbf{x}})\boldsymbol{\beta}$。

3. Logit 模型的边际效应

在 Logit 模型中，根据式（10.15）可得：

$$\begin{aligned} f(\boldsymbol{\beta}'\mathbf{x}) &= \frac{\partial\Lambda(\boldsymbol{\beta}'\mathbf{x})}{\partial(\boldsymbol{\beta}'\mathbf{x})} \\ &= \frac{e^{\boldsymbol{\beta}'\mathbf{x}}}{1+e^{\boldsymbol{\beta}'\mathbf{x}}}-\frac{e^{\boldsymbol{\beta}'\mathbf{x}}}{(1+e^{\boldsymbol{\beta}'\mathbf{x}})^2}e^{\boldsymbol{\beta}'\mathbf{x}} \\ &= \frac{e^{\boldsymbol{\beta}'\mathbf{x}}}{1+e^{\boldsymbol{\beta}'\mathbf{x}}}\left(1-\frac{e^{\boldsymbol{\beta}'\mathbf{x}}}{1+e^{\boldsymbol{\beta}'\mathbf{x}}}\right) \\ &= \Lambda(\boldsymbol{\beta}'\mathbf{x})[1-\Lambda(\boldsymbol{\beta}'\mathbf{x})] \end{aligned} \tag{10.19}$$

代入式（10.16）可得 Logit 模型的边际效应为：

$$f(\boldsymbol{\beta}'\mathbf{x})\boldsymbol{\beta}=\Lambda(1-\Lambda)\boldsymbol{\beta} \tag{10.20}$$

Logit 模型的平均边际效应为 $\Lambda(\boldsymbol{\beta}'\bar{\mathbf{x}})[1-\Lambda(\boldsymbol{\beta}'\bar{\mathbf{x}})]\boldsymbol{\beta}$。

雨宫（Amemiya）提出，对于同一个问题，用 Logit 模型估计出的参数 $\hat{\boldsymbol{\beta}}_{logit}$ 与用 Probit 模型估计出的参数 $\hat{\boldsymbol{\beta}}_{probit}$ 之间具有如下关系：

$$\hat{\boldsymbol{\beta}}_{logit}\approx 1.6\hat{\boldsymbol{\beta}}_{probit} \tag{10.21}$$

为了证明式（10.21），在 Probit 与 Logit 分布的中点 $\bar{\mathbf{x}}=\mathbf{0}$ 处，$\boldsymbol{\beta}'\bar{\mathbf{x}}=0$，$F(0)=0.5$；对于 Probit 模型，$f(0)=\frac{1}{\sqrt{2\pi}}e^{-\frac{0^2}{2}}=0.3989$；对于 Logit 模型，根据式（10.19），$f(0)=\Lambda(0)[1-\Lambda(0)]=0.5\times(1-0.5)=0.25$；假设 Logit 模型与 Probit 模型中同一解释变量具有相同或相近的平均边际效应，根据式（10.16），有 $0.3989\hat{\boldsymbol{\beta}}_{probit}\approx 0.25\hat{\boldsymbol{\beta}}_{logit}$，于是 $\hat{\boldsymbol{\beta}}_{logit}\approx 1.6\hat{\boldsymbol{\beta}}_{probit}$。

第二节　两项选择模型的最大似然估计

一　两项选择模型的最大似然估计

大多数两项选择模型都采用最大似然估计方法进行估计。考虑两项选择模型：

$$y = E[y] + u = F(\boldsymbol{\beta}'\mathbf{x}) + u \tag{10.22}$$

假设 u 为独立同分布的随机变量，目标是估计参数向量 $\boldsymbol{\beta}$ 及其方差。

当 $y=1$ 时，$u=1-\boldsymbol{\beta}'\mathbf{x}$，其概率为 $F=\boldsymbol{\beta}'\mathbf{x}$

当 $y=0$ 时，$u=-\boldsymbol{\beta}'\mathbf{x}$，其概率为 $1-F=1-\boldsymbol{\beta}'\mathbf{x}$

根据独立性的定义可以将序列 $\{y_i\}_{i=1,\cdots,n}$ 观测值的联合概率记为：

$$\begin{aligned} L &= \Pr[y_1, y_2, \cdots, y_n] \\ &= \prod_{y_i=0}[1-F(\boldsymbol{\beta}'\mathbf{x}_i)] \cdot \prod_{y_i=1}[F(\boldsymbol{\beta}'\mathbf{x}_i)] \end{aligned} \tag{10.23}$$

令：

$$F(\boldsymbol{\beta}'\mathbf{x}_i) = F_i,\ f(\boldsymbol{\beta}'\mathbf{x}_i) = f_i,\ f'(\boldsymbol{\beta}'\mathbf{x}_i) = f'_i$$

于是样本似然函数式（10.23）可统一写为：

$$L = \prod_i (1-F_i)^{1-y_i}(F_i)^{y_i} \tag{10.24}$$

样本的对数似然函数为：

$$\ln L = \sum_i [(1-y_i)\ln(1-F_i) + y_i \ln F_i] \tag{10.25}$$

于是 $\hat{\boldsymbol{\beta}}$ 的最大似然估计量为：

$$\hat{\boldsymbol{\beta}}^{MLE} = \arg\max_{\beta} \ln L \tag{10.26}$$

为了求解最大化问题，考虑一阶条件（FOCs）：最大化问题的一个必要条件是对目标函数求一阶导数结果为 $\mathbf{0}$：

$$\frac{\partial \ln L}{\partial \boldsymbol{\beta}} = \frac{\partial \ln L}{\partial(\boldsymbol{\beta}'\mathbf{x})} \cdot \frac{\partial(\boldsymbol{\beta}'\mathbf{x})}{\partial \boldsymbol{\beta}} = \frac{\partial \ln L}{\partial(\boldsymbol{\beta}'\mathbf{x})}\mathbf{x} = \mathbf{0} \tag{10.27}$$

记：

$$\frac{\partial F(\boldsymbol{\beta}'\mathbf{x})}{\partial(\boldsymbol{\beta}'\mathbf{x})} = f(\boldsymbol{\beta}'\mathbf{x})$$

把式（10.25）代入式（10.27），则一阶条件变为：

$$\frac{\partial \ln L}{\partial(\boldsymbol{\beta}'\mathbf{x})}\mathbf{x} = \sum_i \left[(1-y_i)\frac{-f_i}{1-F_i} + y_i\frac{f_i}{F_i}\right]\mathbf{x}_i$$

$$= \sum_i \left[\frac{(y_i - 1)f_i F_i + y_i f_i (1 - F_i)}{(1 - F_i) F_i} \right] \mathbf{x}_i$$

$$= \sum_i \frac{(y_i - F_i) f_i \mathbf{x}_i}{(1 - F_i) F_i} = 0 \qquad (10.28)$$

下面分别对三种基本模型考虑其一阶条件。

1. *LP* 模型的最大似然估计

在 *LP* 模型中，$F_i = \boldsymbol{\beta}'\mathbf{x}_i$，$f_i = 1$，一阶条件式（10.28）变成：

$$\sum_i \frac{(y_i - F_i) f_i \mathbf{x}_i}{(1 - F_i) F_i} = \sum_i \frac{(y_i - \boldsymbol{\beta}'\mathbf{x}_i)\mathbf{x}_i}{(1 - \boldsymbol{\beta}'\mathbf{x}_i)\boldsymbol{\beta}'\mathbf{x}_i} = 0 \qquad (10.29)$$

即：

$$\sum_i \frac{(\boldsymbol{\beta}'\mathbf{x}_i)\mathbf{x}_i}{(1 - \boldsymbol{\beta}'\mathbf{x}_i)\boldsymbol{\beta}'\mathbf{x}_i} = \sum_i \frac{y_i \mathbf{x}_i}{(1 - \boldsymbol{\beta}'\mathbf{x}_i)\boldsymbol{\beta}'\mathbf{x}_i} \qquad (10.30)$$

根据式（10.11），*LP* 模型通常存在异方差结构，其一阶条件式（10.30）的分母 $(1 - \boldsymbol{\beta}'\mathbf{x}_i)\ \boldsymbol{\beta}'\mathbf{x}_i = Var(u_i)$，从而：

$$\sum_i \frac{(\boldsymbol{\beta}'\mathbf{x}_i)\mathbf{x}_i}{Var(u_i)} = \sum_i \frac{y_i \mathbf{x}_i}{Var(u_i)} \qquad (10.31)$$

式（10.31）表明，存在异方差的 *LP* 模型的最大似然估计量等价于广义最小二乘估计量（*GLS*），相当于在 *GLS* 中，每个变量 y_i 和 $\mathbf{x}_i$ 除以一个权重，该权重为 u_i 的标准差 $\sqrt{Var(u_i)}$。

如果假定随机误差项具有同方差性质，即 $(1 - \boldsymbol{\beta}'\mathbf{x}_i)\boldsymbol{\beta}'\mathbf{x}_i = Var(u_i) = Var(u) = \sigma^2$，则式（10.31）可简化为：

$$\sum_i [(\boldsymbol{\beta}'\mathbf{x}_i)\mathbf{x}_i] = \sum_i (y_i \mathbf{x}_i) \qquad (10.32)$$

可见，如果不存在异方差，则 *LP* 模型的最大似然估计量等价于普通最小二乘估计量（*OLS*）。

在 *LP* 模型中，$y_i - \boldsymbol{\beta}'\mathbf{x}_i = u_i$，于是式（10.29）又可以写作：

$$\sum_i \frac{u_i \mathbf{x}_i}{Var(u_i)} = 0 \qquad (10.33)$$

式（10.33）也可作为一个矩条件，从而使用广义矩方法（*GMM*）进行参数估计。对于同方差情形，矩条件简化为 $\sum_i (u_i \mathbf{x}_i) = 0$。

2. Probit 模型的最大似然估计

对于 Probit 模型，$F_i = \Phi_i$，$f_i = \phi_i$，一阶条件式（10.28）变为：

$$\sum_i \frac{(y_i - F_i) f_i \mathbf{x}_i}{(1 - F_i) F_i} = \sum_i \frac{(y_i - \Phi_i)\phi_i \mathbf{x}_i}{(1 - \Phi_i)\Phi_i}$$

$$= \sum_i \frac{y_i \phi_i \mathbf{x}_i}{(1-\Phi_i)\Phi_i} - \sum_i \frac{\phi_i \mathbf{x}_i}{(1-\Phi_i)} = 0 \tag{10.34}$$

定义：

$$\lambda_{0i} = -\frac{\phi_i}{1-\Phi_i}$$

$$\lambda_{1i} = \frac{\phi_i}{\Phi_i} \tag{10.35}$$

于是一阶条件式（10.34）可简写为：

$$\sum_i \lambda_i \mathbf{x}_i = 0 \tag{10.36}$$

其中：

$$\lambda_i = \begin{cases} \lambda_{0i}, & 如果\ y_i = 0 \\ \lambda_{1i}, & 如果\ y_i = 1 \end{cases} \tag{10.37}$$

与 *LP* 模型不同的是，Probit 模型的一阶条件是一组关于 $\boldsymbol{\beta}$ 的非线性方程组。因此不能显式地解出 $\boldsymbol{\beta}$ 来，只能通过数值算法来迭代出 $\hat{\boldsymbol{\beta}}^{MLE}$。

3. Logit 模型的最大似然估计

对于 Logit 模型，$F_i = \Lambda_i$，$f_i = \Lambda_i(1-\Lambda_i)$。一阶条件式（10.28）变为：

$$\sum_i \frac{(y_i - F_i) f_i \mathbf{x}_i}{(1-F_i)F_i}$$

$$= \sum_i \frac{(y_i - \Lambda_i)\Lambda_i(1-\Lambda_i)\mathbf{x}_i}{(1-\Lambda_i)\Lambda_i}$$

$$= \sum_i (y_i - \Lambda_i)\mathbf{x}_i = 0 \tag{10.38}$$

与 Probit 模型类似，Logit 模型中的一阶条件式（10.38）也是关于 $\boldsymbol{\beta}$ 的非线性方程组，因此也应通过数值方法求解。

在式（10.38）中，考虑到 $y_i - \Lambda_i = u_i$，因此式（10.38）又可以写作：

$$\sum_i (y_i - \Lambda_i)\mathbf{x}_i = \sum_i u_i \mathbf{x}_i = 0 \tag{10.39}$$

式（10.39）也可当做一个矩条件，并使用广义矩方法（*GMM*）进行参数估计。

二　$\hat{\boldsymbol{\beta}}$ 的渐近协方差矩阵

根据最大似然估计方法中得到的两个结论式（1.14）和式（1.15）：

$$\mathbf{Var}(\hat{\boldsymbol{\beta}}) = \mathbf{I}^{-1}(\boldsymbol{\beta})$$

其中信息矩阵为：

$$\mathbf{I}(\boldsymbol{\beta}) = \mathbf{Var}\left(\frac{\partial \ln L}{\partial \boldsymbol{\beta}}\right)$$
$$= E\left[\left(\frac{\partial \ln L}{\partial \boldsymbol{\beta}}\right)\left(\frac{\partial \ln L}{\partial \boldsymbol{\beta}}\right)'\right]$$
$$= -E\left[\frac{\partial^2 \ln L}{\partial \boldsymbol{\beta} \partial \boldsymbol{\beta}'}\right] \tag{10.40}$$

定义海赛矩阵 $\mathbf{H}$：

$$\mathbf{H} = \left[\frac{\partial^2 \ln L}{\partial \boldsymbol{\beta} \partial \boldsymbol{\beta}'}\right]$$

故信息矩阵 $\mathbf{I}(\boldsymbol{\theta})$ 也等价于海赛矩阵期望的负数，即：

$$\mathbf{I}(\boldsymbol{\theta}) = -E[\mathbf{H}(\boldsymbol{\theta})] \tag{10.41}$$

有三种方法可用来估计最大似然估计量的方差矩阵，即：期望值方法、海赛矩阵方法以及安德森—伯恩特方法。

1. 期望值方法

如果对数似然函数的二阶导数期望值的形式是已知的，通过在 $\hat{\boldsymbol{\beta}}$ 处求值可以估计最大似然估计量的方差矩阵：

$$\mathbf{I}^{-1}(\hat{\boldsymbol{\beta}}) = -E[\mathbf{H}(\hat{\boldsymbol{\beta}})]^{-1} \tag{10.42}$$

2. 海赛矩阵方法

海赛矩阵方法是根据信息矩阵与海赛矩阵的关系，通过在最大似然估计值 $\hat{\boldsymbol{\beta}}$ 处求对数似然函数的实际（而不是期望）二阶导数矩阵来估计最大似然估计量的方差矩阵：

$$\mathbf{I}^{-1}(\hat{\boldsymbol{\beta}}) = -\left[\frac{\partial^2 \ln L(\mathbf{x}, \hat{\boldsymbol{\beta}})}{\partial \boldsymbol{\beta} \partial \boldsymbol{\beta}'}\right]^{-1} = -\mathbf{H}^{-1}(\hat{\boldsymbol{\beta}}) \tag{10.43}$$

这个估计量的唯一缺点就是二阶导数的推导及编写计算机程序可能很复杂。

3. 安德森—伯恩特方法

安德森—伯恩特方法是基于二阶导数矩阵的期望是一阶导数向量的方差矩阵来估计。根据信息矩阵的定义：

$$\mathbf{I}(\boldsymbol{\beta}) = \mathbf{Var}\left(\frac{\partial \ln L}{\partial \boldsymbol{\beta}}\right)$$
$$= E\left[\left(\frac{\partial \ln L}{\partial \boldsymbol{\beta}}\right)\left(\frac{\partial \ln L}{\partial \boldsymbol{\beta}}\right)'\right]$$

于是可运用下式进行估计：

$$\mathbf{I}^{-1}(\hat{\boldsymbol{\beta}}) = \left[\sum_{i=1}^{n}\left(\frac{\partial \ln L(\mathbf{x}_i, \hat{\boldsymbol{\beta}})}{\partial \boldsymbol{\beta}}\right)\left(\frac{\partial \ln L(\mathbf{x}_i, \hat{\boldsymbol{\beta}})}{\partial \boldsymbol{\beta}}\right)'\right]^{-1} \tag{10.44}$$

对于小样本场合，近年来自助法也得到越来越多的应用，通过参数 $\hat{\boldsymbol{\beta}}$ 产生 T 组自助样本可用于构造 $\hat{\boldsymbol{\beta}}$ 的渐近协方差矩阵。

三　两项选择模型的假设检验

假设我们希望检验两项选择模型的约束 H_0：$\mathbf{R\beta}=\mathbf{q}$，令 p 为 $\boldsymbol{\beta}$ 的约束条件个数，也即 $\mathbf{R}$ 的秩 $Rank(\mathbf{R})=p$，可以采用以下三个检验统计量。

1. 沃尔德检验

根据式（1.29），令 $h(\boldsymbol{\beta})=\mathbf{R\beta}-\mathbf{q}$,则沃尔德（Wald）统计量为：

$$W=h'(\hat{\boldsymbol{\beta}})\left[\left(\frac{\partial \mathbf{h}(\hat{\boldsymbol{\beta}})}{\partial \boldsymbol{\beta}'}\right)\mathbf{Var}(\hat{\boldsymbol{\beta}})\left(\frac{\partial \mathbf{h}(\hat{\boldsymbol{\beta}})}{\partial \boldsymbol{\beta}'}\right)'\right]^{-1}\mathbf{h}(\hat{\boldsymbol{\beta}})$$

$$=(\mathbf{R}\hat{\boldsymbol{\beta}}-\mathbf{q})'[\mathbf{RVar}(\hat{\boldsymbol{\beta}})\mathbf{R}']^{-1}(\mathbf{R}\hat{\boldsymbol{\beta}}-\mathbf{q})\xrightarrow{d}\chi_p^2 \qquad (10.45)$$

如果 $W>\chi_p^2$，则拒绝 H_0，说明参数约束无效；

如果 $W\leqslant\chi_p^2$，则不能拒绝 H_0：$\mathbf{R\beta}=\mathbf{q}$，说明参数约束有效。

举一个例子，假设 H_0 为：k 维参数向量 $\boldsymbol{\beta}$ 中最后 p 个参数为0，前$(k-p)$个参数不为0；H_1 为：k 维 $\boldsymbol{\beta}$ 中所有元素都不为0。

定义 $\mathbf{R}=[\mathbf{0}_{k-p},\mathbf{I}_p]$，于是 $Rank(\mathbf{R})=p$，令 $\mathbf{q}=\mathbf{0}$，$\hat{\boldsymbol{\beta}}_p$ 为 $\boldsymbol{\beta}$ 中最后 p 个参数的估计量。根据式（10.45），沃尔德（Wald）统计量为：

$$W=\hat{\boldsymbol{\beta}}_p'[\mathbf{Var}(\hat{\boldsymbol{\beta}}_p)]^{-1}\hat{\boldsymbol{\beta}}_p \qquad (10.46)$$

2. 似然比检验

令 $\hat{\boldsymbol{\beta}}$ 表示无参数约束［即 $\mathbf{R\beta}\neq\mathbf{q}$］条件下似然函数取最大值 $\ln L(\hat{\boldsymbol{\beta}})$ 时对应的 ML 估计量，令 $\tilde{\boldsymbol{\beta}}$ 表示加上参数约束 $\mathbf{R\beta}=\mathbf{q}$ 后似然函数取最大值 $\ln L(\tilde{\boldsymbol{\beta}})$ 时对应的 ML 估计量。根据式（1.23），似然比统计量定义如下：

$$LR=2[\ln L(\hat{\boldsymbol{\beta}})-\ln L(\tilde{\boldsymbol{\beta}})]\xrightarrow{d}\chi_p^2 \qquad (10.47)$$

其中 χ_p^2 由卡方分布表查出，自由度 p 是约束的个数。

如果 $LR>\chi_p^2$，则拒绝 H_0，说明参数约束无效；

如果 $LR\leqslant\chi_p^2$，则不能拒绝 H_0：$\mathbf{R\beta}=\mathbf{q}$，说明参数约束有效。

3. 拉格朗日乘数检验

令 $\tilde{\boldsymbol{\beta}}$ 表示加上参数约束 $\mathbf{R\beta}=\mathbf{q}$ 后似然函数取最大值 $\ln L$（$\tilde{\boldsymbol{\beta}}$）时对应的 ML 估计量，根据式（1.34），拉格朗日乘数检验统计量为：

$$LM=\left(\frac{\partial \ln L(\tilde{\boldsymbol{\beta}})}{\partial \boldsymbol{\beta}}\right)'\left[\mathbf{Var}\left(\frac{\partial \ln L(\tilde{\boldsymbol{\beta}})}{\partial \boldsymbol{\beta}}\right)\right]^{-1}\left(\frac{\partial \ln L(\tilde{\boldsymbol{\beta}})}{\partial \boldsymbol{\beta}}\right)\xrightarrow{\mathrm{d}}\chi_p^2 \qquad (10.48)$$

如果 $LM>\chi_p^2$，则拒绝 H_0，说明参数约束无效；

如果 $LM \leqslant \chi_p^2$，则不能拒绝 H_0：$\mathbf{R\beta}=\mathbf{q}$，说明参数约束有效。

四 两项选择模型的拟合优度

对于模型估计能力和拟合优度的常用判别方法，就是列出击中击不中（Hit and Miss）表。在击中击不中表里，当 $\hat{y}_i=F(\hat{\boldsymbol{\beta}}'\mathbf{x}_i)>F^*$ 时，如果选择了 $y_i=1$，则击中了，如果选择了 $y_i=0$，则未击中；当 $\hat{y}_i=F(\hat{\boldsymbol{\beta}}'\mathbf{x}_i)\leqslant F^*$ 时，如果选择了 $y_i=0$，则击中了，如果选择了 $y_i=1$，则未击中。F^* 的通常取值为0.5。

表 11.1 击中击不中

	$y_i=0$	$y_i=1$
击中数目	$y_i=0$，$\hat{y}_i\leqslant F^*$ 时的数目	$y_i=1$，$\hat{y}_i>F^*$ 时的数目
击不中数目	$y_i=0$，$\hat{y}_i>F^*$ 时的数目	$y_i=1$，$\hat{y}_i\leqslant F^*$ 时的数目

第三节 多项选择模型

离散选择模型可分为两项选择模型和多项选择模型，其中多项选择模型又可分为有序选择模型和无序选择模型两类。一些抽样调查得到的数据常常是有序数据，比如选择结果为：很满意、满意、无所谓、不满意、很不满意，这里的五个选择结果就包含了一个自然的顺序。另一些抽样调查得到的数据可能是无序数据，比如人们对交通工具的选择：乘飞机、自驾车、乘火车、乘大巴，这四种选择之间没有自然的顺序。职业的选择一般也是无序数据。有序选择模型包括有序 Probit 模型和有序 Logit 模型；无序选择模型包括多项 Logit 模型、条件 Logit 模型以及多项 Probit 模型等形式。

一 有序选择模型

设 y 表示在 $\{1, 2, \cdots, J\}$ 上取值的有序选择，J 为已知的整数，共有 J 种选择。关于 y 的有序选择模型可以从指针函数（Index Function）模型中推导出来。假设未被观测的隐藏变量 y^* 为净收益，并为之建立如下模型：

$$y^*=\mathbf{x}\boldsymbol{\beta}+\varepsilon \tag{10.49}$$

其中 ε 的密度分布是对称的，其累积分布函数 $F(\cdot)$ 为连续函数，$\boldsymbol{\beta}$ 表示 $k\times 1$ 参数向量。

虽然无法观测到 y^* 的值，但可以观测到 y 的选择结果，而 y^* 与 y 之间存在如下关系：

$$y=\begin{cases}1, & \text{如果 } y^* < \alpha_1 \\ 2, & \text{如果 } \alpha_1 \leqslant y^* < \alpha_2 \\ \vdots & \vdots \\ j, & \text{如果 } \alpha_{j-1} \leqslant y^* < \alpha_j \\ \vdots & \vdots \\ J, & \text{如果 } y^* \geqslant \alpha_{J-1}\end{cases} \tag{10.50}$$

其中 α_1，α_2，…，α_{J-1} 为割点（Cut Point），它们满足 $\alpha_1 < \alpha_2 < \cdots < \alpha_{J-1}$，待估参数为：$\{\alpha_1, \alpha_2, \cdots, \alpha_{J-1}, \boldsymbol{\beta}\}$。

当 $\varepsilon \sim N(0, 1)$ 时，上述模型即为有序 Probit 模型（Ordered Probit Model）；当 ε 服从 Logit 分布时，上述模型即为有序 Logit 模型（Ordered Logit Model）

可以用最大似然方法进行模型估计。选择 $y=j$ 的概率为：

$$\begin{aligned}\Pr[y=j|\mathbf{x}] &= \Pr[\alpha_{j-1} \leqslant y^* < \alpha_j|\mathbf{x}] \\ &= \Pr[\alpha_{j-1} \leqslant \mathbf{x}\boldsymbol{\beta}+\varepsilon < \alpha_j|\mathbf{x}] \\ &= \Pr[\alpha_{j-1}-\mathbf{x}\boldsymbol{\beta} \leqslant \varepsilon < \alpha_j-\mathbf{x}\boldsymbol{\beta}|\mathbf{x}]\end{aligned} \tag{10.51}$$

定义 $\alpha_0 = -\infty$，$\alpha_J = +\infty$，则上式可统一写作：

$$\Pr[y=j|\mathbf{x}] = F(\alpha_j-\mathbf{x}\boldsymbol{\beta}) - F(\alpha_{j-1}-\mathbf{x}\boldsymbol{\beta}),\ j=1,2,\cdots,J \tag{10.52}$$

其中 $F(\cdot)$ 是 ε 的分布函数，式（10.52）为最大似然估计方法的使用提供了方便。

样本似然函数为：

$$L = \prod_{i=1}^{n}\prod_{j=1}^{J}[F(\alpha_j-\mathbf{x}\boldsymbol{\beta}) - F(\alpha_{j-1}-\mathbf{x}\boldsymbol{\beta})]^{Z_{ij}} \tag{10.53}$$

其中 Z_{ij} 定义为：如果个体 i 选择 j，则 $z_{ij}=1$，否则 $z_{ij}=0$。

对式（10.53）通过数值最大化方法可以估计出参数 $\{\alpha_1, \alpha_2, \cdots, \alpha_{J-1}, \boldsymbol{\beta}\}$。需要指出的是，根据式（10.53），在多项有序选择模型中，解释变量 $\mathbf{x}$ 中不能包含常数项，否则参数 α_1，α_2，…，α_{J-1} 难以同时被识别。

二　无序选择模型

有序选择模型的关键之处是所有 J 种选择都具有相同的指针函数形式。然而，对于无序选择模型，需要不同类型的模型，一般的模型是多项 Logit 模型（Multinomial Logit Model），最为流行的是条件 Logit 模型（Conditional Logit Model），条件 Logit 模型在应用研究中被广泛采用。多项 Probit 模型也是一种无序选择模型。

1. 多项 Logit 模型

令 u_j 表示选择 j 时的净效用，假设它们无法观测，但具有如下形式：

$$u_j = v_j + \varepsilon_j = \mathbf{x}_j\boldsymbol{\beta}_j + \varepsilon_j,\ j = 1,2,\cdots,J \tag{10.54}$$

对于不同的选择 j，$\boldsymbol{\beta}_j$ 不同，$\boldsymbol{\beta}_j$ 为 k_j 维参数向量。虽然无法观测到 u_j，$j=1, 2, \cdots, J$，但知道它们与选择结果密切相关：

$$\begin{aligned}\Pr["j" \mid \mathbf{x}] &= \Pr[u_j = \max_l\{u_l\},l = 1,2,\cdots,J] \\ &= \Pr[u_j > u_1, u_j > u_2, \cdots, u_j > u_J]\end{aligned} \tag{10.55}$$

也就是说，如果选择 j 得到的效用大于其他任何选择的效用，则选择 j。

假设 ε_j 服从第 I 类极值分布（Type I Extreme Value Distribution），其分布函数和分布密度分别为：

$$F(\varepsilon_j) = \exp(-e^{-\varepsilon_j})$$

$$f(\varepsilon_j) = e^{-\varepsilon_j}\exp(-e^{-\varepsilon_j})$$

则选择 j 的概率为：

$$\Pr("j") = \frac{e^{v_j}}{\sum_{l=1}^{J} e^{v_l}} = \frac{e^{\mathbf{x}_j\boldsymbol{\beta}_j}}{\sum_{l=1}^{J} e^{\mathbf{x}_l\boldsymbol{\beta}_l}},\ j = 1,2,\cdots,J \tag{10.56}$$

多项 Logit 模型可用最大似然方法进行估计，但在一些特殊情况下，比如当每种选择都具有相同的解释变量 $\mathbf{x}_j$ 时，则 $\boldsymbol{\beta}_j$ 不能同时被识别，此时的一种解决办法是给定约束 $\boldsymbol{\beta}_1 = 0$。

2. 条件 Logit 模型

对于多项 Logit 模型，在式（10.54）中，不同的选择 j，$\boldsymbol{\beta}_j$ 不同。在条件 Logit 模型中，假设 $\boldsymbol{\beta}_j$ 对于不同的选择 j 都相同，即 $\boldsymbol{\beta}_j = \boldsymbol{\beta}$，$\boldsymbol{\beta}$ 为 k 维参数向量。

在条件 Logit 模型中，令 u_j 表示选择 j 时的净效用，形式为：

$$u_j = v_j + \varepsilon_j = \mathbf{x}_j\boldsymbol{\beta} + \varepsilon_j,\ j = 1,2,\cdots,J \tag{10.57}$$

麦克法登（McFadden, 1974）证明了，当且仅当 ε_j 相互独立且服从同样的第 I 类极值分布 $F(\varepsilon_j) = e^{-e^{-\varepsilon_j}}$ 时，选择 j 的概率为：

$$\Pr("j") = \frac{e^{\mathbf{x}_j\boldsymbol{\beta}}}{\sum_{l=1}^{J} e^{\mathbf{x}_l\boldsymbol{\beta}}},\ j = 1,2,\cdots,J \tag{10.58}$$

定义变量 y_{ij} 为：如果个体 i 选择 j，则 $y_{ij} = 1$，否则 $y_{ij} = 0$。则有：

$$\Pr(y_{ij} = 1) = \frac{e^{\mathbf{x}_{ij}\boldsymbol{\beta}}}{\sum_{l=1}^{J} e^{\mathbf{x}_{il}\boldsymbol{\beta}}},\ j = 1,2,\cdots,J \tag{10.59}$$

于是条件 Logit 模型的样本似然函数为：

$$L = \prod_{i=1}^{n} \prod_{j=1}^{J} [\Pr(y_{ij} = 1)]^{y_{ij}} \tag{10.60}$$

对于式（10.60），运用数值最大化方法，可以估计出所有的参数 $\hat{\boldsymbol{\beta}}$。

从式（10.58）可以看出，当只有两种选择即 $J=2$ 时，其中第一种选择的概率可表示为：

$$\Pr(y=1) = \frac{e^{\mathbf{x}_1\boldsymbol{\beta}}}{\sum_{l=1}^{2} e^{\mathbf{x}_l\boldsymbol{\beta}}} = \frac{e^{\mathbf{x}_1\boldsymbol{\beta}}}{e^{\mathbf{x}_1\boldsymbol{\beta}} + e^{\mathbf{x}_2\boldsymbol{\beta}}} = \frac{e^{(\mathbf{x}_1-\mathbf{x}_2)\boldsymbol{\beta}}}{1 + e^{(\mathbf{x}_1-\mathbf{x}_2)\boldsymbol{\beta}}} \tag{10.61}$$

因此，条件 Logit 模型便简化为普通的二项 Logit 模型。

当 $J>2$ 时，从任意两种选择 j 和 k 中选择出其中一种（比如 j）的概率为：

$$\Pr(y_j = 1 \mid y_j = 1 \text{ 或 } y_k = 1) = \frac{\Pr(y_j = 1)}{\Pr(y_j = 1) + \Pr(y_k = 1)}$$

$$= \frac{\dfrac{e^{\mathbf{x}_j\boldsymbol{\beta}}}{\sum_{l=1}^{J} e^{\mathbf{x}_l\boldsymbol{\beta}}}}{\dfrac{e^{\mathbf{x}_j\boldsymbol{\beta}}}{\sum_{l=1}^{J} e^{\mathbf{x}_l\boldsymbol{\beta}}} + \dfrac{e^{\mathbf{x}_k\boldsymbol{\beta}}}{\sum_{l=1}^{J} e^{\mathbf{x}_l\boldsymbol{\beta}}}} = \frac{e^{\mathbf{x}_j\boldsymbol{\beta}}}{e^{\mathbf{x}_j\boldsymbol{\beta}} + e^{\mathbf{x}_k\boldsymbol{\beta}}} = \frac{e^{(\mathbf{x}_j-\mathbf{x}_k)\boldsymbol{\beta}}}{1 + e^{(\mathbf{x}_j-\mathbf{x}_k)\boldsymbol{\beta}}} \tag{10.62}$$

此时条件 Logit 模型也可以看做普通的二项 Logit 模型。这是因为，在条件 Logit 模型中，假设 $\boldsymbol{\beta}_j$ 对于不同的选择 j 都相同，即 $\boldsymbol{\beta}_j = \boldsymbol{\beta}$，因此，从多项选择中任意选取两种选择并运用普通的两项 Logit 模型，即可估计出条件 Logit 模型中的参数 $\hat{\boldsymbol{\beta}}$。

条件 Logit 模型的这种性质被概括为“无关选择独立性”，即 IIA 性质（Independence of Irrevelant Alternatives）。“IIA”性质是指：任意两种选择发生的概率之比，只与这两组数据有关，而与其他选择的概率无关。或者说，只有满足 IIA 性质或 IIA 假设时，条件 Logit 模型才是恰当的模型。事实上，IIA 假设是一个很强的假设，在一些情况下是不合理的。尽管如此，由于条件 Logit 模型的简易性，它仍然有许多应用。

放松 IIA 假设的一种不同方法是设定层次模型（Hierarchical Model），其中最为常用的是嵌套 Logit 模型（Nested Logit Model）。麦克法登 1984 年给出了这种模型的详细处理方法。

3. 多项 Probit 模型

除了多项 Logit 模型和条件 Logit 模型之外，多项 Probit 模型（Multinomial Probit Model）也可以用于建立无序选择模型，且多项 Probit 模型也不需要满足 IIA 假设。多项 Probit 模型在理论上很有吸引力，但计算麻烦。

与条件 Logit 模型类似，令 u_j 表示选择 j 时的净效用，假设它们无法观测，但具有如下形式：

$$u_j = v_j + \varepsilon_j = \mathbf{x}_j\boldsymbol{\beta} + \varepsilon_j,\ j = 1, 2, \cdots, J \tag{10.63}$$

其中 $\varepsilon \sim N(0, 1)$，虽然无法观测到 u_j，$j = 1, 2, \cdots, J$，但知道它们与选择结果密切相关：

$$\begin{aligned}\Pr[''j''|\mathbf{x}] &= \Pr[u_j > \max_l\{u_l\}, l = 1, 2, \cdots, j-1, j+1, \cdots, J]\\ &= \Pr[\varepsilon_1 - \varepsilon_j < (\mathbf{x}_j - \mathbf{x}_1)\boldsymbol{\beta}, \cdots, \varepsilon_J - \varepsilon_j < (\mathbf{x}_j - \mathbf{x}_J)\boldsymbol{\beta}]\end{aligned} \tag{10.64}$$

为了对多项 Probit 模型使用最大似然估计，我们需要知道 $\{\varepsilon_1 - \varepsilon_j, \varepsilon_2 - \varepsilon_j, \cdots, \varepsilon_J - \varepsilon_j\}$ 的联合分布。由于正态导数的高维计算没有解析方法，因此，除非 J 很小，否则很难运用最大似然方法进行参数估计。

作为替代，在实践中通常采用在模拟基础上的方法对多项 Probit 模型进行估计，模拟矩方法（*MSM*, Methods of Simulated Moments）是一种可行的方法。

第四节 托比特模型

托比特（Tobit）模型最初是指审查或截断数据模型，它是由托宾（Tobin）于 1958 年首先提出的。后来，托比特模型的概念又有许多扩展，包含样本选择等多类模型。

一 审查数据模型

1. 审查数据模型

微观经济数据中一个非常普遍的问题是对因变量的审查，当因变量被审查时，某一特定范围内的值全被变换成一个单一值。下审查（或左审查）数据的一般形式如下：

$$y = \max(L, y^*) = \begin{cases} y^*, & \text{如果 } y^* > L \\ L, & \text{如果 } y^* \leqslant L \end{cases}$$

上审查（或右审查）数据的一般形式如下：

$$y=\min(U,y^*)=\begin{cases}y^* & \text{如果 } y^*<U\\ U, & \text{如果 } y^*\geqslant U\end{cases}$$

被审查数据（Censored Data）回归模型的常用形式如下：

$$y^*=\mathbf{x\beta}+\varepsilon$$

$$y=\max(0,y^*)=\begin{cases}y^*, & (y^*>0)\\ 0, & (y^*\leqslant 0)\end{cases} \tag{10.65}$$

其中 $\varepsilon\sim N(0,\ \sigma^2)$，$y$ 为观测值，y^* 为隐藏变量。

2. 审查数据模型的 *OLS* 估计

对于审查数据模型，*OLS* 估计是有偏的，这是因为：

$$\begin{aligned}E(y|\mathbf{x})&=E(y|\mathbf{x},y=0)\cdot\Pr(y=0|\mathbf{x})\\&\quad+E(y|\mathbf{x},y>0)\cdot\Pr(y>0|\mathbf{x})\\&=E(y|\mathbf{x},y>0)\cdot\Pr(y>0|\mathbf{x})\\&=E(y|\mathbf{x},y^*>0)\cdot\Pr(y^*>0|\mathbf{x})\\&=[\mathbf{x\beta}+E(\varepsilon|\varepsilon>-\mathbf{x\beta})]\cdot\Pr(\varepsilon>-\mathbf{x\beta})\\&\neq\mathbf{x\beta}\end{aligned} \tag{10.66}$$

3. 审查数据模型的 *MLE* 估计

给定 $\varepsilon\sim N(0,\ \sigma^2)$，似然函数为：

$$L=\prod_{y_i=0}\Pr(\varepsilon_i\leqslant-\mathbf{x}_i\boldsymbol{\beta})\cdot\prod_{y_i>0}f_\varepsilon(y_i-\mathbf{x}_i\boldsymbol{\beta}) \tag{10.67}$$

对数似然函数为：

$$\begin{aligned}\ln L&=\sum_{y_i=0}\ln\Pr(\varepsilon_i\leqslant-\mathbf{x}_i\boldsymbol{\beta})+\sum_{y_i>0}\ln f_\varepsilon(y_i-\mathbf{x}_i\boldsymbol{\beta})\\&=\sum_{y_i=0}\ln\Phi\left(-\frac{\mathbf{x}_i\boldsymbol{\beta}}{\sigma}\right)+\sum_{y_i>0}\ln\left[\frac{1}{\sigma}\phi\left(\frac{y_i-\mathbf{x}_i\boldsymbol{\beta}}{\sigma}\right)\right]\end{aligned} \tag{10.68}$$

根据式（10.68）可知，我们可以先估计出$\left(\dfrac{\hat{\boldsymbol{\beta}}}{\sigma}\right)$及 $\hat{\sigma}$，再推算出 $\hat{\boldsymbol{\beta}}$。

二　截断数据模型

1. 截断数据模型

截断是从总体的一个受限部分抽取的样本来推断总体的特征。比如，只能观测到当 $y^*>0$ 的情况，而观测不到 $y^*<0$ 的情况。下截断（或左截断）数据的一般形式如下：

$y=y^*$，如果 $y^*>L$

上截断（或右截断）数据的一般形式如下：

$y = y^*$，如果 $y^* < U$

若连续随机变量的密度函数为 $f(y)$，$f(y)$ 以原点对称，L 是一个常数，则左截断随机变量的密度分布为：

$$f(y|y>L) = \frac{f(y)}{\Pr(y>L)} = \frac{f(y)}{1-F(y)} \tag{10.69}$$

被截断数据（Truncated Data）回归模型的常用形式如下：

$$y^* = \mathbf{x\beta} + \varepsilon \tag{10.70}$$

$$y = y^*, \text{若 } y^* > 0$$

其中 $\varepsilon \sim N(0, \sigma^2)$，$y$ 为观测值，y^* 为隐藏变量。

2. 截断数据模型的 *OLS* 估计

对于截断数据模型，*OLS* 估计也是有偏的，这是因为：

$$\begin{aligned} E(y|x) &= E(\mathbf{x\beta} + \varepsilon|\mathbf{x}, y^* > 0) \\ &= E(\mathbf{x\beta} + \varepsilon|\mathbf{x}, \varepsilon > -\mathbf{x\beta}) \\ &= \mathbf{x\beta} + \mathrm{E}(\varepsilon|\varepsilon > -\mathbf{x\beta}) \\ &\neq \mathbf{x\beta} \end{aligned} \tag{10.71}$$

3. 截断数据模型的 *MLE* 估计

给定 $\varepsilon \sim N(0, \sigma^2)$，样本似然函数为：

$$L = \prod_{y_i > 0} f_\varepsilon(y_i - \mathbf{x}_i\boldsymbol{\beta}) \tag{10.72}$$

对数似然函数为：

$$\begin{aligned} \ln L &= \sum_{y_i > 0} \ln f_\varepsilon(y_i - \mathbf{x}_i\boldsymbol{\beta}) \\ &= \sum_{y_i > 0} \ln\left[\frac{1}{\sigma}\phi\left(\frac{y_i - \mathbf{x}_i\boldsymbol{\beta}}{\sigma}\right)\right] \end{aligned} \tag{10.73}$$

根据式（10.73）可知，我们同样可以先估计出 $\left(\frac{\hat{\boldsymbol{\beta}}}{\sigma}\right)$ 及 $\hat{\sigma}$，再推算出 $\hat{\boldsymbol{\beta}}$。

三 样本选择模型

1. 样本选择模型

通常将审查数据模型及截断数据模型称为第一类 Tobit 模型，而下面的两项样本选择模型为第二类 Tobit 模型（Type 2 Tobit Model），有时也称为广义 Tobit 模型（Generalized Tobit Model）：

$$y_{1i}^* = \mathbf{x}_{1i}\boldsymbol{\beta}_1 + \varepsilon_{1i}$$

$$y_{2i}^{*}=\mathbf{x}_{2i}\boldsymbol{\beta}_{2}+\varepsilon_{2i}$$
$$y_{1i}=\mathbf{1}(y_{1i}^{*}>0)$$
$$y_{2i}=y_{2i}^{*},\text{若 }y_{1i}^{*}>0 \tag{10.74}$$

其中 y 为观测值，y^{*} 为隐藏变量，$y_{1i}=\mathbf{1}(y_{1i}^{*}>0)$ 为指针函数，即：

$$y_{1i}=\begin{cases}1,\text{如果 }y_{1i}^{*}>0\\0,\text{如果 }y_{1i}^{*}\leqslant 0\end{cases}$$

两项样本选择模型的例子比如：y_{1i}代表是否工作，y_{2i}代表工作收入。当 $y_{1}^{*}=y_{2}^{*}$ 时，样本选择模型就可简化为第一类的截断 Tobit 模型。

2. 样本选择模型的 *OLS* 估计

考虑到：

$$E(y_{2}|\mathbf{x},y_{2})=\mathbf{x}_{2}\boldsymbol{\beta}_{2}+E(\varepsilon_{2}|\varepsilon_{1}>-\mathbf{x}_{1}\boldsymbol{\beta}_{1}) \tag{10.75}$$

如果 ε_{1} 与 ε_{2} 独立，则 $E(\varepsilon_{2}|\varepsilon_{1}>-\mathbf{x}_{1}\boldsymbol{\beta}_{1})=\mathrm{E}(\varepsilon_{2})=0,\mathrm{E}(\mathrm{y}_{2}|\mathbf{x},y_{2})=\mathbf{x}_{2}\boldsymbol{\beta}_{2}$，*OLS* 估计无偏。但在大多数情况下，$\varepsilon_{1}$ 与 ε_{2} 并不独立，因此 $E(\varepsilon_{2}|\varepsilon_{1}>-\mathbf{x}_{1}\boldsymbol{\beta}_{1})\neq 0$，*OLS* 估计量是有偏的。

3. 样本选择模型的 *MLE* 估计

样本似然函数为：

$$L=\prod_{y_{1}=0}\Pr(y_{1}^{*}\leqslant 0)\cdot\prod_{y_{1}=1}f_{y_{2}^{*}}(y_{2}|y_{1}^{*}>0)\cdot\Pr(y_{1}^{*}>0) \tag{10.76}$$

因为：

$$\begin{aligned}&f_{y_{2}^{*}}(y_{2}|y_{1}^{*}>0)\cdot\Pr(y_{1}^{*}>0)\\&=\int_{0}^{+\infty}f_{y_{1}^{*},y_{2}^{*}}(\varepsilon,y_{2})\mathrm{d}\varepsilon\\&=\int_{0}^{+\infty}f_{y_{2}^{*}}(y_{2})\cdot f_{y_{1}^{*}|y_{2}^{*}}(\varepsilon|y_{2}^{*}=y_{2})\cdot\mathrm{d}\varepsilon\end{aligned}$$

所以式（10.76）可写为：

$$L=\prod_{y_{1}=0}\Pr(y_{1}^{*}\leqslant 0)\cdot\prod_{y_{1}=1}f_{y_{2}^{*}}(y_{2})\cdot\Pr(y_{1}^{*}>0|y_{2}^{*}=y_{2}) \tag{10.77}$$

假设：

$$\begin{pmatrix}\varepsilon_{1}\\\varepsilon_{2}\end{pmatrix}\sim N\left(\begin{pmatrix}0\\0\end{pmatrix},\Sigma\right) \tag{10.78}$$

$$\Sigma=\begin{pmatrix}\sigma_{1}^{2}&\sigma_{12}\\\sigma_{12}&\sigma_{2}^{2}\end{pmatrix} \tag{10.79}$$

于是：

$$\begin{pmatrix} y_1^* \\ y_2^* \end{pmatrix} \sim N\left(\begin{pmatrix} \mathbf{x}_1\boldsymbol{\beta}_1 \\ \mathbf{x}_2\boldsymbol{\beta}_2 \end{pmatrix}, \Sigma\right) \tag{10.80}$$

因此：

$$y_1^* \mid y_2^* \sim N\left\{\left(\mathbf{x}_1\boldsymbol{\beta}_1 + \frac{\sigma_{12}}{\sigma_2^2}(y_2 - \mathbf{x}_2\boldsymbol{\beta}_2)\right), \left(\sigma_1^2 - \frac{\sigma_{12}^2}{\sigma_2^2}\right)\right\} \tag{10.81}$$

$$f_{y_2^*}(y_2) = \frac{1}{\sigma_2}\phi\left(\frac{y_2 - \mathbf{x}_2\boldsymbol{\beta}_2}{\sigma_2}\right) \tag{10.82}$$

因此，对所有的样本 i：

$$L = \prod_{y_{1i}=0}\left[\Phi\left(-\frac{\mathbf{x}_{1i}\boldsymbol{\beta}_1}{\sigma}\right)\right]\cdot$$

$$\prod_{y_{1i}=1}\left[\frac{1}{\sigma_2}\phi\left(\frac{y_2 - \mathbf{x}_2\boldsymbol{\beta}_2}{\sigma_2}\right)\cdot\Phi\left(\frac{\mathbf{x}_{1i}\boldsymbol{\beta}_1 + \frac{\sigma_{12}}{\sigma_2^2}(y_{2i} - \mathbf{x}_{2i}\boldsymbol{\beta}_2)}{\sigma_1\cdot\sqrt{1 - \frac{\sigma_{12}^2}{\sigma_1^2\sigma_2^2}}}\right)\right] \tag{10.83}$$

根据式（10.83）可知，我们可以先估计出$\left(\frac{\hat{\boldsymbol{\beta}}_1}{\sigma_1}\right)$，$\hat{\sigma}_2$，$\left(\frac{\hat{\boldsymbol{\beta}}_2}{\sigma_2}\right)$，$\left(\frac{\hat{\sigma}_{12}}{\sigma_1}\right)$，再推算出 $\hat{\boldsymbol{\beta}}_2$。

如果式（10.74）中的 y_{1i}^* 方程设定为 Probit 模型，则 $\sigma_1 = 1$，于是我们还可以推算出 $\hat{\boldsymbol{\beta}}_1$ 和 $\hat{\sigma}_{12}$。

四　样本选择模型的 Heckman 两阶段估计法

对于样本选择模型，Heckman 两阶段估计量也被称为 Heckit 估计量（Heckit Estimator）。在样本选择模型的 Heckman 两阶段估计法中，仍假设式（10.78）至式（10.80），于是：

$$\begin{aligned} E(y_2^* \mid y_1^* > 0) &= E[E(y_2^* \mid y_1^*) \mid y_1^* > 0] \\ &= \mathbf{x}_2\boldsymbol{\beta}_2 + \frac{\sigma_{12}}{\sigma_1^2}E(y_1^* - \mathbf{x}_1\boldsymbol{\beta}_1 \mid y_1^* > 0) \\ &= \mathbf{x}_2\boldsymbol{\beta}_2 + \frac{\sigma_{12}}{\sigma_1^2}E(\varepsilon_1 \mid \varepsilon_1 > -\mathbf{x}_1\boldsymbol{\beta}_1) \\ &= \mathbf{x}_2\boldsymbol{\beta}_2 + \frac{\sigma_{12}}{\sigma_1}E\left(\frac{\varepsilon_1}{\sigma_1} \,\middle|\, \frac{\varepsilon_1}{\sigma_1} > -\frac{\mathbf{x}_1\boldsymbol{\beta}_1}{\sigma_1}\right) \end{aligned} \tag{10.84}$$

一般地，如果 $z \sim N(0, 1)$，则可定义“逆米尔斯比”（Inverse Mills Ratio）如下：

$$\lambda(d)=E(z|z>d)=\frac{\phi(-d)}{\Phi(-d)}=\frac{\phi(d)}{1-\Phi(d)} \tag{10.85}$$

其中 $\phi(\cdot)$ 和 $\Phi(\cdot)$ 分别为标准正态分布的密度函数和分布函数。在式（10.84）中，因为 $\varepsilon_1 \sim N(0, \sigma_1^2)$，所以可令 $z=\frac{\varepsilon_1}{\sigma_1} \sim N(0, 1)$，$d=-\frac{\mathbf{x}_1\boldsymbol{\beta}_1}{\sigma_1}$，于是：

$$E\left(\frac{\varepsilon_1}{\sigma_1}\middle|\frac{\varepsilon_1}{\sigma_1}>-\frac{\mathbf{x}_1\boldsymbol{\beta}_1}{\sigma_1}\right)=\lambda\left(-\frac{\mathbf{x}_1\boldsymbol{\beta}_1}{\sigma_1}\right) \tag{10.86}$$

式（10.84）可简化为：

$$E(y_2^*|y_1^*>0)=\mathbf{x}_2\boldsymbol{\beta}_2+\frac{\sigma_{12}}{\sigma_1}\lambda\left(-\frac{\mathbf{x}_1\boldsymbol{\beta}_1}{\sigma_1}\right) \tag{10.87}$$

Heckman 两阶段估计法步骤如下：

第一步：用 y_1 对 $\mathbf{x}_1$ 作 Probit 回归，可得到估计量 $\left(\frac{\hat{\boldsymbol{\beta}}_1}{\sigma_1}\right)$，并计算出 $\lambda\left(-\frac{\mathbf{x}_1\hat{\boldsymbol{\beta}}_1}{\sigma_1}\right)$；既然为 Probit 回归，说明已经给定约束 $\sigma_1=1$，因此可以推算出 $\hat{\boldsymbol{\beta}}_1$，且 $\lambda\left(-\frac{\mathbf{x}_1\hat{\boldsymbol{\beta}}_1}{\sigma_1}\right)$ 可简化为 $\lambda(-\mathbf{x}_1\hat{\boldsymbol{\beta}}_1)$。

第二步：用 y_2 对 $\mathbf{x}_2$ 及 $\lambda(-\mathbf{x}_1\hat{\boldsymbol{\beta}}_1)$ 作最小二乘回归，得到估计量 $\hat{\boldsymbol{\beta}}_2$ 及 $\frac{\hat{\sigma}_{12}}{\sigma_1}$，因 $\sigma=1$，所以可推算出 $\hat{\sigma}_{12}$。

为了防止在第二步中出现多重共线性，在运用 Heckman 两阶段估计法时，一般需要使包含在 $\mathbf{x}_2$ 与 $\mathbf{x}_1$ 中的变量有所不同。

本章小结

离散选择模型可分为两项选择模型和多项选择模型。在经典线性回归模型中，$\mathbf{x}$ 的变化对 $E[y]$ 的边际影响就是回归系数 $\boldsymbol{\beta}$。但在两项选择模型中，对回归系数的解释往往比较困难，因此引入边际效应（Marginal Effects）的概念。大多数两项选择模型都采用最大似然估计方法进行估计，对于模型估计能力和拟合优度的常用判别方法，就是列出击中击不中（Hit and Miss）表。多项选择模型可分为有序选择模型和无序选择模型两类。有序选择模型包括有序 Probit 模型和有序 Logit 模型；无序选择模型包括多项 Logit 模型、条件 Logit 模型以及多项 Probit 模型等形式，条件 Logit

模型是最常用的无序选择模型。托比特（Tobit）模型包括审查数据模型、截断数据模型、样本选择模型等多种形式。样本选择模型既可以采用 *MLE* 估计，也可以使用 Heckman 两阶段估计法。

思 考 题

1. 名词解释

（1）指针函数模型	（2）随机效用模型
（3）线性概率模型	（4）Probit 模型
（5）Logit 模型	（6）有序 Probit 模型
（7）有序 Logit 模型	（8）多项 Logit 模型
（9）条件 Logit 模型	（10）嵌套 Logit 模型
（11）多项 Probit 模型	（12）审查数据模型
（13）截断数据模型	（14）样本选择模型
（15）逆米尔斯比	

2. 简答题

（1）证明：Probit 模型与 Logit 模型的参数估计量之间具有如下关系：

$$\hat{\boldsymbol{\beta}}_{logit} \approx 1.6\hat{\boldsymbol{\beta}}_{probit}$$

（2）如何判断两项选择模型的拟合优度？

（3）什么是“无关选择独立性”（IIA）？条件 Logit 模型的优点和不足是什么？

（4）写出 Probit 模型 *MLE* 估计的过程。

（5）写出有序 Probit 模型 *MLE* 估计的过程。

3. 论述题

（1）考虑隐藏变量模型 $y^* = \mathbf{x}'\boldsymbol{\beta} + \varepsilon$，其中 $\varepsilon \sim N(0,\ 1)$。假设观测到：

$$y = \begin{cases} 0, \text{如果 } y^* \geqslant U \\ 1, \text{如果 } \alpha \leqslant y^* < U \\ 2, \text{如果 } y^* < \alpha \end{cases}$$

假设上临界值 U 已知，且对于不同的个体取值可能不同，但下临界值 α 未知。

（a）写出 $y=0$，$y=1$ 和 $y=2$ 的条件概率。

（b）写出估计参数 $\boldsymbol{\beta}$ 与 α 的详细过程。

（2）考虑一个隐藏变量模型 $y_i^* = \mathbf{x}'_i\boldsymbol{\beta} + \varepsilon_i$，$\varepsilon_i \sim N(0, \sigma^2)$，假定 y_i^* 被右审查，我们观测到：

$$y_i = \begin{cases} y_i^*, \text{如果 } y_i^* < U_i \\ U_i, \text{如果 } y_i^* \geq U_i \end{cases}$$

其中 U_i 已知，且对于不同的个体取值可能不同。

（a）写出该模型的对数似然函数；

（b）写出截断均值 $E(y_i | \mathbf{x}_i, y_i < U_i)$ 的表达式；

（c）对该模型，给出 Heckman 两阶段估计量；

（d）给出审查均值 $E(y_i | \mathbf{x}_i)$ 的表达式。

阅读参考文献

[1]［美］罗素・戴维森、詹姆斯・G. 麦金农著：《计量经济理论和方法》，沈根祥译，上海财经大学出版社 2006 年版。

[2]［美］伍德里奇著：《横截面与面板数据的经济计量分析》，王忠玉译，中国人民大学出版社 2007 年版。

[3]［美］威廉・H. 格林著：《经济计量分析》，王明舰等译，中国社会科学出版社 1998 年版。

[4]［美］J. 约翰斯顿、J. 迪纳尔多著：《计量经济学方法》，唐齐明等译，中国经济出版社 2002 年版。

[5] 林少宫主编：《微观计量经济学要义——问题与方法探讨》，华中科技大学出版社 2003 年版。

[6] Cameron, Adrian Colin and Pravin K. Trivedi (2005), *Microeconometrics: methods and applications*, Cambridge University Press.

[7] Heckman, James (2004), *Discrete Dependent Variable Models*, Lecture Note for Empirical Analysis, University of Chicago.

[8] Heckman, James (2004), *Probabilistic Choice Models*, Lecture Note for Empirical Analysis, University of Chicago.

[9] Heckman, James (2004), *Labor Supply and the Two-Step Estimator: Revised Version*, Lecture Note for Empirical Analysis, University of Chicago.

[10] Heckman James and Honoré (1990), The Empirical content of the Roy Model, *Econometrica*.

[11] Hu, Luojia (2007), *Tobit Models*, Lecture Note for Applied Econometrics, CASS Summer School Program.

[12] Maddala (1983), *Limited-Dependent and Qualitative Variables in Econometrics.*

[13] McFadden, Daniel (1974), Conditional logit analysis of qualitative choice behavior, in P. Zarembka, ed., *Frontiers in Econometrics*, Academic Press, New York, pp. 105—142.

[14] McFadden, Daniel (1984), Econometric Analysis of Qualitative Response Models, in *Handbook of Econometrics*, Volume 2, ed. Z. Griliches and M. D. Intriligator. Amsterdam, North Holland, pp. 1395—1457.

第十一章　面板数据分析

内容提要

在经济学研究和实际应用中，我们经常需要同时分析和比较横截面观察值和时间序列观察值结合起来的数据，即：数据集中的变量同时含有横截面和时间序列的信息，这种数据被称为面板数据（Panel Data）。

研究和分析面板数据的模型被称为面板数据模型（Panel Data Model）。它的变量取值都带有时间序列和横截面的两重性。面板数据模型，相对于一般的线性回归模型，其长处在于它既考虑了横截面数据存在的共性，又能分析模型中横截面因素的个体特殊效应。

最初的面板数据模型主要是针对微观面板数据设计的，微观面板数据一般具有较多的截面个体数目 I 和较短的时间序列 T（即 T 固定，$I \to \infty$），比如家庭调查数据、企业调查数据等。本章介绍的面板数据模型方法主要是针对微观面板数据的分析，包括随机效应估计、固定效应估计、动态面板方法、面板数据的离散选择模型等内容。

对于近年来受到较多关注的宏观面板数据（一般具有较多的截面个体数目 I 和较长的时间序列 T），研究的重点主要是非平稳面板的单位根检验及面板协整估计等内容，将在下一章中介绍。

第一节　随机效应估计

一　面板数据模型及其假设条件

1. 面板数据模型的一般形式

面板数据模型的一般形式如下：

$$y_{it} = \mathbf{x}_{it}\boldsymbol{\beta} + \varepsilon_{it}, i = 1, 2, \cdots, I, t = 1, 2, \cdots, T \tag{11.1}$$

$$\varepsilon_{it} = f_i + u_{it} \tag{11.2}$$

其中，$i = 1$，…，I 表示横截面的不同个体，可以是家庭、企业、行业、地区、国家等，$t=1$，…，T 表示时间序列上的不同时点。$\mathbf{x}_{it}$ 为 $1\times k$ 向量，含有 k 个可观测的解释变量，u_{it} 为随机误差项，ε_{it} 为组合随机误差项（Composite Error）。随机变量 f_i 为不可观测的个体效应（Individual Effect），或不可观测的个体异质性（Individual Heterogeneity），反映个体差异。

2. 假设条件

对于面板数据模型，一般假设：

$$E(\varepsilon_{it})=E(f_i)=E(u_{it})=0 \tag{11.3}$$

$$Var(f_i)=E(f_i^2)=\sigma_f^2 \tag{11.4}$$

$$Var(u_{it})=E(u_{it}^2)=\sigma_u^2 \tag{11.5}$$

$$Cov(f_i,f_{i'})=E(f_i f_{i'})=0,\ i\neq i' \tag{11.6}$$

$$Cov(f_i,u_{it})=E(f_i u_{it})=0 \tag{11.7}$$

再假设对任意的 i 和 t，u_{it} 都是独立、同分布的随机变量。则 ε_{it} 的方差为：

$$Var(\varepsilon_{it})=E(f_i+u_{it})^2=\sigma_f^2+\sigma_u^2 \tag{11.8}$$

同一个体在不同时点上存在序列相关，因为：

$$Cov(\varepsilon_{it},\varepsilon_{it'})=E[(f_i+u_{it})(f_i+u_{it'})]=\sigma_f^2,\ t\neq t' \tag{11.9}$$

因此，不能直接对面板数据模型进行最小二乘估计。

但不同个体在同一时点上并不存在序列相关：

$$Cov(\varepsilon_{it},\varepsilon_{i't})=E[(f_i+u_{it})(f_{i'}+u_{i't})]=0,\ i\neq i' \tag{11.10}$$

不同个体在不同时点上也不存在序列相关：

$$Cov(\varepsilon_{it},\varepsilon_{i't'})=E[(f_i+u_{it})(f_{i'}+u_{i't'})]=0,\ i\neq i',t\neq t' \tag{11.11}$$

令：

$$\mathbf{x}_i=\begin{bmatrix}\mathbf{x}_{i1}\\ \mathbf{x}_{i2}\\ \vdots\\ \mathbf{x}_{iT}\end{bmatrix},\mathbf{y}_i=\begin{bmatrix}y_{i1}\\ y_{i2}\\ \vdots\\ y_{iT}\end{bmatrix},\boldsymbol{\varepsilon}_i=\begin{bmatrix}\varepsilon_{i1}\\ \varepsilon_{i2}\\ \vdots\\ \varepsilon_{iT}\end{bmatrix},\mathbf{u}_i=\begin{bmatrix}u_{i1}\\ u_{i2}\\ \vdots\\ u_{iT}\end{bmatrix}$$

则面板数据模型可以表示为：

$$\mathbf{y}_i=\mathbf{x}_i\boldsymbol{\beta}+\varepsilon_i,i=1,\cdots,I \tag{11.12}$$

3. 随机效应与固定效应

假设有如下面板数据模型：

$$y_{it}=f_i+\mathbf{x}_{it}\boldsymbol{\beta}+u_{it},\ i=1,2,\cdots,I,t=1,2,\cdots,T \tag{11.13}$$

当不可观测效应 f_i 与可观测的解释变量 $\mathbf{x}_{it}$ 不相关时：

$$Cov(f_i,\mathbf{x}_{it})=0,t=1,2,\cdots,T \tag{11.14}$$

模型（11.13）常被称为“随机效应”（RE）模型，在随机效应模型中，f_i 可当做随机误差项的一个组成部分。

当不可观测效应 f_i 与可观测的解释变量 $\mathbf{x}_{it}$ 相关时：

$$Cov(f_i, \mathbf{x}_{it}) \neq 0, t = 1, 2, \cdots, T \tag{11.15}$$

模型（11.13）常被称为“固定效应”（FE）模型，在固定效应模型中，f_i 仍然是一个随机变量。根据式（11.7）可知，该随机变量与随机误差项 u_{it} 并不相关。

固定效应模型与随机效应模型的区别不在于个体效应是否固定，而在于个体效应是否与解释变量相关。

二　随机效应模型的 *GLS* 估计

对于随机效应模型，根据上述假设，可以定义同一个体不同时期之间的相关系数：

$$\rho = \frac{Cov(\varepsilon_{it}, \varepsilon_{it'})}{Var(\varepsilon_{it})} = \frac{\sigma_f^2}{\sigma_f^2 + \sigma_u^2} \tag{11.16}$$

$\boldsymbol{\varepsilon}_i = (\varepsilon_{i1}, \cdots, \varepsilon_{iT})'$ 的方差—协方差矩阵为：

$$\begin{aligned} Var - Cov(\boldsymbol{\varepsilon}_i) &= E(\boldsymbol{\varepsilon}_i \boldsymbol{\varepsilon}_i') \\ &= (\sigma_f^2 + \sigma_u^2)\begin{bmatrix} 1 & \rho & \rho & \cdots & \rho \\ \rho & 1 & \rho & \cdots & \rho \\ \vdots & \vdots & \vdots & \cdots & \vdots \\ \rho & \rho & \rho & \cdots & 1 \end{bmatrix} \\ &= (\sigma_f^2 + \sigma_u^2)\mathbf{A} \end{aligned} \tag{11.17}$$

其中：

$$\mathbf{A} = \begin{bmatrix} 1 & \rho & \rho & \cdots & \rho \\ \rho & 1 & \rho & \cdots & \rho \\ \vdots & \vdots & \vdots & \cdots & \vdots \\ \rho & \rho & \rho & \cdots & 1 \end{bmatrix}_{(T \times T)} \tag{11.18}$$

$\boldsymbol{\varepsilon} =$（$\boldsymbol{\varepsilon}_1$，$\boldsymbol{\varepsilon}_2$，…，$\boldsymbol{\varepsilon}_I$）的方差—协方差矩阵为：

$$\boldsymbol{\Omega} = Var - Cov(\boldsymbol{\varepsilon}) = E(\boldsymbol{\varepsilon}'\boldsymbol{\varepsilon}) = (\sigma_f^2 + \sigma_u^2)\begin{bmatrix} \mathbf{A} & \mathbf{0} & \cdots & \mathbf{0} \\ \mathbf{0} & \mathbf{A} & \cdots & \mathbf{0} \\ \vdots & \vdots & \cdots & \vdots \\ \mathbf{0} & \mathbf{0} & \cdots & \mathbf{A} \end{bmatrix}_{(IT \times IT)} \tag{11.19}$$

由于存在序列相关，运用广义最小二乘估计（*GLS*）可得：

$$\hat{\boldsymbol{\beta}}_{GLS} = (\mathbf{x}'\boldsymbol{\Omega}^{-1}\mathbf{x})^{-1}(\mathbf{x}'\boldsymbol{\Omega}^{-1}\mathrm{y}) \tag{11.20}$$

其中 $\mathbf{x} = \begin{bmatrix} \mathbf{x}_1 \\ \mathbf{x}_2 \\ \vdots \\ \mathbf{x}_I \end{bmatrix}$，$\mathbf{y} = \begin{bmatrix} \mathbf{y}_1 \\ \mathbf{y}_2 \\ \vdots \\ \mathbf{y}_I \end{bmatrix}$

三　组间估计量与组内估计量

与随机效应模型相关的另外两种估计量为组间估计量（Between-Groups Estimator）与组内估计量（Within-Groups Estimator）。

1. 组间估计量（Between-Groups Estimator）

假设有下面的随机效应模型：

$$y_{it} = f_i + \mathbf{x}_{it}\boldsymbol{\beta} + u_{it}, i = 1, 2, \cdots, I, t = 1, 2, \cdots, T \tag{11.21}$$

首先对每个变量在时间序列方向上取均值：

$$\bar{y}_i = \frac{1}{T}\sum_{t=1}^{T} y_{it}$$
$$\bar{\mathbf{x}}_i = \frac{1}{T}\sum_{t=1}^{T} \mathbf{x}_{it} \tag{11.22}$$

然后对这个“压缩的”横截面数据模型：

$$\bar{y}_i = \bar{\mathbf{x}}_i\boldsymbol{\beta}_B + f_i + \bar{u}_i, i = 1, 2, \cdots, I \tag{11.23}$$

进行最小二乘估计（*OLS*），得到的估计量 $\hat{\boldsymbol{\beta}}_B$ 称为“组间估计量”。模型(11.21)变换为模型(11.23)的过程称为“组间变换”（Between Transformation）。

在经过组间变换得到的横截面数据模型(11.23)中，虽然含有 f_i，但由于模型不再包含时间纬度，同一个体在不同时点上存在序列相关的问题不复存在，因此可以使用 *OLS* 估计。在组间估计中，f_i 被当做随机误差项的一部分。

2. 组内估计量（Within-Groups Estimator）

用面板数据模型（11.21）减去经过组间变换得到的横截面模型（11.23），可得一个新的面板数据模型：

$$y_{it} - \bar{y}_i = (\mathbf{x}_{it} - \bar{\mathbf{x}}_i)\boldsymbol{\beta}_W + (u_{it} - \bar{u}_i),\ i = 1, 2, \cdots, I, t = 1, 2, \cdots, T \tag{11.24}$$

对模型（11.24）运用最小二乘估计（*OLS*），得到的估计量 $\hat{\boldsymbol{\beta}}_W$ 称为“组内估计量”。这种变换过程称为“组内变换”（Within Transformation）。

在经过组内变换得到的面板数据模型式（11.24）中，虽然模型包含时间纬度，但由于 f_i 已经被减掉，同一个体在不同时点上存在序列相关的问题不复存在，因此可以使用 *OLS* 估计。

在实践中，如果解释变量与时间无关，类似于横截面数据模型，此时 *GLS* 估计量等价于组间估计量 $\hat{\boldsymbol{\beta}}_{GLS}=\hat{\boldsymbol{\beta}}_B$。如果 T 很大时，*GLS* 估计量就等价于组内估计量 $\hat{\boldsymbol{\beta}}_{GLS}=\hat{\boldsymbol{\beta}}_W$。

第二节　固定效应估计

一　固定效应估计

假设固定效应的面板数据模型为：

$$y_{it}=f_i+\mathbf{x}_{it}\boldsymbol{\beta}+u_{it},i=1,2,\cdots,I,t=1,2,\cdots,T \tag{11.25}$$

其中不可观测效应 f_i 与可观测的解释变量 $\mathbf{x}_{it}$ 相关：$Cov(f_i,\ \mathbf{x}_{it})\neq 0$，$t=1,\ 2,\ \cdots,\ T$，因此直接对参数 $\boldsymbol{\beta}$ 采用最小二乘估计（*OLS*）是不一致的。

许多微观面板数据都具有 T 固定，$I\to\infty$ 的特点。如果模型为固定效应，则当 T 固定，$I\to\infty$ 时，f_i 难以得到一致估计，这在统计上称为“参数偶发性问题”（Incidental Parameter Problem）。对于式（11.25）所示的线性回归模型，通过组内估计量或一阶差分估计量的方法先消去 f_i 再估计 $\boldsymbol{\beta}$ 就成为可行的估计策略。

1. 组内估计量（Within-Groups Estimator）

对于固定效应的面板数据模型，同样可以采用组内估计法，此时的组内估计量（Within-Groups Estimator）也称为固定效应估计量（Fixed Effect Estimator）。对组内变换后的模型：

$$y_{it}-\bar{y}_i=(\mathbf{x}_{it}-\bar{\mathbf{x}}_i)\boldsymbol{\beta}_W+(u_{it}-\bar{u}_i),\ i=1,2,\cdots,I,t=1,2,\cdots,T \tag{11.26}$$

运用最小二乘估计（*OLS*），就可得到组内估计量 $\hat{\boldsymbol{\beta}}_W$。

组内估计量 $\hat{\boldsymbol{\beta}}_W$ 的 *OLS* 估计隐含着解释变量 $\mathbf{x}_{it}$ 是“强外生性”（Strict Exogeneity）的假定，即：

$$E(u_{it}\mid\mathbf{x}_{i1},\mathbf{x}_{i2},\cdots,\mathbf{x}_{iT})=0 \tag{11.27}$$

考虑到 $\bar{\mathbf{x}}_i=\frac{1}{n}\sum_{t=1}^{T}\mathbf{x}_{it}$，因此有：

$$Cov[(\mathbf{x}_{it}-\bar{\mathbf{x}}_i),(u_{it}-\bar{u}_i)]=0 \tag{11.28}$$

2. 一阶差分估计量（First Difference Estimator）

对于固定效应的面板数据模型，还可以采用一阶差分（*FD*）的方法。对模型（11.25）进行一阶差分可得：

$$y_{it}-y_{i,t-1}=(\mathbf{x}_{it}-\mathbf{x}_{i,t-1})\boldsymbol{\beta}_{FD}+(u_{it}-u_{i,t-1}) \tag{11.29}$$

运用最小二乘估计（*OLS*），就可得到一阶差分估计量 $\hat{\boldsymbol{\beta}}_{FD}$。

一阶差分估计量 $\hat{\boldsymbol{\beta}}_{FD}$ 的 *OLS* 估计隐含着解释变量 $\mathbf{x}_{it}$ 是“弱外生性”(Weak Exogeneity) 的假定，即：

$$E(u_{it}\mid \mathbf{x}_{i1},\mathbf{x}_{i2},\cdots,\mathbf{x}_{it})=0 \tag{11.30}$$

因此有：

$$Cov[(\mathbf{x}_{it}-\mathbf{x}_{i,t-1}),(u_{it}-u_{i,t-1})]=0 \tag{11.31}$$

一阶差分估计量只用到了面板数据中的两期数据，当 $T=2$ 时，一阶差分估计量等价于组内估计量。当 $T>2$ 时，一阶差分估计量一般不同于组内估计量。

二　最小二乘虚拟变量（*LSDV*）回归

在传统的固定效应模型方法中，把 f_i 当做一个参数，固定效应模型可表示为：

$$\begin{bmatrix}\mathbf{y}_1\\ \mathbf{y}_2\\ \vdots\\ \mathbf{y}_I\end{bmatrix}_{(IT\times 1)}=\begin{bmatrix}\boldsymbol{\iota}\\ \mathbf{0}\\ \vdots\\ \mathbf{0}\end{bmatrix}f_1+\begin{bmatrix}\mathbf{0}\\ \boldsymbol{\iota}\\ \vdots\\ \mathbf{0}\end{bmatrix}f_2+\cdots+\begin{bmatrix}\mathbf{0}\\ \mathbf{0}\\ \vdots\\ \boldsymbol{\iota}\end{bmatrix}f_I+\begin{bmatrix}\mathbf{x}_1\\ \mathbf{x}_2\\ \vdots\\ \mathbf{x}_I\end{bmatrix}\boldsymbol{\beta}+\begin{bmatrix}\mathbf{u}_1\\ \mathbf{u}_2\\ \vdots\\ \mathbf{u}_I\end{bmatrix} \tag{11.32}$$

其中虚拟解释变量为 $\boldsymbol{\iota}=\begin{bmatrix}1\\ 1\\ \vdots\\ 1\end{bmatrix}_{T\times 1}$

假设 $E(u_{it})=0, Var(u_{it})=E(u_{it}^2)=\sigma^2$，则：

$$E(\mathbf{u}_i\mathbf{u}_i')=\sigma^2\mathbf{I}_T,\ \mathrm{E}(\mathbf{u}_i\mathbf{u}_j')=0,\ i\neq j$$

由于不存在自相关及异方差，使用最小二乘法即可得到参数的无偏估计量 $\hat{f}_i$ 和 $\hat{\boldsymbol{\beta}}$。设虚拟变量矩阵 $\mathbf{D}$ 定义为：

$$\mathbf{D}=[\mathbf{d}_1\quad \mathbf{d}_2\quad \cdots\quad \mathbf{d}_I]=\begin{bmatrix}\boldsymbol{\iota} & \mathbf{0} & \cdots & \mathbf{0}\\ \mathbf{0} & \boldsymbol{\iota} & \cdots & \mathbf{0}\\ \vdots & \vdots & \cdots & \vdots\\ \mathbf{0} & \mathbf{0} & \cdots & \boldsymbol{\iota}\end{bmatrix}_{(IT\times I)} \tag{11.33}$$

则固定效应模型（11.32）可改写为：

$$\mathbf{y}=[\mathbf{d}_1\quad \mathbf{d}_2\quad \cdots\quad \mathbf{d}_I]\mathbf{f}+\mathbf{x}\boldsymbol{\beta}+\mathbf{u}=\mathbf{D}\mathbf{f}+\mathbf{x}\boldsymbol{\beta}+\mathbf{u} \tag{11.34}$$

此模型又被称为最小二乘虚拟变量（*LSDV*，Least Square Dummy Variable）模型。由于该模型将不可观测效应 $\mathbf{f}$ 当做参数，而解释变量为虚拟变量 $\mathbf{D}$ 及可观测的解释变量 $\mathbf{x}$，因此运用 *OLS* 方法估计出的参数 $\hat{\mathbf{f}}$ 及 $\hat{\boldsymbol{\beta}}_{LSDV}$ 具有无偏性和一致性。

可以证明，对于固定效应的面板数据模型，$\hat{\boldsymbol{\beta}}_{LSDV}$ 等价于 $\hat{\boldsymbol{\beta}}_{W}$。

三　豪斯曼检验

在对面板数据模型进行估计时，首先需要选择固定效应或者随机效应，豪斯曼（Hausman，1978）提出了一种基于随机效应估计量与固定效应估计量两者差异的检验。当不可观测效应 f_i 与可观测的解释变量 $\mathbf{x}_{it}$ 不相关的时候，固定效应估计量是一致和有效的，而随机效应估计量虽然是一致的，却不是有效的。当不可观测效应 f_i 与可观测的解释变量 $\mathbf{x}_{it}$ 相关的时候，固定效应估计量是一致的，而随机效应估计量是不一致的（因为解释变量与组合随机误差项相关）。

构造原假设 H_0：f_i 与 $\mathbf{x}_{it}$ 不相关（随机效应模型）；

备择假设为 H_a：f_i 与 $\mathbf{x}_{it}$ 相关（固定效应模型）。

基于 Wald 检验的豪斯曼检验统计量定义如下：

$$H=(\hat{\boldsymbol{\beta}}_{RE}-\hat{\boldsymbol{\beta}}_{FE})'[Var(\hat{\boldsymbol{\beta}}_{RE}-\hat{\boldsymbol{\beta}}_{FE})]^{-1}(\hat{\boldsymbol{\beta}}_{RE}-\hat{\boldsymbol{\beta}}_{FE})\sim\chi_k^2 \tag{11.35}$$

其中 $\hat{\boldsymbol{\beta}}_{RE}$ 与 $\hat{\boldsymbol{\beta}}_{FE}$ 分别为随机效应估计量与固定效应估计量，k 为参数向量 $\hat{\boldsymbol{\beta}}$ 的维数。上式中间一项可展开为：

$$Var(\hat{\boldsymbol{\beta}}_{RE}-\hat{\boldsymbol{\beta}}_{FE})=Var(\hat{\boldsymbol{\beta}}_{RE})+Var(\hat{\boldsymbol{\beta}}_{FE})-2Cov(\hat{\boldsymbol{\beta}}_{RE},\hat{\boldsymbol{\beta}}_{FE}) \tag{11.36}$$

豪斯曼证明了：在原假设 H_0（随机效应）成立的情况下，

$$Var(\hat{\boldsymbol{\beta}}_{RE})=Cov(\hat{\boldsymbol{\beta}}_{RE},\hat{\boldsymbol{\beta}}_{FE}) \tag{11.37}$$

于是式（11.36）变为：

$$Var(\hat{\boldsymbol{\beta}}_{RE}-\hat{\boldsymbol{\beta}}_{FE})=Var(\hat{\boldsymbol{\beta}}_{FE})-Var(\hat{\boldsymbol{\beta}}_{RE}) \tag{11.38}$$

豪斯曼检验统计量式（11.35）可简化为：

$$H=(\hat{\boldsymbol{\beta}}_{RE}-\hat{\boldsymbol{\beta}}_{FE})'[Var(\hat{\boldsymbol{\beta}}_{FE})-Var(\hat{\boldsymbol{\beta}}_{RE})]^{-1}(\hat{\boldsymbol{\beta}}_{RE}-\hat{\boldsymbol{\beta}}_{FE})\sim\chi_k^2 \tag{11.39}$$

在原假设 H_0（f_i 与 $\mathbf{x}_{it}$ 不相关的随机效应模型）情况下，式（11.39）中 Var（$\hat{\boldsymbol{\beta}}_{RE}$）是有效的，$Var(\hat{\boldsymbol{\beta}}_{FE})$ 不是有效的。

如果 $H>\chi_k^2$，则拒绝原假设，应选择固定效应模型；

如果 $H\leqslant\chi_k^2$，则不能拒绝原假设，应选择随机效应模型。

第三节 动态面板及两项选择面板模型

一 动态面板数据模型

动态面板数据模型的一般形式如下：

$$y_{it}=f_i+y_{i,t-1}\alpha+\mathbf{x}_{it}\boldsymbol{\beta}+u_{it},i=1,2,\cdots,I,t=1,2,\cdots,T \quad (11.40)$$

由于随机解释变量 $y_{i,t-1}$ 与随机误差项之间存在相关关系，因此不能用最小二乘法进行估计。

对于固定效应的动态面板数据模型，由于解释变量 $y_{i,t-1}$ 既不满足“强外生性”条件，即 $E(u_{it}|y_{i1},y_{i2},\cdots,y_{i,T-1})\neq 0$，也不满足“弱外生性”条件，即 $E(u_{it}|y_{i1},y_{i2},\cdots,y_{i,t-1})\neq 0$，因此我们不能采用组内估计量或一阶差分估计量。

对式（11.40）进行一阶差分可得：

$$y_{it}-y_{i,t-1}=(\mathbf{x}_{it}-\mathbf{x}_{i,t-1})\boldsymbol{\beta}+(y_{i,t-1}-y_{i,t-2})\alpha+(u_{it}-u_{i,t-1}) \quad (11.41)$$

其中（$y_{i,t-1}-y_{i,t-2}$）与（$u_{it}-u_{i,t-1}$）相关，可采用工具变量法或广义矩方法进行估计。

1. 工具变量法

对于式（11.41），可以选择 $y_{i,t-2}$，$y_{i,t-3}$，…，$y_{i,1}$ 作为（$y_{i,t-1}-y_{i,t-2}$）的工具变量，也可以选择（$y_{i,t-2}-y_{i,t-3}$），（$y_{i,t-3}-y_{i,t-4}$），…，（$y_{i,2}-y_{i,1}$）作为（$y_{i,t-1}-y_{i,t-2}$）的工具变量。

2. 广义矩方法

如果多个变量可以作为（$y_{i,t-1}-y_{i,t-2}$）的工具变量，并且这些工具变量都是有效的（可以用 J 检验进行验证），则可以采用广义矩方法进行估计。阿拉诺和邦德（Arellano & Bond，1991）提出的两阶段系统 *GMM* 估计就是基于这种思想。目前在许多经济计量分析软件中，也可以直接通过 *IV* 法进行 *GMM* 估计。

二 两项选择的面板数据模型

假设两项选择的面板数据模型为：

$$y_{it}^*=f_i+\mathbf{x}_{it}\boldsymbol{\beta}+u_{it},i=1,2,\cdots,I,t=1,2,\cdots,T \quad (11.42)$$

$$y_{it}=\begin{cases}1,\ \text{如果}\ y_{it}^*>0\\0,\ \text{如果}\ y_{it}^*\leqslant 0\end{cases} \quad (11.43)$$

假定 $u_{it} \sim i.\ i.\ d.\ logistic$，$f_i$ 与 u_{it}不相关，$\mathbf{x}_{it}$是严格外生变量，则：

$$P(y_{it}=1)=\frac{\exp(f_i+\mathbf{x}_{it}\boldsymbol{\beta})}{1+\exp(f_i+\mathbf{x}_{it}\boldsymbol{\beta})} \tag{11.44}$$

$$P(y_{it}=0)=\frac{1}{1+\exp(f_i+\mathbf{x}_{it}\boldsymbol{\beta})} \tag{11.45}$$

由于“参数偶发性问题”，对于微观面板数据模型，如果模型为固定效应，则当 T 固定，$I\to\infty$ 时，f_i 难以得到一致估计。对于式（11.44）所示的非线性模型，不可能像式（11.25）所示的线性模型那样通过组内估计量或一阶差分估计量的方法先消去 f_i 再估计 $\boldsymbol{\beta}$。

通常的解决办法是构建条件 logit 模型，比如，对于 $T=2$ 的情形：

$$\begin{aligned}
&P(y_{i1}=0,y_{i2}=1\mid y_{i1}+y_{i2}=1)\\
&=\frac{P(y_{i1}=0,y_{i2}=1)}{P(y_{i1}+y_{i2}=1)}\\
&=\frac{p(y_{i1}=0,y_{i2}=1)}{p(y_{i1}=0,y_{i2}=1)+P(y_{i1}=1,y_{i2}=0)}\\
&=\frac{\frac{1}{1+\exp(f_i+\mathbf{x}_{i1}\boldsymbol{\beta})}\cdot\frac{\exp(f_i+\mathbf{x}_{i2}\boldsymbol{\beta})}{1+\exp(f_i+\mathbf{x}_{i2}\boldsymbol{\beta})}}{\frac{1}{1+\exp(f_i+\mathbf{x}_{i1}\boldsymbol{\beta})}\cdot\frac{\exp(f_i+\mathbf{x}_{i2}\boldsymbol{\beta})}{1+\exp(f_i+\mathbf{x}_{i2}\boldsymbol{\beta})}+\frac{\exp(f_i+\mathbf{x}_{i1}\boldsymbol{\beta})}{1+\exp(f_i+\mathbf{x}_{i1}\boldsymbol{\beta})}\cdot\frac{1}{1+\exp(f_i+\mathbf{x}_{i2}\boldsymbol{\beta})}}\\
&=\frac{\exp(f_i+\mathbf{x}_{i2}\boldsymbol{\beta})}{\exp(f_i+\mathbf{x}_{i1}\boldsymbol{\beta})+\exp(f_i+\mathbf{x}_{i2}\boldsymbol{\beta})}\\
&=\frac{\exp(\mathbf{x}_{i2}\boldsymbol{\beta})}{\exp(\mathbf{x}_{i1}\boldsymbol{\beta})+\exp(\mathbf{x}_{i2}\boldsymbol{\beta})}\\
&=\frac{\exp[(\mathbf{x}_{i2}-\mathbf{x}_{i1})\boldsymbol{\beta}]}{1+\exp[(\mathbf{x}_{i2}-\mathbf{x}_{i1})\boldsymbol{\beta}]}
\end{aligned} \tag{11.46}$$

类似地：

$$\begin{aligned}
&P(y_{i1}=1,y_{i2}=0\mid y_{i1}+y_{i2}=1)\\
&=\frac{P(y_{i1}=1,y_{i2}=0)}{P(y_{i1}+y_{i2}=1)}\\
&=\frac{P(y_{i1}=1,y_{i2}=0)}{P(y_{i1}=1,y_{i2}=0)+P(y_{i1}=0,y_{i2}=1)}\\
&=\frac{\frac{\exp(f_i+\mathbf{x}_{i1}\boldsymbol{\beta})}{1+\exp(f_i+\mathbf{x}_{i1}\boldsymbol{\beta})}\cdot\frac{1}{1+\exp(f_i+\mathbf{x}_{i2}\boldsymbol{\beta})}}{\frac{\exp(f_i+\mathbf{x}_{i1}\boldsymbol{\beta})}{1+\exp(f_i+\mathbf{x}_{i1}\boldsymbol{\beta})}\cdot\frac{1}{1+\exp(f_i+\mathbf{x}_{i2}\boldsymbol{\beta})}+\frac{1}{1+\exp(f_i+\mathbf{x}_{i1}\boldsymbol{\beta})}\cdot\frac{\exp(f_i+\mathbf{x}_{i2}\boldsymbol{\beta})}{1+\exp(f_i+\mathbf{x}_{i2}\boldsymbol{\beta})}}
\end{aligned}$$

$$= \frac{\exp(f_i + \mathbf{x}_{i1}\boldsymbol{\beta})}{\exp(f_i + \mathbf{x}_{i1}\boldsymbol{\beta}) + \exp(f_i + \mathbf{x}_{i2}\boldsymbol{\beta})}$$

$$= \frac{\exp(\mathbf{x}_{i1}\boldsymbol{\beta})}{\exp(\mathbf{x}_{i1}\boldsymbol{\beta}) + \exp(\mathbf{x}_{i2}\boldsymbol{\beta})}$$

$$= \frac{1}{1 + \exp[(\mathbf{x}_{i2} - \mathbf{x}_{i1})\boldsymbol{\beta}]} \tag{11.47}$$

显然，式（11.46）及式（11.47）中已经不再含有 f_i，对它们运用 logit 模型，可以得到一致估计量 $\hat{\boldsymbol{\beta}}^{MLE}$。

本章小结

本章主要介绍微观面板数据（T 固定，$I \to \infty$）的模型方法。面板数据的固定效应（*FE*）模型与随机效应（*RE*）模型的区别不在于个体效应是否固定，而在于个体效应是否与解释变量相关。随机效应模型可采用 *GLS* 估计，与随机效应模型相关的另外两种估计量为组间估计量（Between-Groups Estimator）与组内估计量（Within-Groups Estimator）。可最小二乘虚拟变量（*LSDV*）回归是传统的固定效应模型方法，固定效应模型由于“参数偶发性问题”（Incidental Parameter Problem），通常通过组内估计量或一阶差分估计量（*FD*）的方法进行估计。在对面板数据模型进行估计时，首先需要选择固定效应或者随机效应，豪斯曼（Hausman，1978）提出了一种基于随机效应估计量与固定效应估计量两者差异的检验。对于动态面板数据模型，由于随机解释变量问题，通常采用工具变量法（*IV*）或广义矩方法（*GMM*）进行估计。对于两项选择的面板数据模型，一般通过构建条件 logit 模型，运用最大似然估计（*MLE*）方法获得参数的一致估计量。

思 考 题

1. 名词解释

（1）微观面板数据	（2）宏观面板数据
（3）固定效应（*FE*）模型	（4）随机效应（*RE*）模型
（5）组间估计量（Between）	（6）组内估计量（Within）
（7）参数偶发性问题	（8）一阶差分估计量（*FD*）

2. 简答题

（1）写出随机效应模型的 *GLS* 估计过程。

（2）写出最小二乘虚拟变量（*LSDV*）回归的过程。

（3）推导豪斯曼检验统计量（11.39）。

3. 论述题

（1）论述动态面板数据模型的工具变量法（*IV*）与广义矩方法。

（2）论述构建离散选择面板数据的条件 logit 模型的方法。

阅读参考文献

［1］［美］伍德里奇著：《横截面与面板数据的经济计量分析》，王忠玉译，中国人民大学出版社 2007 年版。

［2］罗素·戴维森、詹姆斯·G. 麦金农著：《计量经济理论和方法》，沈根详译，上海财经大学出版社 2006 年版。

［3］［美］J. 约翰斯顿、J. 迪纳尔多著：《计量经济学方法》，唐齐明等译，中国经济出版社 2002 年版。

［4］林少宫主编：《微观计量经济学要义——问题与方法探讨》，华中科技大学出版社 2003 年版。

［5］Arellano，M. and Bond，S.（1988），*Dynamic Panel Data Estimation Using DPD-a Guide for Users*，Institute for Fiscal Studies，Working Paper.

［6］Arellano，M. and Bond，S.（1991），Some Tests of Specification for Panel Data：Monte-Carlo Evidence and an Application to Employment Equations，*Review of Economic Studies*，58，pp. 277—297.

［7］Baltagi，Badi H.（2005），*Econometric Analysis of Panel Data*，3rd ed.，John Wiley & Sons，Ltd.

［8］Cameron，Adrian Colin and Pravin K. Trivedi（2005），*Microeconometrics：methods and applications*，Cambridge University Press.

［9］Hausman，J. A.（1978），Specification Tests in Econometrics，*Econometrica*，46：pp. 1251—1371.

［10］Heckman，James（2004），*Panel Data Analysis*，Lecture Note for Empirical Analysis，University of Chicago.

［11］Hsiao，Cheng（2003），*Analysis of Panel Data*，2nd Ed.，Cambridge University Press.

［12］Hu，Luojia（2007），*Panel Data*，Lecture Note for Applied Econometrics，CASS Summer School Program.

第十二章　非平稳面板数据分析

内容提要

上一章介绍的面板数据模型方法主要是针对微观面板数据的分析。近几年，随着跨国数据研究的不断深入，如对购买力平价、增长趋同以及国际研发外溢等问题的研究，学术界加强了对宏观面板数据模型的研究。宏观面板数据往往具有较多的截面个体数目 I 和较长的时间序列 T（即 I 固定，$T\to\infty$），比如跨国宏观面板数据、中国分省宏观面板数据等。在宏观面板数据建模过程中，非平稳性需要给予更多的关注。本章主要介绍与宏观面板数据分析密切相关的面板单位根检验、面板协整检验以及面板协整估计等内容。本章内容主要选编自巴尔他吉（Baltagi，2005）。

第一节　截面不相关的面板单位根检验

面板数据的单位根检验可以分为两种情况：截面不相关的单位根检验与截面相关的单位根检验。本节主要介绍四种截面不相关的面板单位根检验：*LLC* 检验、*IPS* 检验、Breitung 检验以及组合 p 值检验。其中 *LLC* 检验与 Breitung 检验都假定面板是同质的，而 *IPS* 检验与组合 p 值检验假定面板是异质的。

一般地，如果面板数据 y_{it} 是由过程：

$$y_{it}=\alpha_i+\delta t+\beta y_{i,t-1}+u_{it},\ i=1,2,\cdots,I,t=1,2,\cdots,T \tag{12.1}$$

生成的，则称 y_{it} 为同质面板（具有相同的斜率），其中，u_{it} 服从均值为 0 的分布。

如果面板数据 y_{it} 是由过程：

$$y_{it}=\alpha_i+\delta_i t+\beta_i y_{i,t-1}+u_{it},\ i=1,2,\cdots,I,t=1,2,\cdots,T \tag{12.2}$$

生成的，则称 y_{it} 为异质面板（具有不同的斜率）。

一　LLC 检验

赖文、林和楚（Levin、Lin & Chu，2002）（*LLC*）假定截面不相关，他们采用面板单位根检验替代每个截面单独进行的单位根检验。LLC 检验原理仍采用 *ADF* 检验式形式，但使用的却是 Δy_{it} 和 $y_{i,t-1}$ 中剔除自相关和确定项影响的、标准化的代理变量。

LLC 检验假定 y_{it} 是截面不相关、同质的面板，以下面的 *ADF* 检验式为基础：

$$\Delta y_{it} = \rho y_{i,t-1} + \sum_{l=1}^{p_i} \theta_{il} \Delta y_{i,t-l} + \boldsymbol{\alpha}_{mi} \mathbf{d}_{mt} + \varepsilon_{it},\ m = 1,2,3 \qquad (12.3)$$

其中 $m=1$ 表示无截距项与时间趋势项；$m=2$ 表示有截距项而无时间趋势项；$m=3$ 表示既有截距项又有时间趋势项，$\mathbf{d}_{1t}=$ 空集，$\mathbf{d}_{2t}=\{1\}$，$\mathbf{d}_{3t}=\{1,\ t\}$，$\boldsymbol{\alpha}_{mi}$ 为参数向量。*LLC* 检验为左单端检验。

原假设 H_0：$\rho=0$，即每个时间序列都含有相同的单位根；

备择假设 H_a：$\rho<0$，即每个时间序列都是平稳的。

因为滞后阶数 p_i 未知，*LLC* 建议通过如下三步来进行检验：

第一步：从 Δy_{it} 和 $y_{i,t-1}$ 中剔除自相关和确定项的影响，并使其标准化，成为代理变量。

对每个截面个体分别进行 *ADF* 回归：

$$\Delta y_{it} = \rho_i y_{i,t-1} + \sum_{l=1}^{p_i} \theta_{il} \Delta y_{i,t-l} + \boldsymbol{\alpha}_{mi} \mathbf{d}_{mt} + \varepsilon_{it},\ m = 1,2,3 \qquad (12.4)$$

滞后阶数 p_i 可以在不同截面个体间变化。使用 $\hat{\theta}_{il}$ 的 t 统计量及 ε_{it} 是否存在序列相关进行滞后阶数 p_i 的选择。p_i 一旦确定之后，运行两个辅助回归来获得正交化的残差：

把 Δy_{it} 对 $\Delta y_{i,t-l}(l=1,2,\cdots,p_i)$ 和 $\mathbf{d}_{mt}$ 作 *OLS* 回归，得到残差 $\hat{e}_{it}$

把 $y_{i,t-1}$ 对 $\Delta y_{i,t-l}(l=1,2,\cdots,p_i)$ 和 $\mathbf{d}_{mt}$ 作 *OLS* 回归，得到残差 $\hat{v}_{i,t-1}$

标准化这些残差来控制随着截面个体 i 不同而不同的方差：

$$\tilde{e}_{it} = \frac{\hat{e}_{it}}{\hat{\sigma}_{\varepsilon i}} \qquad (12.5)$$

$$\tilde{v}_{i,t-1} = \frac{\hat{v}_{i,t-1}}{\hat{\sigma}_{\varepsilon i}} \qquad (12.6)$$

其中 $\hat{\sigma}_{\varepsilon i}(i=1,2,\cdots,I)$ 表示式（12.4）中每个截面 *ADF* 回归的残差 ε_{it} 的标准差（短期标准差）。

第二步：估计长期标准差与短期标准差比率，为计算修正统计量作准备。

在存在单位根的原假设（$H_0: \rho = 0$）情况下，考虑到式（12.3）的内生解释变量问题，其“长期方差”（Long-Run Variance）可以用非参数方法估计如下：

$$\hat{\sigma}_{yi}^2 = \frac{1}{T-1}\sum_{t=2}^{T}\Delta y_{it}^2 + 2\sum_{l=1}^{\bar{K}}\omega_{\bar{K}l}\left[\frac{1}{T-1}\sum_{t=2+l}^{T}\Delta y_{it}\Delta y_{i,t-l}\right] \tag{12.7}$$

其中 $\bar{K}$ 表示截断滞后值，它与数据相关。$\bar{K}$ 值必须在保证 $\hat{\sigma}_{yi}^2$ 是一致估计的条件下获得。$\omega_{\bar{K}l}$ 取决于核函数的形式，对于 Bartlett 核：

$$\omega_{\bar{K}l} = 1 - \frac{l}{\bar{K}+1} \tag{12.8}$$

对于每个截面个体 i，长期标准差与短期标准差（即 $\hat{\sigma}_{\varepsilon i}$）比率的估计量为：

$$\hat{s}_i = \frac{\hat{\sigma}_{yi}}{\hat{\sigma}_{\varepsilon i}} \tag{12.9}$$

平均比率为：

$$\hat{S}_I = \frac{1}{I}\sum_{i=1}^{I}\hat{s}_i \tag{12.10}$$

第三步：用代理变量作回归，计算 *LLC* 检验统计量。

进行如下混合数据回归：

$$\tilde{e}_{it} = \rho\tilde{v}_{i,t-1} + \tilde{\varepsilon}_{it} \tag{12.11}$$

其中样本容量为 $I\tilde{T}$，$\tilde{T} = T - \bar{p} - 1$，$\bar{p}$ 是每个截面个体 *ADF* 回归的平均滞后阶数 $\bar{p} = \frac{1}{I}\sum_{i=1}^{I}p_i$，$\tilde{T}$ 是面板数据中每个截面个体含有的时间序列长度的平均 $\tilde{T} = \frac{1}{I}\sum_{i=1}^{I}T_i$。式（12.11）中参数 ρ 的 t 检验统计量为：

$$t_\rho = \frac{\hat{\rho}}{\hat{\sigma}(\hat{\rho})} \tag{12.12}$$

其中：

$$\hat{\rho} = \frac{\sum_{i=1}^{I}\sum_{t=2+p_i}^{T}\tilde{v}_{i,t-1}\tilde{e}_{it}}{\sum_{i=1}^{I}\sum_{t=2+p_i}^{T}\tilde{v}_{i,t-1}^2}$$

$$\hat{\sigma}(\hat{\rho}) = \frac{\tilde{\sigma}_{\hat{\varepsilon}}}{\sqrt{\sum_{i=1}^{I}\sum_{t=2+p_i}^{T}\tilde{v}_{i,t-1}^2}}$$

其中 $\hat{\sigma}_{\tilde{\varepsilon}}^2 = \frac{1}{I\tilde{T}}\sum_{i=1}^{I}\sum_{t=2+p_i}^{T}(\tilde{e}_{it} - \hat{\rho}\tilde{v}_{i,t-1})^2$ 为 $\tilde{\varepsilon}_{it}$ 方差的估计量。

对于 $m=1$ 的 *ADF* 回归模型（无截距项与时间趋势项），$t_\rho \sim N(0, 1)$。对于 $m=2$，3 的 *ADF* 回归模型，t_ρ 是发散的。为此，*LLC* 给出了修正的 t 统计量：

$$t_\rho^* = \frac{t_\rho - I\tilde{T}\hat{S}_I\hat{\sigma}_{\tilde{\varepsilon}}^{-2}\hat{\sigma}(\hat{\rho})\mu_{m\tilde{T}}^*}{\sigma_{m\tilde{T}}^*} \sim N(0,1) \tag{12.13}$$

其中 $\mu_{m\tilde{T}}^*$ 和 $\sigma_{m\tilde{T}}^*$ 分别是对均值与标准差的调整系数，它们在 *LLC* 论文中由表 2 提供。该表同时对每个时间序列 $\tilde{T}$ 给出了一个参考的截断滞后常数 $\bar{K}$。对于 $m = 2,3$ 的 *ADF* 回归模型，t_ρ^* 渐近服从 $N(0,1)$ 分布。

由于 *LLC* 检验是左单端检验，如果用样本计算的 *LLC* 统计量的值小于临界值，则拒绝原假设，即每个时间序列都是平稳的；如果样本计算的 *LLC* 统计量大于临界值，则不能拒绝原假设，即所有的时间序列都含有单位根。

从计算上考虑，*LLC* 检验需要一个特定的滞后阶数（p_i），该滞后阶数将用于每个截面的 *ADF* 回归，同时 *LLC* 检验在计算 S_I 的过程中也涉及核函数的选择。此外，还必须确定检验式中是否存在截距项与时间趋势项等外生变量。

LLC 一般适应于 I 在 10 到 250 之间，T 在 25 到 250 之间的面板单位根检验。对于 T 很大的情况，运用单个横截面的单位根检验用来检验每个截面的单位根是足够有说服力的。

LLC 检验也存在局限性。*LLC* 检验十分依赖于截面数据间的独立假定，当截面数据间存在相关时，*LLC* 检验就不能用了。第二个局限性在于，*LLC* 检验假设所有的截面要么都含有单位根要么都不含有单位根，原假设有些过强。

二　IPS 检验

LLC 检验要求 ρ 对于所有的截面 i 是相等的（同质面板）。*IPS* 检验克服了 *LLC* 检验的缺陷，允许面板中不同截面个体（序列）的 ρ_i 不同（异质面板）。阿木、贝萨然以及石恩（Im、Pesaran & Shin，2003）（*IPS*）检

验考虑给 $y_{i,t-1}$ 以不同的系数并在对截面单位根检验统计量求均值的基础上提出了另一个检验程序。

IPS 考虑类似式（12.4）的截面不相关、异质的面板 *ADF* 回归模型：

$$\Delta y_{it} = \rho_i y_{i,t-1} + \sum_{l=1}^{p_i} \theta_{il} \Delta y_{i,t-1} + \boldsymbol{\alpha}_{mi} \mathbf{d}_{mt} + \varepsilon_{it},\ m = 1,2,3 \quad (12.14)$$

原假设 H_0：$\rho_i = 0$，$i = 1, 2, \cdots, I$，每个时间序列都含有单位根；

备择假设 H_a：部分时间序列是平稳的，部分时间序列含有单位根（这与 LLC 检验的假设不同）：

$$H_a: \begin{cases} \rho_i < 0,\ i = 1, 2, \cdots, I_1 \\ \rho_i = 0,\ i = I_1 + 1, I_1 + 2, \cdots, I \end{cases} \quad (12.15)$$

从形式上看，备择假设中需要满足平稳性条件的时间序列数目 I_1 所占的比例不能为零，比如 $\lim\limits_{I\to\infty}\left(\frac{I_1}{I}\right) = \delta$，其中 $0 < \delta \leqslant 1$。这是保证 *IPS* 单位根检验一致性的必要条件。

利用式（12.14）对 I 个截面个体估计出 I 个 ρ_i 及相应的 t_{ρ_i}。*IPS* 检验统计量 $\bar{t}$ 被定义为各个截面个体 *ADF* 检验统计量的平均：

$$\bar{t} = \frac{1}{I}\sum_{i=1}^{I} t_{\rho_i} \quad (12.16)$$

在滞后阶数为零（$p_i = 0$）的情况下，对于不同的截面个体数 I，不同的时间序列长度 T，以及 *DF* 回归是否含有截距项和时间趋势项，IPS 给出了 $\bar{t}$ 的模拟临界值表。

一般来说，总是有一部分截面个体的滞后阶数不为零，即 $p_i \neq 0$。*IPS* 证明，经过适当标准化的修正的 $\bar{t}$ 渐近服从 $N(0,1)$ 分布。在 I 确定的情况下，运用时间序列中的一个结论：

$$t_{\rho_i} \Rightarrow \frac{\int_0^1 W_{iZ}\, dW_{iZ}}{\sqrt{\int_0^1 W_{iZ}^2}} = t_{iT} \quad (12.17)$$

当 $T\to\infty$ 时，$\int W(r)\,dr$ 表示维纳（Weiner）积分，*IPS* 检验假定 t_{iT} 独立同分布且期望与方差是有限的。

根据 Lindeberg-Levy 中心极限定理，当 $I\to\infty$ 时，

$$\frac{\sqrt{I}\left(\frac{1}{I}\sum_{i=1}^{I}t_{iT}-\frac{1}{I}\sum_{i=1}^{I}E[t_{iT}|\rho_i=0]\right)}{\sqrt{\frac{1}{I}\sum_{i=1}^{I}Var[t_{iT}|\rho_i=0]}}\sim N(0,1) \tag{12.18}$$

因此，当 $T\to\infty$，随后 $I\to\infty$ 时，可以得到：

$$t_{IPS}=\frac{\sqrt{I}\left(\bar{t}-\frac{1}{I}\sum_{i=1}^{I}E[t_{iT}|\rho_i=0]\right)}{\sqrt{\frac{1}{I}\sum_{i=1}^{I}Var[t_{iT}|\rho_i=0]}}\sim N(0,1) \tag{12.19}$$

IPS 给出了不同 T 和 p_i 情况下 $E[t_{iT}|\rho_i=0]$ 和 $Var[t_{iT}|\rho_i=0]$ 的模拟值。在蒙特卡罗试验中，他们发现如果选择一个足够大的滞后阶数 p_i 进行 *ADF* 回归，$\bar{t}$ 检验的小样本性质也显著优于 *LLC* 检验。

IPS 检验也是左单端检验，如果用样本计算的 *IPS* 统计量的值小于临界值，则拒绝原假设，即部分时间序列是平稳的，部分时间序列含有单位根；如果样本计算的 *IPS* 统计量大于临界值，则不能拒绝原假设，即所有的时间序列都含有单位根。

三　Breitung 检验

LLC 检验和 *IPS* 检验都要求在 *I* 趋向于无穷大时，$\frac{I}{T}\to 0$，即 *I* 相对于 *T* 要足够小。当 *I* 相对于 *T* 很大时，这两种检验就不理想了。布瑞特（Breitung，2000）发现，产生该问题的原因在于 *LLC* 和 *IPS* 检验中都包含了偏差修正过程。布瑞特提出了一种不含偏差修正过程的检验。布瑞特检验是针对截面不相关、同质的面板单位根检验，步骤如下：

第一步：与 *LLC* 检验基本相同，只是在运行两个辅助回归来获得残差 $\hat{e}_{it}$ 和 $\hat{v}_{i,t-1}$ 时，只对解释变量 $\Delta y_{i,t-l}(l=1,2,\cdots,p_i)$ 回归，解释变量中不含 $\mathbf{d}_{mt}$，并运用 $\tilde{e}_{it}=\frac{\hat{e}_{it}}{\hat{\sigma}_{\varepsilon i}}$ 及 $\tilde{v}_{i,t-1}=\frac{\hat{v}_{i,t-1}}{\hat{\sigma}_{\varepsilon i}}$ 进行标准化。

第二步：运用阿拉诺和博佛（Arellano & Bover，1995）提出的正交变换方法将标准化残差 $\tilde{e}_{it}$ 正交化：

$$e_{it}^{*}=\sqrt{\frac{T-t}{(T-t+1)}}\left(\tilde{e}_{it}-\frac{\tilde{e}_{i,t+1}+\cdots+\tilde{e}_{i,T}}{T-t}\right) \tag{12.20}$$

类似地：

$$v_{i,t-1}^{*}=\begin{cases}\tilde{v}_{i,t-1}-\tilde{v}_{i,1}-\dfrac{t-1}{T}\tilde{v}_{iT} & \text{既有截距项又有趋势项情形}\\ \tilde{v}_{i,t-1}-\tilde{v}_{i,1} & \text{有截距项而无趋势项情形}\\ \tilde{v}_{i,t-1} & \text{既无截距项又无趋势项情形}\end{cases} \tag{12.21}$$

第三步：进行混合数据回归：

$$e_{it}^{*}=\rho v_{i,t-1}^{*}+\varepsilon_{it}^{*}$$

并得到参数 ρ 的 t 统计量，该统计量服从 N（0，1）分布。

布瑞特检验也是左单端检验，拒绝域在左侧，即用大的负值来拒绝原假设——无单位根。与 *LLC* 检验不同的是，布瑞特检验不需要使用核函数和非参数方法。

四　组合 *p* 值检验

把式（12.4）的 ADF 回归重新写作如下：

$$\Delta y_{it}=\rho_i y_{i,t-1}+\sum_{l=1}^{p_i}\theta_{il}\Delta y_{i,t-l}+\boldsymbol{\alpha}_{mi}\mathbf{d}_{mt}+\varepsilon_{it},\ m=1,2,3 \tag{12.22}$$

组合 p 值检验也是针对截面不相关、异质的面板单位根检验，其原假设与 *IPS* 检验相同：每个时间序列都含有单位根；备择假设为：部分序列是平稳的，部分序列含有单位根。

令 p_i 表示截面个体 i 单位根检验的相伴概率（即 p 值），组合 p 值检验是指基于每个 p_i 值的某种组合的检验。组合 p 值检验有下面三种常用的形式：Fisher 检验、Choi-Z 检验以及 Choi-logit 检验。

1. Fisher 检验

马达拉和吴（Maddala & Wu，1999）以及邹毅（Choi，2001）提出了一个 Fisher 形式的检验统计量：

$$p=-2\sum_{i=1}^{I}\ln p_i\sim\chi^2(2I) \tag{12.23}$$

由于 $-2\ln p_i$ 是服从自由度为 2 的卡方分布。因此当 I 给定，$T_i\to\infty$ 时，p 服从自由度为 $2I$ 的卡方分布。

马达拉和吴认为，*IPS* 检验及 Fisher 检验都放松了 *LLC* 检验中 ρ_i 都相同的同质性假定。*IPS* 检验与 Fisher 检验都是对每个截面个体单位根检验信息的综合。但是，Fisher 检验比 *IPS* 检验更有优势，因为 Fisher 检验不像 *IPS* 那样要求面板数据的 I 与 T 是平衡的。Fisher 检验的不足是 p 值必须通过蒙特卡罗模拟才能得到。马达拉和吴（1999）发现基于自助法所得的临界值的 Fisher 检验是最优的，也是进行原假设为单位根过程的首选，还可以用来进行面板数据模型的协整检验。

2. Choi-Z 检验

除了 Fisher 检验，邹毅（Choi，2001）提出了另外两个基于 p_i 值的检验：Choi-Z 检验以及 Choi-logit 检验。

Choi-Z 检验（逆正态检验）统计量定义为：

$$Z = \frac{1}{\sqrt{I}}\sum_{i=1}^{I}\Phi^{-1}(p_i) \sim N(0,1) \tag{12.24}$$

其中 Φ 是标准正态分布的累积分布函数。因为 $0 \leqslant p_i \leqslant 1$，所以 $\Phi^{-1}(p_i)$ 是服从 $N(0, 1)$ 分布的一个随机变量。对于所有的截面个体 i，当 $T_i \to \infty$ 时，$Z \Rightarrow N(0, 1)$。

3. Choi-logit 检验

logit 检验统计量定义为：

$$L = \sum_{i=1}^{I}\ln\left(\frac{p_i}{1-p_i}\right) \tag{12.25}$$

其中 $\ln\left(\frac{p_i}{1-p_i}\right)$ 服从均值为 0 方差为 $\frac{\pi^2}{3}$ 的 logistic 分布。对于所有的截面个体 i，当 $T_i \to \infty$ 时：

$$\sqrt{m}L \sim t_{5I+4} \tag{12.26}$$

其中：

$$m = \frac{3(5I+4)}{\pi^2 I(5I+2)} \tag{12.27}$$

t 临界值的自由度为 $(5I+4)$。

邹毅（2001）阐明了上述三种组合 p 值检验具有相似的优点：

第一，截面个体的数目 I，可以是有限的或者是无限的；

第二，每个时间序列检验都可以对是否含有截距项及趋势项进行选择；

第三，时间序列的长度 T，对于每一个截面个体 i 可以是不同的；

第四，备择假设都允许部分时间序列含有单位根，而另一部分时间序列平稳。

当 I 很大时，邹毅（2001）提出了一个修正的组合 p 值检验：

$$p_m = \frac{1}{2\sqrt{I}}\sum_{i=1}^{I}(-2\ln p_i - 2) \sim N(0,1) \tag{12.28}$$

因为 $E[-2\ln p_i]=2$，$Var[-2\ln p_i]=4$，应用 Linderberg-Levy 中心极限定理可得，当 $I\to\infty$，随后 $T_i\to\infty$ 时，$p_m\Rightarrow N$（0，1）。

Z 检验、logit 检验在 I 为无穷大时不需要进行修正。对于 Z 检验，当 $T_i\to\infty$，$I\to\infty$ 时，$Z\Rightarrow N$（0，1）。对于 logit 检验，当 $T_i\to\infty$，$I\to\infty$ 时，根据 Linderberg-Levy 中心极限定理，式（12.26）及式（12.27）可简化为：

$$\sqrt{m}\,L\approx\frac{1}{\sqrt{\frac{\pi^2 I}{3}}}\sum_{i=1}^{I}\ln\left(\frac{p_i}{1-p_i}\right)\sim N(0,1) \tag{12.29}$$

以上各种形式的组合 p 值检验均为左单端检验，拒绝域均在左側。

第二节　截面相关的面板单位根检验

上一节介绍的面板单位根检验都假定截面的时间序列是不相关的，互相没有影响。在此假定下，运用中心极限定理可以得到统计量的渐近分布函数。事实上，截面不相关在宏观面板数据中是一个非常严格的假定。当宏观面板数据的截面之间存在相关性时，*LLC* 检验、*IPS* 检验、Breitung 检验以及组合 p 值检验并不能正确地推断面板数据的平稳性。

本节主要介绍几种截面相关的面板单位根检验方法：Pesaran 检验、Moon-Perron 检验、Phillips-Sul 检验、Bai-Ng 检验、Choi 检验、*CADF* 检验。截面相关的面板单位根检验方法一般都允许面板是异质的，原假设都是：每个时间序列都含有单位根；备择假设是：部分序列是平稳的，部分序列含有单位根。这些检验都是左单端检验，拒绝域都在左侧。

一　Pesaran 检验

贝萨然（Pesaran，2004）提出了一个简单的截面个体误差相关（*CD*，Cross-section Dependence）条件下的单位根检验。该检验适应于各种异质性的面板数据模型，这些模型的 T 比较小而 I 比较大。

该检验是对个体 *OLS* 回归所得的残差间的相关系数进行平均得到的，贝萨然定义的 *CD* 检验统计量为：

$$CD=\sqrt{\frac{2T}{I(I-1)}}\left(\sum_{i=1}^{I-1}\sum_{j=i+1}^{I}\hat{\rho}_{ij}\right) \tag{12.30}$$

其中：

$$\hat{\rho}_{ij} = \frac{\sum_{t=1}^{T} e_{it} e_{jt}}{\sqrt{\sum_{t=1}^{T} e_{it}^2} \cdot \sqrt{\sum_{t=1}^{T} e_{jt}^2}} \tag{12.31}$$

e_{it}表示式（12.4）中：

$$\Delta y_{it} = \rho_i y_{i,t-1} + \sum_{l=1}^{p_i} \theta_{il} \Delta y_{i,t-1} + \boldsymbol{\alpha}_{mi} \mathbf{d}_{mt} + \varepsilon_{it}, m = 1,2,3$$

对每个截面个体分别进行 ADF 回归的残差 ε_{it}的估计量。蒙特卡罗实验表明，对于 $I > T$ 的面板数据，即使很小的 T 和很大的 I，Pesaran 的 CD 检验都表现很好。

二　Moon-Perron 检验

动态因子模型（Dynamic Factor Models）可用来研究截面个体间的相关性，穆恩和贝龙（Moon & Perron，2004）提出如下模型：

$$\begin{aligned} y_{it} &= \alpha_i + y_{it}^0 \\ y_{it}^0 &= \rho_i y_{i,t-1}^0 + \epsilon_{it} \end{aligned} \tag{12.32}$$

其中 ϵ_{it}是含有因子结构的不可观测的残差项，α_i 是固定效应。假设 ϵ_{it}是由 M 个不可观测的随机因子 $\mathbf{f}_t$ 和特定误差或特定冲击（idiosyncratic shocks）e_{it}产生的：

$$\epsilon_{it} = \boldsymbol{\Lambda}_i' \mathbf{f}_t + e_{it} \tag{12.33}$$

其中 $\boldsymbol{\Lambda}_i$ 为载荷系数向量（Loading Coefficient Vectors）的非随机因子，随机因子 $\mathbf{f}_t$ 的个数 M 是未知的。每个 ϵ_{it}都含有共同随机因子向量 $\mathbf{f}_t$，它是产生截面个体 ϵ_{it}之间（或 y_{it}之间）相关关系的源泉。y_{it}在不同截面之间同期相关关系的强弱由载荷系数向量 $\boldsymbol{\Lambda}_i$ 决定，即：

$$E(y_{it} y_{jt}) = \boldsymbol{\Lambda}_i' E(\mathbf{f}_t \mathbf{f}_t') \boldsymbol{\Lambda}_j \tag{12.34}$$

穆恩和贝龙（2004）把这些因子当成干扰参数看待，并建议对混合的退因子数据（Defactored Data）进行回归来建立单位根检验。令 $\mathbf{Q}_\Lambda$ 为一个空间正交的由载荷系数向量投影而来的矩阵，则退因子数据为 $\mathbf{Y}\mathbf{Q}_\Lambda$；退因子残差为 $\mathbf{e}\mathbf{Q}_\Lambda$，退因子残差已不再含有截面个体间的相关性。其中 $\mathbf{Y}$ 是 $T \times I$ 矩阵，$\mathbf{Y}$ 的第 i 列是第 i 个截面个体的样本数据。

令 σ_{ei}^2表示 e_{it}的方差（短期方差）；ω_{ei}^2表示 e_{it}的长期方差；λ_{ei}表示 e_{it}的单边长期方差；σ_e^2，ω_e^2 和 λ_e 分别表示它们各个截面值的平均；ϕ_e^4 表示 ω_{ei}^4各个截面值的平均。则 ρ 的偏差修正的混合数据回归估计量是：

$$\hat{\rho}_{pool}^{+} = \frac{tr(\mathbf{Y}_{-1}\mathbf{Q}_{\Lambda}\mathbf{Y}') - IT\lambda_e^I}{tr(\mathbf{Y}_{-1}\mathbf{Q}_{\Lambda}\mathbf{Y}'_{-1})} \quad (12.35)$$

其中 $\mathbf{Y}_{-1}$ 是 $\mathbf{Y}$ 的一阶滞后数据的矩阵。

原假设是 $H_0: \rho_i = 1$，对所有的 $i = 1, 2, \cdots, M$；

备择假设是 $H_a: \rho_i < 1$，对某些 i。

穆恩和贝龙提出了两个统计量来进行检验：

$$t_a = \frac{\sqrt{I}T(\hat{\rho}_{pool}^{+} - 1)}{\sqrt{\frac{2\phi_e^4}{\omega_e^4}}} \sim N(0,1) \quad (12.36)$$

$$t_b = \sqrt{I}T(\hat{\rho}_{pool}^{+} - 1)\sqrt{\frac{1}{IT^2}tr(\mathbf{Y}_{-1}\mathbf{Q}_{\Lambda}\mathbf{Y}'_{-1})\frac{\omega_e^4}{\phi_e^4}} \sim N(0,1) \quad (12.37)$$

当 I 和 T 趋向于无穷大，以至 $\frac{I}{T} \to 0$ 时，这两个检验统计量服从 $N(0, 1)$ 分布。穆恩和贝龙证明，如果采用主成分方法（Principal Components）来估计这些因子，用一致估计量来代替 ω_e^2，ϕ_e^4，则可行的检验统计量也服从 $N(0,1)$ 分布。

三 Phillips-Sul 检验

菲利谱斯和索尔（Phillips & Sul，2003）提出了下面的共同时间因子模型。模型中的随机扰动项对不同截面个体的影响不同。

$$u_{it} = \delta_i \theta_t + \varepsilon_{it} \quad (12.38)$$

其中共同时间因子 $\theta_t \sim IIN(0,1)$。δ_i 是“特定份额”（idiosyncratic share）参数，用来衡量共同时间因子对序列 i 的影响程度。对于不同的 t，$\varepsilon_{it} \sim IIN(0, \sigma_i^2)$。对于所有的 s，t，ε_{it} 与 ε_{js} 以及与 θ_s 都独立（$i \neq j$）。该模型是一个单因子模型，不同时期之间无序列相关。$E(u_{it}u_{js}) = \delta_i\delta_j$，如果对于所有的 i，$\delta_i = 0$，则截面个体间就不存在相关关系；如果对于所有的 i，j，$\delta_i = \delta_j = \delta_0$，则截面个体间具有相同的相关关系。

菲利谱斯和索尔提出了一个正交化方法。该方法通过矩方法估计的迭代过程消去共同因子，这与穆恩和贝龙（2004）的主成分分析方法不同。在正交化数据的基础上，他们提出了一系列单位根检验。在模拟中表现最好的统计量是邹毅（2001）提出的基于 p_i 值的检验统计量，即 Choi-Z 检验（逆正态检验）统计量：

$$Z = \frac{1}{\sqrt{I}}\sum_{i=1}^{I-1}\Phi^{-1}(p_i) \sim N(0,1) \tag{12.39}$$

因为正交化使得截面个体数减少了 1 个，因此该式只对式（$I-1$）项求和即可。

四　Bai-Ng 检验

白和宁（Bai & Ng，2004）提出了下面这个动态因子模型：

$$\begin{aligned} y_{it} &= \alpha_i + \mathbf{\Lambda}_i'\mathbf{f}_t + y_{it}^0 \\ y_{it}^0 &= \rho_i y_{i,t-1}^0 + \varepsilon_{it} \end{aligned} \tag{12.40}$$

他们分别检验了因子和特征项的平稳性。不管残差是否平稳，他们得到了因子的一致估计。正如马达拉和吴（1999）以及邹毅（2001）所提到的，Bai 和 Ng 建议用组合 p 值检验对退因子数据进行单个 ADF 检验：

$$P_{\hat{e}}^c = \frac{-2\sum_{i=1}^{I}\ln P_{\hat{e}}^c(i) - 2I}{\sqrt{4I}} \sim N(0,1) \tag{12.41}$$

其中 $P_{\hat{e}(i)}^c$ 是对不同截面个体扰动项进行 ADF 检验所得的 p 值。

五　Choi 检验

邹毅（Choi，2002）考虑如下误差分解模型（Error Component Model）：

$$\begin{aligned} y_{it} &= \alpha_i + f_t + y_{it}^0 \\ y_{it}^0 &= \rho_i y_{i,t-1}^0 + \varepsilon_{it} \end{aligned} \tag{12.42}$$

这是一个受限因子模型。它与前面的一般因子模型的不同之处在于，每个截面个体对共同因子 f_t 的反映都是相同的。如同伊力特、罗森伯格和斯托克（Elliott、Rothenberg & Stock，1996），Choi 建议用 GLS 方法对数据进行截面中心化处理（Demeaning Data），并取截面均值从而得到一个新的变量 $\tilde{y}_{it} \approx y_{it}^0 - y_{i1}^0$。当 I 和 T 都趋向于无穷大时，新变量 $\tilde{y}_{it}$ 在截面个体之间将是不相关的。

基于邹毅（2001），邹毅（2002）根据截面个体的 ADF 检验得到组合 p 值检验统计量，所得的检验统计量服从标准正态分布。邹毅还建议用 ADF 检验对共同因子 f_t 的非平稳性假定进行检验。他运用 GLS 回归中得到的残差，对每一个 t 的截面取均值，从而得到共同因子 f_t 的估计量：

$$\hat{f}_t = \frac{1}{I}\sum_{i=1}^{I}(y_{it} - \hat{\alpha}_i) \tag{12.43}$$

六 *CADF* 检验

为了消除截面之间的相关性，贝萨然（Pesaran，2006）提出了一个比估计载荷系数更为简单的方法。这个方法是在对普通 *ADF* 回归进行扩展的基础上，获得由单个因子模型引起的截面相关性。其中的 *ADF* 回归是对滞后的截面个体均值及其一阶差分进行的，这个检验被称为截面 *ADF*（*CADF*，Cross-sectionally Augmented Dickey-Fuller）检验。

CADF 回归如下：

$$\Delta y_{it} = \alpha_i + \rho_i^* y_{i,t-1} + d_0 \bar{y}_{t-1} + d_1 \Delta \bar{y}_t + \varepsilon_{it} \tag{12.44}$$

其中 $\bar{y}_t$ 是在时刻 t 对所有 I 个截面观测值的平均。*CADF* 回归通过截面均值的一阶滞后项 $\bar{y}_{t-1}$ 及一阶差分项 $\Delta \bar{y}_t$ 来捕捉截面个体的相关性。如果残差项或者因子存在序列相关，*CADF* 回归必须进一步扩展，并且必须同时加入 Δy_{it} 及 $\Delta \bar{y}_t$ 的滞后项，即：

$$\Delta y_{it} = \alpha_i + \rho_i^* y_{i,t-1} + d_0 \bar{y}_{t-1} + \sum_{j=0}^{p} d_{j+1} \Delta \bar{y}_{t-j} + \sum_{k=1}^{p} c_k \Delta y_{i,t-k} + \varepsilon_{it} \tag{12.45}$$

滞后阶数 p 可根据 *SC* 或 *AIC* 等准则判定。对模型中的每个 i 都进行 *CADF* 回归以后，Pesaran 取参数 ρ_i^* 的 t 统计量（记作 $CADF_i$）的均值构造 *CIPS* 统计量：

$$CIPS = \frac{1}{I} \sum_{i=1}^{I} CADF_i \tag{12.46}$$

CIPS 统计量的联合渐近分布是非标准的，临界值也会因不同的 I 和 T 而不同。由于回归中含有解释变量 $\bar{y}_{t-1}$ 及 $\Delta \bar{y}_t$，因此该检验的有限分布不同于 Dickey-Fuller 分布。在实证分析中，这种检验绩效良好。

第三节 面板协整检验

面板数据模型也可能存在伪回归，考（Kao，1999）以及菲利谱斯和穆恩（1999）得到了面板数据伪回归的各种常见的统计量的渐近分布。

在面板单位根存在的情况下，也存在面板协整。如同面板单位根检验一样，进行面板数据协整检验的目的也是为了寻找一种比用单个时间序列协整检验更有效的检验。面板协整检验分为两种情况：原假设为不存在协整关系的检验以及原假设为存在协整关系的检验。原假设为不存在协整关系的检验是 Kao 检验以及 Pedroni 检验；原假设为存在协整关系的检验方法是 McCoskey-Kao 检验以及 Westerlund 检验，其中 Kao 检验假定面板是同质的，而 Pedroni 检验、McCoskey-Kao 检验以及 Westerlund 检验都假定面板是异质的。

一　Kao 检验

考（Kao，1999）考虑如下同质的非平稳面板数据模型：

$$y_{it} = \mathbf{x}'_{it}\boldsymbol{\beta} + \mathbf{z}'_{it}\boldsymbol{\gamma} + e_{it} \tag{12.47}$$

假设 y_{it}和 $\mathbf{x}_{it}$都是 I（1）的且它们之间不存在协整关系，$\mathbf{z}_{it}$是特征项（如截距项、时间趋势项、虚拟变量等）。当 y_{it}，$\mathbf{x}_{it}$存在协整关系时，残差是平稳的；当 y_{it}，$\mathbf{x}_{it}$不存在协整关系时，残差是非平稳的。假设 $\mathbf{y}_t$ 与 $\mathbf{x}_t$ 的长期方差矩阵为：

$$\boldsymbol{\Omega} = \begin{pmatrix} \boldsymbol{\Omega}_{yy} & \boldsymbol{\Omega}_{yx} \\ \boldsymbol{\Omega}_{xy} & \boldsymbol{\Omega}_{xx} \end{pmatrix}$$

对于 $\mathbf{z}_{it}$只含截距项的情形，比如 $z_{it} = \{\mu_i\}$，考（1999）根据 e_{it}的 *DF* 和 *ADF* 检验，作为 y_{it}与 $\mathbf{x}_{it}$之间是否存在协整关系的检验。*DF* 检验式如下：

$$\hat{e}_{it} = \rho\hat{e}_{it-1} + v_{it} \tag{12.48}$$

其中 $\hat{e}_{it} = \tilde{y}_{it} - \tilde{\mathbf{x}}'_{it}\hat{\boldsymbol{\beta}}, \tilde{y}_{it} = y_{it} - \bar{y}_i, \tilde{\mathbf{x}}_{it} = \mathbf{x}_{it} - \bar{\mathbf{x}}_i$。

原假设为 $H_0: \rho = 1$，即不存在协整关系；

备择假设为 $H_a: \rho < 1$，即存在协整关系。

ρ 的 *OLS* 估计和 t 检验如下：

$$\hat{\rho} = \frac{\sum_{i=1}^{I}\sum_{t=2}^{T}\hat{e}_{it}\hat{e}_{it-1}}{\sum_{i=1}^{I}\sum_{t=2}^{T}\hat{e}_{it}^2}$$

$$t_\rho = \frac{(\hat{\rho} - 1)\sqrt{\sum_{i=1}^{I}\sum_{t=2}^{T}\hat{e}_{it}^2}}{s_e} \tag{12.49}$$

其中 $s_e^2 = \frac{1}{IT}\sum_{i=1}^{I}\sum_{t=2}^{T}(\hat{e}_{it} - \hat{\rho}\hat{e}_{it-1})^2$。考提出以下四种 *DF* 形式的检验：

$$DF_{\rho} = \frac{\sqrt{I} \cdot T(\hat{\rho} - 1) + 3\sqrt{I}}{\sqrt{10.2}} \sim N(0,1)$$

$$DF_{t} = \sqrt{12.5} \cdot t_{\rho} + \sqrt{1.875I} \sim N(0,1)$$

$$DF_{\rho}^{*} = \frac{\sqrt{I} \cdot T(\hat{\rho} - 1) + \frac{3\sqrt{I} \cdot \hat{\sigma}_{v}^{2}}{\hat{\sigma}_{0v}^{2}}}{\sqrt{3 + \frac{36\hat{\sigma}_{v}^{4}}{5\hat{\sigma}_{0v}^{4}}}} \sim N(0,1)$$

$$DF_{t}^{*} = \frac{t_{\rho} + \frac{\sqrt{6I} \cdot \hat{\sigma}_{v}}{2\hat{\sigma}_{0v}}}{\sqrt{\frac{\hat{\sigma}_{0v}^{2}}{2\hat{\sigma}_{v}^{2}} + \frac{3\hat{\sigma}_{v}^{3}}{10\hat{\sigma}_{0v}^{2}}}} \sim N(0,1)$$

其中 $\hat{\sigma}_{v}^{2}$ 及 $\hat{\sigma}_{0v}^{2}$ 分别是式（12.48）中 σ_{v}^{2} 与 σ_{0v}^{2} 的估计量，DF_{ρ} 与 DF_{t} 是针对式（12.47）中解释变量与残差之间存在强外生性假设的情形，DF_{ρ}^{*}，DF_{t}^{*} 是针对式（12.47）中内生解释变量与残差之间存在协整关系假设的情形。

对于 *ADF* 检验，可以进行下面的回归：

$$\hat{e}_{it} = \rho\hat{e}_{it-1} + \sum_{j=1}^{p} \theta_{j}\Delta\hat{e}_{i,t-j} + v_{it} \tag{12.50}$$

ADF 检验统计量为：

$$ADF = \frac{t_{ADF} + \frac{\sqrt{6I}\hat{\sigma}_{v}}{2\hat{\sigma}_{0V}}}{\sqrt{\frac{\hat{\sigma}_{0v}^{2}}{2\hat{\sigma}_{v}^{2}} + \frac{3\hat{\sigma}_{v}^{2}}{10\hat{\sigma}_{0v}^{2}}}} \sim N(0,1) \tag{12.51}$$

其中 t_{ADF} 是式（12.50）中参数 ρ 的 t 统计量，$\hat{\sigma}_{v}^{2}$ 及 $\hat{\sigma}_{0v}^{2}$ 分别是式（12.50）中 σ_{v}^{2} 与 σ_{0v}^{2} 的估计量。通过连续极限理论可以证明，DF_{ρ}，DF_{t}，DF_{ρ}^{*}，DF_{t}^{*} 及 *ADF* 均收敛于标准正态分布 N（0，1）。

Kao 检验为左单端检验，拒绝域在左侧，即用大的负值来拒绝原假设——存在协整关系。

二 Pedroni 检验

假设 y_{it} 和 $\mathbf{x}_{it}$ 都是 I（1）的，且原假设为它们之间不存在协整关系，配卓尼（Pedroni，1999，2003）考虑如下异质的非平稳面板数据模型：

$$y_{it} = \alpha_i + \delta_i t + \mathbf{x}'_{it}\boldsymbol{\beta}_i + e_{it} \tag{12.52}$$

Pedroni 检验方法可以允许截距及时间趋势，并适用于非平衡面板数据（即每个截面的数据长度不同），相比 Kao 检验有很大的改进。

配卓尼（1999）将组内（within-dimension）残差和组间（between-dimension）残差联合起来，分别构造了 4 个面板均值统计量和 3 个群均值统计量：Panel-v 统计量，Panel-ρ 统计量，Panel-PP 统计量，Panel-ADF 统计量，Group-ρ 统计量，Group-PP 统计量，Group-ADF 统计量。它们的渐近分布具有以下形式：

$$Z = \frac{Z^* - \mu\sqrt{I}}{\sqrt{v}} \Rightarrow N(0,1) \tag{12.53}$$

其中 Z^* 为以上 7 个统计量，μ 和 v 为 Z^* 的渐近均值和方差。

以上检验均为单边检验，除第一个以外，拒绝域均在左侧，即用大的负值来拒绝原假设——有协整关系。配卓尼（1999）的研究表明，与其他统计量相比，Panel-ADF 统计量和 Group-ADF 统计量有着更好的小样本性质。

三　McCoskey-Kao 检验

Kao 检验以及 Pedroni 检验的原假设是不存在协整关系，麦考思克和考（McCoskey & Kao，1998）指出，原假设存在协整关系比原假设不存在协整关系更符合逻辑。以没有协整关系为原假设的检验最主要的缺点是：有时不能拒绝没有协整的原假设不是因为经济变量之间具有协整关系，而是因为检验的功效太低。麦考思克和考提出了残差基础上的 LM 检验，其原假设是存在协整关系。

在 McCoskey-Kao 检验的原假设下，渐近性质不再依赖伪回归估计的渐近性质，而是依赖协整关系估计的渐近性质。在时间序列理论中，许多方法表现出渐近的有效性。其中包括菲利谱斯和汉森（Phillips & Hansen，1990）提出的完全修正（Fully Modified）的 FM-OLS 估计，赛克农（Saikkonen，1991）以及斯托克和瓦森（Stock & Watson，1993）提出的动态（Dynamic）最小二乘估计（$DOLS$）。对于面板数据，考和蒋（Kao & Chiang，2000）证明，为了修正（12.50）中解释变量的内生性和残差的序列相关性，通过有效的 FM-OLS 或 $DOLS$ 估计能够得到参数的渐近无偏估计。

麦考思克和考（1998）考虑如下异质的非平稳面板数据模型：

$$y_{it} = \alpha_i + \mathbf{x}'_{it}\boldsymbol{\beta}_i + e_{it} \quad (12.54)$$

$$\mathbf{x}_{it} = \mathbf{x}_{i,t-1} + \boldsymbol{\varepsilon}_{it} \quad (12.55)$$

$$e_{it} = \theta \sum_{j=1}^{t} u_{ij} + u_{it} \quad (12.56)$$

其中 y_{it} 和 $\mathbf{x}_{it}$ 都是 I（1）的，$u_{it} \sim IID(0, \sigma_u^2)$。$\mathbf{x}_{it}$ 为 k 维解释变量，因此 $\boldsymbol{\varepsilon}_{it}$ 也为 k 维随机误差项。

原假设为 $H_0: \theta = 0$，即 $e_{it} \sim I$（0），y_{it} 和 $\mathbf{x}_{it}$ 之间存在协整关系，此时 $e_{it} = u_{it}$；

备择假设为 $H_a: \theta > 0$，即 $e_{it} \sim I(1)$，y_{it} 和 $\mathbf{x}_{it}$ 之间不存在协整关系。

假定 $\mathbf{w}_{it} = \begin{pmatrix} u_{it} \\ \boldsymbol{\varepsilon}_{it} \end{pmatrix}$ 的第 i 个序列的长期协方差矩阵 $\boldsymbol{\Omega}_i$ 为：

$$\boldsymbol{\Omega}_i = \lim_{T\to\infty} \frac{1}{T} E\left(\sum_{t=1}^{T} \mathbf{w}_{it}\right)\left(\sum_{t=1}^{T} \mathbf{w}_{it}\right)' = \begin{pmatrix} \omega_{11i}^2 & \boldsymbol{\omega}_{12i} \\ \boldsymbol{\omega}_{21i} & \boldsymbol{\Omega}_{22i} \end{pmatrix} \quad (12.57)$$

麦考思克和考（1998）提出的检验统计量定义为：

$$LM = \frac{\sum_{i=1}^{I} \sum_{t=1}^{T} S_{it}^2}{IT^2 \hat{\sigma}_e^2} \quad (12.58)$$

其中 S_{it}^2 是部分残差的和：$S_{it} = \sum_{j=1}^{t} \hat{e}_{ij}^*$，$\hat{e}_{ij}^*$ 是式（12.54）中 e_{ij} 的 *FM-OLS* 估计①，$\hat{e}_{ij}^* = y_{ij}^* - \alpha_i - \mathbf{x}'_{ij}\hat{\boldsymbol{\beta}}_i^*$，$y_{ij}^* = y_{ij} - \hat{\boldsymbol{\omega}}_{12i}\hat{\boldsymbol{\Omega}}_{22i}^{-1}\boldsymbol{\varepsilon}_{ij}$，$\hat{\boldsymbol{\beta}}_i^*$ 是式（12.52）中 $\boldsymbol{\beta}_i$ 的 FM-OLS 估计，$\hat{\sigma}_e^2$ 由麦考思克和考（1998）定义。该检验的渐近结果为：

$$\sqrt{I}(LM - \mu_v) \sim N(0, \sigma_v^2) \quad (12.59)$$

其中修正因子 μ_v 与 σ_v^2 是布朗运动的一个复杂函数的均值和方差，可以由蒙特卡罗模拟得到。McCoskey-Kao 检验也适应于 e_{it} 为异方差的情况。

McCoskey-Kao 检验为右单端检验，即用大的值来拒绝原假设——无协整关系。

四　Westerlund 检验

前面的几种面板协整检验要么假设全部截面存在协整关系，要么假设全部截面都不存在协整关系，而没有考虑协整关系与非协整关系并存的情

① *FM－OLS* 估计方法将在下节中介绍。

况。Westerlund 检验考虑了这种情况，它适应于异质的面板协整检验。

基于时间序列回归残差的波动，肖和菲利谱斯（Xiao & Phillips，2002）以及肖（Xiao，1999）提出了累积和（*CUSUM*）检验方法，韦斯特伦德（Westerlund，2005）推广了 *CUSUM* 方法，并应用于面板数据协整检验分析之中。与 McCoskey-Kao 检验类似，为了修正式（12.50）中解释变量的内生性和残差的序列相关性，Westerlund 检验也通过 *FM-OLS* 或 *DOLS* 估计来获得参数的渐近无偏估计。

原假设 H_0：所有截面均存在协整关系，即所有截面个体残差都是平稳的；备择假设 H_a：至少一部分截面（共 I_1 个）不存在协整关系，即至少一部分截面个体的残差存在单位根。假设 $\lim_{I\to\infty}\left(\left[\frac{I_1}{I}\right]\right)=\delta$，其中 $0<\delta\leqslant 1$，于是：

原假设为 $H_0:\delta=0$，即所有截面存在协整关系；

备择假设为 $H_a:\delta>0$，即部分截面存在协整关系，部分截面不存在协整关系。

CUSUM 方法认为，如果变量之间存在协整关系，则残差应该是平稳的，而且它的波动也只是反映了围绕均值的误差；如果变量之间不存在协整关系，则残差应该是无界变量而且长期来说有增长的趋势。这意味着，有协整关系的残差应该小于没有协整关系的残差。因此，面板协整检验可以通过考查残差来得到，如果残差过度波动，那么我们应该拒绝原假设。测度残差的波动性，也就是 *CUSUM* 检验。

在肖和菲利谱斯（2002）的基础上，韦斯特伦德（2005）定义了如下统计量：

$$CS_{IT}=\frac{1}{I}\sum_{i=1}^{I}\left[\max_{t}\left(\frac{|S_{it}^{*}|}{\hat{\sigma}_{ei}\sqrt{T}}\right)\right] \tag{12.60}$$

其中 S_{it}^{*} 是部分残差的和：$S_{it}^{*}=\sum_{j=1}^{t}\hat{e}_{ij}^{*}$，$\hat{e}_{ij}^{*}$ 是式（12.54）中使用有效的 *FM-OLS* 或 *DOLS* 估计获得的残差，$\hat{\sigma}_{ei}^{2}=\hat{\omega}_{11i}^{2}-\hat{\boldsymbol{\omega}}_{12i}\hat{\boldsymbol{\Omega}}_{22i}^{-1}\hat{\boldsymbol{\omega}}_{21i}$。韦斯特伦德（2005）证明了原假设条件下的如下极限分布：

$$Z_{IT}=\sqrt{I}\cdot\frac{CS_{IT}-\mu}{\sigma}\sim N(0,1) \tag{12.61}$$

其中 μ 及 σ^2 分别为 Z_{IT} 统计量的均值和方差，可以由蒙特卡罗模拟得到。在备择假设条件下 Z_{IT} 是发散的。

与 McCoskey-Kao 检验相同，Westerlund 检验也是右单端检验，拒绝域在右侧，即用大的值来拒绝原假设——无协整关系。

第四节 面板协整模型与面板误差修正模型

经过上一节的检验，如果证实面板数据之间存在协整关系，就可以估计出该协整关系，本节主要介绍面板协整模型及面板误差修正模型的估计。

一 非平稳面板模型 *OLS* 估计的不一致性

首先考虑一个同质、非平稳的面板回归模型：

$$y_{it} = \mathbf{x}'_{it}\boldsymbol{\beta} + \mathbf{z}'_{it}\boldsymbol{\gamma} + \mu_{it} \tag{12.62}$$

其中 $\boldsymbol{\beta}$ 是 $k\times 1$ 的参数向量，$\mathbf{z}_{it}$ 是特征项（如截距项、时间趋势项、虚拟变量等），$\{u_{it}\}$ 是随机扰动项。y_{it} 和 $\mathbf{x}_{it}$ 都是 I（1）的，$\mathbf{x}_{it} = \mathbf{x}_{i,t-1} + \boldsymbol{\varepsilon}_{it}$。$\mathbf{x}_{it}$ 为 k 维解释变量，因此 $\boldsymbol{\varepsilon}_{it}$ 也为 k 维随机误差项。$\boldsymbol{\beta}$ 的 OLS 估计量（组内估计量）是：

$$\hat{\boldsymbol{\beta}}_{OLS} = \frac{\sum_{i=1}^{I}\sum_{t=1}^{T}\tilde{\mathbf{x}}_{it}\tilde{y}_{it}}{\sum_{i=1}^{I}\sum_{t=1}^{T}\tilde{\mathbf{x}}_{it}\tilde{\mathbf{x}}'_{it}} \tag{12.63}$$

其中 $\tilde{y}_{it} = y_{it} - \bar{y}_i, \tilde{\mathbf{x}}_{it} = \mathbf{x}_{it} - \bar{\mathbf{x}}_i$。

考和蒋（2000）证明，对于非平稳的面板数据模型，$\hat{\boldsymbol{\beta}}_{OLS}$ 是不一致的。

二 面板协整模型的 *FM – OLS* 估计

考和蒋（2000）提出了面板协整的 *FM-OLS* 估计方法，当 y_{it} 和 $\mathbf{x}_{it}$ 之间存在面板协整关系时，在协整回归中应使用 *FM-OLS* 或者 *DOLS* 估计量，此时它们的极限分布服从正态分布。在 *FM-OLS* 方法中，首先进行 *OLS* 回归，然后对因变量及估计参数进行修正。

考虑一个异质的面板协整模型：

$$\begin{gathered} y_{it} = \alpha_i + \boldsymbol{\beta}_i\mathbf{x}_{it} + u_{it} \\ \mathbf{x}_{it} = \mathbf{x}_{i,t-1} + \boldsymbol{\varepsilon}_{it} \end{gathered} \tag{12.64}$$

假设 $\mathbf{z}_{it} =$（y_{it}，$\mathbf{x}_{it}$）$' \sim I$（1），且非平稳面板数据之间存在着以系数矩阵

$\boldsymbol{\beta}_i$ 为协整系数的协整关系，$\mathbf{w}_{it} = (u_{it}, \boldsymbol{\varepsilon}_{it})' \sim I(0)$，$\alpha_i$ 允许各面板单位的协整关系中存在着不同的固定效应。*OLS* 估计量的渐近分布依赖于残差项 $\mathbf{w}_{it}$的长期协方差矩阵，令第 i 个序列的长期协方差矩阵 $\boldsymbol{\Omega}_i$ 为：

$$\boldsymbol{\Omega}_i = \lim_{T\to\infty} \frac{1}{T} E\left(\sum_{t=1}^{T} \mathbf{w}_{it}\right)\left(\sum_{t=1}^{T} \mathbf{w}_{it}\right)' = \begin{pmatrix} \omega_{11i}^2 & \boldsymbol{\omega}_{12i} \\ \boldsymbol{\omega}_{21i} & \boldsymbol{\Omega}_{22i} \end{pmatrix}$$

对 $\boldsymbol{\Omega}_i$ 可作如下的分解：

$$\boldsymbol{\Omega}_i = \boldsymbol{\Omega}_i^0 + \boldsymbol{\Gamma}_i + \boldsymbol{\Gamma}'_i \tag{12.65}$$

其中 $\boldsymbol{\Omega}_i^0$ 为 $\mathbf{w}_{it}$的同期协方差矩阵：

$$\boldsymbol{\Omega}_i^0 = \lim_{T\to\infty} \frac{1}{T} \sum_{t=1}^{T} E(\mathbf{w}_{it}\mathbf{w}'_{it}) = \begin{pmatrix} \sigma_{11i}^2 & \sum_{12i} \\ \sum_{21i} & \sum_{22i} \end{pmatrix} \tag{12.66}$$

$\boldsymbol{\Gamma}_i$ 为不同期自协方差矩阵的加权总和，它是按照纽伟和韦斯特（Newey & West，1994）进行加权的：

$$\boldsymbol{\Gamma}_i = \lim_{T\to\infty} \frac{1}{T} \sum_{k=1}^{T-1} \sum_{t=k+1}^{T} E(\mathbf{w}_{it}\mathbf{w}'_{i,t-k}) = \begin{pmatrix} \boldsymbol{\Gamma}_{11i} & \boldsymbol{\Gamma}_{12i} \\ \boldsymbol{\Gamma}_{21i} & \boldsymbol{\Gamma}_{22i} \end{pmatrix} \tag{12.67}$$

定义：

$$\boldsymbol{\theta}_i = \boldsymbol{\Omega}_i^0 + \boldsymbol{\Gamma}_i = \sum_{j=0}^{\infty} E(\mathbf{w}_{ij}\mathbf{w}_{i0})' = \begin{pmatrix} \theta_{11i} & \boldsymbol{\theta}_{12i} \\ \boldsymbol{\theta}_{21i} & \boldsymbol{\theta}_{22i} \end{pmatrix} \tag{12.68}$$

则通过对因变量的如下变换来实现对内生性的修正：

$$y_{it}^* = y_{it} - \hat{\boldsymbol{\omega}}_{12i}\hat{\boldsymbol{\Omega}}_{22i}^{-1}\boldsymbol{\varepsilon}_{it} = y_{it} - \hat{\boldsymbol{\omega}}_{12i}\hat{\boldsymbol{\Omega}}_{22i}^{-1}\Delta\mathbf{x}_{it} \tag{12.69}$$

此时各个截面的 FM-OLS 估计量为：

$$\hat{\boldsymbol{\beta}}_i^* = (\mathbf{X}_i'\mathbf{X}_i)^{-1}(\mathbf{X}_i'y_i^* - T\boldsymbol{\theta}_i^*), i = 1, 2, \cdots, I \tag{12.70}$$

其中 $\boldsymbol{\theta}_i^*$ 为自相关的修正矩阵：

$$\boldsymbol{\theta}_i^* = \hat{\boldsymbol{\theta}}_{21i} - \hat{\boldsymbol{\theta}}_{22i}\hat{\boldsymbol{\Omega}}_{22i}^{-1}\hat{\boldsymbol{\omega}}_{21i} \tag{12.71}$$

得到每个序列的 *FM-OLS* 估计量 $\hat{\boldsymbol{\beta}}_i^*$ 之后，面板数据的 *FM-OLS* 估计量就是各个序列的 *FM-OLS* 估计量的均值：

$$\hat{\boldsymbol{\beta}}^* = \frac{1}{I}\sum_{i=1}^{I} \hat{\boldsymbol{\beta}}_i^* \tag{12.72}$$

除了 *FM-OLS* 估计之外，马克和索尔（Mark & Sul，2003）提出的 *DOLS* 方法的基本思想，是通过加入自变量的前期和滞后差分来控制内生反馈效应，加入因变量的滞后项来处理序列相关问题。其回归方程为：

$$y_{it} = \alpha_i + \boldsymbol{\beta}_i\mathbf{x}_{it} + \sum_{j=-p}^{p} \lambda_j\Delta\mathbf{x}_{i,t-j} + u_{it} \tag{12.73}$$

面板 *DOLS* 估计量可以用联合面板回归得到，是各个序列 *DOLS* 的估计量的均值。

三 面板误差修正模型（*PECM*）

与时间序列数据中的误差修正模型类似，可建立如下形式的面板数据的误差修正模型：

$$\Delta y_{it} = \boldsymbol{\gamma}_i \Delta \mathbf{x}_{it} + \delta_i \cdot e\hat{c}m_{i,t-1} + v_{it} \tag{12.74}$$

其中 $e\hat{c}m_{i,t-1}$ 为非均衡误差，即模型式（12.64）中的面板协整残差 $\hat{u}_{it}$，δ_i 表示误差修正系数。若 v_{it} 存在序列相关，可进一步增加 Δy_t 与 $\Delta \mathbf{x}_t$ 的滞后项，同时相应地调整模型中误差修正项 $e\hat{c}m$ 的滞后期，直到消除了随机误差项 v_{it} 中的自相关为止。比如：

$$\Delta y_{it} = \gamma_{1i} \Delta \mathbf{x}_{it} + \gamma_{2i} \Delta \mathbf{x}_{i,t-1} + \eta_i \Delta y_{i,t-1} + \delta_i \cdot e\hat{c}m_{i,t-2} + v_{it} \tag{12.75}$$

本章小结

本章主要介绍宏观面板数据（*I* 固定，*T*→∞）的模型方法。宏观面板数据的单位根检验可以分为两种情况：截面不相关的单位根检验与截面相关的单位根检验。截面不相关的面板单位根检验有：*LLC* 检验、*IPS* 检验、Breitung 检验以及组合 *p* 值检验。其中 *LLC* 检验与 Breitung 检验都假定面板是同质的，而 *IPS* 检验与组合 *p* 值检验假定面板是异质的。截面相关的面板单位根检验方法有：Pesaran 检验、Moon-Perron 检验、Phillips-Sul 检验、Bai-Ng 检验、Choi 检验、*CADF* 检验等，截面相关的面板单位根检验方法一般都允许面板是异质的。在面板单位根存在的情况下，也存在面板协整。面板协整检验分为两种情况：原假设为不存在协整关系的检验以及原假设为存在协整关系的检验。原假设为不存在协整关系的检验是 Kao 检验以及 Pedroni 检验；原假设为存在协整关系的检验是 McCoskey-Kao 检验以及 Westerlund 检验，其中 Kao 检验假定面板是同质的，而 Pedroni 检验、McCoskey-Kao 检验以及 Westerlund 检验都假定面板是异质的。经过检验，如果证实面板数据之间存在协整关系，就可以估计出该协整关系，通常采用 *FM-OLS* 或者 *DOLS* 方法进行协整估计。

思　考　题

1. 名词解释

(1) *LLC* 检验　　(2) *IPS* 检验

(3) Breitung 检验　　(4) 组合 p 值检验

(5) Kao 检验　　(6) Pedroni 检验

(7) McCoskey-Kao 检验　　(8) Westerlund 检验

2. 简答题

(1) 比较同质面板与异质面板、截面不相关面板与截面相关面板、平稳面板与不平稳面板的差异。

(2) 比较几种截面不相关的面板单位根检验的原假设。

(3) 比较几种面板协整检验的原假设。

(4) 写出面板协整关系的 *FM-OLS* 以及 *DOLS* 估计过程。

3. 论述题

(1) 论述几种截面相关的面板单位根检验方法。

(2) 查阅最近两年国际文献，论述面板协整分析的最新发展前沿。

阅读参考文献

[1] 王少平著：《我国城乡收入差距的度量及其对经济增长的效应》，载《经济研究》2007 年第 10 期。

[2] 苏良军、何一峰、金赛男著：《中国城乡居民消费与收入关系的面板数据协整研究》，载《世界经济》2006 年第 5 期。

[3] 周爱民、徐辉、田翠杰等著：《金融计量学》，经济管理出版社 2006 年版。

[4] 张晓峒著：《Eviews 使用指南与案例》，机械工业出版社 2007 年版。

[5] 白仲林著：《面板单位根检验理论及其应用研究综述》，载《工作论文》http://web.cenet.org.cn/upfile/81249.doc，2005 年。

[6] 黄旭平、厉伟著：《面板单位根检验理论的最新发展》，载《工作论文》http://www.cenet.org.cn/cn/CEAC/2005in/j1034.doc，2005 年。

[7] 黄旭平、杨新松著：《面板协整检验理论的最新进展》，载《工作论文》http://web.cenet.org.cn/upfile/80863.doc，2005 年。

[8] 汪涛、饶海斌、王丽娟著：《Panel Data 单位根和协整》，载《统计研究》2002 年第 2 期，第 53—57 页。

[9] 汪涛、饶海斌、王丽娟：《Panel Data 分析的理论和应用发展综述》，www. applstats. org/advanced/papers/Panel%20Data. doc，2005 年。

[10] Arellano, M. and O. Bover (1995), Another look at the instrumental-variable estimation of error-components models, *Journal of Econometrics*, 68, pp. 29—52.

[11] Bai, Jushan and Serena Ng (2004), A PANIC Attack on Unit Roots and Cointegration, *Econometrica*, vol. 72 (4), pp. 1127—1177.

[12] Baltagi, Badi H. (2005), *Econometric Analysis of Panel Data*, 3rd ed., John Wiley & Sons, Ltd.

[13] Breitung, Jörg (2000), The Local Power of Some Unit Root Tests for Panel Data, in B. Baltagi (ed.), *Advances in Econometrics*, Vol. 15: Nonstationary Panels, Panel Cointegration, and Dynamic.

[14] Choi, I. (2001), Unit Root Tests for Panel Data, *Journal of International Money and Finance*, 20, pp. 249—272.

[15] Choi, I. (2002), Combination unit root tests for cross-sectionally correlated panels, *Econometric Theory and Practice: Frontiers of Analysis and Applied Research: Essays in Honor of Peter C. B. Phillips*, Cambridge University Press, Cambridge.

[16] Cameron, Adrian Colin and Pravin K. Trivedi (2005), *Microeconometrics: methods and applications*, Cambridge University Press.

[17] Elliott, Graham, Thomas J. Rothenberg and James H. Stock (1996), Efficient Tests for an. Autoregressive Unit Root, *Econometrica*, 64, pp. 813—836.

[18] Im, K. S., M. H. Pesaran, Y. Shin (2003), Testing for Unit Roots in Heterogeneous Panels, *Journal of econometrics*, 115, pp. 53—74.

[19] Kao, C. (1999), Spurious Regression and Residual-Based Tests for Cointegration in Panel Data, *Journal of Econometrics*, Vol. 90, pp. 1—44.

[20] Kao, C. and M. H. Chiang (2000), On the estimation and inference of a cointegrated regression in panel data, *Advances in Econometrics*, 15: pp. 179—222.

[21] Levin A., C. F. Lin and C. S. J. Chu (2002), Unit Root Tests in

Panel Data, Asymptotic and Finite-sample Properties, *Journal of Econometrics*, Vol. 108, pp. 1—24.

[22] Maddala, G. S. and S. Wu (1999), A Comparative Study of Unit Root Tests with Panel Data and A New Simple Test, *Oxford Bulletin of Economics and Statistics*, 61, pp. 631—652.

[23] Mark, Nelson C. and Donggyu Sul (2003), Cointegration Vector Estimation By Panel DOLS And Long-Run Money Demand, *Oxford Bulletin of Economics and Statistics*, v65, pp. 665—680.

[24] McCoskey, S., and C. Kao (1998), A Residual-Based Test of the Null of Cointegration in Panel Data, *Econometric Reviews*, No. 17, pp. 57—84.

[25] Moon, H., Perron, B. (2004), Testing for a Unit Root in Panels with Dynamic Factors, *Journal of Econometrics*, vol 122, pp. 81—126.

[26] Moon, H., Perron, B., Phillips, P. C. (2007), Incidental Trends and the Power of Panel Unit Root Tests, *Journal of Econometrics*, Vol. 141, pp. 416—459.

[27] Pedroni, P. (1999), Critical Values for Cointegration Tests in Heterogeneous Panels with Multiple Regressors, *Oxford Bulletin of Economics and Statistics*, 61, pp. 653—670.

[28] Pedroni, P. (2003), Panel cointegration asymptotic and finite sample properties of pllled time series tests with an application to the PPP HYPOTHESIS, *Econometric theory*, Revised Working paper, Indiana University.

[29] Pesaran, M. H. (2004), General diagnostic tests for cross section dependence in panels, *Cambridge Working Papers in Economics*, No. 0435, Faculty of Economics, University of Cambridge.

[30] Pesaran, M. H. (2006), Estimation and Inference in Large Heterogeneous Panels with a Multifactor Error Structure, *Econometrica*, Vol. 74, No. 4, pp. 967—1012.

[31] Phillips, Peter C B and Hansen, Bruce E. (1990), Statistical Inference in Instrumental Variables Regression with I (1) Processes, *Review of Economic Studies*, vol 57 (1), pp. 99—125.

[32] Phillips, P. C. B. and H. R Moon (1999), Linear regression limit theory for nonstationary panel data, *Econometrica*, Vol. 67, No. 5, pp. 1057—1111.

[33] Phillips, P., and D. Sul (2003), Dynamic panel estimation and homogeneity testing under cross section dependence, *The Econometrics Journal* 6, pp. 217—259.

[34] Saikkonen, P. (1991), Asymptotically Efficient Estimation of Cointegration Regressions, *Econometric Theory*, 7, pp. 1—21.

[35] Stock, J. H. and M. W. Watson (1993), A Simple Estimator of Cointegrating Vectors in Higher Order Integrated Systems, *Econometrica*, 61, pp. 783—820.

[36] Xiao, Zhijie (1999), A residual based test for the null hypothesis of cointegration, *Economics Letters*, vol. 64 (2), pp. 133—141.

[37] Xiao, Zhijie and Phillips, Peter C. B. (2002), Higher order approximations for Wald statistics in time series regressions with integrated processes, *Journal of Econometrics*, vol. 108 (1), pp. 157—198.

[38] Westerlund, Joakim (2005), New Simple Tests for Panel Cointegration, *Econometric Reviews*, 24, pp. 297—316.

主要参考书目

［1］威廉·H. 格林著：《经济计量分析》，王明舰等译，中国社会科学出版社 1998 年版。

［2］詹姆斯·D. 汉密尔顿著：《时间序列分析》，刘明志译，中国社会科学出版社 1999 年版。

［3］伍德里奇著：《横截面与面板数据的经济计量分析》，王忠玉译，中国人民大学出版社 2007 年版。

［4］沃尔特·恩德斯（Walter Enders）著：《应用计量经济学：时间序列分析》，杜江、谢志超译，高等教育出版社 2006 年版。

［5］J. 约翰斯顿、J. 迪纳尔多著：《计量经济学方法》，唐齐明等译，中国经济出版社 2002 年版。

［6］罗素·戴维森、詹姆斯·G. 麦金农著：《计量经济理论和方法》，沈根祥译，上海财经大学出版社 2006 年版。

［7］James O. Berger 著：《统计决策论及贝叶斯分析》，贾乃光译，吴喜之校译，中国统计出版社 1998 年版。

［8］李子奈、叶阿忠编著：《高等计量经济学》，清华大学出版社 2000 年版。

［9］林少宫主编：《微观计量经济学要义——问题与方法探讨》，华中科技大学出版社 2003 年版。

［10］陆懋祖著：《高等时间序列经济计量学》，上海人民出版社 1999 年版。

［11］Ruey S. Tsay 著：《金融时间序列分析》，潘家柱译，机械工业出版社 2006 年版。

［12］高炜宇、谢识予编著：《高等计量经济学》，高等教育出版社 2002 年版。

［13］张晓峒著：《计量经济分析》（修订版），经济科学出版社 2000 年版。

[14] 高铁梅主编：《计量经济分析方法与建模：Eviews 应用及实例》，清华大学出版社 2006 年版。

[15] 张晓峒著：《Eviews 使用指南与案例》，机械工业出版社 2007 年版。

[16] 陈峰著：《现代医学统计方法与 Stata 的应用》，中国统计出版社 2003 年版。

[17] 张树京、齐立心编著：《时间序列分析简明教程》，清华大学出版社、北方交通大学出版社 2003 年版。

[18] 马薇著：《协整理论与应用》，南开大学出版社 2004 年版。

[19] 周爱民、徐辉、田翠杰等著：《金融计量学》，经济管理出版社 2006 年版。

[20] 苏良军编著：《高等数理统计》，北京大学出版社 2007 年版。

[21] 茆诗松、王静龙、濮晓龙编著：《高等数理统计》，高等教育出版社、施普林格出版社 1998 年版。

[22] 董文泉、高铁梅、姜诗章著：《经济周期波动的分析与预测方法》，吉林大学出版社 1998 年版。

[23] 艾春荣、陈小红著：《计量经济学：半参数计量经济学方法》，北京大学出版社 2000 年版。

[24] 叶阿忠著：《非参数计量经济学》，南开大学出版社 2003 年版。

[25] 吴喜之编：《非参数统计》，中国统计出版社 1999 年版。

[26] 茆诗松编著：《贝叶斯统计》，中国统计出版社 1999 年版。

[27] 刘凤芹著：《基于 MCMC 方法的随机波动模型的推断》，中国人民大学博士学位论文，2004 年。

[28] 李育安著：《分位数回归及应用简介》，载《统计与信息论坛》第 21 卷，2006 年第 3 期。

[29] 岳昌君、刘燕萍著：《教育对不同群体收入的影响》，载《北京大学教育评论》第 4 卷，2006 年第 2 期。

[30] 邢春冰著：《中国不同所有制部门的工资决定与教育回报》，载《世界经济文汇》2006 年第 4 期。

[31] 谷宇、陈磊著：《基于结构 VAR 模型对中国财政和货币政策的动态效应分析》，载汪同三、王成璋主编《21 世纪数量经济学》（第五卷），西南交通大学出版社 2005 年版。

[32] 赵松山著：《关于经济系统的状态空间模型及其构建研究》，载

《南京财经大学学报》2004 年第 3 期。

[33] 王少平著：《我国城乡收入差距的度量及其对经济增长的效应》，载《经济研究》2007 年第 10 期。

[34] 苏良军、何一峰、金赛男著：《中国城乡居民消费与收入关系的面板数据协整研究》，载《世界经济》2006 年第 5 期。

[35] 白仲林著：《面板单位根检验理论及其应用研究综述》，载《工作论文》http://web.cenet.org.cn/upfile/81249.doc，2005 年。

[36] 黄旭平、厉伟著：《面板单位根检验理论的最新发展》，载《工作论文》http://www.cenet.org.cn/cn/CEAC/2005in/jl034.doc，2005 年。

[37] 黄旭平、杨新松著：《面板协整检验理论的最新进展》，载《工作论文》http://web.cenet.org.cn/upfile/80863.doc，2005 年。

[38] 汪涛、饶海斌、王丽娟著：《Panel Data 单位根和协整》，载《统计研究》2002 年第 2 期，第 53—57 页。

[39] 汪涛、饶海斌、王丽娟著：《Panel Data 分析的理论和应用发展综述》，www.applstats.org/advanced/papers/Panel%20Data.doc，2005 年。

[40] Adonis Yatchew (2003), *Semiparametric Regression for the Applied Econometrician*, Cambridge University Press.

[41] Akaike, H. (1973), Information Theory and An Extension of the Maximum Likelihood Principle. In: B. N. Petrov and F. Cszaki, eds., *Second International Symposium on Information Theory*, Akademiai Kiado, Budapest, pp. 267—281.

[42] Anderson, T. W. (1959), Some Scaling Methods and Estimation Procedures in the Latent Class Model, in *Probability and Statistics*, U. Grenander (ed.), New York: John Wiley & Sons.

[43] Angus Deaton (1989), Rice Prices and Income Distribution in Thailand: A Non-Parametric Analysis, *The Economic Journal*, Vol. 99, No. 395, Supplement: Conference Papers, pp. 1—37.

[44] Arellano, M. and Bond, S. (1988), *Dynamic Panel Data Estimation Using DPD-a Guide for Users*, Institute for Fiscal Studies, Working Paper.

[45] Arellano, M. and Bond, S. (1991), Some Tests of Specification for Panel Data: Monte-Carlo Evidence and an Application to Employment Equations, *Review of Economic Studies*, 58, pp. 277—297.

[46] Arellano, M. and O. Bover (1995), Another look at the instrumen-

tal-variable estimation of error-components models, *Journal of Econometrics*, 68, pp. 29—52.

[47] Bai, Jushan and Serena Ng (2004), A PANIC Attack on Unit Roots and Cointegration, *Econometrica*, vol. 72 (4), pp. 1127—1177.

[48] Baltagi, Badi H. (2005), *Econometric Analysis of Panel Data*, 3rd ed., John Wiley & Sons, Ltd.

[49] Berndt, E., B. Hall, R. Hall, and J. Hausman (1974), Estimation and Inference in Nonlinear Structure Models, *Annals of Economic and Social Measurement*, 3/4, pp. 653—665.

[50] Bierens, Herman J. (1994), *Topics in Advanced Econometrics*, Cambridge University Press.

[51] Blundell, R. and A. Duncan (1998), Kernel Regression in Empirical Microeconomics, *The Journal of Human Resources*, Vol. 33, No. 1, pp. 62—87.

[52] Bollerslev, Tim (1986), Generalized Autoregressive Conditional Heteroskedasticity, *Journal of Econometrics*, 31, pp. 307—327.

[53] Breitung, Jörg (2000), The Local Power of Some Unit Root Tests for Panel Data, in B. Baltagi (ed.), *Advances in Econometrics, Vol.* 15: *Nonstationary Panels, Panel Cointegration, and Dynamic.*

[54] Buchinsky, M., (1998), Recent Advances in Quantile Regression Models: A practical guide for empirical research, *Journal of Human Resources*, 33, pp. 88—126.

[55] Cameron, Adrian Colin and Pravin K. Trivedi (2005), *Microeconometrics: methods and applications*, Cambridge University Press.

[56] Choi, I. (2001), Unit Root Tests for Panel Data, *Journal of International Money and Finance*, 20, pp. 249—272.

[57] Choi, I. (2002), Combination unit root tests for cross-sectionally correlated panels, *Econometric Theory and Practice: Frontiers of Analysis and Applied Research: Essays in Honor of Peter C. B. Phillips*, Cambridge University Press, Cambridge.

[58] Davidson, Russell, James G. MacKinnon (2004), *Econometric Theory and Methods*, Oxford University Press.

[59] Dickey, David, and Wayne. A. Fuller (1979), Distribution of the

Estimates for Autoregressive Time Series with a Unit Root, *Journal of the American Statistical Association*, 74: pp. 427—431.

[60] Dickey, David, and Wayne. A. Fuller (1981), Likelihood Ratio Statistics for Autoregressive Time Series with a Unit Root, *Econometrica*, 49: pp. 1057—1072.

[61] Eforn, B. and R. Tibshirani (1986), Bootstrap Method for Standard Errors, Confidence Intervals and Other Measures of Statistical Accuracy, *Statistical Science*, 1, pp. 54—77.

[62] Eforn, B. and R. Tibshirani (1993), *An Introduction to the Bootstrap*, London: Chapman & Hall.

[63] Elliott, Graham, Thomas J. Rothenberg and James H. Stock (1996), Efficient Tests for an. Autoregressive Unit Root, *Econometrica*, 64, pp. 813—836.

[64] Enders, Walter (2004), *Applied Econometric Time Series*, Second Edition, John Wiley & Sons, Inc.

[65] Engle, Robert and B. S. Yoo (1987), Forecasting and Testing in Cointegrated Systems, *Journal of Econometrics*, 35: pp. 143—159.

[66] Engle, Robert and Clive Granger (1987), Cointegration and Error Correction: Representation, Estimation and Testing, *Econometrica*, 55: pp. 251—276.

[67] Engle, Robert F (1982), Autoregressive Conditional Heteroscedasticity with Estimators of the Variance of United Kingdom Inflation, *Econometrica*, 50, pp. 987—1007.

[68] Gourieroux, C. and A. Monfort (1995), *Statistics and Econometric Models*, Cambridge University Press.

[69] Granger, C. W. J. (1969), Investigating Causal Relation by Econometric and Cross-Sectional Method, *Econometrica*, 37: pp. 424—438.

[70] Granger, Clive, and Paul Newbold (1974), Spurious Regression in Econometrics, *Journal of Econometrics*, 2: pp. 111—120.

[71] Hall, Alastair (2000), Covariance matrix estimation and the power of the overidentifying restrictions test, *Econometrica*.

[72] Hall, Alastair (2005), Generalized Method of Moments, Oxford University Press.

[73] Hannan, E. J. (1980), The Estimation of the Order of an ARMA Process, *Annals of Statistics*, 8, pp. 1071—1081.

[74] Hansen, Bruce and Kenneth West (2002), Generalized Method of Moments and Macroeconomics, *Journal of Business and Economic Statistics*.

[75] Hansen, Bruce E. (2006), *Econometrics*, Unpublished Book, University of Wisconsin.

[76] Hansen, Karsten (2002), *Introduction to Bayesian conometrics and Decision Theory*, Lecture Note for Microeconometrics, University of Chicago.

[77] Hansen, Lars P. (1982), Large Sample Properties of Generalized Method of Moments Estimators, *Econometrica*, 50: pp. 646—660.

[78] Hardle, W. (1990), *Applied Nonparametric Regression*, Cambridge University Press.

[79] Hardle, W. and E. Marron (1985), Optimal Bandwidth Selection in Nonparametric Regression Function Estimation, *Annals of Statistics*, 13: pp. 1465—1481.

[80] Hardle, W. and T. Stoker (1989), Investigating Smooth Multiple Regression by the Method of Average Derivatives, *Journal of the American Statistical Association*, Vol. 84, No. 408, pp. 986—995.

[81] Hausman, J. A. (1978), Specification Tests in Econometrics, *Econometrica*, 46: pp. 1251—1371.

[82] Heckman James and Honoré (1990), The Empirical content of the Roy Model, *Econometrica*.

[83] Heckman, James (2004), *Discrete Dependent Variable Models*, Lecture Note for Empirical Analysis, University of Chicago.

[84] Heckman, James (2004), *Labor Supply and the Two - Step Estimator: Revised Version*, Lecture Note for Empirical Analysis, University of Chicago.

[85] Heckman, James (2004), *Panel Data Analysis*, Lecture Note for Empirical Analysis, University of Chicago.

[86] Heckman, James (2004), *Probabilistic Choice Models*, Lecture Note for Empirical Analysis, University of Chicago.

[87] Hsiao, Cheng (2003), *Analysis of Panel Data*, 2nd Ed., Cambridge University Press.

[88] Hu, Luojia (2007), *Panel Data*, Lecture Note for Applied Econometrics, CASS Summer School Program.

[89] Hu, Luojia (2007), *Quantile Regression*, Lecture Note for Applied Econometrics, CASS Summer School Program.

[90] Hu, Luojia (2007), *Tobit Models*, Lecture Note for Applied Econometrics, CASS Summer School Program.

[91] Ichimura, H. (1993), Semiparametric Least Squares (SLS) and Weighted SLS Estimation of Single-Index Models, *Journal of Econometrics*, Vol. 58, pp. 71—120.

[92] Im, K. S., M. H. Pesaran, Y. Shin (2003), Testing for Unit Roots in Heterogeneous Panels, *Journal of econometrics*, 115, pp. 53—74.

[93] Jeffreys, H. (1961), *Theory of Probability* (*3rd edition*), Oxford University Press.

[94] Jorgensen, Annette Vissing (2001), *Generalized method of moments*, Lecture Note for Empirical Analysis, University of Chicago.

[95] Kao, C. (1999), Spurious Regression and Residual-Based Tests for Cointegration in Panel Data, *Journal of Econometrics*, Vol. 90, pp. 1—44.

[96] Kao, C. and M. H. Chiang (2000), On the estimation and inference of a cointegrated regression in panel data, *Advances in Econometrics*, 15: pp. 179—222.

[97] Kendall, W. S. and F Liang (2005) Eds., *Markov Chain Monte Carlo: Innovations and Applications*, World Scientific Publishing Co. Ltd.

[98] Koenker, R. (2002), *Quantile Regression Reference Manual for R.*

[99] Koenker, Roger (2005), *Quantile Regression*, Cambridge University Press.

[100] Koenker, Roger and G. Bassett (1978), Regression quantiles, *Econometrica*, 46, pp. 33—50.

[101] Koenker, Roger and K. Hallock (2001), Quantile Regression, *Journal of Economic Perspectives*, 15, pp. 143—156.

[102] Koop, Gary (2003), *Bayesian Econometrics*, John Woley & Sons Ltd.

[103] Lancaster, Tony (2004), *An Introduction to Modern Bayesian Econometrics*, Blackwell Publishing.

[104] Lee, M. J. (1996), *Methods of Moments and Semiparametric Econometrics for Limited Dependent Variable Models*, Springer-Verlag New York, Inc.

[105] Lee, Peter M (2004), *Bayesian Statistics: An Introduction*, Third Edition, Hodder Arnold, A member of the Hodder Headline Group.

[106] Levin A., C. F. Lin and C. S. J. Chu (2002), Unit Root Tests in Panel Data, asymptotic and Finite-sample Properties, *Journal of Econometrics*, Vol. 108, pp. 1—24.

[107] Mackinnon, J. G. (1991), Critical Values for Cointegration Tests, in Robert Engle and Clive Granger eds., *Long-run Economic Relationships*, Oxford University Press, pp. 267—276.

[108] Maddala (1983), *Limited-Dependent and Qualitative Variables in Econometrics.*

[109] Maddala, G. S. and S. Wu (1999), A Comparative Study of Unit Root Tests with Panel Data and A New Simple Test, *Oxford Bulletin of Economics and Statistics*, 61, pp. 631—652.

[110] Mark, Nelson C. and Donggyu Sul (2003), Cointegration Vector Estimation By Panel DOLS And Long-Run Money Demand, *Oxford Bulletin of Economics and Statistics*, v65, pp. 665—680.

[111] McCoskey, S., and C. Kao (1998), A Residual-Based Test of the Null of Cointegration in Panel Data, *Econometric Reviews*, No. 17, pp. 57—84.

[112] McFadden, Daniel (1974), Conditional logit analysis of qualitative choice behavior, in P. Zarembka, ed., *Frontiers in Econometrics*, Academic Press, New York, pp. 105—142.

[113] McFadden, Daniel (1984), Econometric Analysis of Qualitative Response Models, in *Handbook of Econometrics*, Volume 2, ed. Z. Griliches and M. D. Intriligator. Amsterdam, North Holland, pp. 1395—1457.

[114] Mills C. Terence and Kerry Patterson (2006), *Palgrave Handbook of Econometrics: Econometric Theory*, V. 1, Palgrave Macmillan Ltd.

[115] Moon, H., Perron, B. (2004), Testing for a Unit Root in Panels with Dynamic Factors, *Journal of Econometrics*, vol 122, pp. 81—126.

[116] Moon, H., Perron, B., Phillips, P. C. (2007), Incidental Trends and the Power of Panel Unit Root Tests, *Journal of Econometrics*, Vol. 141, pp. 416—459.

[117] Nadaraya, E. A. (1964), On Estimating Regression, *Theory of Probability and Its Applications*, 9: pp. 141—142.

[118] Nelson, Charles, and Charles Plosser (1982), Trends and Random Walks in Macroeconomic Time Series: Some Evidence and Implications, *Journal of Monetary Economics*, 10: pp. 130—162.

[119] Newey, W. (1994), The asymptotic variance of semiparametric estimators, *Econometrica*, Vol. 62, pp. 1349—1382.

[120] Newey, W. K. and D. McFadden (1994), Large Sample Estimation and Hypothesis Testing, in *Handbook of Econometrics*, vol. iv, ed. by R. F. Engle and D. L. McFadden, pp. 2111—2245, Amsterdam: Elsevier.

[121] Newey, Whitney K., and Kenneth D. West (1987), A simple, positive definite, heteroscedasticity and autocorrelation consistent covariance matrix. *Econometrica*, 55 (3): pp. 703—708.

[122] O'Hagan, Anthony and Jonathan Forster (2004), *Bayesian Inference*, Second Edition, Arnold, A member of the Hodder Headline Group.

[123] Pagan, A. and A. Ullah (1999), *Nonparametric Econometrics*, Cambridge University Press.

[124] Parzen, Emanuel (1962), On estimation of a probability density function and mode, *Annals Mathematical Statistics*, 33: pp. 1065—1076.

[125] Pedroni. P (2003), Panel cointegration asymptotic and finite sample properties of pilled time series tests with an application to the PPP HYPOTHESIS, *Econometric theory*, Revised Working paper, Indiana University.

[126] Pedroni, P (1999), Critical Values for Cointegration Tests in Heterogeneous Panels with Multiple Regressors, *Oxford Bulletin of Economics and Statistics*, 61, pp. 653—670.

[127] Pesaran, M. H. (2004), General diagnostic tests for cross section dependence in panels, *Cambridge Working Papers in Economics*, No. 0435, Faculty of Economics, University of Cambridge.

[128] Pesaran, M. H. (2006), Estimation and Inference in Large Heterogeneous Panels with a Multifactor Error Structure, *Econometrica*, Vol. 74, No. 4, pp. 967—1012.

[129] Phillips, P. C. B. and H. R Moon (1999), Linear regression limit theory for nonstationary panel data, *Econometrica*, Vol. 67, No. 5, pp. 1057—1111.

[130] Phillips, P., and D. Sul (2003), Dynamic panel estimation and homogeneity testing under cross section dependence, *The Econometrics Journal*, 6,

pp. 217—259.

[131] Phillips, Peter C B and Hansen, Bruce E. (1990), Statistical Inference in Instrumental Variables Regression with I (1) Processes, *Review of Economic Studies*, vol 57 (1), pp. 99—125.

[132] Robert, Christian P. and George Casella (1999), *Monte Carlo Statistical Methods*, Springer-Verlag New York, Inc.

[133] Robinson, P. (1988), Root-N-consistent semiparametric regression, *Econometrica*, Vol. 56, pp. 931—958.

[134] Rosenblatt, Murray (1956), Remarks on some nonparametric estimates of density function, *Annals Mathematical Statistics*, 27: pp. 832—837.

[135] Saikkonen, P. (1991), Asymptotically Efficient Estimation of Cointegration Regressions, *Econometric Theory*, 7, pp. 1—21.

[136] Schennach, Susanne M. (2003), *Nonparametric Estimation Introduction*, Lecture Note for Topics in Econometrics, University of Chicago.

[137] Schwarz. G. (1978), Estimating the Dimension of a Model, *Annals of Statistics*, 6, pp. 461—464.

[138] Silverman, B. W. (1986), *Density Estimation for Statistics and Data Analysis*, Chapman and Hall.

[139] Sims, Christopher (1980), Macroeconometrics and Reality, *Econometrica*, 48: pp. 1—48.

[140] Söderlind, Paul (2002), *Lecture Note for Econometrics*, University of Stockholm. Gallen and CEPR, Switzerland.

[141] Stock, J. H. and M. W. Watson (1993), A Simple Estimator of Cointegrating Vectors in Higher Order Integrated Systems, *Econometrica*, 61, pp. 783—820.

[142] Takezawa, Kunio (2006), *Introduction to Nonparametric Regression*, John Wiley & Sons Ltd.

[143] Verbeek, Marno (2004), *A Guide to Modern Econometrics*, 2nd edition, John Wiley & Sons, Ltd.

[144] Watson, G. S. (1964), *Smooth Regression Analysis*, Sankhya, Series A, 26: pp. 359—372.

[145] Westerlund, Joakim (2005), New Simple Tests for Panel Cointegration, *Econometric Reviews*, 24, pp. 297—316.

[146] Xiao, Zhijie (1999), A residual based test for the null hypothesis of cointegration, *Economics Letters*, vol. 64 (2), pp. 133—141.

[147] Xiao, Zhijie and Phillips, Peter C. B. (2002), Higher order approximations for Wald statistics in time series regressions with integrated processes, *Journal of Econometrics*, vol. 108 (1), pp. 157—198.

